普通高等教育"十一五"国家级规划教材

质检法教程

主　编　王艳林
副主编　王兴运　孙效敏
撰稿人（以撰写章节先后为序）
王艳林　王兴运　洪生伟
李任天　张　云　尚　珂
李慧阳　闫章荣　申进忠
孙效敏

中国政法大学出版社
2010・北京

作者简介

（以姓氏笔画为序）

王艳林　法学博士，教授，1983年毕业于西南政法学院获法学学士学位，2006年毕业于武汉大学获法学博士学位，曾先后任教于河南大学、武汉大学、中南大学，现任教于中国计量学院，研究方向为竞争法、质检法、经济法理论和民法理论，主要著作有：《中国经济法理论问题》、《质检法教程》（主编）和《中国食品安全法实施问题》（主编）等。

王兴运　西北政法大学教授，西北政法大学经济法研究中心主任，兼任中国法学会经济法学研究会理事，中国商业法研究会常务理事，主要著作有：《弱势群体权益保护法论纲》、《经济法学原理》、《经济法若干问题研究》、《市场三法诸论》和《经济法学》（主编）等。

申进忠　工学博士，南开大学法学院副教授，主要研究领域为环境资源法与国际经济法，主要著作有：《WTO协调环境贸易关系的理论与实践》（独著）、《海洋环境的法律保护研究》（合著）等，发表《产品导向环境政策：当代环境政策的新发展》等学术论文多篇。

孙效敏　法学博士，同济大学法学院教授，博士生导师，本科毕业于吉林大学，硕士毕业于西南政法大学，博士毕业于中国人民大学，主要从事经济法学、外资并购、食品安全等领域的研究，主持国家级与省部级社科基金项目十余项，主要著作有：《固定资产投资法概要》、《外资并购国有企业法律问题研究》、《中国企业法概论》等，曾在《中国法学》（英文版）、*Asian Law Review*、《法学家》、《现代法学》、《金融研究》等学术刊物发表论文七十余篇。

季任天　法学博士（在读），中国计量学院副教授，国家知识产权局“百千万知识产权人才工程”百名高层次人才培养人选，曾参加美国休斯顿大学法律中心知识产权法培训结业。研究方向为质检法理论、标准化理论和知识产权理论，主要著作有：《食品生产加工标准化》、《质量技术监督法律基础》（主编）、《经济法教程》（主编）和《质量监督检验检疫概论》等。

张　云　中国计量学院副教授，1997 年毕业于中国计量学院获工学学士学位，1998 年获吉林大学经济法第二学士学位，2005 年获浙江大学经济法硕士学位。自 1998 年起任教于中国计量学院法学院至今。研究方向为产品质量法、食品安全法及民法理论，主要著作有：《我国缺陷产品立法研究》等。

李慧阳　法学博士，北京物资学院法政系副主任。研究方向为民商法学、经济法学和流通法学，在《法学杂志》、《法学论坛》、《中国流通经济》等学术刊物发表论文十余篇。

尚　珂　北京物资学院法政系教授，先后就读于中国政法大学、日本流通经济大学，分别取得法学学士、经济学硕士学位。1998～1999 年在日本神户大学法学院做访问学者，主要著作有：《北京流通产业法制环境研究》、《经济法概论——流通法律制度》、《社会保障与政策程序》等。

洪生伟　中国计量学院法学院教授，研究方向为标准化、计量管理、质量管理和技术监督法，GB/T 19030－2009《质量工程——术语》第一起草人，主要著作有：《标准化工程》、《计量管理》、《质量工程学》、《技术监督概论》和《技术监督法律教程》等。

闫章荣　法学博士，现任教北京物资学院法政系。研究方向为经济法学、国际法学及流通法学。

出版说明

中国政法大学出版社是教育部主管的，我国高校中唯一的法律专业出版机构。多年来，中国政法大学出版社始终把法学教材建设放在首位，出版了研究生、本科、专科、高职高专、中专等不同层次、多种系列的法学教材，曾多次荣获新闻出版总署良好出版社、教育部先进高校出版社等荣誉称号。

自2007年起，我社有幸承担了教育部普通高等教育“十一五”国家级规划教材的出版任务，本套教材将在今后陆续与读者见面。

本套普通高等教育“十一五”国家级规划教材的出版，凝结了我社二十年法学教材出版经验和众多知名学者的理论成果。在江平、张晋藩、陈光中、应松年等法学界泰斗级教授的鼎力支持下，在许多中青年法学家的积极参与下，我们相信，本套教材一定会给读者带来惊喜。我们的出版思路是坚持教材内容必须与教学大纲紧密结合的原则。各学科以教育部规定的教学大纲为蓝本，紧贴课堂教学实际，力求达到以“基本概念、基本原理、基础知识”为主要内容，并体现最新的学术动向和研究成果。在形式的设置上，坚持形式服务于内容、教材服务于学生的理念。采取灵活多样的体例形式，根据不同学科的特点通过学习目的与要求、思考题、资料链接、案例精选等多种形式阐释教材内容，争取使教材功能在最大限度上得到优化，便于在校生掌握理论知识。概括而言，本套教材是中国政法大学出版社多年来对法学教材深入研究与探索的集中体现。

中国政法大学出版社始终秉承锐意进取、勇于实践的精神，积极探索打造精品教材之路，相信倾注全社之力的普通高等教育“十一五”国家级规划教材定能以独具特色的品质满足广大师生的教材需求，成为当代中国法学教材品质保证的指向标。

中国政法大学出版社

编写说明

《质检法教程》是教育部普通高等教育"十一五"国家级规划教材之一，同时也是同类型国家级教材的首部，本教材从质检法名称的确立，到质检法内容的界定，再到质检法内在逻辑结构的寻觅，都具有一定的原创性及随之不可避免的探索性与不成熟性。

质检法所关注和研究的是在中国社会主义市场经济法律体系中已经形成并以经济法律法规亚群体的形式呈现与表达的产品质量法、计量法、标准化法、动植物检疫法、食品安全法、药品管理法、烟草专卖法、放射性污染防治法和许可证条例、认证认可条例、盐业专营条例、特种设备监察条例等法律现象。在中国业已有效融入全球经济市场化的进程并逐渐成为世界经济强劲发展动力的情况下，质检法既是国内市场与国际市场一体化情况下，政府保障人民及动植物生命安全和健康的义务与责任的实现途径，也是WTO/TBT措施和WTO/SPS措施及其通报、评议和关注的制度承载。对此，国内学术界尤其是法学界已经进行了各个侧面与层面的研究并取得了许多优秀的成果。但毋庸讳言，目前的这种分散、孤立的研究已经和实践的需求形成了较大的差距。本书力图在总结已有理论成果和实践经验的基础上，完成质检法理论之构建，发现质检法的研究工具和范式，对现有的质检立法成果给出全面、系统和清晰的解释与归纳，并结合当今世界质检法实践发展的主要趋势，对中国质检法的走向和规制改革，进行评论和说明。

本书适合法学专业、质量工程专业、食品安全专业和国际贸易专业的本科生使用，也适合法学、管理学等领域的研究生阅读使用，同时也可供制造业企业与政府监管部门中从事产品质量安全管理的人员参考或培训使用。

本书由王艳林教授任主编，王兴运教授和孙效敏教授任副主编，各章节撰写分工是（按撰写章节顺序）：王艳林撰写第一、四章；王兴运撰写第二、五章；洪生伟撰写第三章；季任天撰写第六、七章；张云撰写第八、十、十五章；尚珂、李慧阳、闫章荣撰写第九章；申进忠撰写第十一章；孙效敏撰写第十二至十四章。全书的内容、体系和结构由主编提出，全体撰写人员讨论确定。各章初稿完成后，主编通读了全稿并提出修改意见，洪生伟教授应主编邀请审读了部分章节。全书在各位撰写人员修改后由主编修改定稿。

本书依据和使用的法律法规截止到2009年12月。

本书的编写与出版，得到中国计量学院的经费支持和中国政法大学出版社的有力帮助，特此说明并致以衷心的感谢！

最后，应该指出的是，虽然各位作者多是所在领域的专家，但由于有的章节因为可资参考的材料有限，有的章节因为法律正在修改之中，有的章节因为技术性太强，所以全书除在语言风格上没有追求统一外，在理论的深度及与实践的结合上，也没有走向一致，缺点乃至错误肯定是不可避免的。对此，本书作者们真诚地希望——绝非出于客套——得到各位专家、学者及社会贤达的批评指正，以便帮助我们把质检法——这一新兴领域的教学研究工作，做得更加成熟和精细。

王艳林

2010年1月

目 录

中 编 质检法调节手段

下 编 质检法的特别管制

第一章　导　论

质检法发端于工业革命，以技术规则为初始形态，随着技术的进步和社会的发展，通过标准、计量、质量、检验、检疫等路径生成为法律规则。在中国作为WTO成员国有效融入全球经济市场化进程的情况下，质检法既是国内市场与国际市场一体化过程中政府保障人民及动植物生命安全和健康的重要途径，也是各成员国政府建立与实施WTO/TBT措施和WTO/SPS措施及其通报、评议和关注的制度承载。本章力图在总结已有理论成果和实践经验的基础上，完成质检法理论之构建。

■　第一节　质检法概念的确立

一、质检法概念的提出

（一）已有的理论成果

对于中国社会主义市场经济法律体系中经过三十余年的发展而存在的质量、计量、标准、检疫的法律、法规及规章群体，如何命名与称呼，学术界和实践中主要存在以下称谓：产品质量法规或质量法、技术监督法规、质量技术监督法、产品法，等等。

1．产品质量法规或质量法。纪正昆先生从中国产品质量立法实际出发，提出产品质量法规或质量法的概念，主张产品质量法规是“调整产品的生产者、储运者、销售者、消费者以及政府有关部门等法律主体之间，关于产品质量权利、义务、责任关系的法律规范的总称。包括关于产品质量方面的法律、行政法规、地方性法规和部门规章以及规范性文件等”。[1] 国外产品质量法规可概

---

〔1〕质量·标准化·计量百科全书编委会、中国大百科全书出版社编：《质量·标准化·计量百科全书》，中国大百科全书出版社2001年版，第84～85页。

括为两类：一类侧重行政法方面的法律规范，名称一般称为“质量法”；一类侧重于民法方面的法律规范，名称一般称为产品责任法。

2．技术监督法规。娄成武先生从中国技术监督的实际工作出发，于1981年最早提出技术监督法规的概念，主张“技术监督法规虽然作为法学群很广泛，但由于很多领域还没有开拓、成熟，故技术监督法规调整的是技术监督管理活动中一定范围内的技术监督工作关系。这个一定范围的工作关系具有以下四个显著特点：一是从其工作关系的性质来看，这类工作关系发生在生产领域和直接为生产服务的流通领域的各个环节，并且始终受到国家技术、经济的方针、政策的约束。二是从其工作主体的范围看，参加这些技术监督法规关系的当事人，主要是国家机关（主要指国家经济领导机关及相关机关）和社会组织（企业、事业单位和其他社会团体），以及某些特殊情况下的公民（限于技术监督法规规定的情况），这表明，这类工作关系，主要发生在国家机关、社会组织之间以及它们同公民之间，但并未完全排除公民与公民之间所形成的那些在商品交换过程中技术监督法规规定的情况。三是从技术监督主体活动的内容看，以上工作主体为实现自己的目的开展具有经济权利和经济义务的经济活动，这些经济活动体现着国家的管理和社会组织之间的协作的结合；同时，这些工作主体必须在技术监督法律、法规的约束下开展上述活动，并对其经济活动中出现的技术相关行为负责。四是从技术监督工作的目的看，以上工作主体从事经济活动是为了发展社会主义商品经济、建立商品经济的新秩序，技术监督作为一种保证，目的也在于此。这表明，这类工作关系是一种统一的工作关系，它构成国民经济工作中特殊的工作领域。在此基础上，关于技术监督法规的概念，可以大致表述为：“技术监督法规是调整国家机关、企业、事业单位和其他社会组织相互之间以及它们同公民之间在技术监督活动中发生的社会关系的法律规范的总和。”〔1〕

洪生伟先生从中国法律体系技术监督法律法规的构成情况出发，于2002年也提出并使用了技术监督法规的概念，主张“技术监督法规是技术监督方面的法律、法规和规定的总称”。由于我国的技术监督部门为政府行政部门，因此《产品质量法》等技术监督法规主要隶属于行政法，但由于内容多半为规范市场经济秩序，又可以被归于经济法。〔2〕 2008年，洪生伟在上述认识的基础上又前进了一步，他提出“技术监督法律体系是技术监督方面的法律、法规和规章的

〔1〕 娄成武、司晓悦编著：《技术监督法学概论》，东北大学出版社2004年版，第37～41页。

〔2〕 洪生伟主编：《技术监督法规教程》，中国计量出版社2002年版，第41～42页。后来洪生伟先生在2007年出版的新教材中将其改称为技术监督法律，其表述的方式和技术法规是一致的，详见洪生伟编著：《技术监督法律教程》，中国计量出版社2007年版。

总称，它是我国社会主义市场经济建设必需的法律体系”。如图 1－1。

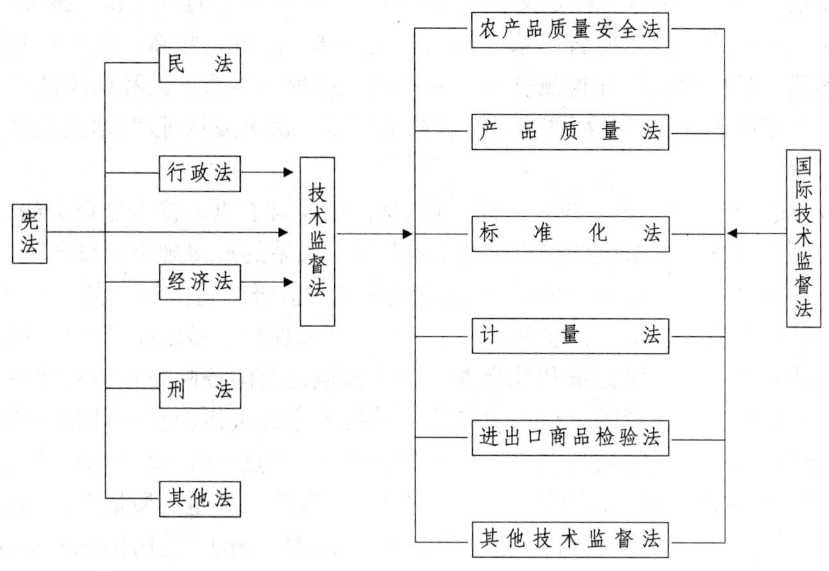

图 1－1

“由于我国的技术监督部门为政府行政部门，因此，我国的《产品质量法》等技术监督法律已构成一个专门的法律体系，即技术监督部门法或技术监督法律体系。”我国技术监督法规体系的整体结构如图 1－2。[1]

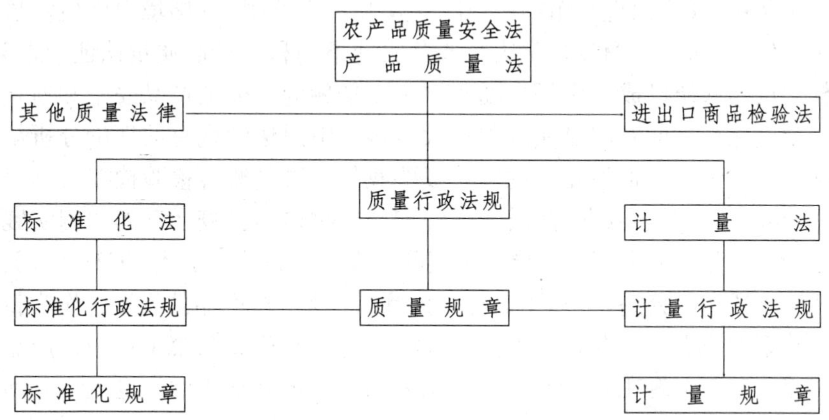

图 1－2

〔1〕 洪生伟：《技术监督概论》，中国标准出版社 2008 年版，第 48～49 页。

对于关键词“技术监督”，洪生伟先生的判断是：“迄今，国内外还没有关于技术监督的统一的权威性定义，笔者依据二十多年技术监督工作实践和研究，将其定义概括为：技术监督是依据国家有关法律、法规、规章、技术法规和标准，运用计量检测仪器和检测技术，对产品、过程、体系、人和组织的质量进行检测、审核或评价，从而作出是否合格的评定、认可或认证/注册的监督管理活动过程”。[1]

3．质量技术监督法。季任天同志在2003年提出了质量技术监督法的概念，主张“质量技术监督法是调整质量技术监督社会关系的法律规范的总和”。它包括广义、中义、狭义三种含义：“广义的质量技术监督法是指对工农业生产、工程建设、科学研究、文化、教育、医药卫生、环境保护、核安全、国内外贸易、服务行业等关系到国民经济和社会发展各个领域，由国务院授权各行政单位进行质量监督的法律法规的总称；中义的质量技术监督法指国家质量监督检验检疫总局进行执法性质的质量监督所依据的法律法规的总称；狭义的质量技术监督法是指国家授权质量技术监督部门管理全国标准化、计量、质量工作和锅炉、压力容器、电梯、防暴电器等特种设备安全监察工作所适用的法律法规的总称。”[2]

4．产品法。产品法的概念是由王艳林于2001年提出的，认为：“产品法是以产品为基础而发展起来的法规范群体，由产品责任法、产品质量管理法和消费者权益法构成。”[3] 在此基础上，笔者经过近五年的思考，从中国入世后的社会实践出发，提出《产品质量法》、《计量法》及其实施细则、《标准化法》及其实施条例、《进出境动植物检疫法》及其实施条例、《国境卫生检疫法》及其实施条例、《进出口商品检验法》及其实施条例和《产品质量认证管理条例》等架构的法制系统已成为中国市场与国际市场融为一体的产品安全和质量监督管理的制度保障。面对法制实践的巨大进步，中国法学现有的理论分析早已无法涵括现实的张力，捉襟见肘的窘境提醒我们，质量监督检验检疫法制急切地呼唤理论界为日益重要的产品质量管理和动植物检验检疫活动的法制实践提供新的理论分析与解释框架，引导法制实践的发展。为此，引入1973年《关于产品责任法律适用的公约》（以下简称《海牙公约》）对产品的界定，作为新的理论解释框架的原点，是有意义的。在《海牙公约》第2条第1项中，产品被描述为“指天然产品和工业产品，无论是未加工的还是加工的，也无论是动产还

---

〔1〕 洪生伟编著：《技术监督法律教程》，中国计量出版社2007年版，第10页。

〔2〕 季任天主编：《质量技术监督法律基础》，中国计量出版社2003年版，第14页。

〔3〕 王艳林：《中国经济法理论问题》，中国政法大学出版社2001年版，第195页。

是不动产”。“以此为起点，动植物、农产品和天然产品的形态出现，是否加工已不重要，重要的是广义产品概念的引入，使质量监督检验检疫法制实践获得同一的理论生成点，也促使我们原创性地提出产品法的概念。”产品法是以产品为基础而发展起来的法规范群体，由产品责任法、消费者权益法和计量法、标准化法、进出口检验检疫法与安全监察管理法所构成。产品法以产品为原点，以计量和标准为依据，以检验检疫为手段，以产品责任和技术监督为驱动，追求人类健康安全、动植物生命安全与健康，实现社会—自然—经济—技术的和谐发展。产品法是协调法、发展法，是融合公法、私法和社会精神生成的新型法。〔1〕

（二）法学名称确立的规则

在科学领域，名称的确立是有规则的。“凡物都有一个名称……词的用途不仅仅是作为机械式的信号或暗号，而是一种全新的思想工具。”〔2〕人类对事物命名与语词的作用对于人的深度生命体验是根本的和构成性的，其意义在于：命名向我们呈现了一个清晰的世界，命名给事物以安全性和等级秩序，对事物的命名为我们打开了通向本质认识的道路，命名活动让人类在本质上通达自由。〔3〕

在法学领域，法律名称的确定和法学名称的确立，也应是有规则可循的。但法学界对此尚未进行总结和梳理。笔者以现有的法学通用名称为例，考察法学发展史，发现传统法学和近代法学名称的确立，是以手段、主体、客体和价值等单一要素为规则进行命名的。包括：①手段命名，如刑法；②主体命名，如秦律、罗马法、汉谟拉比法典、婚姻法、行政法；③客体命名，如商法、物权法、契约法；④价值命名，如公法与私法、实体法与程序法；⑤混合命名，如宋刑统，此方式极少发生。

现代法学在20世纪50年代以后的发展，表现出在新近生成的法律部门或新兴法学学科上，呈现出混合命名的趋势，主要有：①客体+目标命名，如知识产权法、产品质量法、宏观调控法、循环经济促进法；②手段+客体命名，如反托拉斯法、反不正当竞争法、反倾销法、反补贴法；③目标+手段命名，如竞争法、财政法、税收法。

在上述法学命名规则下，我们还发现：法学部门名称一般在2~3个字，如刑法、民法、行政法、诉讼法、经济法和国际法；法律部门中建构制度的单行

---

〔1〕王艳林：“质量监督检验法制呼唤新的理论解释框架”，载王艳林主编：《法律与贸易壁垒》（第1卷），中国政法大学出版社2005年版，第284~285页。

〔2〕［德］恩斯特·卡西尔：《人论》，甘阳译，上海译文出版社2004年版，第49页。

〔3〕魏志勋：“论法律命名的本质及其意义”，载《内蒙古社会科学》（汉文版）2006年第4期。

法，则多为3个字以上，如婚姻法律体系中的婚姻登记办法、妇女权益保护法，儿童权益保护法，甚至存在着重要的法律名称，一般不超过3个字或简称为3个字的现象，如公司法、票据法、海商法、环境法、资源法、能源法等。

运用上述命名规则分析质量立法的已有命名，我们可以看到：

(1) 用法规替代法，是受《现代汉语词典》中“法规就是法律、法条、条例、规则、章程等的总称”的影响，但不符合法学界中公认的法为元概念的专业规则，所以命名为产品质量法规或技术监督法规，可能在客观上影响了该名称在法学理论中的传播。

(2) 技术监督法和产品法，前者为手段命名，后者为客体命名，均有名不符实的缺陷，也已不符合现代法学命名的发展趋势。

(3) 产品质量法和质量技术监督法，前者为客体+目标命名，后者为目标+手段命名，方法论上都未有不当，唯在名称的确立上，字数多达5~6个字，不够简约。综上所述，本书作者在产品法的基础上，借鉴质量法的含义，提出了质检法的概念。

(三) 确立质检法的意义

确立质检法的意义在于，质检法可以承载两项新的法治使命，并使其成为质检法的理念、原则和任务。这就是：

1. 质量零缺陷。
2. 安全零风险。

这两项重要的理念是其他名称下的法律制度都不易承担的。质检法以此为理念进行制度建构，以此为原则规范企业活动和监管活动，会填补现行法律体系中质量和安全规制活动的散乱、无力和空白的状态，为和谐社会提供新的法制保障。

二、质检法的定义与性质

(一) 质检法的定义

质检法是调整质检关系的法律规范的总称。目前，质检法在中国市场经济法律体系中，是以质检法律法规群体的形式出现与存在的。

质检关系是质检活动中产生的融技术、经济和国际诸因素为一体的新型社会关系。质检关系因其独特性为质检法所调整，便使质检法成为了现代各国法律体系中新型的法律现象。

质检关系因质检活动类型不同而不同，现从分类层面，划分如下：

1. 质检活动中可以组合使用的基本工具为标准、计量和检疫。因此而产生的：

(1) 在标准化活动中因标准的制定、实施、监督而产生的标准关系，包括技术标准关系、管理标准关系、服务标准关系和竞争标准关系等。

（2）在计量活动中因计量单位、计量器具和测量活动而产生的计量关系等。

（3）在检疫活动中因检疫对象、检疫措施和检疫监督而产生的检疫关系，包括卫生检疫关系、动物检疫关系、植物检疫关系、食品检疫关系和放射性物质检疫关系等。

2．质检活动中依赖的综合手段是风险分析—标准化—技术法规。因此而产生的：

（1）在风险分析活动中因风险监测、评估和管理而产生的风险分析关系，包括风险监测关系、风险评估关系和风险管理关系。

（2）在技术法规活动中因技术法规的制定、修订、实施和监督而产生的技术法规关系。

（3）在风险分析—标准化—技术法规活动中，因承担WTO成员国国际义务、享受权利而产生的通报、异议、救济关系。

3．质检活动中因监管者监督手段与措施的使用而产生的：

（1）因许可、注册、登记、备案而产生的事前监管关系。

（2）因检查、抽查、强制召回而产生的事中监管关系。

（3）因监管处罚，如罚款、吊销许可证、禁止从业等而产生的事后救济关系。

4．质检活动中因经营者的市场活动违背技术法规而产生的：

（1）违反合同约定验收标准而产生的违约责任关系。

（2）违背技术法规侵犯人身与财产的侵权损害赔偿关系。

（3）违背消费者保护的特别规定而产生的惩罚性赔偿关系。

（二）质检法的内容

质检法的内容，主要由质检法总则、技术监督法、检验检疫法和特种产品安全法四部分法律规范构成。

1．质检法总则。质检法总则，在现行立法文件中尚处于空白状态，它主要规定质检法活动的原则，技术法规的结构与标准的关系，质检活动监督管理体制，产品、质量、检疫、安全等基本用语，质检法与国际法的关系等质检法各组成部分通用的制度。

2．技术监督法。技术监督法包括质量法、标准化法与合格评定法、计量法等。对此，中国现在分别颁布有单行法或法规，建议在适当时机合并上述立法制定综合性的《技术监督法》。

3．检验检疫法。检验检疫法包括进出境卫生检疫法、进出境动植物检疫法和进出境商品检疫法。对此，中国现在分别颁布有对应的单行法，建议立法机关在三检合一的基础上，联合食品检验、放射源检验，实行五检合一，制定《检验检疫法》。

4. 特种产品安全法。国家对直接关系到社会公共安全和人民生命健康安全的产品，颁布专项法律法规实行特别管制，包括《食品安全法》、《药品管理法》、《烟草专卖法》、《放射性污染防治法》、《盐业管理条例》、《特种设备安全监察条例》等。对此建议立法机关在条件成熟时，制定《产品安全法》作为各种特殊产品安全控制的法律基础。

（三）质检法的性质

对于质检法的性质，有的学者认为它应成为一个独立的法律部门。[1] 但本书认为它目前尚不具备成为独立法律部门的条件，尤其是社会基础；有的学者认为它是经济法和行政法的交叉，[2] 殊不知这仅仅是一种现象，而不触及本质。笔者认为，目前为止，质检法还仅仅是各国政府在国际社会协调合作下监管市场的法律形式，在经济法中和竞争法一起共同构成了市场监管法的内容。

三、质检法的基础范畴

质检法的基础范畴是产品。唯在其构成和范围上，比现行产品责任法的产品，有更大的扩展。

本书提出，质检法中的产品，包括“上帝的制品”、“人的制品”和“撒旦的制品”三层意思，但基础是人的制品即现行法中的产品。[3]

就产品责任的国际立法而言，在《海牙公约》中，产品被赋予了十分广泛的含义，它是指“天然产品和工业产品，无论是未加工的还是加工的，也无论是动产还是不动产”（第2条第1项）。在1977年的《关于人身伤亡的产品责任的欧洲公约》（订立于斯特拉斯堡）中，产品范围被缩小，不动产被排除在外。该公约认为：“产品”一词“指所有形式的动产，无论其是天然的或工业的，是加工过的还是未加工过的，即便是被安装在另外的动产或不动产里”（第2条第1项）。到20世纪80年代中期，《欧洲共同体理事会关于使成员国缺陷产品责任方面的法律、法令和行政法规相互接近的指令》（简称《欧共体产品责任指令》，1985年7月25日）获准通过，从而揭开了欧共体国家产品责任立法的新篇章。在该指令中，产品是“指所有的动产，包括构成另一动产或不动产之一部分的物以及电，但不包括原始农业产品和猎物”（第2条）。很显然，该指令中的产

---

〔1〕 娄成武、司晓悦编著：《技术监督法学概论》，东北大学出版社2004年版，第48～51页；季任天主编：《质量技术监督法律基础》，中国计量出版社2003年版，第18页。

〔2〕 洪生伟主编：《技术监督法规教程》，中国计量出版社2002年版，第42页。

〔3〕 关于立法中对产品的认定，详见王艳林：《中国经济法理论问题》，中国政法大学出版社2001年版，第208～212页。

品的范围再一次缩小，天然的未加工的原始农业产品和猎物被排除出去。但它允许每一个成员国背离上述规定而将原始农业产品和猎物纳入其国内立法中的产品范围内（第15条），从而表现出一定的灵活性。

就产品责任的国家立法而言，在美国，产品责任法表现为判例法和制定法。在判例法中，出于保护产品使用者的基本公共政策的考虑，法官们的态度倾向于采用更广泛、更灵活的产品定义，而不愿采用狭义的理解。[1] 法院基于大规模房屋建造和大规模产品生产之间并无实质性的不同的认识，将不动产也纳入到产品范畴之内；[2] 伊利诺伊州最高法院在卡林汉诉麦克尼尔纪念碑医院案中，把血液也界定为产品。[3] 在1979年美国商务部公布的专家建议文本《统一产品责任示范法》中，产品被界定为“具有真正价值的，为进入市场而生产的、能够作为组装整件或者作为部件零售交付的物品，但人体组织、器官、血液组成成分除外”。[4] 英国《1987年消费者保护法》认为产品是“指任何产品或电，且包括不论是作为零部件还是作为原材料和作为其他东西组装到另一产品中的产品”（第1条第2款），但未经加工的捕获物或农产品，不在产品责任法中产品范畴之列（第2条第4款）。在德国，1989年的联邦德国《产品责任法》认为，产品是“指任何动产及电流，动物饲养、养蜂业和捕鱼业的农产品（天然农产品）。只要未经加工，都不是产品；本法规定同样适用于狩猎物品”（第2条）。

在中国，1993年的《产品质量法》认为：“产品是指经过加工、制作，用于销售的产品”，建设工程被排除在外。法案的起草者认为：“本法调整以销售为目的，通过工业加工、手工制作等生产方式所获得的具有特定物理、化学性能的物品。”[5] “未经加工天然形成的产品，如原矿、原煤、石油、天然气等，以及初级产品，如农、林、牧、渔等产品，不适用本法规定。”“建设工程不适用本法规定是指建筑物、工程等不动产不适用本法规定。”并对法条形成的原因

---

〔1〕［美］史蒂芬·J.里柯克：“美国产品责任法概述”，邹海林译，载《法学译丛》1990年第5期。

〔2〕Sehiper v. Levitt & Sons Inc. 44 N. J. 70. 207A 2d 314（1965）；State Stove Manufacturing Co. v. Hodges，189 So. 2d 113（Miss. 1966）；Kriegler v. Eichler Home Inc.，269，Cal. App. 2d 224 74，Cal. Rptr 749（1969）.

〔3〕4 Ill. 2d 433, 266 N. E. 2d 897(1970).

〔4〕美国《统一产品责任示范法》第102条C项。在美国，产品责任法是各州的保留立法领域。生产者们曾督促制定统一产品责任法，美国《统一产品责任示范法》就是为实现上述目标而作的努力。但此法案的影响极小，目前只有极少数几个州全部采用，一些州则主要利用该法案重新拟定各自的产品责任法。

〔5〕国家技术监督局政策法规司编：《中华人民共和国产品质量法知识问答》，化学工业出版社1993年版，第28页。

作了分析。[1] 我们认为，就如作品一经完成就将独立于作者而自我存在一样，法案一旦通过并颁布实施，就脱离起草者自我独立地存在下来。这时起草者的解释往往是形成法条的本意，受文字表述的限制，这些解释并不一定就是法条的本意。中国《产品质量法》起草者对产品范围的解释，就属于这种情况：①经过加工、制作，用于销售的产品形态，应不限于有形的物品，无形的电流、煤气、沼气、天然气等，也属于产品；②对加工、制作应从广义上理解，采掘、提炼、提取、改制、组装等应属于加工、制作的范围；③建设工程，有两种含义：一是形成固定资产的过程，这自然不适用《产品质量法》而应由基本建设法规和建设工程合同来调整；二是指已经形成的固定资产即不动产，不动产不属于产品范畴目前是多数国家的实践，但这仅是对建筑商而言，建筑材料和装饰材料的供应者，其产品属性不因形成不动产而改变，钢材、水泥、玻璃、门窗、电器等建材，仍属于产品。在国外立法例中，一般是从第一种意义上排除产品责任法的适用。我国《产品质量法》规定的产品含义，应以和国际通行作法相协调为最佳选择。

2000 年修订《产品质量法》时，对前述立法缺陷进行了弥补，将原第 2 条第 3 款修改为："建设工程不适用本法规定；但是，建设工程使用的建筑材料、建筑构配件和设备，属于前款规定的产品范围的，适用本法规定。"修订后的第 73 条则对产品的范围作了除外规定："军工产品质量监督管理办法，由国务院、中央军事委员会另行制定。因核设施、核产品造成损害的赔偿责任，法律、行政法规另有规定的，依照其规定。"但这两款的要求是不同的：对于军工产品的产品责任，另由特别法予以调整，完全不适用《产品质量法》；对于核设施、核产品的产品责任，法律、行政法规另有规定的，依照其规定；没有特别规定的，则应适用《产品质量法》的规定。

总结以上各国立法和国际立法中产品范畴的认识，我们可以发现：①以美国为代表，对产品的内涵和外延持扩展和放任态度。只要具备产品的内在属性：其一，具有使用价值；其二，为进入市场而生产且已置于流通过程中，就可以作为产品而存放。至于是否经过加工、制作，则不影响产品属性的存在。产品的形态既包括动产与不动产，也包括有形物和无形物。②以《欧共体产品责任指令》为代表，对产品的内涵和外延持限制态度。坚持产品属性为：其一，经过加工、制作；其二，为市场而生产且已进入流通过程。由这一认识出发，原始农产品被排除在产品范畴之外，其理由是："第一，同其他产品不同，未经加

---

〔1〕 国家技术监督局政策法规司编：《中华人民共和国产品质量法知识问答》，化学工业出版社 1993 年版，第21 页。

工的农产品特别容易受客观环境因素的影响而产生潜在的缺陷，而这是生产者所不能控制的。第二，这些产品在市场上大批混杂出售，发现缺陷来源特别困难。最后，很难确定缺陷是在生产和销售的哪个环节上产生的。"[1] 另外，不动产也被排除在产品范畴之外，其原因可能在于绝大多数情况下，国家在这一领域内已制定或将要制定专门的法规进行调整。[2]

但在质检法中，就是采取美国的产品概念也是完全不够的。我们创造"上帝的制品"和"撒旦的制品"意在弥补即使美、日等最宽泛意义上使用产品概念也显得狭窄的不足。"上帝的制品"指自然界存在的动物与动物制品，植物与植物果实，生物及土壤；"撒旦的制品"指传染性疾病、病毒和杂草、害虫等一切对人、动物、植物的生命及固有生物圈构成安全危害或环境破坏的生命体。简言之，现代社会凡需要进行质量规制的对象和为安全需要进行管制的对象，不论是天然的还是加工的，不论是独立的还是附属的，不论是固化的还是漂移的，不论是物质的还是元素的，均是质检法产品所包括的，其目的在于为标准、计量、检疫工具的使用提供统一的作用对象。

■ 第二节 质检法的生成与表达

关于质检法的生成路径和表达方式，在许多方面尚处于空白状态，有待于人们深入开展系统的研究。

一、技术规则[3]

著名技术哲学家邦格说，对技术规则的研究自然是技术哲学的中心问题，这是在其他技术哲学家那里所没有的贡献。

1. 技术规则的定义。技术规则是对技术活动方式的规定，它说明要实现预定的目标人们应该如何去做。更明确地说："技术规则就是一种要求按一定顺序采取一系列行动以达到既定目标的说明。"

技术规则和科学定律不同：①定律的适用范围是包括规则制造者在内的整个现实世界，而规则只对人类有效，只有人才能遵守或者违反规则，制定和修

---

〔1〕［英］斯蒂芬森·W.海维特：《产品责任法概述》，陈丽洁译，中国标准出版社1991年版，第100页。

〔2〕国家技术监督局政策法规司编：《中华人民共和国产品质量法知识问答》，化学工业出版社1993年版，第21页。

〔3〕本节内容是对邦格《作为应用科学的技术》一文第四节的解读。邦格的论文由刘武译、李承仁校，原载［德］拉普编：《技术科学的思维结构》，刘武等译，吉林人民出版社1988年版。本文依据的是吴国盛编《技术哲学经典读本》收录的文本，参见吴国盛编：《技术哲学经典读本》，上海交通大学出版社2008年版，第479～491页。

改规则；②定律是描述性和解释性的，而规则则是规范性的；③定律有正确与否和正确程度的区别，而规则只有是否有效和有效程度之分。

2．技术规则的类型。邦格提出，规则有四种：①行为规则，包括社会规则、道德规则和法律规范；②前科学劳动规则，包括艺术、手艺和生成中的经验规则；③符号规则，包括句法和语义规则；④科学和技术规则。这四种规则的价值与使命是有区别的：行为规则使社会生活得以进行或者难以进行；前科学劳动规则则在技术上还不能控制的实践知识领域内起主导作用；符号规则告诉人们如何处理符号，即如何形成、变换和解释符号；科学和技术规则是总结纯粹科学研究和应用科学研究中的具体方法（如随机抽样方法）和现代化生产的具体技术（如红外线焊接技术）的规范。

本书认为，技术规则作为人类的行为规范，又可以划分为技术性的技术规则和社会性的技术规则两种。其中技术性的技术规则就是邦格意义上的技术规则，包括：①技术条件性规则，如技术标准；②技术方法性规则，如计量；③技术后果性规则，如检验检疫。社会性的技术规则是技术发展到一定阶段为规制技术异化而出现的社会控制技术和技术控制技术相统一的规范。社会性的技术规则的形态，从不同的角度观察有不同的结论。主要表现为：

（1）禁止性的技术规则与条件性的技术规则，如关于人的技术，禁止克隆人但允许有条件的器官移植。

（2）品质性的技术规则与安全性的技术规则，如关于产品的质量控制和食品、核产品的安全性控制。

（3）贸易的技术规则与非贸易的技术规则，如技术法规为贸易性的，其他的技术规则为非贸易性的。

当然，上述各种形态之间的技术规则，有可能是重叠或者交叉的。但不管如何进行分类，技术规则从本体上讲，是质检法生成和发展的原点和基础。

二、标准、标准化与标准化法

标准化是工业革命的产物。印度著名标准化专家魏尔曼说：“随着蒸汽机的发明和工业革命的开始，好像为耕耘已做好准备的土地一样，为标准化的出现和开始创造了条件。”[1] 标准化首先发生在企业，即工厂主那里。也就是说，企业是标准化主体具有历史源头性。在英国，工业革命经历工作机、动力机和机床诸多的发明和运用，才宣告完成。工作机的发明和运用，是在纺织业内围绕纺纱和织布两大环节，通过凯伊飞梭—珍妮机—水纺机—骡机—卧式自动织机的互相激励推动，“至18世纪末，英国纺织业已基本上实现了用机器代替手

---

〔1〕［印度］魏尔曼：《标准化是一门新学科》，苏锡田等译，科学技术文献出版社1980年版，第15页。

工操作……产业革命第一阶段的发明暂告结束”。[1]

接踵而至的是为满足工作机的发明和使用而引起的动力机——蒸汽机的发明和使用，而工作机和动力机的水平和能力，都有赖于机器制造技术的保障，“开始用机器制造机器，这是18世纪工业革命发展的第三个阶段”。英国工程师、工厂主和发明家莫兹利于1794年发明了移动刀架，1797年制成了带有移动刀架和导轨系统的车床，可以自动加工不同螺距的螺丝和多种几何形状的部件，使车床成为机械制造业的母机。人们从中得到启发，将有互换性的零件叫标准件，将生产标准件的机器叫“标准化”。[2] 莫兹利因而可称之为工业标准化之父。莫兹利的移动刀架这一看似简单的发明，实则是机械技术史上的重大创新。19世纪英国出版的《全国工业》这样评论说：“它对机器的改良和更广泛应用所产生的影响，不亚于瓦特对蒸汽机的改良所产生的影响。采用刀架的结果是，各种机器很快的完善和便宜了，而且推动了新的发明和改良。”[3] 这就在客观上使各类零部件种类繁杂，企业内的生产虽是有标准的，但企业间的协作则标准不统一，互换性不足，导致资源浪费，使生产力无法发挥出来。“19世纪初期，推行通用制造系统的阻碍因素之一是当时还没有制定螺母标准。”[4] 1841年，莫兹利的学生惠特沃思建议英国土木工程学会采用统一的螺纹制度被采纳，习称惠制螺纹，成为最早的协会标准，被英国及欧洲各国采用。[5]

协会标准的出现是标准化发展的里程碑。1895年1月，英国钢铁商H. J. 斯凯尔顿在《泰晤士报》上发表一封公开信，指出：鉴于英国一些桥梁和型材尺寸规格过于繁多，钢铁厂无法采用先进技术大量生产，而不得不频繁更换轧辊，从而使成本提高。他呼吁通过标准化，统一钢铁的规格尺寸，改变这种混乱的状况。[6] 斯凯尔顿的建议随即引起了英国各方面的关注，“国会也讨论这件事，研究这个问题的人员也组织起来组成一个协会。统一钢梁的规格尺寸……后来经国会批准成为国家标准”。[7] 1901年，英国工程标准委员会创立，这是世界上第一个全国性的标准化组织，它的诞生标志着标准化活动从此进入一个新发

---

〔1〕 远德玉、丁云龙编著：《科学技术发展简史》，东北大学出版社2000年版，第98～100页。

〔2〕 质量·标准化·计量百科全书编委会、中国大百科全书出版社编：《质量·标准化·计量百科全书》，中国大百科全书出版社2001年版，第347页。

〔3〕 远德玉、丁云龙编著：《科学技术发展简史》，东北大学出版社2000年版，第105页。

〔4〕 Steven M. Snivak，F. Cecil Brenner：《标准化精要——原理与实践》，中国标准化研究院基础标准化研究所编译2006年版，第10页。

〔5〕 质量·标准化·计量百科全书编委会、中国大百科全书出版社编：《质量·标准化·计量百科全书》，中国大百科全书出版社2001年版，第250页。

〔6〕 程传辉主编：《国际标准化》，中国标准出版社1991年版，第243页。

〔7〕 李春田：《标准化是一项科学活动》，中国标准出版社2000年版，第113～114页。

展阶段。[1]

以企业为主体的协会标准，在美国获得广泛的发展并构成美国标准化的自愿标准为主导的特色。所以工业协会和工业团体在美国标准化工作中的作用是很重要的和很突出的。美国著名的协会是1881年成立的美国机械工程师协会（ASME）、1898年成立的美国材料实验协会（ASTM），还有美国石油协会（API）、保险商实验室（UL）、美国机动工程师协会（SEA）、美国电气制造商协会（NEMA）、美国电子电器工程师协会（IEEE）、美国电子工业协会（EIA）、美国仪表协会（ISA）等。其中，ASTM的作用尤为显著。魏尔曼评论说：和“大多数工业协会制定标准只考虑本行业的切身利益”不同，ASTM“在制定材料及其实验方法标准时却兼顾到了所有行业的要求”。[2] 据有关资料显示，美国在1984年时，全国有8万个标准，其中3.2万个标准是由420个民间团体制定的，占40%，其余的为政府标准。[3] 到21世纪初，美国大约有700多个机构在制定标准，标准总数为9.3万个，其中4.9万个是由620个民间团体制定的，占52.7%，其余的为政府机构制定。[4] 可见，协会标准在美国呈强劲增长的趋势。

国家标准化是企业标准化和协会标准化活动发展的必然结果。如果说19世纪是协会标准主导标准化发展的话，进入20世纪，国家标准的出现和国家标准化组织或团体（魏尔曼博士统称其为国家标准团体，简称NSB，本书从之）则日益主导标准化活动。我们看到，在20世纪的头10年，国家标准化活动还仅限于英国、法国、德国等工业发达国家，并且标准化活动都为第一次世界大战的参加国贡献了直接的力量。“在1918～1928年的10年期间正式成立了18个NSB，所以每年NSB的平均增长率为108%，除了美国和日本之外都是欧洲国家。”自此之后，到第二次世界大战结束，16年中只有6个NSB成立。“1945年之后到20世纪60年代的增长率都维持在最高纪录，即每年大体有2个或者2个以上的新NSB成立。”[5]

NSB在标准化活动中，除美国团体标准占主导、国家标准化活动相对弱小外，多数工业发达国家都保持着国家标准和团体标准的平衡关系，而在发展中国家尤其是NSB新近成立的国家，标准化活动主要集中在NSB，团体与协会在

---

〔1〕 程传辉主编：《国际标准化》，中国标准出版社1991年版，第243页。

〔2〕 [印度] 魏尔曼：《标准化是一门新学科》，苏锡田等译，科学技术文献出版社1980年版，第98页。

〔3〕 美国国家标准局1984年8月第681号特种出版物提供数据，转引自程传辉主编：《国际标准化》，中国标准出版社1991年版，第174页。

〔4〕 李颖编著：《美国标准管理体制》，中国标准出版社2004年版，第4页。

〔5〕 [印度] 魏尔曼：《标准化是一门新学科》，苏锡田等译，科学技术文献出版社1980年版，第103～104页。

标准化活动中仍处辅助作用。重要的是，“国家标准的产生……协调统一了各个工业（行业）之间的矛盾。例如机械工业与运输、建筑、冶金、化工等行业间的矛盾，使各行各业得到共同提高与普遍发展，标准化活动在全国范围内施加着它的影响”。[1]

国家标准和国家标准化组织的出现，推动与促成了标准化法的出现。

一方面，在工业革命中崛起并走上强国之路的英、法、美、德诸国，基于对标准化协会和 NSB 的理解和尊重，在市场经济自由主义支配或者主导的理念下，国家往往通过协议、备忘录等方式，赋予民间团体以 NSB 的身份，代表国家制定、发布标准，协调并参加标准化活动。

在英国，1901 年成立的英国工程标准委员会是由英国土木工程师学会、机械工程师学会、造船工程师学会、钢铁学会共同发起组织的，其基础是雄踞英国产业界的技术精英，所以，当 1902 年英国电气工程师学会加入工程标准委员会时，英国政府即开始对其予以财政支持。到了 1914 年，工程标准委员会已通过自己的标准化活动及成果确立了影响力。英国海军部和劳氏船社都采用了它的标准。1929 年，改名后的英国工程标准协会被授予皇家宪章。“颁发皇家宪章是英国政府对某些自愿性、公益性组织予以特殊地位的一种古老方法。”[2] 后来，英国政府又于 1931 年、1968 年、1981 年和 1998 年对皇家宪章进行补充和修订。直到现在，皇家宪章仍然是英国标准学会（BSI，1931 年改名）至高无上的荣誉和获取国家标准机构的基础。根据《英国政府与英国标准协会就英国国家标准机构活动的谅解备忘录》（1981 年通过，1989 年、1992 年、1994 年和 1998 年修订）第 1、2 条的规定，BSI 作为英国的 NSB，其所有的活动都是为了促进实现皇家宪章第 3 条（a）项和（b）项所列出的主要目标，并履行与（a）项和（b）项相关而与（d）项无关的（c）项所确定的任何活动，同时也包括（e）项与（a）项、（b）项或者（c）项相关的活动。[3] 政府和 BSI 都认为对这

---

〔1〕 程传辉主编：《国际标准化》，中国标准出版社 1991 年版，第 3 页。

〔2〕 程传辉主编：《国际标准化》，中国标准出版社 1991 年版，第 241 页。

〔3〕 皇家宪章第 3 条规定，协会设立的目标：（a）协调公司和个人，提高原材料、产品和加工过程，实现标准化和简捷化，从而简化生产和销售；同时为了提高企业的管理体系、安全、科技、服务和环境，实现标准化和简捷化，消除生产中为了同一个目的，由于不必要的多种型号和尺寸所产生的时间和原料的浪费；（b）建立、出售和传播为产品、服务和管理体系所制定的高质量标准，并准备和推广英国标准和世界标准的全面转化，并根据经验和环境的需要随时修订、更改和修正这些标准、计划；（c）以协会的名义注册各种标志，并且验证和粘贴，或者对粘贴此类标志或者其他的证明、标签、名称、描述或图案颁发许可；（d）在符合本条（a）项和（c）项中确立的目标的前提下，宣传、推广、销售和提供体系评估、产品登记、材料检验、测试和认证、培训、咨询和仲裁等服务；（e）以令人满意和必要的手段保护协会目标和利益。

个定义的解释应包括：管理、协调和实施“英国标准和其他标准化产品”；BSI作为英国的NSB，为了国家的利益，加入欧洲和世界标准化组织并参与其他的国际活动；对英国标准、BSI的其他标准化产品和广义的标准化进行推广、市场销售、分发和宣传；为全部或者部分地实现上述条款提供支持和基础性活动。[1]

这种以协议和谅解备忘录确认NSB地位的情形也发生在德国。1975年6月5日，德国联邦政府和联邦德国标准化学会（DIN）签订协议，承认DIN是联邦德国的标准主管机构并代表国家参加国际和区域的标准化活动。

法国和英德的协议模式不同，其是以法令模式进行的。1941年5月24日政府颁布的法令规定：1926年成立的法国标准化协会（AFNOR），是在政府标准化专员指导下，按政府指示组织和协调全国标准化工作，并代表法国参加国际标准化、区域性标准化机构的活动。可见，在法国，AFNOR是在被改造、被管理后才成为NSB的，其主体性已被重置。

在美国，美国国家标准学会（ANSI）获得NSB，则既非来自和政府的协议，也不是来自政府的法令，而是来自标准学会成长过程中奠定的公信力和市场对其公信力的认可。1918年10月，ANSI的第一个前身美国工程标准委员会（AESC）是由美国电气工程师学会、美国机械工程师学会、美国土木工程师协会、美国采矿和冶金工程师协会及美国试验与材料协会等5个协会创办者共同发起成立的，并自我界定宣布其为：“一个国家协调机构，统一协调标准制定方法，以及作为一个公平的组织审批协商一致的标准和认可标准制定组织”。[2] 1928年，AESC改组为美国标准化协会（ASA），“在后来的二十多年里，ASA由一个单纯的国家协调机构成长为国家标准化和国际标准化均衡发展的标准化组织”。[3] 第二次世界大战结束后，1946年ASA与25个国家的标准化机构一起成立了国际标准化组织（ISO）。从那时起，ASA就成了美国在ISO和IEC的代表者。1966年ASA改组为美国标准学会（USASI），1969年改为现名——美国国家标准学会（ANSI）。当1966年ASA以USASI的名义进行重组时，其职责被界定为以下三项：“统一标准制定和批准的协商一致原则；制定自愿性标准体系以更加满足用户的需求；加强美国在国际标准化领域的主导地位”。[4] ANSI在1918~1969年这50年的时间内逐渐发展、谋取并确立的职责与作用，获得了美国政府和社会的一致认可和尊重。所以，在美国一般制定法律意义上的标准化

---

〔1〕国家标准化管理委员会编译：《国外标准化法规选编》，中国标准出版社2005年版，第78~84页。

〔2〕李颖编著：《美国标准管理体制》，中国标准出版社2004年版，第1页。

〔3〕李颖编著：《美国标准管理体制》，中国标准出版社2004年版，第2页。

〔4〕中国标准化研究院编著：《国内外标准化现状及发展趋势研究》，中国标准出版社2007年版，第64页。

法是不存在的。美国标准化法以特别法的形式存在于：一是军用领域。和军用标准化活动政府主导相适应，1952年7月，美国第82届国会通过了《国防编目和标准化法》，规定“在国防部范围内开展单一的、统一的标准化活动”，实施“国防部标准化计划（DSP）”。在此基础上，美国军用标准化活动成为国际上最具代表性的高度成熟的军用标准体系，并影响着美国自愿性标准体制的发展。二是反托拉斯领域。1993年美国《全国合作性研究和生产法》给从事研发和生产的合资企业，以反托拉斯保护，但标准化活动并不在此列。2004年6月，时任美国总统小布什签署了《2004年标准发展组织促进法》，旨在鼓励自愿标准的发展，将《全国合作性研究和生产法》的反托拉斯保护扩展至标准化组织及活动，并特别规定3倍损害赔偿不适用标准化活动。

另一方面，在技术经济的后发国家，意欲科技救国、科技强国的则无不选择了政府主导的标准化体制。日本是后发国家成功的典范。19世纪在脱亚入欧以英、美、德、法为效法对象改革国家走向资本主义现代化时，日本在制订标准、建立标准管理体制问题上，就一直奉行国家中心主义，认为：“日本近代工业比欧美诸国发展较迟，从而国民对工业标准化不理解，而且工业标准是从官方采购物资规格及必要的试验标准开始的，再加上与社会经济有关者的利益极为复杂地交织在一起，为了保护消费者，确保安全卫生，因而大有必要以国家为中心，由国家来制定标准”。[1] 后来，以原苏联为代表的苏东社会主义国家、中国、亚非民族独立国家，莫不都是在此理念上建立了国家标准化管理制度，并用标准化法的形式，予以确立和保障。

三、计量、计量构成与计量法

“基本数学和普通科学概念之一的‘量’概念，在测量理论内是初始概念。”俄罗斯理论计量学的这一认知和判断，在国际范围内是现代计量学的基础与共识。“最初，在数学（几何、算术）内，概念‘量’曾当作物体性质（长度、质量、面积等）知识的概括。但是，概念的含义、内容随着时间进行了一系列进一步的归纳。如对正标量补充了负标量和零，以后补充了矢量、张量。在数学发展的早先阶段上，‘量’和‘数’的概念实际上重合。后来虽然往往不十分清楚，但它们被区分开了。一般地，‘数’只指整数、有理数、实数或复数，同时，主要是在正式数学运算方面研究这些数。而‘量’概念是最普遍的，并用于性质复杂的数学对象的概念，例如‘变量’、‘随机量’等等。在不同学科内与上述概念同时形成了量的局部概念。如在物理学和其他自然科学内，量是指被研究物体（现象）的任何性质和在物体本身之间自然互相作用时，显示出的

---

〔1〕 程传辉主编：《国际标准化》，中国标准出版社1991年版，第204页。

这些性质的关系与组合。在社会科学内将量与反映社会经济系统或其他组成部分的状态、行为的综合特点（指标）视为同一。"[1]

计量中的量，必须是可测定的，它是指现象、物体或物质可定性区别和定量确定的一种属性。人们在社会实践中逐渐认识到，由物质的轻重形成了重量的概念，由距离的长短形成了长度的概念，由物质的多少形成了质量和物质量的概念等等。这些现象反映了物体的固有属性，既能定性，又能定量。当能够定量确定时，这些"性质"就转化成了可测量的量。这时，定性是定量的基础，定量是定性的发展。[2]

量的最早设定在各个国家与民族之间是完全不同的。如在古代中国，确立的是"度量衡"。《尚书·舜典》曰："同律度量衡"。度是指用尺度来测量物体的长短，量是指用斗升来测量物体的多寡，衡则是指用权衡来称量物体的轻重。[3] 而度量衡的量，则多是杂乱的，如分、寸、尺、引、咫、仞、寻、常、索、墨、幅、端、匹、两、版、堵、雉、厘、毫、丝、秒、忽等。[4]

总体来讲，在古代以农业社会为基础的时代，量的类型虽然杂乱，但设定方式也表现出一定的规律性即为自然的设定。有的以人体为基准：如德国在 16 世纪将英尺定义为"星期日立于教堂门首，礼拜完毕后，令走出教堂之男子 16 名，高矮不拘，随遇而定，各出左足前后相接，取其长度的 1/16"；[5] 又如中国古代的"布手知尺"、"掬手为升"，古埃及的"腕迟"系人的胳膊肘到指尖的距离；英国的"码"，是英国国王亨利一世将其手臂向前平伸，从其鼻尖到指尖的距离，"英尺"是英国国王查理曼大帝的脚长，"英寸"则是英王埃德加的手拇指关节的长度。有的以植物果实或动物能力为基准：如中国清朝，以横累百黍为古尺，纵累百黍为营造尺；英亩则系二牛同轭一日翻耕土地之面积。这种情况下，量的设定具有偶发性、经验性，缺乏科学性。在一些时候，甚至会发生较大的随意性，因为基准量一旦确立，若想推行就必须具有国家公权力赤裸裸的维持和推行，当国家公权力落入非理性者之手时，量则必然进入随意状态。如魏晋时期，"南人适北，视升为斗"。北魏官吏征收赋税，多贪幅广匹长，尺度从北魏前每尺 22.5 厘

---

〔1〕［俄］B. B. 利亚奇涅夫主编：《理论计量学基础》，李绍贵译，中国计量出版社 2004 年版，第 10 页。

〔2〕国家技术监督局宣传教育司组编：《技术监督与管理》，中国计量出版社 1995 年版，第 154 页。

〔3〕丘光明等：《中国科学技术史·度量衡卷》，科学出版社 2001 年版，第 14 页。

〔4〕丘光明等：《中国科学技术史·度量衡卷》，科学出版社 2001 年版，第 14 ~ 38 页。

〔5〕王立吉编著：《计量学基础》（修订版），中国计量出版社 1997 年版，第 7 页。

米增至每尺30厘米，权量皆二三倍于秦汉古制。[1]

计量是实现单位统一，量值可靠的活动。“实现单位统一，量值准确可靠，是计量的根本出发点。”[2] 那么，是什么力量推动各个量的单位的统一呢？纵观古今中外之历史，我们不难发现，国家、市场和技术，有时是其中一种力量，有时是二种、三种力量的结合，推动了计量的统一。

战国末年，秦灭六国统一中国，建立了统一、强大的封建中央集权政府，“强调以秦制作为统一的政令并强行推至各地”，[3] 统一的政令必然要求统一的度量衡。为了保证统一度量衡的贯彻实施，秦始皇主要采取了以下各项措施：①颁发统一度量衡的诏书，以国家公权力和法令的形式保证度量衡的统一；②沿用秦制，秦始皇将商鞅变法统一制订并且已在秦实施了一百多年的度量衡标准推行全国，实施“一法度衡石尺寸”（《史记·秦始皇本纪》）；③制造和颁发大批度量衡器具，分派至各地作基准器具；④实行严格的检定制度。《睡虎地秦墓竹简·效律》是为都官及县制定的检验物质财产的法律：“如有超出或不足数的情形，每种物品均应估价，按其中价值最高的论罪，不要把各种物品价值累计在一起定罪。官府的啬夫和众吏都应共同赔偿不足数的财产，上缴多余的财货。衡石不准确，误差在十六两以上，罚该官府啬夫一甲；不满十六两而在八两以上，罚一盾。桶不准确，误差在二升以上，罚一甲；不满二升而在一升以上，罚一盾。斗不准确，误差在半升以上，罚一甲；不满半升而在三分之一升以上，罚一盾。半石不准确，误差在八两以上；钧不准确，误差在四两以上；斤不准确，误差在三铢以上；半斗不准确，误差在三分之一升以上；参不准确，误差在六分之一升以上；升不准确，误差在二十分之一以上；称黄金所用天平砝码不准确，误差在半铢以上，均罚一盾。”[4] 现整理为列表1－1。

---

〔1〕 质量·标准化·计量百科全书编委会、中国大百科全书出版社编：《质量·标准化·计量百科全书》，中国大百科全书出版社2001年版，第598页。

〔2〕 施昌彦主编：《现代计量学概论》，中国计量出版社2003年版，第2页。

〔3〕 丘光明等：《中国科学技术史·度量衡卷》，科学出版社2001年版，第173～177页。

〔4〕 译文引自睡虎地秦墓竹简整理小组：《睡虎地秦墓竹简》，文物出版社1978年版，第113～115页。为有兴趣者深入研究参考，现录原文如下：“为都官及县效律：其有赢、不备，物直（值）之，以其贾（价）多者罪之，勿赢（累）。”“官啬夫、冗吏皆共赏（偿）不备之货而入赢。”“衡石不正，十六两以上，赀官啬夫一甲；不盈十六两到八两，赀一盾。甬（桶）不正，二升以上，赀一甲；不盈二升到一升，赀一盾。”“斗不正，半升以上，赀一甲；不盈半升到少半升，赀一盾。半石不正，八两以上；钧不正，四两以上；斤不正，三朱（铢）以上；半斗不正，少半升以上；参不正，六分升一以上；升不正，二十分升一以上；黄金衡赢（累）不正，半朱（铢）[以]上，赀各一盾。”

表 1－1

量制		误差范围	责任方式
衡制	石（120 斤，1920 两）	16 两以上	一甲
		8 两以上	一盾
	半石（60 斤，960 两）	8 两以上	一盾
	钧（30 斤，480 两）	4 两以上	一盾
	斤（16 两）	3 铢（1/8 两）以上	一盾
	黄金衡累	1/2 铢（1/48 两）以上	一盾
量制	桶（10 斗，100 升）	2 升以上	一甲
		1 升以上	一盾
	斗（10 升）	1/2 升以上	一甲
		1/3 升以上	一盾
	半斗（5 升）	1/3 升以上	一盾
	参（$3\frac{1}{3}$升）	1/6 升以上	一盾
	升	1/20 升以上	一盾

“对度量衡器的检定，在公元前二三百年就有如此明确、严格的规定，这在世界度量衡史上也是绝无仅有的。”[1] 秦虽存 16 年即亡，但推行度量衡统一的措施却是成功的，为历代所仿效。

在法国 18 世纪大革命之前，“法国计量单位的混乱简直令人难以想象，不仅各个省不同，而且连各个地区、各个镇都不同……当时有人士统计，法国旧政府采用的重量和计量单位多达 25 万个，名称大约有 800 多种”。[2] 借助大革命推翻旧制度、建立新世界的契机和法国征服欧洲的条件，科学家秉持着“一种信仰，一种重量、一种度量、一种货币，全世界因此而和谐统一”的信仰，在天赋人权和自然理性的指引下，建议法国国民政府建立并推行米制。1795 年 4 月 7 日，法国国民代表大会接受法国科学院的提议，颁布以长度单位“米”为单位的计量制度。“米制形成以后，很快便向世界各地普及。1820 年，荷兰、比利时和卢森堡首先采用，紧接着西班牙、哥伦比亚、墨西哥、葡萄牙、意大利以及其他许多国家相继采用。”1864 年，英国允许米制与英制并用，不久德国亦

〔1〕 丘光明等：《中国科学技术史·度量衡卷》，科学出版社 2001 年版，第 177 页。

〔2〕［美］肯·奥尔德：《万物之尺》，张庆译，当代中国出版社 2004 年版，序言第 3 页。

采用了米制。“为了进一步统一世界的计量制度，法国政府于1869年向许多国家发出关于派代表到巴黎召开‘国际米制委员会’的邀请，结果有24个国家派代表参加，会议于1872年8月召开，并作出了以巴黎档案局所保存的米和千克原器为基准，复制一些新原器发给与会各国的决议。”〔1〕 1875年5月，法国政府又召集了“米制外交会议”，正式签署《米制公约》，为米制的传播和发展奠定了国际基础。

《米制公约》由正文和附则两部分组成。正文共14条，主要内容为：①在巴黎建立国际计量局。国际计量局在国际计量委员会的指导和监督下进行工作，而国际计量委员会则置于由各成员国政府代表所组成的国际计量大会的权利之下。大会主席由巴黎科学院的在任主席担任。②国际计量局的职责包括：保管国际原器、比对各国标准、建立新的国际标准、确定物理常数以提高单位的准确度和保证其一致性。③国际计量局和国际计量委员会的费用由各缔约国按人口比例缴纳。④《米制公约》由各国依其宪法程序批准。附则共22条，主要内容为：①国际计量局的地位（公益机构）、选址要求、机构设置和设备配备。②国际计量大会至少每6年召开一次，其任务是采取措施普及与完善米制，改选国际计量委员会中1/2的委员。每个国家有一个投票权。③国际计量委员会的组成、任务、工作方式。④每个国家的会费比例不得少于总额的0.5%和高于1.5%，以及具体计算方法，缴纳、拖欠及其处理等。〔2〕

现代米制是以米制为基础建立的国际单位制。“1948年，第九届国际计量大会责成国际计量委员会征询各国科技、教育界的意见，制定一种所有《米制公约》签署国都能够接受的实用计量单位制。1954年，第十届国际计量大会根据征询意见汇总，决定采用米（m）、千克（kg）、秒（s）、安培（A）、开氏度（°K）和坎德拉（Cd）6个单位为建立新单位制的基本单位。1956年，国际计量委员会把上述6个基本单位作为基础的单位制称为‘国际单位制’。1960年第十一届国际计量大会正式定名为‘国际单位制’，国际符号为‘SI’。从1795年法国颁布采用米制起，到1960年国际单位制诞生，其间经历了一个半世纪多的漫长历程。”〔3〕 国际单位制“是目前世界上最先进、科学和实用的单位制”，具有显著的严格性、简明性、实用性和通用性的优点，已被世界各国以及国际组织广泛采用，真正地实现了计量的国际统一。

计量自产生时起，就一直是和国家公权力的维系与推行紧密结合为一体

---

〔1〕 王立吉编著：《计量学基础》（修订版），中国计量出版社1997年版，第25页。

〔2〕 质量·标准化·计量百科全书编委会、中国大百科全书出版社编：《质量·标准化·计量百科全书》，中国大百科全书出版社2001年版，第341页。

〔3〕 施昌彦主编：《现代计量学概论》，中国计量出版社2003年版，第8页。

的，直至成为社会生活习惯的一部分。我们知道，国家公权力对计量的维系与推行一直是通过法律来实现的。所以，法制性被公认为计量的特点。[1] 通过法律建立计量制度的形式，主要有：①诏、告、决议、命令。如秦始皇统一度量衡诏，法兰西国民议会确立米制决议，中国政府《关于统一计量制度的命令》（政务院，1959 年），《关于在我国统一实行法定计量单位的命令》（国务院，1984 年 2 月）。采用此种法律形式，主要是对已经存在的计量技术或制度予以确认和推行。②宪法。在英国、美国，计量制度规定在宪法中，如《美国宪法》第 1 条第 8 款规定国会有权制定度量衡的标准，"并且为了行使上述各项权力，以及行使本宪法赋予合众国政府或其各部门或其官员的种种权力，制定一切必要的和适当的法律"。③计量法。在意大利、英国、德国、日本、澳大利亚、新西兰、加拿大、俄罗斯、韩国等国家，制定有《计量法》，为计量活动提供法制基础。④国际法制计量组织（OIML）的《计量法》，包括两个文本，一是 OIML 在 1975 年 10 月批准的第一个推荐给各国选择使用的《计量法》规范，共 15 章 27 条，包括：前言；法定计量单位；计量器具；对测量和计量器具的监督；对产品数量和预包装的计量监督；计量器具的制造、修理和销售；财务；计量机构、对象、违章和过渡条款等内容。[2] 二是 OIML 在 2004 年发布的《计量法大纲》，是对 1975 年的《计量法》的修改，共包括五部分。第一部分：引言 - 范围；第二部分：理论基础；第三部分：推荐的法律条款，是整部文件的核心，共 7 章，分别是定义、国家计量基础、法定计量单位、计量信息透明度、法制计量、强制实施和财务条款；第四部分：组织机构指南，共 5 章，分别是国际条款、协商一致、地方立法、官方权力组织和国家计量研究院；第五部分：举例和说明，共 5 章，分别是定义、国家计量基础、法定计量单位、计量信息透明度和法制计量。OIML 的《计量法大纲》为各国计量法的制定和修改提供了一套新的框架及选择模式，对中国计量法的修改和完善，也一定会产生积极的影响。

各国立法机构在确立计量法范围的时候，因在是否把科学计量、工业计量和法制计量纳入计量法中进行调整的选择不同，形成了不同的立法体例：[3] ①狭义的计量法，有的国家只把法制计量列入计量法的调整范围，而工业计量

〔1〕 王立吉编著：《计量学基础》（修订版），中国计量出版社 1997 年版，第 2 页。

〔2〕 质量·标准化·计量百科全书编委会、中国大百科全书出版社编：《质量·标准化·计量百科全书》，中国大百科全书出版社 2001 年版，第 206 页。

〔3〕 丁艺、宋明毅："中外计量法比较研究"，载《上海计量测试》2003 年第 2 期。本书作者对德国计量法的归类和该文有所不同。此处为本书主张而非引文之主张。

和科研计量均不在计量法的调整之列，如澳大利亚、加拿大等国的计量立法。②广义的计量法，有的国家把法制计量、工业计量和科学计量全部纳入计量法的调整范围，如中国、俄罗斯的计量立法。这种情况下，计量法制几乎等同于计量活动的全部。③中义的计量法，国家立法以法制计量为计量法的主要内容，但科研计量的部分内容也受到计量法的调整，如美国、德国、日本、英国、法国等国家的计量立法。

法制计量是在计量法制的基础上形成的。"有的法制计量学家把由法律、法规控制测量的若干领域的计量叫做法制计量。"[1] 其主要内容涉及计量单位、测量方法、计量器具和测量实验室的法定要求。

在计量单位的选择以国际单位制为基础的情况下，法制计量的核心就集中到了计量器具的管理上。对此，首先是在计量器具管制方式上，有法定管制和目录管制两种形式：①法定管制。这在市场经济发达国家比较通行。市场经济发达国家有的对计量器具的法制管理范围只限于商业贸易用计量器具，如美国、英国、加拿大、澳大利亚等；有的则在商业贸易用器具的基础上又增列医疗卫生、安全保护和环境监测等方面的计量器具，如日本、德国、法国等。②目录管制。如中国是通过公布《计量器具强制检定目录》、《依法管理的计量器具目录》和《进口计量器具型式审查目录》实现的。这两种管制方法的根本区别在于法定管制的内容是由法律直接规定的，具有明确的刚性，如日本法制计量管制的计量器具为18种51类，是依法行政的要求与体现；而目录管制则授权政府管制机构根据社会发展的需要通过调整、修改目录名录来实施调节，具有柔性约束的特点。其次是在计量器具的管制内容上，有流程管制和环节管制两种：①流程管制，包括计量器具的设计、性能实验、样机批准、首次检定、周期检定及使用中现场的监督检查。实施流程管制的主要为市场经济发达国家，持狭义和中观意义计量法的国家，如美国、日本、法国、英国、德国、加拿大、澳大利亚等，其中日本将修理、销售也纳入管制范围。②环节管制，即对计量器具仅选择若干关键点进行环节控制，包括新产品试验、样机批准、首次检定、周期检定等。实施环节管制的国家主要为采广义计量法的国家，如中国。

那么，法律、法规控制测量的计量领域有哪些呢？计量学家认为："用户对计量的信任领域在某种意义上也就是法制计量的核心领域。因此，当代计量学家又把法制计量定义为需要大量测量，各方利益冲突，测量结果需要

---

〔1〕 质量·标准化·计量百科全书编委会、中国大百科全书出版社编：《质量·标准化·计量百科全书》，中国大百科全书出版社2001年版，第139页。

特殊信任的领域的计量。”其主要涉及以下五个领域：①商业贸易；②医疗卫生，如体温测量、血压测量、血液分析等；③人身安全，如雷达车速监控、有毒物测量等；④环境监控，如化学计量中物质成分分析、车辆排污限定、噪声监测等；⑤官方控制，如资源控制、国库监管、税收征集等。[1]在各国的实践中，对上述五类法制计量领域的选择，则不尽一致。如美国法制计量最窄，主要选择商业贸易，着重保障公平贸易；日本法制计量主要选择用于贸易的计量器具和家用计量器具两类；中国和俄罗斯的法制计量范围比较宽，覆盖了上述五类领域。

四、检疫、三检分立发展与检疫法

Quarantine 作为检疫的专用名词，源自拉丁文 Quarantum，原意为40天。从词义上讲，现代检疫包括：①（对港口船舶等的）检疫、留检、检疫处、检疫期；②（因传染病流行而对人、畜等的）隔离、隔离区；③ 40 天。[2] 在国际上，检疫是指“限制无症状的受染嫌疑人的活动和（或）将无症状的受染嫌疑人及有受染嫌疑的行李、集装箱、交通工具或物品与其他人或物体分开，以防止感染或污染的可能播散”。[3] 世界卫生组织对检疫的界定，已成为世界各国实施检疫的公共政策的基础。

“检疫”词源意义的形成，源自人类社会发展史上的一段黑色历程。中世纪后期（1050～1350年），地中海商业一体化达到了顶峰，欧洲的市场规模也出现了显著扩张的势头，呈现出中世纪后期商业革命的景象。基尼扎的文献显示：11世纪地中海的贸易是自由、私营和竞争的。在地中海范围内的人口迁移、原材料、制成品、资金的流动很少受到官方的限制（除关税外）。[4] 贸易的繁荣发展带来了公共卫生安全问题。此前，和人、动物、植物共生共存的病菌、虫害和传染疾病，构成了封闭的生物圈，因自然环境如海洋、山脉、沙漠等而阻却或阻挡了病菌、虫害和传染疾病的传播。

卫生学的理论认为，当传染源、传播途径、对传染易感的人这三个环节同时存在时，就会造成传染病的传播流行。贸易的发展，首先从人的传染源角度讲，当病原体携带者——体内有病原体寄生繁殖并能由体内排出的人——将体内的病原体排出体外时，经过一定的传播途径使具有侵袭力的病原体侵入易感

---

〔1〕质量·标准化·计量百科全书编委会、中国大百科全书出版社编：《质量·标准化·计量百科全书》，中国大百科全书出版社2001年版，第140页。

〔2〕《新英汉词典》（增补本），上海译文出版社1985年版，第1083页。

〔3〕《国际卫生条例（2005）》第1条。

〔4〕［美］阿夫纳·格雷夫：《大裂变：中世纪贸易制度比较和西方的兴起》，郑江淮等译，中信出版社2008年版，第44～45页。

者的肌体，导致新病例的发生，这种新感染者又可形成新的感染循环，就会引起传染病的蔓延、爆发、流行；其次，从动植物和交通工具——传播途径的角度讲，交通工具、货物、行李、生活垃圾和鼠类、蚊虫、蝇类、蜚蠊都可以附带、携带病原体成为传播媒介；[1] 最后，我们不幸地看到，地中海沿岸和欧洲各商业贸易中心，在 14～15 世纪发生了大范围流行性传染性疾病：[2] 1347～1351 年的黑死病，估计毁掉了 1/3～1/2 的业已弱化的欧洲人口。这种瘟疫经由跳蚤叮咬传播，只要有老鼠就会流行起来，而且还会因为打喷嚏和咳嗽而产生空气携带传播，因此毁灭了全欧洲。经由 14 世纪 60 年代和 70 年代的复发，这场瘟疫改变了社会经济的金字塔，引发了人口数量的不断下滑，并且一直持续到 1480 年左右。黑死病改变了欧洲人的想象力，也使中世纪的医学实践颇感挫败。所有人都明白，一般意义上的医生不能治愈它们，因为瘟疫像带走无知者一样地夺走了有学识的人的生命。历史上没有哪一次行动不带有反作用力，而且也极少有灾难没有导致有益的变化，黑死病以后医药知识的增长如此，检疫的出现和发展也是如此。

现在，对于检疫出现的时间主要有两种主张：一种认为检疫起源于 14 世纪的威尼斯港。“1374 年，威尼斯港颁布了禁止染疫者或染疫嫌疑者入城的法令，也许这是最早的检疫措施。1377 年，亚得里亚海的拉诺萨共和国颁布了海员管理规则，规定对鼠疫患者实施隔离。”[3] 另一种主张则认为检疫起源于 15 世纪的威尼斯港。“当时正值第二次鼠疫大流行。为了防止疾病的传入，该港成立了检疫站，对有染疫嫌疑的旅客和货物实施 40 天的隔离。随之，许多城市效仿。海地于 1519 年建立了检疫机构。英国于 1701 年实施检疫措施并颁布检疫法规。1810～1829 年间，南美各大港口建立检疫机构、颁布检疫法规。1855 年，北美也随之效仿。中国卫生检疫始于 1873 年。当时，各国颁布的卫生检疫措施没有科学依据和统一的标准，情况十分混乱。对人员和货物的隔离天数从 20～80 天不等，甚至有些港口卫生当局对所有来往者实施 20～40 天的隔离。有些措施则极为严厉，如 1925 年，英国的检疫法律规定了在某种情况下，对擅自接触受隔

---

〔1〕 谷祖惠：“关于国际交往与人类健康保护的法律问题”，载《中国卫生检疫法学硕士研究生班论文集》，中国检察出版社 1997 年版，第 254～261 页。

〔2〕 下列数据和判断摘引自［美］罗宾·W. 温克、L. P. 汪德尔：《牛津欧洲史》（I），吴舒屏、张良福译，吉林出版集团有限责任公司 2009 年版，第 50～51 页。

〔3〕 H. S. Gear & Z. Deutschman，“Disease Control and International Travel”，转引自林建伟：“国际卫生条例若干法律问题的思考”，载《中国卫生检疫法学硕士研究生班论文集》，中国检察出版社 1997 年版，第 309 页。

离船舶的人员实施死刑的处罚。"[1]

检疫措施出现以后，由于贸易、航海和资本主义生产方式的确立，检疫也朝着常规化、制度化和理性化、技术化的方向发展，并日益趋向国际一体化。检疫制度的发展则主要表现为卫生检疫、动植物检疫和商品检验的三检分别独立发展和晚近的一体化融合发展。

1. 卫生检疫措施管理模式的发展。隔离是检疫措施的最早形式，其是和检疫一体化诞生的。在医疗卫生、技术水平和条件都无法认识、克服、应对病原性疾病传播时，隔离措施就成了检疫最简捷有效的手段。但这种措施也严重限制了旅客的自由和妨碍了交通运输的正常营运秩序。"鉴于此类原因，检疫法规一出台就受到了来自各方面的反对。医学界对检疫措施的有效性提出了不同的见解，政界也纷纷就检疫法规干涉个人权益等问题提出了意见。"[2] 为此，"本着预防鼠疫、霍乱、黄热病的蔓延，保障健康，便利地中海商业和海务关系的发展之目的，法国、英国、奥地利等地中海沿岸的 11 个国家于 1851 年 7 月 23 日在巴黎召开了会议。会议历时半年，制定了世界上第一个地区性的检疫公约——《国际卫生公约》。其中，许多内容涉及国境卫生检疫的基本要求，是一部带有卫生检疫性质的国际法规"。[3] 通过这个公约协调有关国家实施一致性的滤过式检疫方法。[4] 公约规定船舶出发港卫生当局对船舶出发实施检疫、颁发船舶健康证书，船舶在航行中对有关卫生情况报告，船舶在抵达港口无疫病发生时发给自由交通许可证，允许自由交通。滤过式国境卫生检疫普遍为各国所采纳。随后的国际卫生会议，尤其是 1926 年国际卫生会议修订后的 172 条的《国际卫生公约》和 1933 年于海牙签署的《国际航空卫生公约》使滤过式卫生检疫管理走向成熟。

1946 年 7 月，经联合国经社理事会决定，64 个国家的代表在纽约举行了一次国际卫生会议，签署了《世界卫生组织法》。1948 年 4 月 7 日，该法得到 26 个联合国会员国批准后生效，世界卫生组织宣告成立。《世界卫生组织法》规定：世界卫生大会有权通过关于防止传染病在国际蔓延的环境卫生及检疫方面

---

[1] H. S. Gear & Z. Deutschman, "Disease Control and International Travel", 转引自林建伟："国际卫生条例若干法律问题的思考"，载《中国卫生检疫法学硕士研究生班论文集》，中国检察出版社 1997 年版，第 309 页。

[2] 林建伟："国际卫生条例若干法律问题的思考"，载《中国卫生检疫法学硕士研究生班论文集》，中国检察出版社 1997 年版，第 310 页。

[3] 吕志平、潘德观："贯彻《国际卫生条例》修改《国境卫生检疫法》"，载国家质量监督检验检疫总局卫生司、中国卫生法学会国境卫生检疫专业委员会、深圳出入境检验检疫局主编：《国际卫生条例与中国卫生检疫》，广东科技出版社 2008 年版，第 4 页。

[4] 苑德才主编：《中国国境卫生检疫业务管理规程》，人民卫生出版社 1999 年版，第 2 页。

的要求和其他程序。1948 年，第一届世界卫生大会成立国际流行病学和检疫专家委员会，并授权专家委员会负责制定一切相关的国际卫生公约、协议，形成一个单独的为所有的国际交通及旅行者都适用的条例。1951 年，第四届世界卫生大会通过了《国际公共卫生条例》以取代世界上第一个地区性的实施整整 100 年的《国际卫生公约》和《国际航空卫生公约》。1969 年 7 月 25 日，世界卫生大会修改《国际公共卫生条例》，并改名为《国际卫生条例》。[1] 1969 年，第 22 届世界卫生大会决定将 WHO“国际流行病学和检验专家委员会”改为“国际传染病监测委员会”，将国际卫生的检疫方式由单纯进行微观查验发展为微观查验和宏观检测相结合，且多以电讯方式检疫；把主动开展交通工具、运输设备和国境口岸的卫生控制列入《国际卫生条例》。自此，卫生检疫进入动态监测与个别控制相结合的阶段。

《国际卫生条例》作为一部世界上大多数国家承认的国际卫生检疫法规，经过多年的实践、补充和修订，在防止传染病国际传播、保护人们健康方面提供了国际法律保障，取得了显著成果：一方面它推动了流行病学原则在全球的应用，建立了传染病国际检测网络，在全世界消灭天花，控制鼠疫、霍乱、黄热病等传染病的传播和流行等方面发挥了积极的作用；另一方面统一了成员国对卫生检疫工作的基本要求，建立搜集和通报各国疫情的制度，达到了以最大限度防止疾病在国际间传播，同时又尽可能小地干扰世界交通运输的目的。[2] 2005 年 5 月，第 58 届世界卫生大会通过了《国际卫生条例》（2005），并规定该条例在通报日后 24 个月生效（第 59 条）。《国际卫生条例》（2005）突破了传统的传染病管理模式，由管理传染病扩展到管理生物、化学和核放射危害，将其目的和范围确定为“针对公共卫生风险”提供预防、抵御和控制疾病国际传播的公共卫生措施，但同时要避免对国际交通和贸易造成不必要的干扰，要求卫生检疫要充分尊重人的尊严、人权和基本自由。

2．动植物检疫的独立全面发展。动植物检疫源自卫生检疫，在 19 世纪末，农业尚占据西方资本主义社会重要地位的情况下，专门针对动植物的检疫获得了独立的发展。据资料记载：[3] 法国鲁昂地区在 1660 年首先制定了铲除小蘖并

---

〔1〕 吕志平、潘德观：“贯彻《国际卫生条例》修改《国境卫生检疫法》”，载国家质量监督检验检疫总局卫生司、中国卫生法学会国境卫生检疫专业委员会、深圳出入境检验检疫局主编：《国际卫生条例与中国卫生检疫》，广东科技出版社 2008 年版，第 4 页。

〔2〕 吕志平、潘德观：“贯彻《国际卫生条例》修改《国境卫生检疫法》”，载国家质量监督检验检疫总局卫生司、中国卫生法学会国境卫生检疫专业委员会、深圳出入境检验检疫局主编：《国际卫生条例与中国卫生检疫》，广东科技出版社 2008 年版，第 5～6 页。

〔3〕 杨维长主编：《进出境动植物检疫与国际贸易》，天津人民出版社 1996 年版，第 97～98 页。

禁止其传入以防止小麦杆锈病的法令；1872年法国基于引种美国葡萄枝条导致葡萄根瘤蚜蔓延，大面积葡萄园被毁的事实促使政府颁布了禁止从国外输入葡萄枝条的法令。1873年俄国也对此加以仿效。1874～1875年，法、俄两国又颁布了禁止从美国进口马铃薯的法令。1879年，意大利下令禁止美国肉类输入，以防肉类旋毛虫。进入到20世纪，世界上有近百个国家制定了动植物的法律、法规和规程，其中在一些发达国家，如美国、日本、英国、澳大利亚等，动植物检疫法形成了较完备的体系。[1]

动植物检疫法的发展主要体现在检疫对象的扩展上。各国关于动植物检疫的法律和法令，在早期多针对具体的植物种苗和动物物种，以及贸易型动植物产品。后来人们发现，装载动植物的运输工具、包装物及来自疫区的运输工具、供拆解的废旧船舶等，均可成为传播病虫害的媒介。所以，现在动植物检疫的范围已包括进出境的动植物、动植物产品和其他检疫物，装载动植物、动植物产品和其他检疫物的装载容器、包装物，以及来自动植物疫区的运输工具（参见《进出境动植物检疫法》第2条）。

国际法是推动检疫等发展的重要力量。就进出境动植物检疫而言，其目的是为了防止动物传染病、寄生虫病和植物危险性疾病，虫、杂草以及其他有害生物传入、传出，保护农、林、牧、渔业生产安全和人类身体健康。但是，动植物病虫害的传播单靠一个国家、一个地区的努力而没有其他国家、地区的配合，是很难达到预期效果的。为此，在动植物检疫领域实施国际合作就成了各国政府的选择。1881年在瑞士伯尔尼签订的《葡萄根瘤蚜公约》是世界上第一个防止植物危害性病虫传播的国际法文件。“1914年，法、意、奥、匈等31个国家在罗马召开国际农业会议，会议上通过了《国际植物病理公约》。这个公约，就植物检疫制定了与会各国普遍接受的下述原则：①与会各国要采取立法及必要的行政措施来保证公正有效的行为，以防止植物病虫害的输入及蔓延；②要设立植物检疫机构，签发符合要求的植物病理证书，对不符合公约要求的进口货物要责令退回到原出口地、赔偿损失或根据货主要求予以销毁；③证书要按规定式样用法文及本国文字缮写；④与会国应将要求保证不受感染的植物病虫害的名单送达国际农业协会。”[2] 这个公约虽然由于第一次世界大战的爆发没能得到各国政府的批准，但是它表达了各国对加强国际合作，共同防范植物病虫害传播蔓延的共同愿望。

---

〔1〕 房维廉主编：《〈进出境动植物检疫法〉的理论和实务》，中国农业出版社1995年版，第355～356页。

〔2〕 杨维长主编：《进出境动植物检疫与国际贸易》，天津人民出版社1996年版，第99～100页。

3. 商品检验的确立发展。[1] 自1664年法国政府设立第一个检验机构后，直到19世纪比较发达的国家才普遍设立检验机构。如意大利政府于1850年在米兰设立检验所主要负责检验生丝；1874年，德国政府设立机构，检验农产品病虫害；1877年，奥地利政府设立检验机构执行农产品病虫害检验；英国于1877年在英格兰和威尔士设立机构检验农产品的病虫害。美国政府因出口肉类产品经奥地利、德国、法国、丹麦等国家检验后发现虫害而遭受打击，因此美国政府于1890年成立检验机构，总部设在纽约，并在费城等四城市设立分支机构进行检验和管理。日本政府为加强对出口产品的质量检验管理，防止商人贪图一时的利益，粗制滥造，运销劣质产品到海外市场，于1896年成立检验机构，并先后在横滨、神户、京都等12个主要城市设立检验机构，依法执行农产品、水产品的检验。至19世纪末20世纪初，瑞典、丹麦、比利时、捷克、希腊、智利、挪威、墨西哥等国家都先后建立了商品检验管理机构。当前活跃在国际贸易领域中的各类商品检验机构、鉴定机构有一千多家，既有官方机构，也有民间和私人机构。有的综合性检验鉴定公司业务遍及全世界，涉及国际贸易中各类商品的检验鉴定工作。

4. 检疫法立法模式的选择。检疫法在立法模式的选择上，呈现出多样性，其根源在于对下述理论问题的认识上，产生了不同的理解与选择：

（1）卫生检疫和动植物检疫之间的关系，是差异性大于同一性，还是同一性大于差异性？

（2）卫生检疫是国民卫生防疫的一部分，还是因国境检疫而具有了独立性？

（3）商品检验，是国际贸易中合同双方当事人之间的合同事项，还是政府的职能？

（4）检疫是一个主权国家的行为，在检疫法和国际法关系上，是国内法优先还是国际法优先，国际法可否直接适用于国内法？

现代世界近百个国家的检疫法，根据对上述四个问题的不同选择，形成并凸显出如下立法模式：

（1）统一检疫立法模式。统一检疫立法模式坚持卫生检疫和动植物检疫是检疫制度的两种形式，二者之间的同一性大于差异性，而商品检验则属于合同事项。美国和澳大利亚是这一模式的代表。在《美国联邦法规汇编》第42篇“公共卫生服务”的第9章“卫生与人类服务部公共卫生署”第Ⅵ分章为“检疫、检验、许可”，其中第70节为国内检疫，第71节为对外检疫，共有定义、总则，在外国港口的措施，抵达前报告传染病，美国港口卫生措施：传染病抵

---

〔1〕 本节材料选自季任天主编：《商检管理学》，中国计量出版社2003年版，第11页。

达美国港口时的要求，卫生检查，输入品等六个分节。[1] 在《澳大利亚1908年检疫法》中，检疫法统一适用于人类检疫、动物检疫和植物检疫，其结构为：第一部分“介绍”、第二部分“行政当局”、第二部分A“影响环境裁决”、第三部分“总则”、第四部分“交通工具、人员和货物检疫”、第四部分A“动植物检疫”、第五部分“检疫费用”、第六部分“强制执行”、第七部分“其他规定”。[2]

(2) 统一卫生防疫立法模式。统一卫生防疫立法模式是在一个国家卫生防疫统一一致的基础上进行的立法。而动植物检疫和商品检验则另行立法。德国、俄罗斯是这一模式的代表。在《俄罗斯联邦居民卫生防疫安全法》中，该法被视为“国家宪法实施的一个基本条件”，将国民卫生防疫和出入境检疫统一规定在：总则，公民、个体企业者和法人在保证居民卫生安全领域的权利和义务，保障人类健康居住环境安全的卫生防疫要求，卫生防疫（预防）措施，在保证居民卫生防疫领域的国家调节，国家在保障居民卫生防疫安全领域的卫生防疫监督，违反卫生法的责任等7章58条中。[3]

(3) 卫生检疫、动植物检疫和商品检疫三检分别立法模式。三检分别立法模式有别于上述两种模式的根本之处在于，它既坚持检疫和国民卫生防疫的根本不同，又强调卫生检疫、动植物检疫和商品检疫的区别与特色。中国是这一立法模式的代表，分别制定了《国境卫生检疫法》、《进出境动植物检疫法》和《进出口商品检验法》。

(4) 国际法优先的立法原则。世界各国的检疫法，大多坚持国际法优先的立法原则，使《国际卫生条例》、《国际植物保护公约》和《国际动物卫生法典》具有国际协调、国际统一和国际标准的性质，而南非则直接将《国际卫生条例》引入国内法适用，作为检疫的法律依据。

五、质量、质量控制与产品质量法

现在理论界对于质量有比较一致的认识：质量是产品的生命，质量是企业生存的保证，质量是国家形象的一部分。但实践中，假冒伪劣、粗制滥造，质量安全事故却屡屡发生。为此，中国政府继20世纪90年代初实行“质量效益年”活动后，又在2009年实施了“质量安全年”活动。在“中国制造”的产品

---

[1] 国家质量监督检验检疫总局卫生司、中国卫生法学会国境卫生专业委员会、深圳出入境检验检疫局组织编写：《境外卫生检疫法律法规汇编》，广东科技出版社2008年版，第706~717页。

[2] 国家质量监督检验检疫总局卫生司、中国卫生法学会国境卫生专业委员会、深圳出入境检验检疫局组织编写：《境外卫生检疫法律法规汇编》，广东科技出版社2008年版，第837~923页。

[3] 国家质量监督检验检疫总局卫生司、中国卫生法学会国境卫生专业委员会、深圳出入境检验检疫局组织编写：《境外卫生检疫法律法规汇编》，广东科技出版社2008年版，第551~565页。

遍布全球市场的时候，中国产品的质量问题也从一个企业、一个国家的事情变成了一个国际性问题。

质量问题是随着工业革命的产生而出现的。“工业革命之前，产品一直依靠手工方式生产，产品的质量依靠熟练技术和技巧的工匠来保证”，[1] 中国的能工巧匠和祖传秘方，创造了这一时期领先世界的产品质量。“随着工业革命和大生产方式的出现，企业逐步变得专门化，仅靠手工技术和行家已难以保证质量。”[2] 所以，在20世纪工业社会高度发达繁荣的同时，质量也从一个产品的具体问题发展成了重要的多学科交叉运用的质量科学。

质量科学是在质量管理科学的基础上生成的，成为融经济学、管理学、美学、艺术学、法学等为一体的学科，自20世纪80年代以来，欧洲质量管理组织（EOQC）改组为欧洲质量组织（EOQ），美国也在17个地方质量管理协会基础上发起成立了美国质量协会（ASQ）。亚太质量组织（APQO）也在1985年宣告成立。质量科学作为一个新兴学科呈现出蓬勃发展之势。

质量科学的发展具有典型的民族文化性和国家性特征。美国是现代质量科学的发源地和聚集地，从“泰勒管理”、“朱兰质量”、“戴明质量”到费根堡姆的“全面质量管理”，美国质量科学具有系统性特色；日本在引进戴明、朱兰质量理论进入企业管理的过程中，形成了“公司范围的质量管理”模式；而在工业革命的发源地——欧洲，质量在更多的时候，没有表现为管理科学，而是以产品责任为核心确立企业的社会责任。中国在传统的能工巧匠型质量保证模式已不能适应西方在近百年的时间内逐步建立起来而中国却用近三十年急速发展起来的工业生产体系和生产能力的要求时，质量成了国家立法的新领域，保证产品质量和安全成了法律的任务、政府的职能。因此可以说，质量科学在经历了质量检验、统计质量控制和全面质量管理的三个发展阶段后，[3] 现在正在进入质量法制控制的阶段。

英国学者安东尼·奥格斯以规制强度为指向，以标准为基础的规制模式中（见表1－2），标准处于中间位置，处于表示低干预强度的信息规制和高干预强度的事前批准之间。对于此规制模式，安东尼·奥格斯说：“信息规制要求供应商披露特定事实，但是并不对行为进行强制。在谱系的另一端，私人或企业若

---

〔1〕 质量·标准化·计量百科全书编委会、中国大百科全书出版社编：《质量·标准化·计量百科全书》，中国大百科全书出版社2001年版，序言第1页。

〔2〕 质量·标准化·计量百科全书编委会、中国大百科全书出版社编：《质量·标准化·计量百科全书》，中国大百科全书出版社2001年版，序言第1页。

〔3〕 质量·标准化·计量百科全书编委会、中国大百科全书出版社编：《质量·标准化·计量百科全书》，中国大百科全书出版社2001年版，第555～557页。

未获得有权机构的事前批准或授权，则不允许从事特定的行为，而要获得批准则必须满足特定条件。技术标准则不存在事前（ex ante）的控制，但如果供应商未能满足特定的质量标准则构成违法。”

表 1-2

干预强度				
←— 低　　高 —→				
信息规制	标准			事前审批
	目标标准	性能标准	规格标准	

标准可以分成三类，分别代表三种不同的干预强度。首先是目标标准（target standard），不对供应商的生产过程及产量作出具体的规定，但若出现某些特定的损害后果则需承担刑事责任。第二种是性能（产出）标准［performance（output）standard］，要求进入供应阶段的产品或服务必须满足特定的质量条件，而让生产商自由选择如何满足这些标准。第三种是规格（输入）标准［specification（input）standard］，有积极和消极两种存在方式：强制要求生产商采取特定生产方式或材料，或者禁止使用特定生产方式和材料。正因为如此，它的干预强度最强。[1]

表 1-3

质量控制				
市场	←—低	干预度	强—→	政府
信息规制	标准			事前审批
	推荐标准	企业标准	强制性标准	

本书将上述规制模式引入政府与市场关系中得到一个新的质量控制模式（见表 1-3）。该模式之所以是焕然一新的，是由于该质量控制模式系以标准为基础。通过标准控制质量是质量科学的主线。这里唯有标准问题，中外差异颇大。我们将表 1-2 中的标准，以 ISO 和 WTO 中对标准的认定为基础，认为标准是推荐性的、自愿采用的技术性文件。标准的强制性来源于技术法规的引用和法律的赋权。企业标准具有两重性，对外是推荐性的、非强

〔1〕［英］安东尼·奥格斯：《规制：法律形式与经济学理论》，骆梅英译，中国人民大学出版社 2008 年版，第 153 页。

制性的，对内却是制度要求的、强制性的。在此基础上，我们建构的质量控制模式呈现出质量控制的两种路径——市场控制和政府控制，和现实世界的景象基本是吻合的。

质量的市场控制路径中，以许可证为核心的事前审批是极少发生的，强制性标准也是以技术法规的引用形式出现的。在这种低干预或无干预的质量控制模式中，产品信息的充分、及时、真实披露和消费者获得信息的能力，是质量控制的核心（见图1－3）。

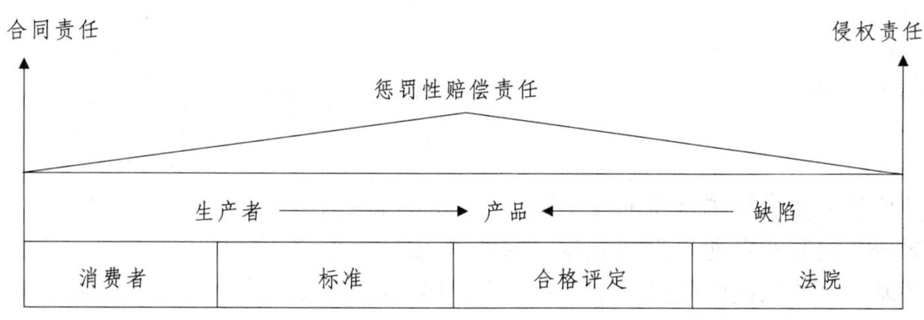

图1－3

对此，国家的有限介入是以制定商品标签标识法和构建消费者保护制度的形式出现的。产品在市场竞争中唯有获得消费者信赖，才能实现商品的价值。而这恰恰和企业的营利目的相一致。所以，在欧洲和美国等市场经济发达国家和地区，质量控制是在市场控制的路径上依赖企业的主体性和自律性而发生、发展和完成的。对企业自律性的刚性校正，则来自消费者惩罚性赔偿机制。也就是说，在标准为推荐性规范的时候，合格评定得到市场认同的价值，具备了入市许可的性质。消费者在产品信息比较充分的情况下，用产品的选择帮助企业实现竞争的目的。而一旦产品存在缺陷，消费者则可通过法院诉讼救济，实现惩罚性赔偿。

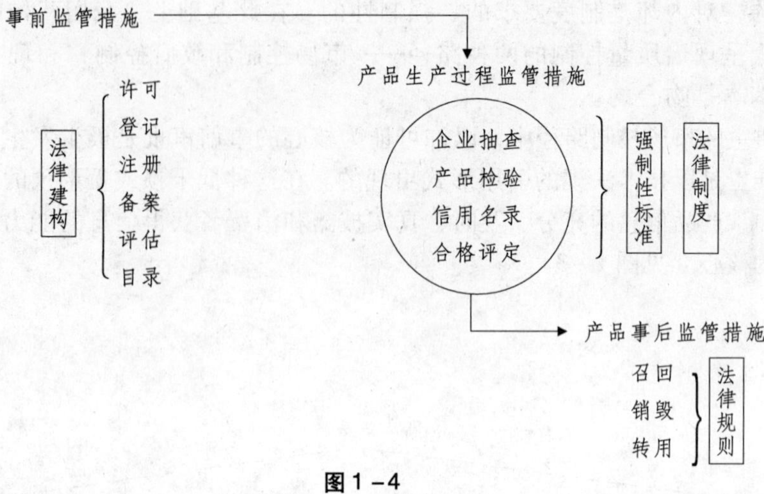

图1-4

质量的政府控制路径中（见图1-4），以许可、登记、注册、备案、评估、目录等为内容的事前审批和强制性标准相结合，在产品信息和主体信息全面管制的基础上，依赖监管机构的事中监管和事后监管实现产品的质量控制。中国是政府质量控制模式的代表，发达的质量立法和专门的监管机构，以及以质量发展纲要为代表的质量政策，是该模式的特色。

我们建议，在政府质量控制模式的基础上，将中国质量控制模式改造为质量法制控制模式（见图1-5）。

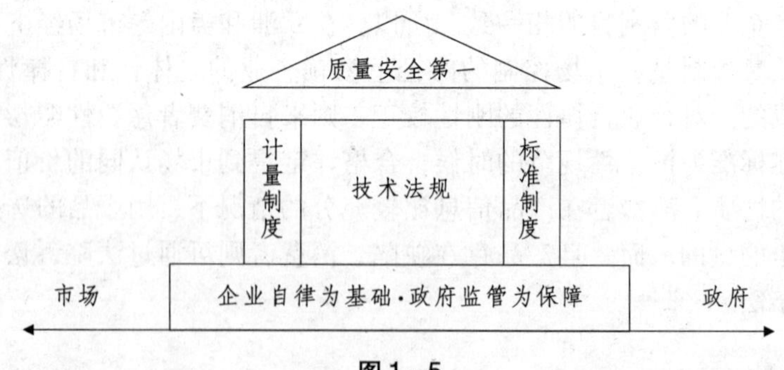

图1-5

该模式的基本理念是以法律的名义在法治的轨道上实施质量控制，其要点是在总结《质量振兴纲要》（1996~2010）实施经验的基础上，制定《中国质量发展战略》（2010~2025），明确规定：

1. 坚持和强力推行产品质量与安全第一，是中国2010~2025年经济发展的一项基本战略，是一项长远政策，法律是推行和保证产品质量与安全第一战略和政策实现的主导力量。

2. 标准和计量是实现质量控制的支撑力量。为此，必须从技术、法律和管理等方面建立和完善先进的标准制度和计量制度，并从经费、人力资源和体制上保障标准制度和计量制度的统一适用。

3. 技术法规是实现产品质量控制的核心。根据 WTO 的 TBT 协议和 SPS 协议要求，实施质量控制的技术措施，应该以技术法规的形式，具有科学依据并不得制造不合理的歧视性的技术壁垒。

4. 企业自律是质量控制的基础。为此，必须建立激励性管制制度，如国家质量奖、产品免检和合格评定。忽视企业自律，质量控制将会成为政府沉重的负担。

5. 政府监管是质量控制的保障。为此，必须建立绩效性监管体制，建议以戴明所著《走出危机》一书中建立的质量管理理论为基础[1]，转化成监管机构依法监管的原则、规制和理念，实现法制监管。

六、质检法的表达形式

技术规范的法律表达形式亦即质检法的渊源，包括：

(一) 宪法与宪法性文件

以宪法与宪法性文件规定质检法的情形，主要包括：美国宪法关于计量的

---

〔1〕 戴明所著的《走出危机》一书中的 14 个要点的内容如下：①树立改进产品和服务的长久使命，以使企业保持竞争力，确保企业的生存和发展并能够向人们提供工作机会。②接受新的理念。在一个新的经济时代，管理者必须意识到自己的责任，直面挑战，领导变革。③不要使质量依赖于检验。要从开端就将质量渗透或融入产品之中，从而消除检验的必要。④不要只是根据价格来做生意，要着眼于总成本最低。⑤要立足于长期的忠诚和信任，最终做到一种物品只同一个供应商打交道。⑥通过持续不断地改进生产和服务系统来实现质量、生产率的改进和成本的降低。⑦做好培训。由于缺乏充分的培训，人们常常因不懂得如何工作而不能把工作做好。⑧进行领导。领导意味着帮助人们把工作做好，而非指手画脚或惩罚威吓。⑨驱除恐惧以使每一个人都能为组织有效地工作。许多雇员害怕提问或拿主意，即使在他们不清楚自己的职责或不明白对错时。他们或是继续用错误的方式做事，或者干脆什么都不做。由于恐惧而导致的经济损失是惊人的。要确保质量和生产率，就必须使每个人都具有安全感。"最愚蠢的提问也胜于不提问"。⑩拆除部门间的壁垒。不同部门的成员应当以一种团队的方式工作，以发现和解决产品和服务在生产和使用中可能会遇到的问题。⑪取消面向一般员工的口号、标语和数字目标。质量和生产率低下的大部分原因在于系统，一般员工不可能解决所有这些问题。⑫取消定额或指标。定额关心的只是数量而非质量。人们为了追求定额或目标，可能会不惜任何代价，包括牺牲组织的利益在内。⑬消除影响工作完美的障碍。人们渴望把工作做好，但不得法的管理者、不适当的设备、有缺陷的材料等会对人们造成阻碍。这些因素必须加以消除。⑭ 开展强有力的教育和自我提高活动。组织的每一个成员都应不断发展自己，以使自己能够适应未来的要求。使组织中的每个人都行动起来去实现转变。参见质量·标准化·计量百科全书编委会、中国大百科全书出版社编：《质量·标准化·计量百科全书》，中国大百科全书出版社 2001 年版，第 561～562 页。

规定，英国通过皇家宪章赋予英国标准化协会享有英国国家标准化代表的地位，德国政府则通过协议承认德国标准协会代表国家的身份和地位。

（二）单行法

以单行法建立标准、计量、检疫等质检法律制度，是世界各国经常采用的方法。比较有代表性的，如《日本工业标准化法》、《德国计量法》、《澳大利亚检疫法》等。

（三）综合法

近年来，以综合法形式建立质检法律制度，开始成为一些国家的立法实践。这方面比较典型的，如《俄罗斯联邦技术监督法》、中国的《产品质量法》。

（四）国际法

20世纪80年代以来，国际组织在积极推动国际经济活动中质检规则的统一与协调方面，取得了显著的成效，有力地推动了各国国内法的协调发展，与此同时获得了国际法优先于国内法的普遍认同。这方面比较著名的有：WTO中的TBT协议和SPS协议，ISO和IEC共同发表的ISO/IEC指南、ISO/IEC导则，OIML的《计量法》，WHO的《国际卫生条例》（2005），OIE的《国际动物卫生法典》（2002），IPPC的《国际植物保护公约》（1997），CAC的《国际食品法典》。

据统计，截至2009年3月31日，在上述国际组织中，WTO有153个成员国，中国于2001年参加；ISO有162个成员国，中国于1978年参加；[1] OIML有57个成员国，中国于1985年参加；[2] WHO有193个成员国，中国于1972年恢复成员国地位；[3] OIE有173个成员国，中国于2007年参加；IPPC有170个成员国，中国于2004年参加；CAC有181个成员国，中国于1984年参加。[4] 可见，在质检领域，中国参加了此领域内全部的国际组织，而国际组织及其制定的公约已经成为世界各国在质检活动中协调一致的法律基础。

（五）技术法规

质检法的新形式是WTO各成员国根据TBT协议和SPS协议，为保护人和动植物的生命安全与健康，以及实现环境保护目的而发展起来的技术规范的总称。现在，关于技术法规和标准的关系，技术法规的表达形式和技术法规体系与结构性问题，都尚处于探索阶段。

---

〔1〕 www. iso. org/iso/about/iso_ numbers. htm.

〔2〕 www. oiml. org/dbase_ members/dbsearch. html.

〔3〕 www. who. int/counties/zh/.

〔4〕 www. wto. org/(G/sps/GEN/49. Rev. 9).

■ 第三节 质检法的起源和发展

一、质检法起源于“度量衡”

人类对数量和测量的认识，是随着人类社会的产生发展而产生发展的。人类靠集体的力量围猎，并公平分配获得的猎物，就产生了数与量的问题。最简单原始工具的制造，则意味着测量活动的开始，“随着人类的进步，测量的范围逐步扩大，测量的精度逐步提高，测量的数据开始要求统一，从此出现专用的测量单位和器具。古代中国称这种测量为度量衡”。[1] 度量衡是国家统一管理土地、征收赋税、发放俸禄和组织生产、规范交易的技术制度，所以在阶级社会，度量衡是人治社会克服统治阶级个人随意，以进行理性统治的技术工具。充分、有效、全面的理性统治是社会发展和国家强大的基础。

秦灭六国实力的形成和秦统一中国后的改革，实行统一度量衡一直是其坚定不移的国策并基本维持一致。[2] 汉承秦制，并建立了中国古代度量衡的理论体系——管钟乐律累黍说。“西汉末年，律历学家刘歆，为了迎合王莽新政的需要，征集了当时学识渊博，通晓天文、算学、乐律学的百余名学者，考证前代制度，其中包括了度量衡。经过总结、归纳，分别整理成审度、嘉量、权衡各篇专论，后收入《汉书·律历志》。首次明确规定，度量衡以黄钟为标准，假以累黍直接定出尺度、容量和权衡的量值，以及度、量、衡的各级单位名称、进位关系和与其相应的标准器的制造，行政管理等，成为我国古代度量衡史上最完整、最系统、最有权威的著作，以致影响到其后一千多年，直至明清，凡言及度量衡者，无不追溯到《汉书·律历志》。”[3] “历代诸儒考古制者，胥以此为鼻祖焉。”

《汉书》卷二十一《律历志》“审度”云：“度者，分、寸、尺、丈、引也，所以度长短也。本起黄钟之长，以子谷巨黍中者，一黍之主度之，九十分黄钟之长，一为一分。十分为寸，十寸为尺，十尺为丈，十丈引而五度审矣。其法用铜，高一寸，广二寸，长一丈而分寸尺丈存焉。用竹为引，高一分，广六分，长十丈。……职在内宫，廷尉掌之。”[4]

《律历志》“嘉量”云：“量者，龠、合、升、斗、斛也，所以量多少也。本起于黄钟之龠，用度数审其容，以子谷巨黍者，千有二百实其龠，以井水准

---

〔1〕 丘光明等：《中国科学技术史·度量衡卷》，科学出版社2001年版，第1页。

〔2〕 丘光明等：《中国科学技术史·度量衡卷》，科学出版社2001年版，第174～177页。

〔3〕 丘光明等：《中国科学技术史·度量衡卷》，科学出版社2001年版，第195～196页。

〔4〕 丘光明等：《中国科学技术史·度量衡卷》，科学出版社2001年版，第196页。

其概。二龠为合，十合为升，十升为斗，十斗为斛，而五量嘉矣。其法用铜，方尺面圜其外，旁有兆焉。其上为斛，其下为斗。左耳为升，右耳为合、龠。……其重二钧。……职在太仓，大司农掌之。”[1]

《律历志》“权衡”云：“衡权者，衡，平也。权，重也。衡所以任权而均物平轻重也。”又云：“权者，铢、两、斤、钧、石也，所以称物平施知轻重也，本起于黄钟之重，一龠容千二百黍，重十二铢，两之为两，二十四铢为两，十六两为斤，三十斤为钧，四钧为石。……五权之制，以义立之，以物钧之，其余小大之差，以轻重为宜。圜而环之，令之肉倍好者。”再云：“权与物钧而生衡，衡运生规，规圜生矩，矩方生绳，绳直生准，准正则平衡而钧权矣……职在在行，鸿胪掌之。”[2]

整个封建中国两千多年度量衡的历史，都从正反两方面揭示、证明了：“量出乱源必将导致经济与技术上的混乱。因此，统一量值的工作，不仅要求有技术手段，而且要有行政措施和法律的保证。”[3]

中国古代度量衡制度向近代计量的转变，始于清朝。在传教士带来的西方科学知识的影响下，中国传统计量的变化首先表现在新概念、新单位的出现上。“自徐光启与利马窦（Matthieu Ricci，1552～1610 年）合译了《几何原本》之后，角度概念开始普及，作为空间计量基础的地平方位表示法，由传统的区位表示法变成了指向表示法，360°分度体系也开始流行起来，这为角度计量的近代化创造了条件。此外，时刻制度也由昼夜百刻的划分方法改成了九十六刻制。它与角度概念相结合，为时间计量的近代化奠定了基础。另一变化表现在新的计量仪器的出现上，例如温度计、湿度计、机械钟表、测角仪，等等。”[4] 但在传统古训的约束下，清朝一代始终未能完成度量衡向近代计量的转型。

1927 年南京国民政府成立后，社会各界要求统一度量衡的呼声甚高。国民政府对此给予了高度重视，责成工商部核办。在工商部召集各部门代表和专家讨论过程中，形成了两种最具代表性也最为对立的观点：[5] 一种观点提出彻底抛弃万国公制，根据科学进步的原理，尊重中国传统习惯，重新设立独特的中国度量衡制；另一种观点提出完全采用万国公制，但要根据我国国民的习惯与心理，先制定暂行的过渡性的辅制，而且辅制与万国公制应有最简单的折合比例。工商部最终决定采用万国公制为我国度量衡标准制，并于 1928 年 7 月 18 日

---

〔1〕 丘光明等：《中国科学技术史·度量衡卷》，科学出版社 2001 年版，第 196～197 页。
〔2〕 丘光明等：《中国科学技术史·度量衡卷》，科学出版社 2001 年版，第 197 页。
〔3〕 丘光明等：《中国科学技术史·度量衡卷》，科学出版社 2001 年版，第 174 页。
〔4〕 关增建等：《中国近现代计量史稿》，山东教育出版社 2005 年版，第 4 页。
〔5〕 关增建等：《中国近现代计量史稿》，山东教育出版社 2005 年版，第 79 页。

以《中华民国权度标准方案》的名义发布。[1]

1929年2月，南京国民政府颁布《度量衡法》，共21条，确立中国度量衡采用万国公制为标准制，并暂设“辅制”，称曰“市用制”。尔后，工商部制定《度量衡法施行细则》，共53条。《度量衡法》及其施行细则的颁布实施，标志着中国法制计量得以脱离传统制度的束缚，走向近代计量。

中国古代虽然有大量丰富的标准化事例和标准化活动，但标准化一直附属在度量衡制度中而未能获得独立的动作。这种情况一直到1931年5月南京政府核准公布实施《工业标准化委员会简章》，同年12月16日工业标准委员会召开成立大会才得以改变。

由于工业标准委员会委员各有专职且散居四方，不易召集，没有常设机关，事情往往事倍功半，实业部门于1933年12月向行政院提交申请设立全国标准局的方案，后因立法院表决未通过而遭搁置。于是1934年8月，实业部指令全国度量衡局执行标准局的职责。1943年3月，工业标准委员会作为中华民国的标准化机构的代表，出席各种国际标准化会议，1946年《中华民国标准化法》颁布，1947年7月，全国度量衡局与工业标准委员会合并成立“中央标准局”。由此，法制计量和标准化成为共生的双核，成为质检法生成的基因。

质检法律现象以计量和标准为基础，以质量立法为第一推动力，以技术法规的国际化为第二推动力，迅速发展成为中国社会主义市场经济法律体系中一类颇具规模和影响的法律群体。“质量是构成社会财富的物质内容。人类通过劳动增加的社会物质财富，不仅表现在数量上，更重要的是表现在质量上。没有质量，数量再多也等于零，不仅没有经济价值，还会造成资源的浪费。质量是企业生存和发展的命脉。企业参与市场竞争靠产品（服务），不论在国际市场还是在国内市场，没有质量的产品（服务）不会得到消费者的认可，自然也就没有效益可言，企业的生存就会成问题。因此，质量是经济增长的必要条件。只有产品质量具有一定水平才能增强经济实力，实现可持续发展。速度是一个战略问题，质量也是一个战略问题。质量水平的高低，是一个国家经济、科技、教育和管理水平的综合体现。从这个意义上讲，质量标志着一个国家的素质和

---

〔1〕其主要内容为：①标准制：定万国公制（即米制）为中华民国权度之标准制。长度：以一公尺（即一米）为标准尺。容量：以一公升（即一立方分米）为标准升。重量：以一公斤（一千克）为标准斤。②市用制：以与标准制有最简单之比率并与民间习惯相近者为市用制。长度：以标准尺三分之一为市尺，计算地积以六千平方尺为亩。容量：即以一标准升为升。重量：以标准斤二分之一为市斤（即五百克），一斤为十六两，（每两等于三十一又四分之一克）。转引自关增建等：《中国近现代计量史稿》，山东教育出版社2005年版，第83页。

实力，标志着一个民族的风貌和生命力。"[1] "质量第一"是中国经济发展的长期战略方针，毛泽东同志指出：数量不可不讲，质量要放在第一位。邓小平同志多次强调，"质量第一是个重大政策"。[2] 1992年7月，国务院发布《关于进一步加强质量工作的决定》，1993年2月，全国人民代表大会通过《产品质量法》，1996年12月，国务院颁布《质量振兴纲要》，1999年12月，国务院发布《关于进一步加强产品质量工作若干问题的决定》，可见以质量立法带动计量法和标准化法，以质量监督管理统摄计量和标准化的技术规范功能已成为中国的立法政策。这一立法政策的确立和实施使质检法律现象在20世纪90年代得到迅速发展。

二、质检法概念的支撑资源

（一）质量技术监督体制

计量管理机构始自1950年国家在中央财政经济委员会技术管理局设立度量衡处，负责全国的度量衡工作。1952年，中央财政经济委员会被撤销，度量衡处划归中央工商行政管理局。1955年1月，国家计量局成立。在这一时期，行政管理和技术机构是一体化的。"到了1965年，为了更好地开展计量工作，国家将计量科研、检定工作和计量行政监督管理、立法等工作分开，独立设置了中国计量科学研究院负责计量技术工作，而国家科委计量局则负责全国的计量行政监督管理、立法等工作。至此，我国计量行政机构与技术机构开始正式分家。"[3] 十年动乱，计量管理机构遭到破坏。1972年国家批准成立国家标准计量局，标准与计量管理第一次走向统一，1978年4月，国家计量总局成立，1982年更名为国家计量局，运行至1988年3月。

标准化管理机构始自1949年10月国家在中央财政经济委员会技术管理局下设标准规格处，1957年在国家技术委员会中设立标准局。十年动乱，标准化管理机构遭到破坏。1972年国家批准成立国家标准计量局，标准与计量管理第一次走向统一。1978年成立国家标准总局，1982年更名为国家标准局，运行至1988年3月。

1988年3月，国务院为加强产品质量管理工作，决定将国家标准局、国家计量局和国家经委下属的质量管理局合并组建国家技术监督局，它的主要职责是负责制定产品质量监督管理的有关法规、制度，管理全国质量监督工作，组

---

〔1〕 质量·标准化·计量百科全书编委会、中国大百科全书出版社编：《质量·标准化·计量百科全书》，中国大百科全书出版社2001年版，第1页。

〔2〕 质量·标准化·计量百科全书编委会、中国大百科全书出版社编：《质量·标准化·计量百科全书》，中国大百科全书出版社2001年版，第550~551页。

〔3〕 关增建等：《中国近现代计量史稿》，山东教育出版社2005年版，第152页。

织对重要产品质量实施国家监督抽查。它在生产、流通领域里开展产品质量工作；协调和指导全国产品质量监督检验网的建设，管理和组织审查国家产品质量监督检验中心；管理全国产品质量工作；组织实施对产品质量的监督检验，查处劣质产品；调解和仲裁质量纠纷工作。同时，国务院各有关产品主管部门，各省、市、地区、县级政府相应设立了产品质量监督行政管理机构。从此，形成一个从中央到地方，由国家技术监督局统一管理、组织协调，以全国质量技术监督系统和有关专业监督机构为主体，国务院有关行业主管部门的行业监督机构为重要组成部分的中国产品质量监督行政管理体系。[1]

1998年3月，国务院为进一步突出质量监督管理的统一性，"在国家技术监督局基础上组建国家质量技术监督总局，并将原国家经济贸易委员会的质量管理职能，原劳动部承担的锅炉压力容器安全监察职能，原化学工业部承担的化学危险品质量监督管理职能及原轻工业部、原石油化学工业部、原国家建筑材料工业局、原纺织工业部、原机械工业部、原冶金工业部、原有色金属工业总公司、原国内贸易部、原煤炭工业部等的质量监督职能统一划入国家质量技术监督局，形成一个质量监督职能更加集中的中国产品质量监督行政管理体制"。[2]

（二）检验检疫体制

中国的检验检疫管理体制，在1949~2009年的60年时间内，经历了四个阶段的发展变化。[3]

1. 卫生部和对外贸易部分别负责卫生检疫和商品检验体制的阶段。卫生部自中华人民共和国政府成立开始负责卫生检疫，1957年的第一届全国人大常委会制定的《国境卫生检疫条例》是卫生检疫的法律基础，一直实施至1987年。1952年中央政府对外贸易部成立并组建商品检验总局，统一管理全国的动植物和商品检验检疫。

2. 卫生部、对外贸易部和农业部分别负责卫生检疫、商品检验和动植物检疫体制的阶段。1964年，农业部和外经贸部协商并报国务院批准，由农业部来接管进出境动植物检疫工作，交接工作于1965年完成，由此形成三检分设的领导体制，一直实施至1998年。

---

〔1〕 质量·标准化·计量百科全书编委会、中国大百科全书出版社编：《质量·标准化·计量百科全书》，中国大百科全书出版社2001年版，第594页。

〔2〕 质量·标准化·计量百科全书编委会、中国大百科全书出版社编：《质量·标准化·计量百科全书》，中国大百科全书出版社2001年版，第594页。

〔3〕 本节系根据苑德才主编的《中国国境卫生检疫业务管理规程》、房维廉主编的《〈进出境动植物检疫法〉的理论和实务》和《质量·标准化·计量百科全书》有关资料整理而成，特此说明并对引著者表示感谢。

3. 海关总署归口管理的三检合一体制的阶段。1998 年，国务院在机构改革中，将卫生部承担的国境卫生检疫和进出口食品卫生检验、对外贸易部承担的进出口商品检验、农业部承担的进出境动植物检疫职能及其机构和人员，合并组建国家出入境检验检疫局，由中国海关总署归口管理。国家出入境检验检疫局是主管出入境卫生检疫、动植物检疫和商品检验的行政执法机构，其主要职责是：[1]

(1) 研究拟定有关出入境卫生检疫、动植物检疫及进出口商品检验法律、法规和政策规定的实施细则、办法及工作规程，督促检查出入境检验检疫机构贯彻执行。

(2) 组织实施出入境检验检疫、鉴定和监督管理，负责国家实行进口许可制度的民用商品入境验证管理，组织进出口商品检验检疫的前期监督和后续管理。

(3) 组织实施出入境卫生检疫、传染病监测和卫生监督，组织实施出入境动植物检疫和监督管理，负责进出口食品卫生、质量的检验、监督和管理工作。

(4) 组织实施进出口商品法定检验，组织管理进出口商品鉴定和外商投资财产鉴定，审查批准法定检验商品的免验和组织办理复验。

(5) 组织对进出口食品及其生产单位的卫生注册登记及对外注册管理，管理出入境检验检疫标志、进口安全质量许可、出口质量许可并负责监督检查，管理和组织实施与进出口有关的质量认证认可工作。

(6) 负责涉外检验检疫和鉴定机构（含中外合资、合作的检验、鉴定机构）的审核认可并依法进行监督。

(7) 负责商品普惠制原产地证和一般原产地证的管理。

(8) 负责管理出入境检验检疫业务的统计工作和国外疫情的收集、分析、整理，提供信息指导和信息服务。

(9) 拟定出入境检验检疫科技发展规划，组织有关科研和技术引进工作，收集和提供检验检疫情报。

(10) 垂直管理检验检疫机构。

(11) 开展有关国际合作和技术交流，按规定承担技术性贸易壁垒和检疫协议的实施工作，执行有关协议。

(12) 承办国务院及海关总署交办的其他事项。

4. 2001 年至今由质检总局统一领导的体制的阶段。国务院在 2001 年的机

---

〔1〕 质量·标准化·计量百科全书编委会、中国大百科全书出版社编：《质量·标准化·计量百科全书》，中国大百科全书出版社 2001 年版，第 103～104 页。

构改革中，将国家质量技术监督局和国家出入境检验检疫总局合并成立国家质量监督检验检疫总局，建立了以质检为中心，统一国内市场和国际市场集中监管的质检管理体制。

三、质检法展望

（一）规制改革与质检法展望

质检法是市场规制法的一部分。在西方市场经济发达国家，以市场为规制取向的政策选择，决定了质检法更多的时候，是社会性规制的法律结果。在中国，以监管为主导的全面质量与安全控制政策，使质检法成了“问题中心主义法”的典范，即为解决质量与安全问题，一切可用之规制手段，可以不以逻辑为中心的予以采用和实施。这种情况下，质检法就兼有了经济性规制与社会性规制的双重功能。

规制改革的基本趋势是放松规制并实施激励性规制。放松规制要求规制政策的选择，要更多地依赖和相信市场的自我调节、自我修复功能，减少命令式规制，将规制重心由事后前移到事前。激励性规制要求规制工具——禁止、特许、价格、费率和数量限制、标准、信息、产权与权利界定——的选择与组合使用，慎用禁止与制裁性措施，推行目标与奖励性设定，发挥企业自律的积极性，实现监管目标。

将放松规制与激励规制引入质检法中进行观察，我们可以发现：质检法在实现质量零缺陷和安全零风险目标的规制过程中，应该强化企业社会责任制度，建立与完善国家质量奖、产品免检、企业标准主体地位等制度，逐渐从专项整顿、专项治理、突击检查等临时措施的使用转向规范性、常态性、制度性、法制性监管，推动监管机构走向统一、高效、权威、廉政。

（二）国际一体化与质检法展望

法律自产生以来，至今一直是主权国家制定或设定的规则，质检法亦不例外，在是否制定法律如标准化法，如何制定法律如产品质量法，和法律实施机制如检验检疫法等方面，各国质检法之不同即为主权行为选择之结果。但质检法和其他国内法不同的是，质检领域内国际组织和国际公约的力量，限定了国家主权的恣意行使或民族立场的狭隘行使，如 WTO，截至 2009 年 3 月共有 153 个成员国，其经济总量占世界市场经济总量的 95% 以上，为保障世界经济自由贸易无歧视、无障碍地公平进行，WTO 各成员国政府制定的政策、法规和管制措施，不管是赤裸裸的贸易保护，还是以保护人类与动植物的生命和健康为目的的技术措施，都要遵循 WTO 原则、规则的约束和指导。对此，其他成员国可以依照 WTO 的规定进行贸易政策评议，表达特别贸易关注，或者根据 WTO 争端解决机制，提请进行磋商，申请专家组裁决、上诉复审和执行。来自国际社会的力量在质检法作用区域内实质性地限定了WTO成员国的主权边界和主权行使形式。

所以，在世界经济一体化的信息社会时代，质检法的发展在技术法规领域，基于TBT协议和SPS协议的设定和运行，会出现经济政策和技术法规全球统一的趋势和个别国家临时措施性技术壁垒长期共存的格局。

（三）大部委制与质检法展望

质检法中的管理体制，就世界范围来观察，是一个需要讨论但又讨论甚少的问题。就是已有的讨论，也有不容忽视的缺陷和不准确乃至错误之处。就著作而言，杜方炯先生的《世界主要国家技术监督体系》是讨论这一问题最早的同时也是目前唯一的一本著作；就论文而言，《主要发达国家质量监管现状分析与经验启示》[1]作为中央基本科研业务费用支持项目“国家质量监管体系总体框架研究”的部分研究成果，应该是值得关注的。但令人遗憾的是，该论文具有明显的硬伤：首先，由于美国、德国和日本对质量的监管是市场取向，主要通过缺陷产品责任制度，由消费者发动诉讼救济来完成，而不是通过质量监管来完成。所以，该文关于美国、德国和日本三国质量监管的法律体系的介绍，混杂了大量的非研究文本，监管制度和法律文本之间也缺乏逻辑的洽合。其次，关于监管机构，由于实践中美国、德国和日本政府并不直接介入质量监管，质量监管是企业自律之事并主要由质量协会来协调、推动。这就必然使该文最后的结论——“发达国家产品质量监管的经验与启示”在失去材料支撑的同时，发生严重的误判和认识错误。为不致发生误导作用，特此指出并就教于作者和方家。

其实，仔细研判之后，我们不难发现，质检监管体制主要有分散和集中两种模式。其中分散模式主要是市场经济发达国家采用，集中模式主要是经济转型国家采用。[2]

1. 分散模式。分散模式的特点是分散集中结合，分散为主；自愿强制结合，自愿为主；官办民办结合，民办按法律规定或由政府干预。分散和集中指任务和机构。把标准化、计量、质量工作集中到一个机构管理的国家有巴西、新加坡、韩国、以色列等。其他国家都是分散与集中相结合。

分散为主是说：标准化、计量、质量分散管理，计量工作由政府部门或其所属机构管理，标准化、质量工作由非官方的协会、学会管理。国家一级的计量工作，不少国家相对集中，例如美国集中于国家标准技术研究院（NIST），归商务部；德国集中于联邦物理研究院（PTB），归经济部；英国集中于国家物理

〔1〕 高晓红、康键：“主要发达国家质量监管现状分析与经验启示”，载《世界标准化与质量管理》2008年第10期。

〔2〕 本节分散监管和集中监管模式的讨论，引自杜方炯编：《世界主要国家技术监督体系》，中国标准出版社1995年版，第185~186页。

研究所（NPL）和国家工程研究所（NEL），归贸工部；日本集中于工业技术研究院，归通产省；法国集中于工业部。

自愿包括：标准自愿采用，实验室认可、产品认证和质量标志自愿申请，工业用计量仪器自愿送检等。但是，被国家法律、政府法令引用并规定强制执行的标准，如食品、化学药品、压力容器等方面的标准是强制性标准；对有关人民健康、安全、环境保护等方面的测试实验室实行强制性认可，这些方面的产品要强制认证；法制计量器具要强制检定。

官办民办是指技术监督机构的设置。计量工作大多由官方机构负责，有的国家有私营的仪器检定公司，而标准化和质量工作则由大量的民办机构承担，充分利用民办机构的力量进行标准制订、产品认证、质量监测、宣传教育和推广普及工作。但是政府对这些机构是有干预的：制定统一的技术政策，指派官方代表参加主要民办机构（协会、学会等）的理事会并任命主要负责人，在经费上政府给予资助（资助全面经费的1/2或1/3不等）。

分散模式的优点是：①自愿与强制结合、分散与集中结合，按经济发展规律调节，机构层次少，受行政干预少，经济、灵活；②除强制监督者外，不分行业、不按地区、不受行政干预地自由选检送测，自愿申请认证，方便了用户；③充分利用大量民办机构的力量，加强了技术监督工作。

2.. 集中模式。集中模式的特点是集中统一、垂直领导、法制性强、强调管理。

其中，集中统一指任务基本上统一到一个部门管理，例如前苏联的国家标准委员会和朝鲜的标准质量监督总局都是统管标准化、计量、质量和进出口商品检验的执行国家监督的中央领导机构，制定全国统一的技术监督方针和政策，组织制订统一的国家标准技术文件，统一对外参加有关国际组织等，人员统一任免，费用统一列入国家预算；垂直领导指从中央到地方直至基层机构的人事的任免权和奖惩权按纵向原则管理，事业费、人员工资及其他费用由国家拨付；法制性强指国家标准是强制性的，执行强制检定的计量器具包括的范围宽等；强调国家管理包括规定对产品实行“国家验收”和“国家监督”，对产品质量实行“国家质量等级鉴定”，对计量器具实行“国家检定”等一系列旨在管理的制度。

集中模式的优点是：①集中统一，垂直领导，便于统一规划和建设，相对来说布局比较合理，便于统一贯彻中央的方针政策，业务上不受地方干预，部门之间、地区之间的矛盾可以避免；②法制管理健全，权威性高，标准、规程等文件一经公布即成为强制性法规；③科研测试机构由国家投资建设，实力雄厚，易于见效。

3. 中国质检监管体制的改革与发展。现在什么是质检监管的最佳模式，各国都在探索。[1] 如前苏联在20世纪90年代解体之前的相当长的时期内，在质量工作方面，基本取消了新产品鉴定、产品国家验收和国家监督抽查制度，而重点推行实验室认可和产品认证、在企业中建立质量保证体系工作。标准化工作方面，积极采用国际标准和国外先进标准，提高强制性标准的技术指标；压缩标准数量，增加推荐性标准；成立专业技术委员会，下放制定、修订标准的权力。计量工作方面，主要是建立技术上有优势的实行独立经济核算的科研生产联合体，向企业经济自理方向发展。而在西方市场经济发达国家，技术监督也有集中的趋势。英国已把国家测试实验室认可体系（NATLAS）和英国检定局（BCS）集中到国家物理研究所（NPL），成为现在的国家计量测试实验室认可系统（NAMAS），还可能再把实验室认证机构国家认可委员会（NACCB）集中起来。芬兰贸工部技术监督署的计量部从1992年7月1日起与认证部门合并成立计量认证中心。瑞典标准化专家认为，推行标准化的自愿体制、减少层次是今后国际上的一种趋势。所以，总体上讲，自20世纪80年代以来，集中模式有往分散化方向放松监管发展的趋势，而分散模式也有一些领域向集中方向强化监管发展的趋势，这应当引起我们的注意与思考。

就中国质检监管体制的改革与发展而言，重要的是方向选择。对此，一个特别值得警惕的动向是：以国外政府机构中并无对应的质检机关否认质检总局存在的合理性，进而解散质检总局，分散政府质检职能。对此，我们一定要有历史的、理性的认识。

最后，在中国政府正在推进的大部委制改革中，宜以保留、改革、完善质检总局为选择：

（1）保留的原因在于中国质检体制之形成，是由新中国成立六十多年来，尤其是改革开放三十多年来的实践所铸造的，具有技术监督与检验检疫合一的特色和品格，适合中国产品质量安全的状况和未来发展的取向。

（2）改革的方向是合理界定政府质检职责的边界，实现企业自律与监管者监管相结合。为此，应当在产品质量问题上主要发挥市场的激励作用，在产品安全问题上加强政府监管作用，但以不包办企业经营活动为原则。

（3）需要完善的方面：一是加快制定《检验检疫法》，取代三检分立立法；二是待条件成熟制定《技术监督法》，取代计量、标准、质量分别立法；三是在上述两部法律基础上，制定《质检法通则》，将质检活动建立在统一的法制基础上；四是在总结《质量振兴纲要》（1996~2010）实施经验的基础上，制定《中国质量发展战略》（2010~2025）。

---

〔1〕 杜方炯编：《世界主要国家技术监督体系》，中国标准出版社1995年版，第187页。

上编

质检法综合制度

第二章 质量监督法律制度

质量监督法律制度是基础性质量监督检验检疫法律制度，是质量监督检验检疫法律制度的重要组成部分，在质量监督检验检疫法中占据核心的地位。我国政府十分注意和重视质量监督的立法工作。新中国成立后，尤其是改革开放以后，我国颁布了一系列旨在调整和规范质量监督活动的法律法规。

本章立足于我国现行的质量监督立法和质量监督管理体制，重点介绍质量监督检查制度、质量监督公示制度和质量监督奖励制度等几项具体的质量监督法律制度。

■ 第一节　质量监督法律制度概述

质量监督法律制度是一系列规范、调控质量监督活动的法律制度的统称，包括质量监督基本制度和质量监督具体制度两类。目前，标准化制度、企业质量体系认证制度、产品质量认证制度、工业产品生产许可证制度、质量监督检查制度、质量监督公示制度、质量监督奖励制度是我国质量监督的基本法律制度。

一、质量监督立法

我国政府十分注意和重视质量监督的立法工作，已经颁布了一系列旨在调整和规范质量监督活动的法律法规。

截至目前，我国已经颁布的规范质量监督的法律主要有两类，一类是技术监督类法律，如《计量法》、《标准化法》、《产品质量法》等；一类是检验检疫类法律，如《进出境动植物检疫法》、《进出口商品检验法》、《国境卫生检疫法》等。而规范质量监督的法规和规章则很多，如《工业产品生产许可证管理条例》、《强制检定的工作计量器具检定管理办法》、《危险化学品安全管理条例》、《特种设备安全监察条例》、《无公害农产品管理办法》、《地理标志产品保护规定》、《进口计量器具监督管理办法》、《制造、修理计量器具许可监督管理办法》、《商品量计量违法行为处罚规定》、《集贸市场计量监督管理办法》、《加油站计量监督管理办法》、《眼镜制配计量监督管理办法》、《计量器具新产品管理办法》、《安全技术防范产品管理办法》、《食品生产加工企业质量安全监督管理实施细则（试行）》、《特种设备质量监督与安全监察规定》、《锅炉压力容器压力管道特种设备安全监察行政处罚规定》、《锅炉压力容器制造监督管理办法》、《气瓶安全监察规定》、《强制性产品认证管理规定》、《认证证书和认证标志管理办法》、《认证及认证培训、咨询人员管理办法》、《有机产品认证管理办法》、《认证培训机构管理办法》等。

这些众多的质量监督法律法规确立了质量监督的基本制度，对质量监督的主体、职责权限、基本任务、措施和手段、违法处理等质量监督的有关问题做了明确的规定，为质量监督活动的正常开展和顺利进行提供了法律上的保障，同时，也为我国制定和颁布统一的《中华人民共和国质检法》奠定了坚实的法律基础。

二、质量监督管理体制

我国质量监督管理体制由中央质量监督部门和地方质量监督部门两部分组成。其中，中央质量监督部门和地方质量监督部门中的质量监督主管部门是我国质量监督管理体制的核心。

（一）中央质量监督部门

国务院直属的质量监督部门是中央质量监督部门，包括质量监督主管部门和行业质量监督部门。

1. 质量监督主管部门。国家质检总局是我国的中央质量监督主管部门。它是国务院主管全国质量、计量、出入境商品检验、出入境卫生检疫、出入境动植物检疫、进出口食品安全和认证认可、标准化等工作，并行使行政执法职能的国务院直属机构。

国家质检总局内设办公厅、法规司、质量管理司、计量司、通关业务司、卫生检疫监管司、动植物检疫监管司、检验监管司、进出口食品安全局、特种设备安全监察局、产品质量监督司、食品生产监管司、执法督查司（国家质检总局打假办公室）、国际合作司（WTO办公室）、科技司、人事司、计划财务司、机关党委和离退休干部局等19个司（厅、局）。

国家质检总局的职责是：①组织起草有关质量监督检验检疫方面的法律、法规草案，研究拟定质量监督检验检疫工作的方针政策，制定和发布有关规章、制度；组织实施与质量监督检验检疫相关法律、法规，指导、监督质量监督检验检疫的行政执法工作；负责全国与质量监督检验检疫有关的技术法规工作。②宏观管理和指导全国质量工作，组织推广先进的质量管理经验和方法，推进名牌战略的实施；会同有关部门建立重大工程设备质量监理制度；负责组织重大产品质量事故的调查；依法负责产品防伪的监督管理工作。③统一管理计量工作。④拟定出入境检验检疫综合业务规章制度；负责口岸出入境检验检疫业务管理。⑤组织实施出入境卫生检疫、传染病监测和卫生监督工作；管理国外疫情的收集、分析、整理，提供信息指导和咨询服务。⑥组织实施出入境动植物检疫和监督管理；管理国内外重大动植物疫情的收集、分析、整理，提供信息指导和咨询服务；依法负责出入境的转基因生物及其产品的检验检疫工作。⑦组织实施进出口食品、化妆品、锅炉、压力容器、电梯等特种设备的安全、卫生、质量监督检验和监督管理。⑧组织实施进出口商品法定检验和监督管理，监督管理进出口商品鉴定和外商投资财产价值鉴定；管理国家实行进口许可制度的民用商品入境验证工作，审查批准法定检验商品免验和组织办理复验；组织进出口商品检验检疫的前期监督和后续管理；管理出入境检验检疫标志（标识）、进口安全质量许可、出口质量许可，并负责监督管理。⑨依法监督管理质量检验机构；依法审批并监督管理涉外检验、鉴定机构（含中外合资、合作的检验、鉴定机构）。⑩管理产品质量监督工作；管理和指导质量监督检查；负责对国内生产企业实施产品质量监控和强制检验；组织实施国家产品免检制度，管理产品质量仲裁的检验、鉴定；管理纤维质量监督检验工作；管理工业产品生产许可证工作；组织依法查处违反标准化、计量、质量法律、法规的违法行为，打击假冒伪劣违法活动；制定并组织实施质量监督检验检疫的科技发展、实验室建设规划，组织重大科研和技术引进；负责质量监督检验检疫的统计、信息、宣传、教育、培训及相关专业职业资格管理工作；负责质量监督检验检疫的情报信息的收集、分析、整理，提供信息指导和咨询服务。

2. 行业质量监督部门。中央质量监督部门除质量监督主管部门之外，还有各行业质量监督管理部门。行业质量监督部门是中央质量监督部门的重要组成部分，他们在各自的职权范围内负责质量监督工作。

国务院有关部门是中央行业质量监督部门。根据我国现行法律的规定，卫生部、农业部、商务部、工业与信息化部、环保部、国家工商行政管理总局、国家食品药品监督管理局是主要的行业质量监督部门。

（二）地方质量监督部门

1. 地方质量监督主管部门。县级以上地方质量监督部门是地方质量监督的主管部门，主管本行政区域内的产品质量监督工作。

地方质量监督部门按照国家质检总局的统一部署和要求，在各自职责范围内负责组织质量监督工作。

2. 地方行业质量监督部门。同中央质量监督部门一样，地方质量监督部门除质量监督主管部门之外，还有各行业质量监督部门。各行业质量监督部门是地方质量监督部门的重要组成部分，他们在各自的职权范围内负责质量监督工作。

县级以上地方人民政府有关部门是地方行业质量监督部门。地方行业质量监督部门受中央行业质量监督部门的行政领导和业务指导，有些还是垂直领导关系。他们在中央行业质量监督部门的领导和指导下，在各自的职权范围内，根据授权具体负责本部门职权范围内的质量监督工作。

三、质量监督制度

制度是质量的根本保障。为了维护良好的社会经济秩序，规范国家质量监督管理部门的质量监督活动，保护消费者的合法权益，我国产品质量监督法律法规确立了一系列质量监督法律制度。

我国现行的质量监督制度，依据其功能与作用的不同，可以分为两类：一类是质量监督基本制度；一类是质量监督具体制度。

1. 质量监督基本制度，主要解决质量监督活动中带有基础性、普遍性、全局性的问题，具有宏观性。质量监督基本制度是我国现行质量监督制度的基础组成部分，对质量监督具体制度具有指导意义。我国现行的质量监督法规根据我国社会主义市场经济的现实和产品质量的现状，确立了为数众多的基本质量监督制度。主要包括：标准化制度、企业质量体系认证制度、产品质量认证制度、工业产品生产许可证制度、质量监督检查制度、质量监督公示制度、质量监督奖励制度、质量违法惩罚制度等。

考虑到标准化制度、企业质量体系认证制度、产品质量认证制度、工业产品生产许可证制度、质量违法惩罚制度等质量监督基本制度在相关的章节中已经作了介绍，因此本章仅重点介绍质量监督检查制度、质量监督公示制度和质量监督奖励制度。

2. 质量监督具体制度，主要解决质量监督活动中的具体和个体问题，受质量监督基本制度的指导。质量监督具体制度是质量监督基本制度不可或缺的基本构成元素，同时也不断地丰富着质量监督基本制度的内容。质量监督的具体制度为数众多，如质量监督检查制度中的质量抽查制度和质量检测制度，质量监督奖励制度中的认证证书和名优标志使用和管理制度，质量监督公示制度中的质量状况信息发布制度等均是重要的质量监督具体制度。

我国基本制度和具体制度相结合的质量监督制度，既为加强对产品质量的监督管理提供了法律依据，又为产品质量监督部门对产品质量监督行政执法活动提供了必须遵守的行为规范和切实可行的操作规范，对维护社会经济秩序，保护消费者的合法权益也具有十分重要的法律意义。

■　第二节　质量监督检查法律制度

质量监督检查制度是一项重要的质量监督法律制度。建立健全质量监督检查制度，有利于产品质量的提高，也有利于消费者权益的保护。目前，我国的质量监督检查法律制度主要是产品质量国家监督抽查制度。

一、质量监督检查法律制度的含义

质量监督检查制度是指各级政府质量技术监督部门，根据国家有关法律、法规或规章的规定，按照各级政府赋予的职责，代表政府对生产、流通领域的产品（包括服务）质量实施的一种具有监督性质的检查制度。它既是一项强制性的行政措施，同时又是一项有效的法律制度。

我国自1985年起建立了以抽查为主要内容的质量监督检查制度。1993年2月22日颁布、2000年7月8日修订的《产品质量法》又以基本法的形式对以抽查为主要内容的质量监督检查制度进行了确认。该法第15条规定："国家对产品质量实行以抽查为主要方式的监督检查制度，对可能危及人体健康和人身、财产安全的产品，影响国计民生的重要工业产品以及消费者、有关组织反映有质量问题的产品进行抽查。抽查的样品应当在市场上或者企业成品仓库内的待销产品中随机抽取。监督抽查工作由国务院产品质量监督部门规划和组织。县级以上地方产品质量监督部门在本行政区域内也可以组织监督抽查。法律对产品质量的监督检查另有规定的，依照有关法律的规定执行。国家监督抽查的产品，地方不得另行重复抽查；上级监督抽查的产品，下级不得另行重复抽查。根据监督抽查的需要，可以对产品进行检验。检验抽取样品的数量不得超过检验的合理需要，并不得向被检查人收取检验费用。监督抽查所需检验费用按照国务院规定列支。生产者、销售者对抽查检验的结果有异议的，可以自收到检验结果之日起15日内向实施监督抽查的产品质量监督部门或者其上级产品质量监督部门申请复检，由受理复检的产品质量监督部门作出复检结论。"

2001年12月29日，国家质量监督检验检疫总局又根据《产品质量法》的规定发布了《产品质量国家监督抽查管理办法》。该办法的发布，使以抽查为主要内容的质量监督检查制度得到进一步的充实和完善，其操作性也得到了进一步加强。

二、产品质量国家监督抽查制度

产品质量国家监督抽查制度是由国务院产品质量监督部门依法组织有关省

级质量技术监督部门和产品质量检验机构对生产、销售的产品，依据有关规定进行抽样、检验，并对抽查结果依法公告和处理的活动。国家监督抽查是国家对产品质量进行监督检查的主要方式之一。

（一）产品质量国家监督抽查制度概述

《产品质量国家监督抽查管理办法》是规范产品质量国家监督抽查制度的基本法律规范。该办法的总则对产品质量国家监督抽查制度作出了一般性规定，其内容涉及适用范围、抽查方式、样品提供、质量判断、检验费用、组织管理等方面。

1. 适用范围。目前，我国产品质量国家监督抽查的对象主要是涉及人体健康和人身、财产安全的产品，影响国计民生的重要工业产品以及用户、消费者、有关组织反映有质量问题的产品，并不是对所有的产品都进行国家监督抽查。

2. 抽查方式。国家监督抽查分为定期实施的国家监督抽查和不定期实施的国家监督专项抽查两种。定期实施的国家监督抽查每季度开展一次，国家监督专项抽查根据产品质量状况不定期组织开展。

3. 样品提供。国家监督抽查的样品，由被抽查单位无偿提供，抽取样品的数量不得超过检验的合理需要。对不便携带的样品必须由被抽查企业负责寄、送至检验机构。企业无正当理由不得拒绝国家监督抽查和拒绝寄、送被封样品。

4. 质量判断。国家监督抽查的质量判定依据是被检产品的国家标准、行业标准、地方标准和国家有关规定，以及企业明示的企业标准或者质量承诺。

当企业明示采用的企业标准或者质量承诺中的安全、卫生等指标低于强制性国家标准、强制性行业标准、强制性地方标准或者国家有关规定时，以强制性国家标准、行业标准、地方标准或者国家有关规定作为质量判定依据。除强制性标准或者国家有关规定要求之外的指标，可以将企业明示采用的标准或者质量承诺作为质量判定依据。没有相应强制性标准、企业明示的企业标准和质量承诺的，以相应的推荐性国家标准、行业标准作为质量判定依据。

5. 检验费用。国家监督抽查不向企业收取检验费用，国家监督抽查所需费用由财政部门安排专项经费解决。财政部专项拨付的国家监督抽查经费由国家质检总局统一管理、使用。

6. 组织实施。国家监督抽查工作由国家质检总局负责组织和实施国家监督抽查工作。为保证国家监督抽查工作的统一性和权威性，《产品质量国家监督抽查管理办法》规定：①各省、自治区、直辖市质量技术监督部门必须按照国家质检总局的要求，承担本行政区域内的国家监督抽查相关工作；②国务院有关部门或者地方组织的产品质量抽查活动，不得以国家监督抽查的名义进行，发布质量抽查通报不得冠以“国家监督抽查”字样；③凡已经国家监督抽查的产品，自抽查之日起6个月内，各行业、企业主管部门，地方质量技术监督管理部门和其他部门对该企业的产品不得重复进行监督检查。

（二）抽查计划和抽查方案的确定

抽查计划是抽查范围的具体化，而抽查方案则是对抽查计划的贯彻和实施。《产品质量国家监督抽查管理办法》对抽查计划和抽查方案的确定作了具体的规定。

1. 抽查计划的确定。《国家监督抽查重点产品目录》是抽查计划的具体表现形式。《国家监督抽查重点产品目录》由国家质检总局负责制定并根据产品发展和质量变化情况，进行修订和调整。

《国家监督抽查重点产品目录》确定后，国家质检总局在征求有关方面意见的基础上，制定国家监督抽查计划，并向有关单位下达国家监督抽查任务。

2. 抽查方案的确定。抽查方案由省级质量技术监督部门、检验机构根据抽查计划制定。一般情况下，省级质量技术监督部门、检验机构在接受国家监督抽查任务后应当立即制定抽查方案。

抽查方案应当包括以下内容：①抽样。说明抽样依据的标准、抽样数量和样本基数、检验样品和备用样品数量。②检验依据。检验依据应当符合该办法第7条规定的原则。③检验项目。检验项目应当突出重点，主要选择涉及人体健康和人身、财产安全的项目及主要的性能、理化指标等。④判定规则。有关国家标准或者行业标准中有判定规则的，原则上按标准的规定进行判定。标准中没有综合判定的，可以由承担国家监督抽查任务的检验机构提出方案，经标准化技术委员会同意并征求行业主管部门意见，报国家质检总局同意后施行。⑤提出被抽查企业名单。确定抽查企业时，应当突出重点并具有一定的代表性，大、中、小型企业应当各占一定的比例，同时要有一定的跟踪抽查企业的数量。必要时，可以专门指定被抽查企业的范围。⑥抽查经费预算。抽查经费预算应当按照不营利的原则制定，主要包括检验费、差旅费、样品运输费、公告费等。国家监督抽查方案中的抽样、检验依据、检验项目、判定规则等内容应当坚持科学、公正、公平、公开原则。

抽查方案经国家质检总局审查批准并开具《国家监督抽查任务书》、《产品质量国家监督抽查通知书》和《国家监督抽查情况反馈单》后，承检机构方可进行产品抽查。

（三）抽样

样品通常是指从一批商品中抽取出来的，或由生产、使用部门加工、设计出来的，足以反映和代表整批商品品质的少量实物。样品有参考样品和标准样品之分。抽样，即抽取样品，它是抽查检验的前提和基础。抽样应当按照一定的标准，有组织地进行，抽取的样品也应当有代表性。《产品质量国家监督抽查管理办法》对抽样的组织、标准、方法等问题作了具体的规定。

1. 抽样组织。抽样由被抽查企业所在地的省级质量技术监督部门组织进行，其抽样人员由其指派的人员和承检单位的人员组成。省级质量技术监督部门在组织抽样时应当遵守以下规定：①到企业进行抽样时，至少应当有2名以上（含2名）抽样人员参加；②严禁抽样人员事先通知被抽查企业，严禁被抽查企业或者与其有直接、间接关系的企业参与接待工作；③抽样人员抽样前，应当出示国家质检总局开具的《产品质量国家监督抽查通知书》和有效身份证件（身份证和工作证），向企业介绍国家监督抽查的性质和抽样方法、检验依据、判定规则等，之后再进行抽样。

被抽查企业遇有下列情况之一的，可以拒绝接受抽查：①抽样人员少于2人的；②抽样人员姓名与《产品质量国家监督抽查通知书》不符的；③抽样人员应当携带的《产品质量国家监督抽查通知书》和有效身份证件（身份证和工作证）等材料不齐全的；④被抽查企业和产品名称与《产品质量国家监督抽查通知书》不一致的；⑤抽样人员事先通知该企业的。

2. 样品标准。抽查的样品应当在市场上或者企业成品仓库内的待销产品中抽取，并保证样品具有代表性。抽取的样品应当是经过企业检验合格近期生产的产品。遇有下列情况之一的，不得抽样：①被抽查企业无《产品质量国家监督抽查通知书》所列产品的；②产品未经企业检验合格的；③有充分证据证明拟抽查的产品为企业自产自用且非用于销售的；④产品为按有效合同约定而加工、生产的；⑤抽样时有充分证据证明该产品用于出口，并且出口合同对产品质量另有规定的；⑥产品标有“试制”或者“处理”字样的；⑦产品抽样基数不符合抽查方案要求的。

3. 样品抽取。样品抽取应当按照法律规定的程序和要求进行。《产品质量国家监督抽查管理办法》要求，抽样人员在抽取样品时，应当遵守以下规定：①按照样品标准进行抽取，确保样品的代表性；②抽样人员封样时，应当有防拆封措施，以保证样品的真实性；③抽样工作结束后，抽样人员应当填写抽样单；④对因转产、停产等原因导致无样品可抽的，企业必须出具书面证明材料，抽样人员应当查阅有关台账予以确认，并在证明材料上签字；⑤抽样工作完成后，抽样人员负责及时将《产品质量国家监督抽查通知书》第二联、抽样单及抽查方案报送被抽查企业所在地的省级质量技术监督部门。

4. 样品确认。样品应当由生产企业予以确认。确认样品是生产企业承认检查结果进而承担检查结果的必要要件。关于样品的确认，《产品质量国家监督抽查管理办法》第26条规定，抽样之后，在市场上抽取的样品，检验机构还应当以特快专递书面通知产品包装或者铭牌上标称的生产企业，并由该生产企业确认样品的真伪。企业接到书面通知15日内无任何书面回复的，视为确认该产品为该企业所生产。

5. 样品保存。样品包括备用样品，应当按照法律的规定和检验的实际要求进行保存。一般情况下，抽样的样品应当在国家监督抽查结果发布后继续保留3个月。到期后，样品退还被抽查企业。因检验造成破坏或者损耗而无法退还的样品可以不退还，但应当向被抽查企业说明情况。如果企业要求样品不退还的，可以由双方协商解决。

（四）检验

检验是指检验机构借助于某种手段或方法，按照一定的标准和要求，测定产品的质量特性，然后把测定结果同规定的质量标准进行比较，从而对产品或半成品做出合格与否判断的一系列活动的总称。《产品质量国家监督抽查管理办法》对检验机构和检验要求作出了明确的规定和严格的要求。

1. 检验机构。国家监督抽查的检验工作一般委托依法设置和依法授权的国家级或者省级产品质量检验机构承担，经国家实验室认可的产品质量检验机构可优先选用。为保证抽查结果的科学性和权威性，国家监督抽查工作禁止分包。检验机构在承担国家监督抽查任务过程中，对抽查涉及的所有检验项目不得以任何形式进行分包。

检验机构按照国家质检总局的授权独立开展产品质量检验工作，不受任何机关、团体和个人的干涉。

2. 检验要求。检验是一项技术性很强的科学技术活动，只有严格地按照法律规定的程序、标准和要求进行，才能确保检验结果的科学性，也才能对产品的质量做出符合科学的判定。

《产品质量国家监督抽查管理办法》对检验机构从事检验活动提出了如下要求：①应当严格制定有关样品的接收、入库、领用、检验、保存及处理的程序规定，并严格按程序执行。②应当对检验仪器设备进行经常性的维修、保养和检查，保证检验仪器设备在检定周期内正常运行。③在检验前应当组织所有参加检验的人员学习检验方法、检验条件等，并确保按规定的检验方法和检验条件进行检验工作。④现场检验要制定现场检验规程，并确保对同一产品的所有现场检验遵守相同的操作规程。⑤检验原始记录必须如实填写，保证真实、准确、清楚，不得随意涂改，并妥善保留备查。⑥检验过程中遇有样品失效或者其他情况致使检验无法进行时，必须如实记录即时情况，并有充分的证实材料。⑦检验结束后，在生产企业抽样的，应当及时将《产品质量国家监督抽查检验结果通知单》寄送该生产企业，抄送该生产企业所在地的省级质量技术监督部门。在市场上抽样的，对已确认生产企业的，除寄送《产品质量国家监督抽查检验结果通知单》之外，还应当及时寄送被抽查的经销企业；无法确认生产企业的，应当将《产品质量国家监督抽查检验结果通知单》寄送被抽查的经销企业，抄送其所在地的省级质量技术监督部门。⑧检验报告内容必须齐全，检验依据和检验项目必须清楚并与抽查方案相一致，检验数据必须准确，结论明确。

（五）异议的处理与汇总

抽查异议，即被抽查企业对抽查所持的不同或反对的意见。在抽查活动中，出现抽查异议是十分正常的。正视和处理好被抽查企业的异议，有利于监督检验机构公正、公开地行使产品质量监督检查权，更有利于检验机构检验水平的提高。《产品质量国家监督抽查管理办法》对异议的提出和处理作出了具体的规定。

1. 异议的提出。被抽查企业或者经过确认了样品的生产企业对检验结果有异议的，应当在接到《产品质量国家监督抽查检验结果通知单》之日起15日内，向组织实施国家监督抽查的国家质检总局提出书面报告，并抄送检验机构。逾期未提出异议的，视为承认检验结果。

2. 异议的处理。异议一般由国家质检总局委托的省级质量技术监督部门、检验机构进行处理。

复验是异议处理的通常方法。《产品质量国家监督抽查管理办法》对复验机构、复验费用、复验时间、复验方法、复验结果等问题作出了如下规定：①复验机构。复验一般由原检验机构进行。特殊情况下，由国家质检总局指定检验机构进行复验。②复验费用。所需检验费纳入国家监督抽查经费。复验结果与抽查结果不一致的，复验费用由原检验机构承担。③复验时间。检验机构收到企业书面报告，需要复验时，经国家质检总局同意，应当在10日之内作出书面答复。④复验方法。复验时，复验机构应当按抽查方案采用备用样品检验。⑤复验结果。复验结束，复验机构应当将复验结果抄报国家质检总局，抄送企业所在地的省级质量技术监督部门。

（六）监督抽查结果的处理

监督抽查结果的处理应当与监督抽查结果保持一致。监督抽查结果的多样性决定了对监督抽查结果处理的多样性。《产品质量国家监督抽查管理办法》针对不同的检查结果，规定了不同的处理措施。主要措施有：

1. 公开抽查结果。公开抽查结果是抽查公开性的当然要求，也是保护社会公众知情权的当然要求。国家质检总局通过发布产品质量国家监督抽查通报，发布国家监督抽查公告，对危及人体健康、人身财产安全和环保的不合格产品，影响国计民生并且质量问题严重的不合格产品以及拒检企业予以公开曝光等方式公开抽查结果。

2. 责令企业整改。这是针对国家监督抽查不合格产品的生产、销售企业的一种处理措施。《产品质量国家监督抽查管理办法》规定，凡国家监督抽查不合格产品的生产、销售企业，除因停产、转产等原因不再继续生产的以外，必须进行整改，并对整改要求作出了具体规定。

企业整改工作完成后，应当向当地省级质量技术监督部门提出复查申请，由省级质量技术监督部门委托符合《产品质量法》规定的有关产品质量检验机构，按原方案进行抽样复查。复查申请自国家质检总局发布国家监督抽查通报之日起，一般不得超过6个月。

3. 限期收回产品。这是针对危险产品生产和销售企业的一种处理措施。《产品质量国家监督抽查管理办法》规定，对直接危及人体健康、人身财产安全的产品和存在致命缺陷的产品，由国家质检总局通知被抽查的生产企业限期收回已经出厂、销售的该产品，并责令经销企业将该产品全部撤下柜台。

4. 撤销许可和认证证书。这是针对取得生产许可证、安全认证生产企业的一种处理措施。《产品质量国家监督抽查管理办法》规定，取得生产许可证、安全认证的不合格产品生产企业，责令立即限期整改；整改到期复查仍不合格的，由发证机构依法撤销其生产许可证、安全认证证书。

5. 吊销营业执照。这是针对企业主导产品的一项处理措施。《产品质量国家监督抽查管理办法》规定，企业的主导产品在国家监督抽查中连续两次不合格的，由省级以上质量技术监督部门向工商行政管理部门提出吊销企业法人营业执照的建议，并向社会公布。

（七）工作纪律

良好的纪律是检验工作顺利开展的根本保障。为保证检验工作的顺利开展，保证检验结果的真实性和科学性，《产品质量国家监督抽查管理办法》设专章规定了检验工作的工作纪律，要求检验机构以及参与国家监督抽查的工作人员必须严格遵守检验工作纪律。

工作纪律，其实也就是检验机构和检验工作人员应当履行的法定义务。主要内容包括：①必须严格遵守国家法律、法规的规定，严格执法、秉公执法、不徇私情，对被抽查的产品和企业名单必须严守秘密；②应当严格按照国家监督抽查工作有关规定承担抽样及检验工作，应当保证检验工作科学、公正、准确；③应当如实上报检验结果和检验结论，不得瞒报，并对检验工作负责，同时，在承担国家监督抽查任务期间不得接受被抽查企业同类产品的委托检验；④不得利用国家监督抽查结果参与有偿活动；⑤未经国家质检总局同意，不得擅自将抽查结果及有关材料对外泄露，不得擅自向企业颁发国家监督抽查合格证书。

检验机构和参与国家监督抽查的工作人员不履行或不完全履行上述法定义务的，国家质检总局可以责令其改正，限期整改；情节严重的，可以依法撤销有关证书和证件，取消从事产品质量监督检验工作的资格；对有关责任人员可依法给予行政处分，构成犯罪的，还可依法追究刑事责任。

■ 第三节 质量监督公示法律制度

质量监督公示制度是我国质量监督法律制度的重要组成部分。建立健全质量监督公示制度对于增强质量监督工作的透明度，保障社会公众的质量知情权、参与权和监督权，增强生产企业的产品质量意识，促进产品质量的提高有着十分重要的意义。

一、质量监督公示制度的含义

公示制度，又称社会公示制度，是人民群众享有的对国家政治和社会生活的知情权、参与权和监督权的有效实现形式。

社会公示制度要求掌握国家和社会公共权力的机构，主要是指各级党政机关以及国有企事业单位，对那些除涉及党和国家机密之外的、与人民群众利益直接相关的各种事项和信息，向社会和人民群众告知，并且通过有效的方式，在公示之后收集人民群众反映的意见建议，并给予解答和处理。中共十六大工作报告要求："各级决策机关都要完善重大决策的规则和程序，建立社情民意反映制度，建立与群众利益密切相关的重大事项社会公示制度和社会听证制度，完善专家咨询制度，实行决策的论证制和责任制，防止决策的随意性。"

质量监督公示制度是国家质量技术监督部门通过网络、新闻媒介、设立公示栏、公示牌、公示墙等形式，向社会公众公布生产企业产品质量状况，便于社会监督生产企业严格执行国家产品质量法规，保护用户、消费者合法权益的一项社会公示制度。质量监督公示制度是我国质量监督法律制度的重要组成部分。建立健全质量监督公示制度对于增强质量监督工作的透明度，保障社会公众的质量知情权、参与权和监督权，增强生产企业的产品质量意识，促进产品质量的提高有着十分重要的意义。

二、质量监督公示制度的基本内容

目前，我国调整和规范质量监督公示制度的法律规范，散见于《产品质量法》、《药品管理法》、《食品安全法》、《农产品安全法》、《进出境动植物检疫法》、《进出口商品检验法》、《产品质量国家监督抽查管理办法》等法律、法规、规章之中。这些规范不同程度地涉及了质量监督公示制度的基本内容，如基本原则、公示范围、公示内容、公示期限、公示形式、意见反馈和处理等。

（一）基本原则

基本原则是指导和规范公示活动的基本指导思想和行为准则，贯穿于公示活动的始终。及时、准确是公示的基本原则。及时原则要求质量技术监督管理部门应当在第一时间公布抽查范围内的不合格产品以及不合格产品的生产者；准确原则则要求质量技术监督管理部门应当采用准确的数据、清晰的语言和非歧义的文字公布不合格产品和不合格产品生产者。公示只有做到及时、准确，才能防患于未然，杜绝和减少质量损害和质量事故的发生，也才能正确引导消费者，最大限度地保护用户和消费者的合法权益。

（二）公示范围

质量技术监督管理部门抽查范围内的产品以及产品的生产者都在公示范围之内。但是，对抽查范围内的所有产品的质量状况以及产品的生产者都进行公示，既不现实，也没有必要。因此，质量技术监督管理部门总是有选择地、有针对性地进行公示。一般情况下，公示的重点是可能危及人体健康、人身财产安全和环保要求的不合格产品，可能是影响国计民生并且质量问题严重的不合格产品，以及拒绝质量监督检查的企业。

近些年以来，我国药品、食品、化妆品、商品房、农用生产资料等领域的问题，尤其是质量问题十分严重，用户和消费者反应十分强烈，严重地危及人体健康和人身财产安全，同时也扰乱了正常的市场竞争秩序，社会危害很大，因而应当是公示的重点内容。

（三）公示内容

质量监督公示的内容应当全面，除内容涉及国家秘密、商业秘密或者个人隐私的之外，均应当予以公布。目前，我国质量监督公示的内容主要包括以下三个方面：

1. 不合格产品公示。不合格产品公示是质量监督公示的主要内容，包括不合格产品的名称、规格、型号、等级、批号、商标注册号、专利批准号、花色、品种，以及不合格的程度和具体表现、危害等内容。

2. 不合格产品生产者、销售者公示。不合格产品生产者、销售者公示，是质量监督公示的重要内容，包括不合格产品生产者、销售者的名称、性质、住所地、经营范围和经营方式、法定代表人等内容。

3. 重大违法案件公示。重大违法案件公示也是质量监督公示的重要内容，包括违法案件的实施主体、违法案件的性质、基本违法事实、损害后果（主要是人员伤亡后果）、处理结果等内容。

（四）公示期限

公示应按期进行并形成一项固定的法律制度。一般而言，公示既可以定期公示，也可以不定期公示。

定期公示，即根据确定的时间进行公示。定期公示的时间间隔不宜太长，否则，不利于及时引导消费者，也不利于保护用户和消费者的合法权益，应以周、月、季为宜。不定期公示，即随机性公示，时间间隔可长可短，具体公示时间应视市场和被检查产品的质量状况而定。

（五）公示形式

公示形式，即公示内容的具体表现方式。我们应当不断探索，建立健全和不断完善公示形式体系。目前，我国已经建立了以下列公示形式为主要内容的公示形式体系。

（1）网上公示，即建立专门的质量监督信息公示网，定期或不定期地将质量检测的结果上网公示。

（2）媒体公示，即通过报纸、电视、广播等新闻媒介，定期或不定期地将质量检测结果在报纸、电视、广播上予以公布。

（3）市场公示，即通过公示栏（台）等方式定期或不定期地对质量检测结果予以公示。

（六）意见反馈

意见反馈的收集和处理是公示制度的重要组成部分，也是质量技术监督部门进行质量监督检查的重要线索来源。因此，公示后，质量技术监督部门应当注意收集群众的反馈意见，并按照“事事有着落、件件有回音”的要求，对群众的反馈意见及时进行处理。

■ 第四节 质量监督奖励法律制度

中国名牌产品管理制度是我国目前一项重要的质量监督奖励法律制度，并在实践中不断发展完善。

一、质量监督奖励法律制度概述

奖励是一种鼓励机制和激励措施。法律意义上的奖励，是指国家机关或国家授权的有关单位对贯彻执行法律法规，在相应的法律活动中做出突出贡献，取得显著成绩的单位和个人依法采取的一种鼓励机制和激励措施。

法律意义上的奖励可分为物质奖励（简称“物质奖”）和荣誉奖励（简称“荣誉奖”）两种。其中，物质奖是指国家机关或国家授权的有关单位对贯彻执行法律法规，在相应的法律活动中做出突出贡献，取得显著成绩的单位和个人依法给予的经济鼓励措施。荣誉奖是指国家机关或国家授权的有关单位对贯彻执行法律法规，在相应的法律活动中做出突出贡献，取得显著成绩的单位和个人依法给予的精神鼓励措施。

质量监督奖励是指国家质量监督管理机关对贯彻执行质量管理法规，在质量管理活动中做出突出贡献，取得显著成绩的单位和个人依法给予的经济鼓励措施和物质鼓励措施。我国目前的质量监督奖励主要表现为以质量荣誉证书和荣誉标志为内容的荣誉奖励。

质量监督奖励法律制度是规范和调控质量监督奖励活动的法律规范，是一项重要的质量监督管理法律制度。中国名牌产品管理制度是我国目前极其重要的一项质量监督奖励法律制度。

二、中国名牌产品管理制度

中国名牌产品是指实物质量达到国际同类产品先进水平、在国内同类产品中处于领先地位、市场占有率和知名度居行业前列、用户满意程度高、具有较强市场竞争力的产品。为推进名牌战略的实施，加强中国名牌产品的监督管理，规范中国名牌产品的评价，推动企业实施名牌战略，引导和支持企业创名牌，指导和督促企业提高质量水平，增强我国产品的市场竞争力，2001 年 12 月 29 日国家质量监督检验检疫总局审议通过了《中国名牌产品管理办法》。《中国名牌产品管理办法》的颁布和实施，标志着我国名牌产品管理制度的正式确立。该法共分 7 章 33 条。第一章“总则”；第二章“组织管理”；第三章“申请条件”；第四章“评价指标”；第五章“评价程序”；第六章“监督管理”；第七章“附则”。

以市场评价为基础，以社会中介机构为主体，以政府积极推动、引导、监督为保证，以用户（顾客）满意为宗旨，是中国名牌产品管理制度的基本特色，包括以下基本内容：

（一）申请条件

申请人申请中国名牌产品必须具备一定的条件。《中国名牌产品管理办法》规定，申请中国名牌产品称号，应具备下列条件：①符合国家有关法律法规和产业政策的规定；②实物质量在同类产品中处于国内领先地位，并达到国际先进水平，市场占有率、出口创汇率、品牌知名度居国内同类产品前列；③年销售额、实现利税、工业成本费用利润率、总资产贡献率居本行业前列；④企业具有先进可靠的生产技术条件和技术装备，技术创新、产品开发能力居行业前列；⑤产品按照采用国际标准或国外先进标准的我国标准组织生产；⑥企业具有完善的计量检测体系和计量保证能力；⑦企业质量管理体系健全并有效运行，未出现重大质量责任事故；⑧企业具有完善的售后服务体系，顾客满意程度高。

为维护中国名牌产品称号的信誉，确保中国名牌产品称号的含金量，《中国名牌产品管理办法》同时规定，凡有下列情况之一者，不能申请“中国名牌产品”称号：①使用国（境）外商标的。②列入生产许可证、强制性产品认证及计量器具制造许可证等管理范围的产品而未获证的。③在近3年内，有被省（直辖市、自治区）级以上质量监督抽查判为不合格经历的。④在近3年内，出口商品检验有不合格经历的；或者出现出口产品遭到国外索赔的。⑤近3年内发生质量、安全事故，或者有重大质量投诉经查证属实的。⑥有其他严重违反法律法规行为的。

（二）组织管理

中国名牌产品评选工作由国家质检总局统一负责，由中国名牌战略推进委员会和各省（自治区、直辖市）质量技术监督部门具体组织实施。在组织中国名牌产品评选工作中，国家质检总局、中国名牌战略推进委员会和各省（自治区、直辖市）质量技术监督部门应坚持企业自愿申请，科学、公正、公平、公开，不搞终身制，不向企业收费，不增加企业负担的原则，各司其职，各负其责。

1. 国家质检总局的职责。在中国名牌产品评选工作中，国家质检总局负责制定中国名牌产品推进工作的目标、原则、计划、任务和范围，对中国名牌战略推进委员会的工作进行监督和管理，并依法对创中国名牌产品成绩突出的生产企业予以表彰。

2. 中国名牌战略推进委员会的职责。中国名牌战略推进委员会是由有关全国性社团组织、政府有关部门、部分新闻单位以及有关方面专家组成的非常设机构。中国名牌战略推进委员会秘书处设在国家质检总局质量管理司，负责中国名牌战略推进委员会的组织、协调及日常管理工作。

中国名牌战略推进委员会根据国家质检总局授权统一组织实施中国名牌产品的评价工作，并推进中国名牌产品的宣传、培育工作。中国名牌战略推进委员会每年根据工作需要，聘任有关方面专家组成若干专业委员会，各专业委员会在中国名牌战略推进委员会的组织下，根据产品类别分别提出中国名牌产品评价实施细则和方案，进行具体评价工作。评价工作结束后，各专业委员会自动解散。

3. 省（自治区、直辖市）质量技术监督部门的职责。各省（自治区、直辖市）质量技术监督部门在本行政区域内负责中国名牌产品的申报和推荐工作，并组织实施对中国名牌产品的监督管理。

（三）评价指标

评价指标，亦即评价标准。我国建立了以市场评价、质量评价、效益评价和发展评价为主要评价内容的评价指标体系。

评价指标体系中，市场评价主要评价申报产品的市场占有水平、用户满意水平和出口创汇水平；质量评价主要评价申报产品的实物质量水平和申报企业的质量管理体系；效益评价主要对申报企业实现利税、工业成本费用利润水平和总资产贡献水平等方面进行评价；发展评价主要评价申报企业的技术开发水平和企业规模水平，评价指标向拥有自主知识产权和核心技术的产品适当倾斜。

评价指标体系中，不同产品评价细则的制定、综合评价中评分标准的确定、不同评价指标权数的分配、不能直接量化指标的评价方法、评价中复杂因素的简化以及综合评价结果的确定等，均由中国名牌战略推进委员会确定。

（四）评价程序

中国名牌产品评价工作每年进行一次。每年一季度由中国名牌战略推进委员会公布开展中国名牌产品评价工作的产品目录及受理中国名牌产品申请的开始和截止日期。评选程序分申请、推荐、审定、公示四个阶段。

1．申请。中国名牌产品评选采取自愿原则。符合参评条件的企业可以在自愿的基础上向本省（自治区、直辖市）质量技术监督局提出申请。申请时，申请人应当如实填写《中国名牌产品申请表》，并提供有关证明材料。

2．推荐。推荐工作由各省（自治区、直辖市）质量技术监督局负责。根据《中国名牌产品管理办法》的规定，各省（自治区、直辖市）质量技术监督局受理申请人的申请后，应当在规定的期限内组织本省（自治区、直辖市）有关部门及有关社会团体对申请企业是否符合申报条件、企业申报内容是否属实等有关方面提出评价意见，并形成推荐意见，统一报送中国名牌战略推进委员会秘书处

3．审定。中国名牌产品的审定工作由中国名牌战略推进委员会负责。审定包括初审、综合评价、确定初选名单、征求社会意见、确定五个环节。①初审。初审由中国名牌战略推进委员会秘书处负责。初审程序为：中国名牌战略推进委员会秘书处汇总各地方推荐材料后，组织有关部门和社会团体对企业的申报材料进行初审，确定初审名单，并将初审名单及其申请材料分送相应的专业委员会。②综合评价。综合评价由中国名牌战略推进委员会专业委员会负责。综合评价程序为：各专业委员会按照评价细则对申请产品进行综合评价，形成评价报告，并据此向中国名牌战略推进委员会秘书处提交本专业的中国名牌产品建议名单。③确定初选名单。确定初选名单工作由中国名牌战略推进委员会全体委员会负责。确定初选名单的程序为：中国名牌战略推进委员会秘书处将各专业委员会提出的建议名单汇总分析后，提交全体委员会审议确定初选名单。④征求社会意见。征求社会意见，即通过新闻媒体向社会公示并在一定限期内

征求意见。征求社会意见工作由中国名牌战略推进委员会负责。⑤确定，即将经过广泛征求意见确定的名单再次提交中国名牌战略推进委员会全体会议审议，并最终确定授予产品名单。中国名牌产品名单确定工作由中国名牌战略推进委员会负责。

4. 公示。公示是中国名牌产品评比的最后一个环节，也是结果性环节。根据《中国名牌产品管理办法》的规定，对于最终确定的授予产品中国名牌战略推进委员会应当进行公布，并应以国家质检总局的名义授予“中国名牌产品”称号，颁发中国名牌产品证书及奖牌。

（五）中国名牌产品证书和标志

中国名牌产品证书和标志是国家质检总局给予“中国名牌产品”的精神奖励，是名牌产品生产企业的荣誉。中国名牌产品证书和标志是企业的无形资产，对提升产品生产企业的产品信誉，增强企业的市场竞争力，具有重要的作用，其经济效应和社会效应都很大。

名牌产品生产企业有权利使用中国名牌产品证书和标志。《中国名牌产品管理办法》对中国名牌产品证书和标志的使用做了如下规定：

1. 中国名牌产品证书的有效期为3年。在有效期内，企业可以在获得中国名牌产品称号的产品及其包装、装潢、说明书、广告宣传以及有关材料中使用统一规定的中国名牌产品标志，并注明有效期间。超过有效期限未重新申请或重新申请未获通过的，则不能继续使用该中国名牌产品证书。

2. 中国名牌产品标志是质量标志。中国名牌产品称号、标志只能使用在被认定型号、规格的产品上，不得扩大使用范围。未获得中国名牌产品称号的产品，不得冒用中国名牌产品标志；被暂停或撤销中国名牌产品称号的产品、超过有效期未重新申请或重新申请未获通过的产品，不得继续使用中国名牌产品标志；禁止转让、伪造中国名牌产品标志及其特有的或者与其近似的标志。违者按《产品质量法》对冒用质量标志的规定进行处理。

（六）中国名牌产品的保护

中国名牌产品依法受到法律的保护。《中国名牌产品管理办法》对保护名牌产品的法律措施作了如下规定：

1. 中国名牌产品在有效期内，免于各级政府部门的质量监督检查。对符合出口免检有关规定的，依法优先予以免检。

2. 中国名牌产品在有效期内，列入打击假冒、保护名优活动的范围；中国名牌产品生产企业应配合执法部门作好产品的真假鉴别工作。

3. 对已经获得中国名牌产品称号的产品，如产品质量发生较大的波动、消费者（用户）反映强烈、出口产品遭国外索赔、企业发生重大质量事故、企业的质量保证体系运行出现重大问题等，国家质检总局可以暂停或者撤销该产品的中国名牌产品称号。

4. 参与中国名牌产品评价工作的所有机构和人员，必须保守企业的商业和技术秘密，保护企业的知识产权。对于违反规定的单位或者个人，将取消其评价工作资格。凡因滥用职权、玩忽职守、徇私舞弊，未构成犯罪的，由其所在的工作单位给予行政处分；构成犯罪的，依法追究刑事责任。

第三章 计量法律制度

计量法律制度是我国经济法群中一类重要技术基础法律制度，它对统一我国计量单位，确保计量科学一致，量值数据及商品量正确可靠，科学测定质量，保障广大人民群众正常工作和生活，保卫国家安全等方面都有重要作用。

本章依据我国现行计量法律、法规和规章，从计量单位，计量基准，计量标准和标准物质，计量器具的制造、进口、销售、使用和修理，计量检定和计量校准，商品量计量，计量监督等方面，科学系统地阐述计量法律制度。

第一节 计量法律制度概述

计量是“实现单位统一、量值准确可靠的测量活动”，这就是说计量是为了保证计量单位统一和量值准确可靠这一特定目的的测量，即以公认的计量基准、标准为基础，依据计量法规和法定的计量检定系统表进行量值传递来保证测量准确的测量。

计量法律制度就是国家在计量方面的法律、法规、规章以及要强制执行的计量技术法规，即国家计量检定系统表和计量检定规程之总和。它们均具有法的所有属性，是我们进行计量管理的根本依据。

一、我国计量法律体系的建立和发展

公元前359年，商鞅辅佐秦孝公变法，颁布了统一秦国度量衡的命令，并监制标准量器发到每个县，用以保证国家赋税收入。为此，《战国策·秦策三》记载：“夫商君为孝公平权衡，正度量，调轻重……故秦无敌于天下。”公元前221年，秦始皇统一中国后，又在李斯的协助下，以秦国度量衡标准为依据，颁发了统一度量衡的诏书：“廿六年，皇帝尽并兼天下诸侯，黔首大安，立号为皇帝，乃诏丞相状、绾，法定量则不壹嫌疑者，皆明壹之”。也就是说，秦始皇26

年时，统一了全国，百姓得到安宁，立皇帝称号，于是命令丞相隗状和王绾，制定度量衡的法令，把不一致的度量衡统一起来。这种以国家最高法令形式在全国推行统一的度量衡制度，标志了我国计量法制管理的建立。

我国的计量法律制度从秦始皇的诏书到1929年中华民国的“度量衡法”再到1985年中华人民共和国的《计量法》，经历了一个逐步发展和完善的过程，但总的特点是强调全国统一管理，总体上还是以严格的法制管理和行政管理为主，保证全国计量法律制度统一实施。

为了保障国家计量单位制的统一和量值的准确可靠，规范计量活动，加强计量监督管理，促进经济建设、科学技术和社会的发展，维护社会经济秩序和公民、法人或者其他组织的合法利益，我国已经建立了比较完善的具有中国特色的计量法律制度。

二、我国计量法律制度的构成和调整范围

我国计量法律体系可以用三个层次来归纳表述，详见图3－1所示。

我国计量法律制度的调整范围是在中华人民共和国境内，建立计量基准、计量标准、标准物质，开展计量检定、计量校准、计量检验，制造、进口、销售、使用、修理计量器具，使用计量单位，以及从事商品量计量等其他计量活动，实施计量监督管理。

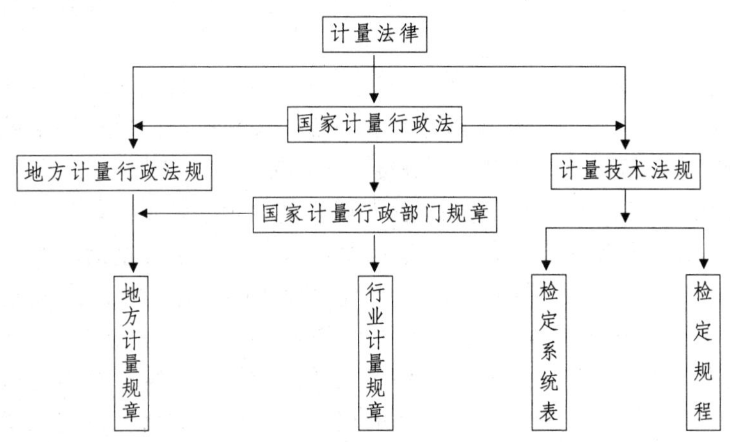

图3－1　我国计量法规体系结构

三、我国计量法律的地位和作用

（一）我国计量法律制度的地位

计量法律制度是我国经济法律体系中的一个重要分支，计量法是技术监督法群中的一种。这就是说，计量法主要是我国技术监督法群中一个子系统，它显然要受到其他法群（如民商法、刑法）的影响，受到整个经济法群、国家经济体制和社会制度的制约。

（二）计量法律与其他经济法律的关系

计量法律是经济法群中的一个管理法，又是整个经济法群的基础法。计量工作是整个国民经济的一项重要技术基础工作。无论是合同法的实施，还是统计法、会计法的贯彻，都要以准确可靠的量值数据为基础和前提，而准确可靠的量值数据则来自计量法律的认真实施。因此，从某种意义上可以说，任何经济法律的实施都要以计量法律的实施作为基础和前提，计量法律和其他经济法律之间的联系主要是通过计量系统的一个主要要素——量值信息数据来实现。目前，世界上无论什么经济体制和社会制度的国家，都十分重视计量法律的制定和实施，其根本原因也就在于此。

因此，1990 年 6 月 28 日，我国计量部门与法律部门已联合发文决定，每年 9 月即《计量法》公布之月的第一周为“计量宣传周”，在全社会广泛开展计量法制宣传教育活动，以增强全社会的计量法制观念，认真实施计量法律。

（三）计量法律的作用

计量法律是计量管理的基本依据和准则，认真贯彻实施计量法律，对做好计量管理工作，维护社会经济秩序，促进生产、科学技术和国内外贸易的发展，保障社会主义现代化建设的顺利进行都将产生重大的作用。具体来说有以下三个方面：

1. 计量法律是统一国家计量单位制度和保证量值准确的法律。计量具有广泛的社会性，但计量本身又要求具有高度的统一性——计量单位制的统一。计量法律的制定和实施为计量管理实现高度统一性提供了法律保证。

2. 计量法律使我国计量管理纳入法制管理的轨道。计量法律规定了国家如何管理计量工作，规定了各部门、各单位及广大公民从事计量活动时应该做什么，履行哪些义务，使我国计量管理工作有较稳定的工作秩序。尤其是《计量法》还规定了违法者所应承担的法律责任，以及国家计量行政部门等实施计量法制监督的专门机构对违法者实行严格有效的法律制裁，从而有力地保证各项计量法规的认真实施，使它们具有高度的权威性。我国的计量管理也就能以法律为准绳，在法制的轨道上实现有效的调节，做到有法可依、有法必依、执法必严、违法必究。

3. 计量法律是维护社会经济秩序、促进生产、科学技术和贸易发展，保护国家和人民群众利益的重要措施。人们在广泛的社会活动中，每日每时都在进行着各种各样的计量，无论是生产加工、科学实验、还是商品流通，甚至家庭生活中都离不开计量，而且谁都要在这些计量中谋求计量的准确可靠。没有准确可靠的计量，生产发生困难，产品质量无法保证，统计报表数字不实，经济管理决策势必失误，贸易结算也要纠纷不断，市场买卖缺斤少两，医疗诊断出事故，安全防护无保障，总之各项社会活动势必要处于混乱状态。计量法律颁布和实施就是改变这种混乱，保证各项活动正常进行必不可少的重要技术措施。

■　第二节　法定计量单位

用一定量表示同种量值而约定采用的特写量是计量单位。计量单位具有明确的名称、定义和符号，并命其数值为1，如1m、1kg、1s，等等。计量单位的符号，简称单位符号，是表示计量单位的约定记号。

早在1984年2月27日，我国国务院就发布了《关于在我国统一实行法定计量单位的命令》，此命令明确规定：我国的计量单位一律采用《法定计量单位》。1985年的《计量法》再次明确规定：国家实行法定计量单位制度。

一、我国法定计量单位的构成

我国的法定计量单位是以国际单位制为基础，同时选用一些符合我国国情的非国际单位制单位所构成的。其构成如下：

中华人民共和国法定计量单位
- 国际单位制单位（SI）
- 选定的非国际单位制单位
- 组合形式单位

（一）国际单位制单位

由1960年第十一届国际计量大会提出和通过，国际上公认的选用米（m）、千克（kg）、秒（s）、安培（A）、开尔文（K）、摩尔（mol）和坎德拉（cd）为7个基本单位所构成的单位制，称为国际单位制，缩写符号为“SI”。

国际单位制的构成如下：

国际单位制（SI）
- SI单位
  - 基本单位
  - 导出单位
    - 包括辅助单位在内的具有专门名称的导出单位
    - 组合形式的导出单位
- SI单位的倍数单位

1. 国际单位制的基本单位。在计量单位中选定作为构成其他计量单位基础的单位都称为基本单位。

国际单位制的基本单位名称、符号及定义，见表3－1。

表 3－1 基本单位的名称、符号及定义

量的名称	基本单位名称	符号	定义
长度	米	m	是光在真空中 1/299 792 458s 时间间隔内所经路径的长度
质量	千克（公斤）	kg	等于国际千克原器的质量
时间	秒	s	是铯－133 原子基态的两个超精细能级间跃迁所对应的辐射的 9 192 631 770 个周期的持续时间
电流	安［培］	A	在真空中，截面积可忽略的两根相距 1m 的无限长平行圆直导线内通过等量恒定电流时，若导线间相互作用力在每米长度上为 2×10^{-7}N，则每根导线中的电流为 1A
热力学温度	开［尔文］	K	水三相点热力学温度的 1/273.16
物质的量	摩［尔］	mol	是一系统的物质的量，该系统中所包含的基本单元数与 0.012kg 碳－12 的原子数目相等。在使用摩尔时，基本单元应予指明，可以是原子、分子、离子、电子及其他粒子，或是这些粒子的特定组合
发光强度	坎［德拉］	cd	是一光源在给定方向上的发光强度，该光源发出频率为 540×10^{12} Hz 的单色辐射，且在此方向上的辐射强度为 1/683W/sr

注：除千克外，其余 6 个基本单位都是根据自然规律可复现的。

2．导出单位。在给定量制中导出量的计量单位称为导出单位，它可分为下列四种：

（1）具有专门名称的导出单位，如 1Hz＝1/s，1N＝1kg · m/s^2 等。

（2）用基本单位表示，但无专门名称的导出单位，如面积单位 m^2、加速度 m/s^2 等。

（3）由专门名称的导出单位和基本单位组合而成的导出单位，如力矩 Nm；表面张力 N/m 等。详见表 3－2。

表 3-2 国际单位制中具有专门名称的导出单位

量的名称	单位名称	单位符号	量纲	被纪念科学家的国籍
[平面] 角	弧度	rad	1	
立体角	球面度	Sr	1	
频 率	赫 [兹]	Hz	s^{-1}	德国
力	牛 [顿]	N	$kg \cdot m/s^2$	英国
压力、压强、应力	帕 [斯卡]	Pa	N/m^2	法国
能 [量]、功、热量	焦 [耳]	J	N/m	英国
功率、辐 [射能] 通量	瓦 [特]	W	J/s	英国
电荷 [量]	库 [仑]	C	$A \cdot s$	法国
电压、电动势、电位 [电势]	伏 [特]	V	W/A	意大利
电 容	法 [拉]	F	C/V	英国
电 阻	欧 [姆]	Ω	V/A	德国
电 导	西 [门子]	S	A/V	德国
磁通 [量]	韦 [伯]	Wb	$V \cdot s$	德国
磁能量密度、磁感应强度	特 [斯拉]	T	Wb/m^2	美国
电 感	亨 [利]	H	Wb/A	美国
摄氏温度	摄氏度	℃		
光通量	流 [明]	lm	$cd \cdot sr$	
[光] 照度	勒 [克斯]	lx	lm/m^2	
[放辐性] 活度	贝可 [勒尔]	Bq	s^{-1}	法国
吸收剂量	戈 [瑞]	Gy	J/kg	英国
剂量当量	希 [沃特]	Sv	J/kg	瑞典

（4）由辅助单位和基本单位或有专门名称的导出单位组成的导出单位，如角速度 rad/s、辐射强度 W/sr 等。

3. SI 单位的倍数单位。凡是没有加词头而又有独立定义的单位（千克除外）都称之为主单位，按约定比率，由给定单位形成的一个更大（或更小）的计量单位，称为倍数（或分数）单位。这些倍数或分数单位的词头详见表 3-3。

（二）选定的非国际单位制单位

我国选定作为法定单位的非国际单位制单位共 16 个。详见表 3-4。

（三）组合形式单位

组合形式单位是由 SI 单位与上述选定的非 SI 单位按需要依据我国《法定计

量单位使用方法》构成。

表3－3 用于构成十进倍数和分数单位的词头

序号	所表示的因数	词头名称	词头符号	序号	所表示的因数	词头名称	词头符号
1	10^{24}	尧[它]	Y	11	10^{-24}	幺[科托]	y
2	10^{21}	泽[它]	Z	12	10^{-21}	仄[普托]	z
3	10^{18}	艾[可萨]	E	13	10^{-18}	阿[托]	a
4	10^{15}	拍[它]	P	14	10^{-15}	飞[母托]	f
5	10^{12}	太[拉]	T	15	10^{-12}	皮[可]	p
6	10^{9}	吉[咖]	G	16	10^{-9}	纳[诺]	n
7	10^{6}	兆	M	17	10^{-6}	微	μ
8	10^{3}	千	k	18	10^{-3}	毫	m
9	10^{2}	百	h	19	10^{-2}	厘	c
10	10^{1}	十	da	20	10^{-1}	分	d

第三章

表3－4 我国选定为法定单位的非SI单位

量的名称	单位名称	单位符号	换算关系和说明
时　间	分 [小]时 日（天）	min h d	1min＝60s 1h＝60min＝3600s 1d＝24h＝86 400s
平面角	[角]秒 [角]分 [角]度	(″) (′) (°)	1″＝（π/648 000）rad （π为圆周率） 1′＝60″＝（π/10 800）rad 1°＝（π/180）rad
旋转速度	转每分	r/min	1r/min＝（1/60）s^{-1}
长　度	海里	n mile	1n mile＝1852m （只用于航程）
速　度	节	kn	1kn＝1n mile/h＝（1852/3600）m/s （只用于航行）
质　量	吨 原子质量单位	t u	1t＝10^3 kg 1u≈1.6605402×10^{-27}kg

（续表）

体　积	升	L（l）	$1L = 1dm^3 = 10^{-3}m^3$
能	电子伏	eV	$1eV \approx 1.60217733 \times 10^{-19}J$
级　差	分贝	dB	
线密度	特［克斯］	tex	$1\ tex = 10^{-6}kg/m$ （适用于纺织行业）
面　积	公顷	ha	$1ha = 1hm^2 = 104m^2$

二、我国法定计量单位的适用范围

从事下列活动，需要使用计量单位的，应当使用法定计量单位：

（1）制发公文、公报、统计报表。

（2）编播广播、电视节目，传输信息。

（3）出版、发行出版物。

（4）制作、发布广告。

（5）生产、销售产品，标注产品标识，编制产品使用说明书。

（6）印制票据、票证、账册。

（7）出具证书、报告等文件。

（8）制作公共服务性标牌、标志。

（9）国家规定应当使用法定计量单位的其他活动。

由于特殊原因需要使用非法定计量单位的，应当经省级以上人民政府计量行政主管部门批准。

三、法定计量单位的实施要求与方法

（一）法定计量单位的实施要求

目前，我国全面认真实施法定计量单位的具体要求是：

1. 政府机关、人民团体、军队以及各企业、事业单位的公文、统计报表等，应全面正确使用法定计量单位。各级党、政领导的报告、文章中必须采用法定单位。

2. 教育部门在所有新编教材中应使用法定计量单位，必要时可对非法定计量单位予以说明。原教材在修改再版时，应改用法定单位。

3. 报纸、刊物、图书、广播、电视等部门均要按规定使用法定计量单位；国际新闻中使用我国非法定计量单位者，应以法定单位注明发表。

所有再版物重新排版时，都要按法定计量单位进行统一修订，但古籍、文学书籍不在此列。翻译书刊中的计量单位可按原著译，但要采取注释形式注明其与法定单位的换算关系。

4. 科学研究与工程技术部门，应率先正确使用法定计量单位，凡新制订、修订的各级技术标准（包括国家标准、行业标准、地方标准及企业标准），计量检定规程，新撰写的研究报告、学术论文以及技术情报资料等均应使用法定计量单位。必要时可允许在法定计量单位之后，将旧单位写在括弧内。凡申请各级科技奖励的项目，必须使用法定单位。个别科学技术领域中，如有特殊需要，可使用某些非法定计量单位，但必须与有关国际组织规定的名称、符号相一致。

5. 市场贸易必须使用法定计量单位，不准使用废除的市制单位。出口商品所用的计量单位，可根据合同使用，不受限制。合同中无计量单位规定者，则按法定计量单位使用。

6. 农田土地面积单位，在统计工作和对外签约中一律使用规定的土地面积计量单位，即：

平方公里（100 万平方米，km^2）

公顷（1 万平方米，km^2）

平方米（1 平方米，m^2）

法定单位的实施涉及各行各业、千家万户，深入到我国城乡每一个角落，只有坚持不懈地抓紧法定单位的实施，方能改变传统习惯，以形成采用法定单位的新习惯。

（二）法定计量单位的实施方法

1984 年 6 月 9 日，国家计量行政部门颁布了《法定计量单位使用方法》；1993 年，国家标准化行政部门又发布了 GB 3100《国际单位制及其应用》，我们应该认真按这两个标准文件实施。

■ 第三节 计量基准、标准的建立和管理

计量器具按其在检定系统表中的位置可分为计量基准、计量标准和工作计量器具。计量器具是指：“单独地或为了定义、实现、保存或复现量的单位或一个或多个量值，用作参考的实物量具、测量仪器、参考物质或测量系统（JJF－1001）。如 1kg 质量标准连同辅助设备一起用以进行测量的器具。”计量基准、标准，即测量标准，是“为了定义、实现、保存或复现量的单位或一个或多个量值，用作参考的实物量具、测量仪器、参考物质或测量系统（JJF－1001）”。如 1kg 质量标准、100Ω 标准电阻等。

我国计量法律制度对计量基准、计量标准和有证标准物质申请建立考核、审批和管理作出明确规定。

一、计量基准的建立和管理

计量基准是指用以复现和保存计量单位的量值，经国务院计量行政部门批准，作为统一全国量值最高依据的计量器具。

（一）国家计量基准的建立

国家计量基准一般是由国家计量行政部门根据我国国民经济发展和科学技术进步的客观需要，统一规划组织建立的，是国家法定的统一全国量值的最高依据；是一个国家计量科学技术水平的体现，并通过对比和后续研究等方式确保其量值与国际保持一致。依据《计量基准管理办法》（2007）规定：基础性、通用性的计量基准，建立在国家质检总局设置或授权的计量技术机构；专业性强、仅为个别行业所需要，或工作条件要求特殊的计量基准，可以建立在有关部门或者单位所属的计量技术机构。

必要时，有关部门或机构可以根据国民经济或科学技术发展需要，研制计量基准，但必须由国家计量行政部门根据社会、经济发展和科学技术进步的需要，统一规划，组织建立。

无论什么计量基准，都应符合《计量基准管理办法》中各项要求后方可建立。由国务院计量行政部门颁发计量基准证书，准予开展量值传递。见表3－5。

表3－5　建立计量基准的要求

条　件	内容与要求
行政条件	能够独立承担法律责任，具有保证计量基准量值定期复现和保持计量基准长期可靠稳定运行所需的经费和技术保障能力。
人员条件	具有从事计量基准研究、保存、维护、使用、改造等项工作的专职技术人员和管理人员。
技术条件	具有参与国际比对、承担国内比对的主导实验室和进行量值传递工作的技术水平。
管理条件	具有相应的质量管理体系
环境条件	具有保存、维护和改造计量基准装置及正常工作所需实验环境（包括工作场所、温度、湿度、防尘、防震、防腐、防腐蚀、抗干扰等）的条件。

（二）国家计量基准的管理

计量基准在使用过程中应始终由专人保存，精心维护，准确操作。我国质量计量基准的操作必须认真实施技术规范，如JJF 1231《千克基准砝码操作技术规范》等。

第三章

为了使我国计量基准的量值与国际上的量值相一致，保存、维护计量基准的计量技术机构应当定期或不定期进行以下活动：①排除各种事故隐患，以免计量基准失准；②参加国际比对，确保计量基准量值的稳定并与国际上量值的等效一致；③定期进行计量基准单位量值的复现。

计量技术机构应当定期检查计量基准的技术状况，保证计量基准正常运行，按规范要求使用计量基准进行量值传递。计量基准的保存、使用单位不得自行中断计量检定。如因故必须中断的，须履行批准手续。

任何单位和个人，未经国务院计量行政部门批准，不得随意拆卸或改装计量基准，需要进行技术改造的，其技术改造方案要进行可行性论证并由国务院计量行政部门批准后实施。

经国际比对或定期检定需要改值的计量基准，由保存、使用计量基准的单位提出改值方案，报国务院计量行政部门批准后实施。

国务院计量行政部门应当及时废除不适应计量工作需要或者技术水平落后的计量基准，撤销原计量基准证书，并向社会公告。国务院计量行政部门可以对计量基准进行定期复核和不定期监督检查，复核周期一般为5年。复核和监督检查的内容包括：计量基准的技术状态、运行状况、量值传递情况、人员状况、环境条件、质量体系、经费保障和技术保障状况等。

从事计量基准保存、维护或使用的计量技术机构及其工作人员，不得有下列行为：①利用计量基准进行不正当活动；②未履行计量基准有关报告、批准制度；③故意损坏计量基准设备，致使计量基准量值失准、停用或报废；④不当操作、未履行或未正确履行相关职责，致使计量基准失准、停用或报废；⑤故意篡改、伪造数据、报告、证书或技术档案等资料；⑥不当处理、计算、记录数据，造成报告和证书错误。违反前款规定的，由国务院计量行政部门责令计量技术机构限期整改；情节严重的，撤销计量基准证书和国家计量基准实验室称号，并对有关责任人予以行政处分；构成犯罪的，依法追究刑事责任。随着计量科学技术的发展，需废除原计量基准的，由国务院计量行政部门决定，并撤销原计量基准证书。

二、计量标准器的考核和管理

计量标准器是国家根据生产建设和科研等各方面的需要，规定不同的准确度等级作为计量检定依据，进行量值传递的标准计量器具。它们的准确与否，直接关系到量值传递的准确性、可靠性和量值的统一性，影响到产品质量和经济核算，因此应该实行严格的管理。

（一）计量标准器的考核

计量标准器的考核是计量行政部门对计量标准测量能力的评定和开发量值

传递资格的确认。计量标准考核包括对新建计量标准的复查、考查，也是保障全国量值统一和计量器具准确可靠的一项重要技术措施。

计量标准器的考核范围是社会公用计量标准器以及部门（行业）和被授权单位、向社会提供计量校准服务的机构的最高计量标准器，它们必须依据《计量标准考核办法》和 JJF 1033《计量标准考核规范》进行考核。

这些计量标准的考核应该具备表 3－6 所列的条件。

表 3－6　建立计量标准的要求

条　件	内容与要求
计量标准条件	计量标准器及配套设备齐全，计量标准器必须经法定或者计量授权的计量技术机构检定合格（没有计量检定规程的，应当通过校准、比对等方式，将量值溯源至国家计量基准或者社会公用计量标准），配套的计量设备经检定合格或者校准。
人员条件	具备与所开展量值传递工作相适应的技术人员，开展计量检定工作，应当配备 2 名以上获相应项目检定资质的计量检定人员，开展其他方式量值传递工作，应当配备具有相应资质的人员。
技术条件	计量标准的测量重复性和稳定性符合技术要求。
管理条件	具有完善的运行、维护制度，包括实验室岗位责任制度，计量标准的保存、使用、维护制度，周期检定制度，检定记录及检定证书核验制度，事故报告制度，计量标准技术档案管理制度等。
环境条件	具备符合计量检定规程或者技术规范并确保计量标准正常工作所需要的温度、湿度、防尘、防震、防腐蚀、抗干扰等环境条件和工作场地。

（二）计量标准器的建立

1．社会公共计量标准的建立。社会公用计量标准是使计量监督具有公证作用的计量标准，它们由当地省级以上人民政府计量管理部门根据量值传递和计量监督的需要，统一规划和组织建立社会公用计量标准。

国务院计量行政主管部门组织建立的社会公用计量标准以及省级人民政府计量行政主管部门建立的本行政区域内最高等级的社会公用计量标准，由国务院计量行政主管部门组织考核。

省级人民政府计量行政主管部门组织建立的其他等级的社会公用计量标准，由省级人民政府计量行政主管部门组织考核。经考核符合，由组织考核的人民政府计量行政主管部门颁发社会公用计量标准证书后，方可使用。

2. 其他部门计量标准的建立。国务院有关部门和省级人民政府有关主管部门，根据本部门的特殊需要，可以组织建立本部门使用的计量标准，其各项最高计量标准需经同级人民政府计量行政主管部门组织考核。经考核符合，由组织考核的人民政府计量行政主管部门颁发计量标准证书后，方可使用。

3. 被授权单位计量标准的建立。承担计量授权检定任务的计量技术机构建立的相关的计量标准，由授权的人民政府计量行政主管部门组织考核，经考核符合，由组织考核的人民政府计量行政主管部门颁发计量标准证书后，方可使用。

4. 校准机构计量标准的建立。向社会提供计量校准的机构建立的相关最高计量标准，由省级以上的人民政府计量行政主管部门组织考核。经考核符合，由组织考核的人民政府计量行政主管部门颁发计量标准证书后，方可使用。

三、标准物质的管理

标准物质是具有高度均匀性、良好稳定性和量值准确性的一种计量标准。在国外又叫标准参考物质或标准样品，1992 年在日内瓦召开的 ISO/REMCO（标准物质委员会）第十六次会议批准了 ISO 指南 30《标准物质常用术语和定义》，该指南定义标准物质（RM）为：指具有一种或多种准确确定的特性值（如物理、化学或其他计量学特性值），用以校准计量器具、评价测量方法或给材料赋值，并附有经批准的鉴定机构发给证书的物质或材料。同时，有证标准物质（CRM）是指赋有证书的标准物质，是一种或多种特性值用建立了溯源性的程序确定。使之可溯源到准确，复现的用于表示该特性的计量单位，而且每个标准值都附有给定置信水平的不确定度。

按精度等级不同，标准物质可分为：一级标准物质（即基准物质）和二级标准物质。

■ 第四节 计量器具和标准物质的制造、进口、销售、使用和修理

计量器具产品是一种特殊的工业产品。它的质量好坏直接关系到工农业生产经营的正常进行；关系到科学技术和国防现代化的实现。因此必须对计量器具和标准物质的制造、进口和销售、使用和修理依法进行严格管理。

一、计量器具和标准物质的制造

（一）计量器具的制造

制造以销售为目的，并列入《强制管理的计量器具目录》的计量器具，必须取得《制造计量器具许可证》。

申请制造计量器具的许可证，应当具备以下条件：①计量器具型式批准证书；②固定的生产场所，与所制造的计量器具相适应的生产设施，包括生产设备和工艺装备，以及生产过程中的计量检测设施等；③完整的设计图纸、工艺文件、产品标准和相关的技术规范等；④保证产品质量的出厂检验条件，包括相应的计量器具和检验设备，适应检验需要的环境；⑤工程技术人员和工人的技术状况符合生产的需要，承担出厂检验的人员经当地省级人民政府计量行政主管部门组织考核合格；⑥必要的质量保证制度和计量管理制度；⑦能够独立承担法律责任。

《制造计量器具许可证》的有效期为5年，有效期届满需要延续的，持证者应当于证书有效期满6个月前，向原发证机关提出延续申请。原发证机关应当自受理延续申请之日起，在有效期届满前完成审查。符合条件的，予以延续；不符合条件的，不予以延续，并书面告知申请人。

因生产场地迁移等原因造成生产条件发生变化的，应当重新申请办理《制造计量器具许可证》，但应当简化对其生产条件的考核。

取得《制造计量器具许可证》的单位委托其他单位制造以销售为目的的计量器具，委托方应当与被委托方签订书面合同，并且被委托方应当取得同型号计量器具的《制造计量器具许可证》，并向其所在地的省级人民政府计量行政主管部门备案。

计量器具的制造者必须对制造的计量器具进行检验，保证产品质量合格，并对合格产品出具印有《制造计量器具许可证》标志（见图3－2）的产品合格证。

图3－2　《制造计量器具许可证》标志

从1991年起，我国推行计量器具的OIML合格证书制度。这是一种符合OIML“国际规程”中规定的计量器具型式要求而实行的型式合格证书的颁发、注册和使用制度。凡已获得我国计量器具型式批准证书的计量器具生产单位，可自愿向OIML中国秘书处提出申请，经其审查，确认符合有关国际规程要求者，允许在其产品包装和使用说明书上使用OIML证书标志。见图3－3。

图 3 - 3 OLML 证书标志

(二) 有证标准物质的能力考核

申请《制造有证标准物质能力合格证》，应当具备以下条件：①有完整的任务设计书、研制报告和标准物质样品；②有固定的生产场所，以及与所制造的标准物质相适应的生产设施、测量仪器设备和实验室条件；③满足生产需要的工程技术人员和管理人员；④保障统一量值需要的供应能力和管理制度；⑤有国内外定值对比结果报告和用户试用情况报告；⑥能够独立承担法律责任。

申请《制造有证标准物质能力合格证》，应当向国务院计量行政主管部门提出申请书，并符合《计量法》规定的证明材料，经考核合格，取得《制造有证标准物质能力合格证》，有效期为5年，有效期届满需要延续的，其申请、审查的规定同《制造计量器具许可证》一样。

二、计量器具和标准物质的进口

进口实施许可证管理的计量器具或者在中华人民共和国境内销售进口标准物质的，应当由境外制造商或者其代理商向国务院计量行政主管部门申请型式批准或者进口标准物质批准。

办理计量器具型式批准，应当向省级以上人民政府计量行政主管部门提出书面申请，并提供计量器具样机及有关技术文件、资料。

为加强对进口计量器具的监督管理，我国先后发布了《进口计量器具监督管理办法》、《进口计量器具监督管理办法实施细则》，它们明确规定：凡进口列入《进口计量器具型式审查目录》内的计量器具的，应向国务院计量行政主管部门递交型式批准申请书、计量器具样机照片和必要的技术资料。依次进行：

1. 法制审查。审查的主要内容为：①是否采用我国法定计量单位；②是否属于国务院明令禁止使用的计量器具；③是否符合我国计量法律、法规的其他要求。

2. 型式评价。型式评价按 JJF - 1016《计量器具型式评价大纲编写导则》要求，委托有关计量技术机构进行。型式评价的主要内容包括：外观检查、计量性能考核以及安全性、环境适应性、可靠性或寿命试验等项目。

3. 型式批准。型式评价审核合格的，由国务院计量行政主管部门向申请人颁发《进口器具型式批准证书》，准予在相应的计量器具和包装上使用中华人民共和国进口计量器具形式批准的 CPA 标志（见图 3 - 4）和编号，并在有关刊物上予以公布。

图3－4　计量器具型式批准标志，CPA

申请进口计量器具，按国家关于进口商品的规定程序进行审批。进口以销售为目的的计量器具，在海关验放后，订货单位必须向所在的省、自治区、直辖市人民政府计量行政部门申请检定，对检定合格的进口计量器具出具进口检定合格证书。同样地，办理进口标准物质批准，应当向国务院计量行政主管部门提出书面申请，并提供标准物质样品及有关技术文件、资料。

三、计量器具和标准物质的销售和使用

(1) 任何单位或者个人不得销售属于实施许可证管理或者实施制造有证标准物质能力管理，但没有取得《制造计量器具许可证》或者《制造有证标准物质能力合格证》的计量器具或者有证标准物质。不得进口和销售实施许可证管理，但未取得《型式批准证书》的计量器具以及未取得《进口标准物质批准证书》的标准物质。

(2) 任何单位或个人不得伪造、冒用、出租、出借或者以其他方式转让《制造计量器具许可证》、《制造有证标准物质能力合格证》、《型式批准证书》、《有证标准物质批准证书》和《进口标准物质批准证书》。

(3) 任何单位或者个人不得销售质量不合格的计量器具；不得销售残次计量器具零配件；不得使用残次零配件组装计量器具。

(4) 任何单位或者个人不得破坏计量器具准确度；不得擅自改动、拆装计量器具；不得破坏铅（签）封；不得弄虚作假。

(5) 未经省级以上人民政府计量行政主管部门批准，任何单位或者个人不得销售、进口国务院规定废除的非法定计量单位的计量器具和禁止使用的其他计量器具。

(6) 有证标准物质和进口标准物质的使用者应当在规定的定值有效期内使用标准物质。超过定值有效期的有证标准物质和进口标准物质，不得使用。

此外，标准物质在使用过程中应注意下列事项：①选择“目录”中发布的标准物质特性量值。②在使用标准物质前应仔细、全面地阅读标准物质证书，只有认真地阅读所给出的信息，才能保证正确使用标准物质。③选用的标准物质基体应与测量程序所处理材料的基体一样，或者尽可能接近，同时，注意标准物质的形态，是固体、液体还是气体，是测试片还是粉末，是方的还是圆的。④按标准物质证书中所给的“标准物质的用途”信息，正确使用标准物质。⑤选用的标准物质稳定性应满足整个实验计划的需要。凡已超过稳定性的标准物质切不可随便使用。⑥使用者应特别注意证书中所给该标准物品的最小取样量。最小取样量是标准物质均匀性的重要条件，不重视或者忽略了最小取样量，测量结果的准确性和可信度也就谈不上了。⑦使用者切不可在质量控制计划中把标准物质当作未检验“育样”来使用。⑧使用者不可以用自己配制的工作标准代替标准物质。⑨所选用的标准物质数量应满足整个实验计划使用要求，必要时应保留一些储备，供实验室计划实施后必要的使用。⑩选用标准物质除考虑其不确定度水平，还要考虑到标准物质的供应状况、价格以及化学和物理的使用性。

四、计量器具的修理

凡面向社会承接计量器具修理业务的企业、事业单位，必须申请《修理计量器具许可证》。

《修理计量器具许可证》一般由当地县、市级人民政府计量行政部门考核发证。当地不能考核的再由上一级政府计量行政部门考核发证。

修理计量器具单位必须具备以下条件：①具备固定的修理场所及与修理、安装、调试相适应的设备和工作环境；②具有保证修理质量的检定条件，包括考核合格的计量标准、相应的工作计量器具和检测设备以及适宜的检定环境；③修理人员的技术状况适应修理业务的需要，计量检定人员经计量行政部门考核合格；④具有相应的检定规程、产品标准及其他技术文件；⑤建立并实施检修质量保证制度和其他计量管理制度。

修理计量器具的个体工商户，应根据国家计量行政主管部门规定的范围和要求申请领取《修理计量器具许可证》。个体工商户的《修理计量器具许可证》考核发证由个体工商户所在地的县、市政府计量行政部门负责。

■ 第五节　计量检定和计量校准

一、计量检定

我国对用于贸易结算、安全防护、医疗卫生、环境及节能监测、司法鉴定、行政执法、公平评价等方面一并列入《强制管理的计量器具目录》的计量器具，实施计量检定。

（一）计量器具的强制检定

《强制检定的工作计量器具检定管理办法》第 2 条明确规定：“强制检定是

指由县级以上人民政府计量行政部门所属或者授权的计量检定机构，对用于贸易结算、安全防护、医疗医生、环境监测方面，并列入本办法所附《强制检定的工作计量器具目录》的计量器具实行定点定期检定。”

强制检定的含义是：

（1）强制检定的工作计量器具种类和名称由国家法规规定，检定周期与检定规程由政府计量部门根据其实际使用情况规定，使用单位必须按周期申请检定。

（2）政府计量行政部门对强制检定的工作计量器具直接按周期实行检定，或授权某单位代表政府计量部门严格进行强制检定，任何使用单位或个人均不能拒检，拒检就是违法。

（3）强制检定工作计量器具应固定检定并定期定点送检。强制检定的具体工作计量器具种类名称由国务院发布的《强制检定的工作计量器具目录》和国家计量行政部门发布的《强制检定的工作计量器具明细目录》规定，至今共61类118种，见表3－7。

表3－7　强制检定工作计量器具目录

序号	名称	序号	名称	序号	名称
1	尺	22	煤气表	43	有害气体分析仪
2	面积计	23	水表	44	酸度仪
3	玻璃液体温度计	24	流量计	45	瓦斯仪
4	体温计	25	压力表	46	测汞仪
5	石油闪点温度计	26	血压计	47	火焰光度计
6	谷物水分测定仪	27	眼压计	48	分光光度计
7	热量计	28	出租汽车里程计价表	49	比色计
8	砝码	29	测速仪	50	烟尘、粉尘测量仪
9	天平	30	测振仪	51	水质污染监测仪
10	秤	31	电能表	52	呼出气体酒精含量探测器
11	定量包装机	32	测量互感器	53	血球计数器
12	轨道衡	33	绝缘电阻、接地电阻测量仪	54	屈光度计
13	容重器	34	场强计	55	汽车里程表
14	计量罐、计量罐车	35	心、脑电图仪	56	热能表

（续表）

15	燃油加油机	36	照射量计（含医用辐射源）	57	验光仪
16	液体量提	37	电离辐射防护仪	58	燃气加气机
17	食用油售油器	38	活度计	59	棉花水分测量仪
18	酒精计	39	激光能量、功率计（含医用激光源）	60	电子计时计费表
19	密度计	40	超声功率计（含医用超声源）	61	微波辐射与泄漏测量仪
20	糖量计	41	声级计		
21	乳汁计	42	听力计		

（二）计量检定的申请

使用强制检定的工作计量器具的单位和个人，必须按规定向当地政府计量行政部门呈报《强制检定的工作计量器具登记册》，并申请周期检定。当地不能检定的，向上一级政府计量行政部门指定的计量检定机构申请周期检定，未申请检定或经检定不合格的，任何单位或者个人不得使用。

强制检定的计量器具修理后应当由使用者向省级以上人民政府计量行政主管部门授权的计量技术机构申请修理后检定。未按照规定申请修理后检定合格的计量器具，不得使用。

（三）计量检定

政府计量行政部门要根据计量检定规程，结合计量器具的实际使用情况，确定强制检定的周期，安排所属的或授权的计量技术机构按时实行定点周期检定，对不需进行周期检定的执行使用前的一次性检定，即首次检定。执行强制检定的计量技术机构，对检定合格的计量器具发给国家统一规定的检定证书，或在计量器具上标以检定合格印或发给检定合格证。对检定不合格的，则发给检定结果通知书或注销原检定合格印。强检标志见图 3－5。

图 3－5 中国强检标志

根据我国强制检定工作中存在的一些实际问题，《强制检定的工作计量器具实施检定的有关规定（试行）》进一步明确了强制检定的运用范围和实施强制检定的形式，如强制检定采取只作首次强制检定和周期检定两种形式。只作首次强制检定，按实施方式又可以分为失准报废和限期使用到期轮换两种方式。例如，竹木直尺、玻璃体温计、啤酒量杯、液体量提只作首次强制检定，失准则报废；直接与供气、供水、供电部门进行结算用的生活煤气表、水表和电能表只作首次强制检定，限期使用，到期轮换。

二、计量校准

未列入强制检定工作计量器具目录的为非强制检定的工作计量器具，一般是用于生产和科研的工作计量器具。它们由使用单位依据《计量法》自行校准或者委托计量校准机构进行计量校准，保证其量值的溯源性。

计量校准机构应当具备以下条件：①能够独立承担法律责任；②其用于计量校准服务的相关最高计量标准应当取得省级以上人民政府计量行政主管部门颁发的计量标准证书；③具备与开展校准服务相适应的人员和管理制度。

符合上述条件的，应当向省级以上人民政府计量行政主管部门备案，由省级以上人民政府计量行政主管部门定期向社会公布。

计量校准机构对社会开展计量校准服务，应当与委托方签订合同，按照国家计量校准规范或者委托合同的要求进行计量校准，出具计量校准报告或者计量校准证书。

对计量校准的计量器，有关单位也要认真建立计量器具登记卡，自行做好入库检定、发放检定、周期检定、返回检定和巡回检定工作，正确使用和正常维护保养，建立健全并落实各项计量器具的管理和使用制度，以确保工作计量器具在校准周期内准确合格。

■　第六节　商品量计量

现代社会是商品社会。商品交换既是现代社会人类生活中不可缺少的生存条件，也是现代企业赖以生存与发展的物质基础，其商品交换都离不开一个重要的参数——商品量。

为了确保商品量的计量准确，我国依据计量法律法规先后发布了《零售商品称重计量监督管理办法》、《定量包装商品计量监督管理办法》、《商品量计量违法行为处罚规定》。这些规章明确规定了对各类商品的计量管理和监督。

一、零售商品的称重计量要求

《零售商品称重计量监督管理办法》明确规定了各类食品、副食品及金银饰品的称重计量负偏差，见表3－8与表3－9。

表3－8 各类食品称重负偏差

食品品种、价格档次	称重范围（m）	负偏差
粮食、蔬菜、水果或不高于6元/kg的食品	m≤1kg	20g
	1kg < m≤2kg	40g
	2kg < m≤4kg	80g
	4kg < m≤25kg	100g
肉、蛋、禽*、海（水）产品*、糕点、糖果、调味品或高于6元/kg，且不高于30元/kg的食品	m≤2.5kg	5g
	2.5kg < m≤10kg	10g
	10kg < m≤15kg	15g
干菜、山（海）珍品或高于30元/kg，且不高于100元/kg的食品	m≤1kg	2g
	1kg < m≤4kg	4g
	4kg < m≤6kg	6g
高于100元/kg的食品	m≤500g	1g
	500g < m≤2kg	2g
	2kg < m≤5kg	3g

注：*活禽、活鱼、水发物除外。

表3－9 金银饰品称重范围及负偏差

名　称	称重范围	负偏差
金饰品	m（每件）≤100g	0.01g
银首饰	m（每件）≤100g	0.1g

二、定量包装商品的净含量计量要求

定量包装商品，是指以销售为目的、与消费者利益密切相关，在一定量限范围内具有统一的质量、体积、长度标注的预包装商品。

定量包装商品的生产者或者销售者，应当在商品包装的显著位置正确清晰地标注净含量。详见表3－10。

表 3-10 定量包装商品法定计量单位的选择

	标注净含量（Qn）的量限	计量单位
质 量	Qn < 1000 克	g（克）
	Qn≥1000 克	Kg（千克）
体 积	Qn < 1000 毫升	mL（ml）（毫升）
	Qn≥1000 毫升	L（l）（升）
长 度	Qn < 100 厘米	mm（毫米）或者 cm（厘米）
	Qn≥100 厘米	m（米）
面 积	Qn < 100 平方厘米	mm^2（平方毫米）或者 cm^2（平方厘米）
	1 平方厘米≤Qn < 100 平方分米	dm^2（平方分米）
	Qn≥1 平方米	m^2（平方米）

单件定量包装商品的净含量与其标注的质量、体积之差不得超过表 3-11 规定的负偏差。

表 3-11 单件定量包装商品允许短缺量

质量或体积定量包装商品的标注净含量（Qn）g 或 ml	允许短缺量（Qn）g 或 ml	
	Qn 的百分比	g 或 ml
0 ~ 50	9	—
50 ~ 100	—	4.5
100 ~ 200	4.5	—
200 ~ 300	—	9
300 ~ 500	3	—
500 ~ 1000	—	15
1000 ~ 10 000	1.5	—
10 000 ~ 15 000	—	150
15 000 ~ 50 000	1	—

单件定量包装商品的净含量与其标注的长度、面积或计数之差不得超过表 3-12规定的负偏差。

表3－12 单件定量包装商品长度、面积或计数负偏差

(Qn)	允许短缺量 (T) *m
Qn≤5m	不允许出现短缺量
Qn＞5m	Qn×2%
面积定量包装商品的标注净含量（Qn）	允许短缺量（T）
全部 Qn	Qn×3%
计数定量包装商品的标注净含量（Qn）	允许短缺量（T）
Qn≤50	不允许出现短缺量
Qn＞50	Qn×1% **

注：* 对于允许短缺量（T），当 Qn≤1kg（L）时，T 值的 0.01g（ml）位修约至 0.1g（ml）；当 Qn＞1kg（L）时，T 值的 0.1g（ml）位修约至 g（ml）；

**以标注净含量乘以 1%，如果出现小数，就把该数进位到下一个紧邻的整数。这个值可能大于 1%，但这是可以接受的，因为商品的个数为整数，不能带有小数。

批量定量包装商品按表3－13 规定的抽样方法及平均偏差计算方法随机抽样检验和计算，平均偏差应当大于或者等于零，并且单件定时包装商品超出计量负偏差件数应当符合表3－13 的规定。

表3－13 批量定量包装商品计量检验抽样方案

第一栏	第二栏	第三栏		第四栏	
检验批量 N	抽取样本 n	样本平均实际含量修正值 (λ·s)		允许大于 1 倍，小于或者等于 2 倍，允许短缺量的件数	允许大于 2 倍，允许短缺量的件数
		修正因子 $\lambda = t_{0.995} \times \frac{1}{\sqrt{n}}$	样本实际含量标准偏差 s		
1～10	N	\	\	0	0
11～50	10	1.028	s	0	0
51～99	13	0.848	s	1	0
100～500	50	0.379	s	3	0
501～3200	80	0.295	s	5	0

（续表）

大于3200	125	0.234	s	7	0

样本平均实际含量应当大于或者等于标注净含量减去样本平均实际含量修正值（λ·s），即 $\bar{q} \geq (Qn - \lambda gs)$

式中：$\bar{q}$——样本平均实际含量 $\bar{q} = \frac{1}{n}\sum_{i=1}^{n} q_i$

Qn 标注净含量

λ 修正因子

s 样本实际含量标准偏差 $s = \sqrt{\frac{1}{n-1}\sum_{i=1}^{n}(q_i - \bar{q})^2}$

注：1. 本抽样方案的置信度为99.5%。

2. 本抽样方案对于批量为1～10件的定量包装商品，只对单件定量包装商品的实际含量进行检验，不作平价实际含量的计算。

定量包装商品的生产者或者销售者在包装商品时，应当节约资源、减少污染、正确引导消费。商品包装尺寸应当与商品净含量的体积比例相当，不得采用虚假包装或者故意夸大定量包装商品的包装尺寸，使消费者对包装内的商品量产生误解。

为了保证定量包装商品准确，维护消费者权益，鼓励定量包装商品生产企业建立计量体系，我国制定和实施了JJF－1070《定量包装商品生产企业计量保证能力评价规范》。现在实施与执行的是JJF－1070－2005《定量包装商品净量计量检验规则》。

经核查符合该《规则》要求的企业，由受理申请的计量行政部门予以备案并颁发全国统一的《定量包装商品生产企业计量保证能力证书》（以下简称"证书"），允许在其生产的定量包装商品上使用全国统一的计量保证能力合格标志。见图3－6。

图3－6 计量保证能力合格标志

三、商品房销售面积的计量监督

为了进一步规范商品房市场的计量行为，维护商品交易的正常秩序和公平、公正交易，切实保障商品房购销双方的正当合法权益。我国于1998年制定了JJF－1058《商品房销售面积测量与计算》；1999年发布了《商品房销售面积计量监督管理办法》。依据《商品房销售面积计量监督管理办法》规定：

（1）销售者销售商品房，必须明示商品房的销售面积，并注明该商品房的套内建筑面积及应当分摊的共有建筑面积。商品房销售面积的标注应当以平方米为计量单位。

（2）商品房的销售面积与实际面积之差不得超过国家计量技术规范《商品房销售面积测量与计算》规定的商品房面积测量限差。按套内或者单元销售的商品房，各套或者各单元销售面积之和不得大于整幢商品房的实际总面积。

（3）商品房销售者应当接受技术监督部门对商品房销售面积进行的计量监督检查，并如实提供与商品房面积计量有关的图纸、资料等。

四、市场交易中的商品量计量要求

2002年，我国发布了《集贸市场计量监督管理办法》，对各类城乡集贸市场中的商品量计量管理进行监督管理。该办法要求：

1. 集市主办者应当做到：

（1）积极宣传计量法律、法规和规章，制定集市计量管理及保护消费者权益的制度，并组织实施。

（2）在与经营者签订的入场经营协议中，明确有关计量活动的权利义务和相应的法律责任。

（3）根据集市经营情况配备专（兼）职计量管理人员，负责集市内的计量管理工作，集市的计量管理人员应当接受计量业务知识的培训。

（4）对集市使用的属于强制检定的计量器具登记造册，向当地质量技术监督部门备案，并配合质量技术监督部门及其指定的法定计量检定机构做好强制检定工作。

（5）国家命令淘汰的计量器具禁止使用；国家限制使用的计量器具，应当遵守有关规定；未申请检定、超过检定周期或者经检定不合格的计量器具不得使用。

（6）集市应当在商品交易显著场所设置符合要求的公平秤，并负责保管、维护和监督检查，定期送当地质量技术监督部门所属的法定计量检定机构进行检定。公平秤是指对经营者和消费者之间因商品量称量结果发生的纠纷具有裁决作用的衡器。

（7）配合质量技术监督部门，作好集市定量包装商品、零售商品等商品量的计量监督管理工作等。

2. 集市经营者应当配备或者使用与其经营项目相适应的计量器具，并定期申请计量检定，保证计量器具计量性能准确可靠，且应当做到：

（1）遵守计量法律、法规及集市主办者关于计量活动的有关规定。

（2）对配置和使用的计量器具进行维护和管理，定期接受质量技术监督部门指定的法定计量检定机构对计量器具的强制检定。

（3）不得使用不合格的计量器具，不得破坏计量器具准确度或者伪造数据，不得破换铅（签）封。

（4）凡以商品量的量值作为结算依据的，应当使用计量器具测量量值；计量偏差在国家规定的范围内的结算值与实际值，不得估量计费。不具备计量条件并经交易当事人同意的除外。

（5）现场交易时，应当明示计量单位、计量过程和计量器具显示的量值。如有异议的，经营者应当重新操作计量过程和显示量值。

（6）销售定量包装商品应当符合《定量包装商品计量监督规定》的规定等。

（7）如经营者在交易活动中，商品量的短缺量大于国家规定允许值时的，应当给消费者补足短缺量或者赔偿损失。经营者在补足短缺量或者赔偿损失后，属于生产者、供货者责任的，经营者可以追偿。

3. 各级计量行政部门应当做到：

（1）宣传计量法律、法规，对集市主办者、计量管理人员进行计量方面的培训。

（2）监督集市主办者按照计量法律、法规和有关规定的要求，做好集市的计量管理工作。

（3）对集市的计量器具管理、商品量管理和计量行为，进行计量监督和执法检查。

（4）积极受理计量纠纷，负责计量调解和仲裁检定。

对违反相关规定者处以罚款、赔偿损失、没收计量器具和全部违法所得、吊销营业执照；构成犯罪的，依法追究刑事责任。

五、社会公正计量行（站）的计量管理

随着社会主义市场经济体制的逐步建立和完善，企业、事业单位，社会团体及个人对商贸领域中的计量问题提出了计量公正、准确、便利的客观需求。

为了向贸易双方提供公平、准确的计量数据，也为了向社会各界提供公用的计量设备和计量测试服务，规范市场交易行为，保护交易各方的合法权益，我国先后建立了眼镜屈光度检测公正计量站、黄金饰品称重公正计量站、蒸汽流量公正计量站，商品房面积测量等重要商品量的社会公正计量站。

1995 年我国发布了《社会公正计量行（站）监督管理办法》，该办法明确说明：社会公正计量行（站）是指经省级人民政府计量行政部门考核批准，在流通领域为社会提供计量公正数据的中介服务机构。

1. 申请。建立社会公正计量行（站）必须具备下列四个条件：①具有法人

第三章

资格，并是独立于交易双方的第三方；②计量检测设备及配套设施满足计量检测的要求，并可溯源到社会公用计量标准；③工作环境适应计量检测的要求；④计量检测人员经考核合格，具有保证计量检测工作质量的质量体系。

2. 社会公正计量行（站）的审批。申请建立社会公正计量行（站）应当向当地省级人民政府计量行政主管部门提交申请书，在流通领域建立为社会提供公正计量数据的社会公正计量行（站），应当经省级人民政府计量行政主管部门组织考核并批准。

受理申请的省级人民政府计量行政主管部门应当在5个工作日内完成对申请资料的审查，并书面通知申请人是否受理。受理后组织考评员对申请人进行考核。在30个工作日内完成对考核结果的审核，审核合格的，自做出行政许可决定之日起10个工作日内向申请人颁发社会公正计量行（站）证书。审核不合格的，书面告知申请人。

《社会公正计量行（站）证书》的有效期为5年。有效期届满，需要延续的，持证者应当于证书有效期满6个月前，向原发证机关提出延续申请。

3. 公正计量行（站）的义务。社会公正计量行（站）应履行下列三项义务：

(1) 认真遵守有关社会公正计量方面的法律、法规、规章和规范性文件，并接受计量行政部门的监督。

(2) 正确维护、保养与按时检定计量检测设备，保证它们在使用期内准确、可靠。

(3) 妥善保管计量检测数据原始记录等计量技术资料，并对其出具的计量数据承担法律和经济责任。

这样社会公正计量行（站）为社会提供的计量数据可作为贸易结算或贸易纠纷仲裁的公正数据。如上海公正燃气计量站，是一个具有独立法人资格的计量中介机构，设有5个分站。该站坚持按规范办事，用数据说话，尽职、尽心、尽力地为燃气供需双方提供计量中介服务，取得了良好的社会效益和经济效益。

■ 第七节 计量监督

我国历来重视计量监督，并把它作为计量法律制度的主要内容，JJF－1001《通用计量术语及定义》对计量监督的定义是："为核查计量器具是否依据计量法律、法规正确使用和诚实使用，而对计量器具制造、安装、修理或使用进行控制的程序。这种监督也可扩展到对预包装品上指示量正确性的控制。"

依据我国计量法律、法规、规章、计量技术法规和规范，对我国计量监督部门和人员的职权、计量监督内容与要求及其法律责任介绍如下：

一、计量行政部门的计量监督职权

我国《计量法》明确规定国务院计量行政主管部门对全国计量工作实施统一监督管理，县级以上地方计量行政主管部门对本行政区域内的计量工作实施监督管理，并在规定的权限内，对违反计量法律、法规的行为行使下列职权，执行行政处罚：

（1）对当事人涉嫌违反本法的生产、销售等活动的场所实施现场检查。

（2）向当事人的法定代表人、主要负责人和其他有关人员调查、了解与涉嫌从事违反本法的生产、销售活动有关的情况。

（3）查阅、复制当事人有关的合同、发票、账簿以及其他有关资料。

（4）对涉嫌违法的计量器具、设备、零配件及商品采取封存、扣押措施。

实施前款计量监督检查时，应当有两名以上计量执法人员参加，并出示执法人员证件。对不出示执法人员证件的，被检查者有权拒绝检查。

计量行政主管部门及其计量执法人员对检查过程中知悉的当事人的商业秘密应当予以保密。

二、计量人员的要求

计量监督员是县级以上人民政府计量行政部门任命的，具有专门职能的计量人员，他们在规定的区域内，并在规定的权限内，可以对有违反计量法律法规行为的单位和个人进行现场处罚。

国家对从事计量检定、计量监督检验和对社会开展校准的计量专业技术工作人员实行职业资格制度。凡从事计量检定、计量监督检验和对社会开展计量校准等工作的人员，应当通过考试或者认定的方式取得相应资格，并经省级以上人民政府计量行政主管部门审批注册，方可从事相应专业技术工作。

三、计量监督的内容与要求

1. 计量器具和商品量的监督和检查。县级以上计量行政主管部门应当组织对制造、销售计量器具的质量和生产、销售的定量包装商品的净含量等进行监督检查。需要提供样品的，被检查单位应当无偿提供标准规定的抽样数量的样品。除正常损耗和国家另有规定外，样品应当退还被检查单位。未按规定退还的，应当责令其退还或者照价赔偿。县级以上计量行政主管部门组织实施计量监督检查时，不得向检查者收取费用。

任何单位或者个人不得拒绝、阻碍计量行政主管部门依法进行的计量监督检查；不得擅自处理、转移被依法封存、扣押的计量器具、设备、零配件及商品。

2. 对计量技术机构授权及其监督。计量授权是指县级以上人民政府计量行政部门，依法授权予其他部门或单位的计量检定机构或技术机构，执行计量法规定的强制检定和其他检定、测试任务。

依据计量法律、法规和《计量授权管理办法》等规章，国务院计量行政主管部门负责国家级计量技术机构和跨省际承担任务的计量技术机构的计量授权，省级以上人民政府计量行政主管部门可以根据实施《计量法》的需要，授权计量行政主管部门设置的计量技术机构或者其他单位的计量技术机构执行以下有关任务：建立计量基准、社会公用计量标准，承担计量器具型式评价、计量检定，计量器具产品质量监督检验以及商品量计量监督检验等，为实施计量监督提供技术保证。

计量技术机构承担计量授权任务，应当具备以下条件：①具有法人资格或经法人授权；②有取得计量专业技术人员相应资格并注册的计量检定、商品量计量监督检验和管理人员；③其相应的计量标准应当经考核合格，并具有社会公用计量标准证书或者计量标准证书；④具有保证执行被授权任务公正、准确的工作制度和管理制度。

国务院计量行政主管部门应当对省级人民政府计量行政主管部门的计量授权进行监督检查，及时纠正计量授权实施中的违法行为。

计量授权后，授权的政府计量行政部门应认真实行对被授权单位的监督管理；被授权单位应认真执行《计量授权管理办法》中的下列规定：

（1）被授权单位必须认真贯彻执行计量法律、法规。

（2）被授权单位的相应计量标准，必须接受计量基准或者社会公用计量标准的检定、考核；开展授权的计量检定、测试工作，必须接受授权单位的监督。

（3）被授权单位必须按照授权范围开展工作，需新增计量授权项目，应按照本办法的有关规定，申请新增项目的授权。违反本款规定的，责令其改正，没收违法所得；情节严重的，吊销计量授权证书。

（4）被授权单位可在有效期满前 6 个月提出继续承担授权任务的申请；授权单位根据需要和被授权单位的申请在有效期满前进行复查，经复查合格的，延长有效期。如被授权单位达不到原考核条件，经限期整顿仍不能恢复的，由授权单位撤销其计量授权。

（5）被授权单位要终止所承担的授权工作，应提前 6 个月向授权单位提出书面报告，未经批准不得擅自终止工作。违反本款规定，给有关单位造成损失的，责令其赔偿损失。

3. 计量认证证书。向社会提供公正数据的技术机构的计量认证要求为社会提供公正数据的产品质量检验机构、工程质量检验机构、医疗卫生检测机构、环境及节能监测机构、特种设备监察机构、司法鉴定机构等，必须经省级以上人民政府计量行政主管部门对其计量能力和可靠性考核合格，取得计量认证证书后，方可向社会提供相关公正数据。依据计量法律法规和《产品质量检验机构计量认证管理办法》及其《评审内容及考核办法》、JJF－1021《产品质量检验机构计量认证技术考核规范》等规章、规程规定，申请计量认证证书，应当具备以下条件：①具有法人资格；②具备与其开展工作相适应的计量检测设备、配套设施和工作环境；③使用的计量检测设备应当保证其溯源性；④具有与其工作相适应的计量专业技术人员和管理人员；⑤具有保证检测结果公正、准确的工作制度和管理制度。

申请计量认证，应当向省级以上人民政府计量行政主管部门提交申请书，国家性的计量认证工作由国务院计量行政主管部门负责。地方性的计量认证工作由省级人民政府计量行政主管部门负责。

受理申请的省级以上人民政府计量行政主管部门应当在5个工作日内，完成对申请资料的审查，并书面通知申请人是否受理。受理后组织考评员对申请人进行考核。在30个工作日内完成对考核结果的审核。审核合格的，自做出行政许可决定之日起10个工作日内向申请人颁发计量认证证书。审核不合格的，书面告知申请人。未取得计量认证证书，不得向社会提供相关公正数据。

《计量认证证书》有效期为5年。有效期届满，需要延续的，持证者应当于证书有效期满6个月前，向原发证机关提出复查申请。原发证机关应自受理之日起，在有效期满前完成审查。符合条件的，予以延续；不符合条件的，不得予以延续，并书面告知申请人。《计量认证证书》有效期届满，未按规定申请复查合格的，不得继续向社会提供有关公正数据。

4．计量纠纷的仲裁和调解。在经济活动和社会生活中，常常因计量器具的准确度问题而引起纠纷。这种对计量器具准确度的争执以及因计量器具准确度所引起的纠纷称为计量纠纷。依据计量法律法规和《仲裁检定和计量调解办法》对计量器具的仲裁检定和计量调解作出的一些具体规定，发生计量纠纷时，当事人可以通过协商或者协调解决。当事人不愿通过协商、调解解决或者协商、调解不成的，可以根据当事人各方的协议向仲裁机构申请仲裁；当事人各方没有达成仲裁协议或者仲裁协议无效的，可以直接向人民法院起诉。仲裁机构或者人民法院可以委托省级以上人民政府计量行政主管部门授权承担计量检定（验）任务的计量技术机构进行仲裁检定（验）。在调解、仲裁及案件审理过程中，任何一方当事人均不得改变与计量纠纷有关的计量器具或者定量包装商品的技术状态及原始数据等。

第四章 标准化法律制度

标准化法律制度，在有的国家是以软法的形式出现的，如美国、法国；在有的国家是以硬法的形式表达，如俄罗斯、日本；还有的国家是以契约的形式表达，如英国、德国。在中国，标准化法是以制定法的形式和硬法面貌表达的，并形成了标准化法律法规体系。但由于中国《标准化法》颁布于20世纪80年代后期经济体制改革刚刚启动之时，和今天的社会主义市场经济体制无论是在理念还是原则上，都有极不相适应的地方，所以我国《标准化法》的修改工作已经势在必行。

■ 第一节 标准化法概述

标准化法是以法律的形式按照国际共同理念与通行的做法，确认标准在国民经济社会发展中的基础地位，以规范标准化活动，推动和维护世界经济一体化发展的重要工具。在21世纪，以标准化法为基础发展起来的国家标准化战略和标准政策已成为创新型国家发展和全球竞争的重要支撑力量。

一、标准与法律的关系

在现代市场经济国家，标准是自愿性的、不具有强制性的文件。WTO/TBT协定对标准的认识是这种主流观点的反映：“标准是被公认机构批准的、非强制性的，为了反复使用的目的，为产品或其加工或生产方法提供规则、指南或者特性文件。”可见，标准本身并不是法律法规，不具有法律的约束力和强制性。这是标准的本色，也正是在此基础上，标准与技术法规的关系才成为一项值得关注的国际问题。

但在计划经济体制下，标准与法律的关系却是另外的景象。前苏联的学者认为：“标准化与法律的相互作用有两个方面：第一，法律调整标准化的组织及实施。标准化是法令体系的不可分割的组成部分，这些法令规定了国家标准委员会和其他部门标准机构的法律地位，并对标准的制定、批准、贯彻、遵守和监督作出规定。第二，标准化本身作为建立与运用各种规则的一种活动，它不仅是技术经济活动，也是一种法律活动。标准化工作的结果是在标准法令（标准和技术法规）中规定对产品质量和其他标准化对象的强制性要求。"〔1〕这就在客观上把标准与法律混为一体了，前苏联标准印刷品封面“不遵守标准按法律追究”就反映了这一点。不仅如此，“对违反标准的现象，由民法、刑法、行政法、财政法和劳动法等各种法律形式规定了应承担的责任”。〔2〕虽然苏联解体以后，以俄罗斯为代表的独联体国家都先后放弃了这种理念，制定了以自愿标准为基础的标准化法，但是这种理念在中国则因为强制性标准的存在和标准化法迟迟未予修改，在一些时候和地方还没有被彻底放弃。

二、标准及其工具性

对于什么是标准，国际标准化组织（ISO）的认识和中国国家标准化机构对此的看法，也一直是处于探索之中。〔3〕

2003年1月1日实施的国家标准GB/T 20000.1－2002（代替标准历次版本的发布情况为GB/T 3935.1－1983、GB/T 3935.1－1996），“给出了有关标准化和相关活动的通用术语和定义”，将标准界定为“为了在一定范围内获得最佳秩序，经协商一致制定并由公认机构批准、共同使用的和重复使用的一种规范性文件”（GB/T 20000.1－2002的2.3.2）。这个定义同时也是国际标准化组织（ISO）和国际电工委员会（IEC）对于标准的定义。〔4〕由此定义，我们可以看出，标准的基本属性与内在要求：

1. 标准是一种规范性文件。和其他规范性文件的要求一样，为了保证标准制定的规范性和标准文本的规范性，国家发布了GB/T 20000《标准化工作指南》，包括：第一部分，标准化和相关活动的通用词汇；第二部分，采用国际标准的规则；第三部分，引用文件；第四部分，标准中涉及安全的内容；第五部分，产品标准中涉及环境的内容。其目的在于支撑并保证标准创制的规范性。国家还发布了GB/T 1《标准化工作导则》，包括：第一部分，标准的结构和编写规则；第二部分，标准的制定方法；第三部分，技术工作程序。其目的在于统一并保证标准文本的规范性。

---

〔1〕参见《苏联标准化六十年》，赵福成等译，中国标准出版社1986年版，第35～36页。

〔2〕参见《苏联标准化六十年》，赵福成等译，中国标准出版社1986年版，第38页。

〔3〕在赵全仁、崔壬午主编的《标准化词典》中，“标准”词条收集与罗列了这方面的基本资料。参见《标准化词典》，中国标准出版社1990年版，第12页。

〔4〕白殿一等：《标准的编写》，中国标准出版社2009年版，第1页。

2. 标准必须是能够共同使用的或重复使用的。这是标准内在的质的统一规定性的外在要求，否则就没有必要制定标准。“对重复性事物制定标准的目的是总结以往经验，选择最佳方案，作为今后实践的目标和依据。这样既可最大限度地减少不必要的重复劳动，又能扩大‘最佳方案’的重复利用次数和范围。标准化的技术经济效果有相当一部分就是从这种重复中得到的。”[1]

3. 标准是为了在一定范围内获得最佳秩序。这是标准的目的性。为了实现最佳秩序，首先，“标准宜以科学、技术和经验的综合成果为基础，以促进最佳的共同效益为目的”（GB/T 20000.1－2002，2.3.2）；其次，标准宜由参加制定标准的各利益方协调一致，并由公认机构批准发布；最后，标准作为国家提供给社会的“公共物品”，是社会各阶层和各利益方都可以免费使用的“公共资源”，因此，它必须符合并维护社会公共利益。唯有将这三点统一起来，才能获得并保证最佳秩序。

另外，这里的“一定范围”，是由标准化的对象和标准化层次决定的（关于标准化对象，容下文详细讨论）。标准化层次是指标准化所涉及的地理、政治或经济区域的范围。“标准可以在全球或某个区域或某个国家层次上进行。在某个国家或国家的某个区域内，标准化也可以在一个行业或部门（例如政府各部）、地方层次上、行业协会或企业层次上，以至在创建和业务室进行”（GB/T 20000.2－2002，2.1.6）。换句话说，凡是需要标准化的特定主题领域，实现了与此相适宜层次的标准化，在此范围内，标准是有明确目的性的，并且是可以实现的。

上述三个方面是对标准最一般的抽象性概括。这种概括能够全面地适用并解释国家标准，对于国际标准和企业标准而言，标准的目的性因知识产权的导入、竞争的导入和国家利益的导入而变得异常复杂，最终使“最佳秩序”的衡量丧失了“公共性”，使“利己的最佳秩序”成为标准化的动因和目的。标准最终发展成为市场经济中一种拟制的工具，为企业、为团体、为政府乃至为国际组织基于不同的目的所使用，但不管是哪种情况，对标准认知的基础却是共同的或者经 ISO、IEC 协调而趋向一致的。

三、标准化及其科学性

标准化概念难于统一，定义五花八门，这是标准化界所公认的。“只要查阅和对照各种百科全书、辞海、词典，世界各国有关标准化基本术语的国家标准，乃至历次版本的国际标准（导则），就可以看出几乎没有两个完全相同的‘标准化’

[1] 李春田主编：《标准化概论》，中国人民大学出版社 2005 年版，第 12 页。

的定义。”[1]

（一）标准化的定义

标准化是“为了在一定范围内获得最佳秩序，对现实问题或者潜在问题制定共同使用和重复使用的条款的活动”（GB/T 20000.1－2002，2.3.2）。该定义是等同采用 ISO/IEC 第 2 号指南的定义，所以这也可以说是 ISO/IEC 给出的“标准化”定义。[2] 这一定义揭示了标准化的含义，包括：

1. 标准化是一项活动，该活动主要包括编制、发布和实施标准的过程（GB/T 20000.1－2002，2.1.2）。这个过程的每个环节尤其是实施环节，是不可缺少的。没有标准的编制、发布，标准化就没有起步；没有标准的实施，就谈不上标准化的“化”了。“这个过程也不是一次就完成了的，而是一个不断循环、螺旋式上升的运动过程。”每完成一个循环，标准的水平就提高一步。[3] 在此基础上，标准化活动呈现出基本过程模式——标准化三角形（见图 4－1）。

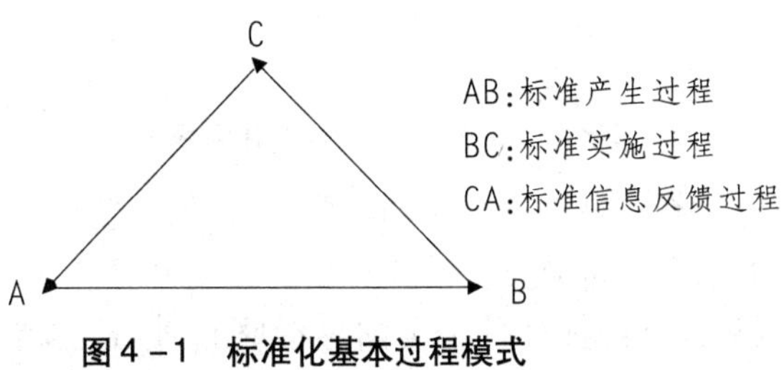

图 4－1　标准化基本过程模式

标准化三角形反映的是标准化的基本过程。“当基本过程结束时，第二次 ABCA 循环就开始了。第二次循环的终点又是第三次循环的起点。依此循环，永不止息，这才是标准化的全过程。标准化过程的 ABCA 循环，不是一次次地原地循环，而是每循环一轮，都在原来的基础上有所创新、改进，即通过标准的重新制定或修订，使标准向前发展一步。标准化就是在这种不断的循环中一步步向前发展的。它的发展轨迹是无数个不断‘迁升’的三角形，[4] 它的发展模式就是构筑‘标准化金字塔’（见图 4－2）。”[5]

---

〔1〕 顾孟洁：《憧憬与探索》，中国标准出版社 2008 年版，第 104 页。

〔2〕 李春田主编：《标准化概论》，中国人民大学出版社 2005 年版，第 13 页。

〔3〕 李春田主编：《标准化概论》，中国人民大学出版社 2005 年版，第 13 页。本书以下的讨论皆引自李先生的著作，特此说明并致以深深的谢意。

〔4〕 “标准化三角形从初始的 ABCA 循环，向下一个以及以后的一系列循环的过渡方式叫迁升。迁升的含义是这种过程具有上升或跳跃式发展的特征……迁升的实质是质的飞跃。”参见李春田主编：《标准化概论》，中国人民大学出版社 2005 年版，第 51 页。

〔5〕 李春田主编：《标准化概论》，中国人民大学出版社 2005 年版，第 51～52 页。

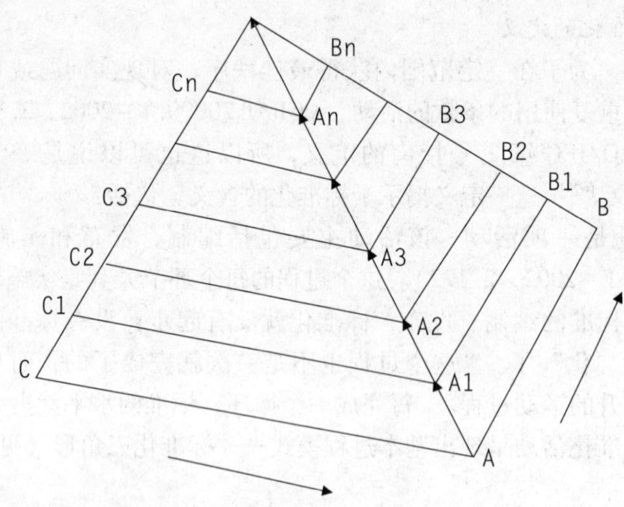

图4－2 标准化金字塔

2. 标准化的任务是“对现实的问题或者潜在的问题制定共同使用和重复使用的条款”。解决现实问题是标准化产生、发生乃至在整个工业化时代活跃的突出特点。英国莫兹利的标准件和美国惠特尼的通用互换件利用统一性解决了零部件的通用性问题，奠定了大规模生产的基础；法国雷诺的产品参数系列和泰勒制、福特制使标准化从企业推向行业；而产业合理化运动则使一战战败后的德国仅用了不到10年的时间就将其经济恢复到了战前的水平。“现实问题”的暴露与解决成为推动标准化迁升与发展绵绵不断的动力。所以工业社会是一个标准化社会，而赋予标准化解决“潜在问题”的任务，“这是信息时代标准化的一个重大变化和显著特点”，[1] 从而使标准在立足现有技术和总结已有经验的基础上，具有了前瞻性和导向性。GB/T 12366.5－1991《综合标准化工作导则——确定超前指标的一般要求》为标准化解决潜在问题提供了阶段原则。

3. 标准化的作用，在延伸与强化标准“获得最佳秩序”的基础上，更主要的是具有了社会作用。“标准化的主要作用在于其预期目的改进产品、过程或服务的适用性，防止贸易壁垒，并促进技术合作”（GB/T 20000.1－2002，2.1.2）。

（二）标准化的方法

标准化在本质上是一门方法学。“现代意义的标准化，从它诞生之日起就不

---

〔1〕 李春田主编：《标准化概论》，中国人民大学出版社2005年版，第13页。

断地开发和创新它的科学方法，形式也不断增多，较为古典的形式有简化和统一化，后来又有了通用化，到了20世纪后半叶广为流行的是系列化、组合化和模块化。这些标准化形式是标准化学科最精彩的内容，也是对提高企业核心竞争力最为有用的技术。”[1]

现选择最重要的、常用的标准化方法与形式，介绍如下：[2]

1．简化。简化一般是事后进行。它是在事物的多样性发展到一定规模以后，对事物的类型数目加以缩减，使其在既定时间内足以满足一般需要的标准化形式与方法。

标准化简化形式与方法的运用，须遵循下列原则：①对客观事物进行简化时，既要对不必要的多样性加以压缩，又要防止过分；②简化方案的确立应以特定的时间、空间为前提；③不能因简化而损害消费者利益；④对产品规格的简化要形成系列，其参数组合应尽量符合数值分级制度。

2．统一化。统一化的实质是使事物的形式、功能或其他技术特征具有一致性，并把这种一致性用标准确定下来的标准化形式与方法。

标准化统一化形式与方法的运用，须遵循下列原则：①适时原则；②适度原则；③等效原则；④先进性原则。

3．通用化。通用化以互换性为前提。互换性指的是在不同时间、不同地点生产的产品或者零部件，在装配、维修时不必经过修整就任意替换使用的性质，包括功能互换和尺寸互换两种情况。

通用性是现代工业社会化大生产的基础要件，指互相独立的系统中，选择和确定具有功能互换性或尺寸互换性的子系统或功能单元的标准化形式与方法。

4．模块化。模块化是标准化的高级形式，是在传统的古典的标准化方法——简化、统一化和通用化的基础上，统摄系列化和组合化，在信息时代为应对复杂系统而以模块形式发展出来的标准化方法，其核心是模块。

模块是构成系统的，具有特定功能，可兼容、互换的独立单元。由于产品或系统的结构和功能具有层次性，与其相对应的模块也有层次性，包括：[3]

（1）产品级模块，就是模块产品。它常以箱体、固定板、安装轨道等结构模块和辅助模块为载体，集合全部所需的功能模块、专用模块和附加模块，构成具有某些特定功能的产品。

（2）部件级模块，相当于产品的部件或总系统的子系统，它具有产品（系

---

〔1〕 李春田：《新时期标准化十讲》，中国标准出版社2003年版，第61页。

〔2〕 本项内容除另有说明外，系根据李春田主编的《标准化概论》（中国人民大学出版社2005年版）一书的第六章简写而成，特此说明，并对李春田先生的帮助表示感谢！

〔3〕 李春田编著：《模块化研究》，中国标准出版社2008年版，第28～29页。

统）的部分功能或结构。构成产品（系统）的部件级模块会有两个以上。它们还可由更下层的模块组成。组成部件级模块的底层模块（单元级模块）也会有两个以上。单元级模块是部件级模块的构成要素，是模块的最低层次。它的元件一般均为最基本的几何形体，如各种零件（元件）、分元件和负分元件。

5. 综合化。综合化是在系统论的指导下，通过制定系列或成套的标准，解决社会经济综合性问题的标准化形式与方法。如果说简化、统一化、通用化、系列化和模块化解决的是产品、过程或服务中的具体问题，如材料、元件、设备、系统、接口、协议、程序、功能方法或活动，那么综合化则是解决标准化理念和标准化管理的更高级的标准化方法，也是企业标准化发展的方向。综合化方法要求：

（1）标准制定的系统成套性，并且强调系列的形成不是积累的结果而是在限定时间内制定一整套标准。从微观上，减少后法服从前法情况的发生，在宏观上，“国家标准化工作的全部注意力不应当放在一个个别产品标准的制定上，而应当放在相互联系的成套系列标准的编制上”（前苏联专家语）。

（2）目的的明确性，并且强调要对总体目标进行分解，根据分解的结果，编制标准综合体规划，将各个分目标落实到相关标准的制定任务中。

（3）整体协调性，强调最大限度地互相兼容、互相配合、互相适应，实现标准之间的无缝连接，产生标准系统效应。如前苏联在制定内河船舶的型式和基本参数时，同时协调确立船舶的水下限界尺寸与航道限界尺寸，船舶的水上限界尺寸与桥孔的限界尺寸，船舶的限界尺寸与码头停泊装置的相关尺寸与造船的船坞、船台、滑道的限界尺寸的关系，成为整体协调性的典型。

（4）闭环控制，“综合标准化是一个闭环控制过程。从标准的制定、标准的实施、实施过程的跟踪检查、数据资料收集、信息反馈，指导评价验收，形成一个完整的工作流程。标准综合体和其中的每一个标准都要经受这个流程的检验，所有的质量不高、水平不够、不能有效发挥作用、不符合总目标要求的标准都必须改进。标准综合体在运行过程中还会随着情况的变化调整其总目标，相应的标准必须及时调整、改进。在这个标准化过程循环中，不允许任何一个标准掉队，要整体地、协同地在总目标的驱使下向前发展”。

（5）计划性和指令性，“综合标准化是有组织、有计划的活动。综合标准化成败的关键是协调和实施两个环节。为此必须由相关各方组成一个权威性的协调机构，组织实施。由它拟定计划、进行协调、组织实施。这是综合标准化成功的组织保障”。[1]

为了确立与实施综合化，我国于 1990～1991 年发布了 GB/T 12366《综合标准化工作导则》，其中 GB/T 12366.1 为原则与方法、12366.2 为工业产品综合标准化一般要求、12366.3 为农业产品综合标准化一般要求、12366.4 为标准综合体规划的编制方法。但该工作导则的实施效果却不甚理想。

四、标准化法及其基础性

（一）标准化法的含义

标准化法是确立标准基本类型、建立标准管理体制、调整标准化活动关系的法律规范的总和。这个定义主要包括三个方面的含义：

1. 标准化法的首要任务是确立标准的基本类型。

（1）要划定标准领域，即对象。《标准化法实施条例》第 2 条规定：对下列需要统一的技术要求，应当制定标准：①工业产品的品种、规格、质量、等级或者安全、卫生要求；②工业产品的设计、生产、试验、检验、包装、储存、运输、使用的方法或者生产、储存、运输过程中的安全、卫生要求；③有关环境保护的各项技术要求和检验方法；④建设工程的勘察、设计、施工、验收的技术要求和方法；⑤有关工业生产、工程建设和环境保护的技术术语、符号、代号、制图方法、互换配合要求；⑥农业（含林业、牧业、渔业，下同）产品（含种子、种苗、种畜、种禽，下同）的品种、规格、质量、等级、检验、包装、储存、运输以及生产技术、管理技术的要求；⑦信息、能源、资源、交通运输的技术要求。

（2）在标准级层上，确定中国标准的基本类型为国家标准、行业标准、地方标准和企业标准。《标准化法》第 6 条规定：对需要在全国范围内统一的技术要求，应当制定国家标准。国家标准由国务院标准化行政主管部门制定。对没有国家标准而又需要在全国某个行业范围内统一的技术要求，可以制定行业标准。行业标准由国务院有关行政主管部门制定，并报国务院标准化行政主管部门备案，在公布国家标准之后，该项行业标准即行废止。对没有国家标准和行业标准而又需要在省、自治区、直辖市范围内统一的工业产品的安全、卫生要求，可以制定地方标准。地方标准由省、自治区、直辖市标准化行政主管部门制定，并报国务院标准化行政主管部门和国务院有关行政主管部门备案，在公布国家标准或者行业标准之后，该项地方标准即行废止。

企业生产的产品没有国家标准和行业标准的，应当制定企业标准，作为组

---

〔1〕 李春田：“综合标准化的探讨”，载中国标准化研究院编著：《中国标准化发展研究报告》（2008），中国标准出版社 2009 年版。

第四章

织生产的依据。企业的产品标准须报当地政府标准化行政主管部门和有关行政主管部门备案。已有国家标准或者行业标准的，国家鼓励企业制定严于国家标准或者行业标准的企业标准，在企业内部适用。

(3) 从效力上确立中国标准分为强制性标准和推荐性标准两类。《标准化法》第7条规定：国家标准、行业标准分为强制性标准和推荐性标准。保障人体健康，人身、财产安全的标准和法律、行政法规规定强制执行的标准是强制性标准，其他标准是推荐性标准。省、自治区、直辖市标准化行政主管部门制定的工业产品的安全、卫生要求的地方标准，在本行政区域内是强制性标准。企业标准在本企业内部是具有强制性的。

2. 标准化法的核心是建立标准管理体制。标准化管理体制建立在政府与市场关系认知的基础上，并形成了三种类型：

(1) 市场主导型标准化管理体制，如美、英、法、德等国，标准化活动由标准化协会和企业为主体进行，政府在资金、授权等方面予以支持。

(2) 政府主导型标准化管理体制，如前苏联和中国，标准化活动由政府为主体，企业仅是被标准化的对象，更多的时候处于客体地位。

(3) 调整型标准化管理体制，如俄罗斯、日本等国，在改变与革新传统政府主导型体制的基础上，建立企业与政府可调控性适应市场的管理体制。如《俄罗斯联邦技术监督法》规定，标准化应根据自愿原则运用，最大限度考虑有关各方的利益，采用国际标准作为制定国家标准的基础，依照不得设置不合理的技术壁垒和不得制定与技术法规相抵触的标准等原则进行。国家标准机构的职责是：批准发布国家标准；批准国家标准的制定计划；组织国家标准起草所需的专业人才；确保国家标准化体系符合国家经济利益，符合物质基础条件和科技发展水平；对国家标准、标准化规则、标准化领域内的标准性文件和建议进行登记，并确保有关各方能够获得上述文件；创建标准化技术委员会并协调其活动；组织国家标准的出版和发行；根据国际组织章程，参与制定国际标准并确保在国际标准的颁布过程中考虑到俄罗斯联邦的利益；规定符合国家标准的合格标志；代表俄罗斯联邦参加在标准化领域开展活动的国际组织。

3. 标准化法调整标准化活动关系。标准化活动关系是在标准化活动过程中形成的社会关系。由于标准化活动具有技术性、经济性和竞争性，所以标准化活动关系也就具有了技术—经济—竞争聚为一体的特征。标准化活动关系包括：标准制定关系、标准实施关系、标准监督关系和标准管理关系等等。

实践中，标准化法既可以从广义上理解与使用，泛指有关标准化的法律、法规、规章制度的总和；也可以从狭义上理解与使用，仅指一个国家的标准化法律如我国《标准化法》。具体如何使用，则应视场合与要求而定。

（二）中国标准化法的现状

中国标准化法由三部分构成，但目前仅有两部分在协调运行。

1.《标准化法》。《标准化法》于1988年12月29日由第七届全国人民代表大会常务委员会第五次会议通过，自1989年4月1日起施行。该法共有5章26条，是我国标准化活动的基本法。

2. 中国参加并成为国内标准化活动原则的WTO/TBT协定和WTO/SPS协定。WTO/TBT协定和WTO/SPS协定，本是国际性多边协定，中国政府在成为WTO成员国后，由于这两个协定的成员国必须全部适用，不得保留性参加，并建立了通报、评议、关注、争端解决等救济机制，所以WTO/TBT协定和WTO/SPS协定，也是我国标准化法的有机组成部分。

3. 标准化法规和规章。以《标准化法实施条例》为主导，标准化主管部门先后颁布实施了近四十件标准化规章，有力地保障了标准化活动的正常运行。现按照发布时间，列表4－1如下：

表4－1

序号	法规名称	发布/生效时间
1	技术引进和设备进口标准化审查管理办法（试行）（已失效）	1984－12－15
2	国家实物标准暂行管理办法	1986－01－02
3	棉花品级实物标准管理办法	1986－07－31
4	信息分类编码标准化管理办法	1988－05－07
5	标准化科学技术进步奖励办法（已失效）	1990－05－09
6	国家标准管理办法	1990－08－24
7	行业标准管理办法	1990－08－24
8	企业标准化管理办法	1990－08－24
9	全国专业标准化技术委员会章程（已失效）	1990－08－24
10	地方标准管理办法	1990－09－06
11	能源标准化管理办法	1990－09－06
12	农业标准化管理办法	1991－02－26
13	标准档案管理办法	1991－10－28
14	标准出版发行管理办法	1991－11－07
15	企业事业单位和社会团体代码管理办法	1993－07－13
16	采用国际标准产品标志管理办法（试行）	1993－12－03

（续表）

17	采用国际标准产品标志管理办法（试行）实施细则	1994－05－10
18	标准出版管理办法	1997－08－08
19	采用快速程序制定国家标准的管理规定	1998－01－08
20	国家标准英文版翻译出版工作管理暂行办法	1998－04－22
21	农业标准化示范区考核验收办法（已失效）	1998－05－20
22	国家标准化指导性技术文件管理规定	1998－12－24
23	国家标准和行业标准代号	1999－08－24
24	关于强制性标准实行条文强制的若干规定	2000－03－22
25	关于推进采用国际标准的若干意见	2000－07－23
26	采用国际标准管理办法	2001－11－21
27	关于加强强制性标准管理的若干规定	2002－02－24
28	采用快速程序制修订应急国家标准的规定	2004－03－29
29	关于加强食品安全标准体系建设的意见	2004－12－15
30	商品条码管理办法	2005－05－16
31	国家标准制修订经费管理办法	2007－02－12
32	国家农业标准化示范区管理办法（试行）	2007－10－22
33	电力企业标准化良好行为试点及确认工作实施细则	2008－05－20
34	企业产品标准管理规定	2009－03－08
35	中国标准创新贡献奖管理办法	2009－08－01

资料来源：国家标准委网站

由于《标准化法》制定于经济体制改革刚刚启动且市场经济取向尚未明确的20世纪80年代末期，之后又一直未进行修订，所以《标准化法》的内容在许多方面目前已不能或无法适用。现在事实上是WTO/TBT协定和WTO/SPS协定与标准化法规规章共同协调运行，为中国标准化活动提供制度支撑。但这种情况是不正常的，我国应尽快完成对《标准化法》的修改工作，保证标准化法律法规体系的有效性和应用性。

（三）《标准化法》的修改

对于《标准化法》的修改，“十五”国家重大科技专项“重要技术标准战略性课题”中的“国家技术标准体系建设研究课题组”提出：“《标准化法》的修订应真正体现宏观调控和指导功能，确立一套完整的原则体系，调整范围更宽阔；准确界定标准、技术法规的内在关系，对涉及食品、药品、环保、建筑物、安全生产的各领域中事关人身财产安全和公共安全利益则强调国家统一监管，设置最低的、基本的限制。确立市场经济条件下的新型标准体系，重新规划标准的制定和管理模式，将原有粗放的、'多头'管理的国家标准改变为统一、高效的管理模式，其核心是明确标准化行政管理部门和相关行政主管部门的职能和职责。逐步建立开放的、高效的标准制定程序，引导、鼓励生产主体积极参加、投入标准的开发和建设，促进构建新的标准开发、制定、修改的制度；针对标准运行中的实施、监督环节，设立一般基本制度，明确技术法规和其他标准的效力，原则地确立产品的认证、检验机构的性质和程序，具体执行中分清类别，确立标准、技术法规、合格评定程序紧密结合的关系；确立多种促进各方面使用国家标准的条件，在政府采购、大型工程建设招投标、技术引进的各政府主导的经济活动中鼓励使用国家标准，引导市场各方采用国家标准。法律责任仍是建立一般的完善制度和原则，包括国家赔偿责任、行政责任、民事责任、刑事责任，对设立最高赔偿金、举报奖励金的各制度作一般规定，要旨在于使政府的职权和职责对等，规范政府行政执法，最终保障公民的权利的实现。如此而使《标准化法》真正成为标准法律体系中的一般法。"〔1〕

2005 年 7 ~ 8 月间，国家质检总局法规司和国家标准委办公室就《标准化法（修订草案）》（征求意见稿）在国务院各部门范围广泛地征求意见。征求意见稿主要就以下几个方面对现行《标准化法》作了修订：〔2〕①立法目标，根据我国经济体制的变革和贸易发展环境的变化以及未来我国经济贸易的发展对其进行了调整；②根据标准化的发展趋势，对该法所规范的标准化领域作了相应的调整；③根据世贸组织相关协定调整了国家强制性标准的范围；④明确了国家强制性标准的制定主体和程序；⑤增加了对于相抵触标准的协调机制；⑥缩小并明确了企业产品标准备案的范围；⑦加大了企业无标准依据生产行为的法律责任；⑧补充说明了企业产品标准备案的法律责任。

客观地讲，《标准化法》修订的关键问题是如何解决标准基本类型和标准管理体制。其中，标准基本类型是焦点，主要集中在行业标准的存废和协会标准的建立及地方标准的合理性问题上；标准管理体制是难点，主要集中在标准化活动中标准管理权限如何改革及重新定位问题，以及新确立的标准化管理职能

---

〔1〕 中国标准化研究院编著：《国家标准体系建设研究》，中国标准出版社 2007 年版，第 64 ~ 65 页，

〔2〕 逄征虎："标准化政策法规与管理创新"，载中国标准化研究院编著：《中国标准化发展研究报告》（2006），中国标准化出版社 2007 年版，第 14 页。

是统一由标准化主管部门行使，还是标准化主管部门统一行使和其他行业主管部门如卫生、农业、环境、循环经济等部门分散行使相结合的问题。

■　第二节　政府在标准化法中的地位与作用

一、政府在标准化活动中的角色

仔细考察目前世界经济发达国家及新兴经济体国家的标准化管理体制，我们可以发现政府在标准化活动中的角色，主要有三类：①以美国、英国、德国、法国为代表的服务型政府，主要为标准化工作提供资金支持、技术协调、战略引导和政府监督，政府机关本身不参加标准化工作。②以日本、俄罗斯、印度为代表的协调型政府，在中央级设立标准化主管机构，如日本工业标准调查会、俄罗斯标准化委员会、印度标准局，代表政府集中、统一从事标准化活动，其他政府部门不介入标准化活动；而标准化活动的主体为团体（协会）和企业，团体（协会）和企业既是标准的起草人、制定者，也是标准的实施人、推行者，政府与企业在标准化活动中是协调型关系。③以中国为代表的全面主导型政府。

二、中国标准化法关于政府的规定

我国《标准化法》关于政府的规定，集中体现在第5条。《标准化法实施条例》对此进行了细化，建立了我国标准化管理体制。

1. 国务院标准化行政主管部门及职能。《标准化法实施条例》第6条规定：国务院标准化行政主管部门统一管理全国标准化工作，履行下列职责：①组织贯彻国家有关标准化工作的法律、法规、方针、政策；②组织制定全国标准化工作规划、计划；③组织制定国家标准；④指导国务院有关行政主管部门和省、自治区、直辖市人民政府标准化行政主管部门的标准化工作，协调和处理有关标准化工作问题；⑤组织实施标准；⑥对标准的实施情况进行监督检查；⑦统一管理全国的产品质量认证工作；⑧统一负责对有关国际标准化组织的业务联系。

2. 国务院有关行政主管部门管理本部门、本行业的标准化工作。《标准化法实施条例》第7条规定：国务院有关行政主管部门分工管理本部门、本行业的标准化工作，履行下列职责：①贯彻国家标准化工作的法律、法规、方针、政策，并制定在本部门、本行业实施的具体办法；②制定本部门、本行业的标准化工作规划、计划；③承担国家下达的草拟国家标准的任务，组织制定行业标准；④指导省、自治区、直辖市有关行政主管部门的标准化工作；⑤组织本部门、本行业实施标准；⑥对标准实施情况进行监督检查；⑦经国务院标准化行政主管部门授权，分工管理本行业的产品质量认证工作。

3. 省级人民政府标准化行政主管部门的职责。《标准化法实施条例》第8条规定：省、自治区、直辖市人民政府标准化行政主管部门统一管理本行政区域的标准化工作，履行下列职责：①贯彻国家标准化工作的法律、法规、方针、政策，并制定在本行政区域实施的具体办法；②制定地方标准化工作规划、计划；③组织制定地方标准；④指导本行政区域有关行政主管部门的标准化工作，协调和处理有关标准化工作问题；⑤在本行政区域组织实施标准；⑥对标准实施情况进行监督检查。

4. 省级人民政府有关行政主管部门分工管理本行政区域内本部门、本行业的标准化工作。《标准化法实施条例》第9条规定：省、自治区、直辖市有关行政主管部门分工管理本行政区域内本部门、本行业的标准化工作，履行下列职责：①贯彻国家和本部门、本行业、本行政区域标准化工作的法律、法规、方针、政策，并制定实施的具体办法；②制定本行政区域内本部门、本行业的标准化工作规划、计划；③承担省、自治区、直辖市人民政府下达的草拟地方标准的任务；④在本行政区域内组织本部门、本行业实施标准；⑤对标准实施情况进行监督检查。

5. 市、县标准化行政主管部门和有关行政主管部门的职责分工，由省、自治区、直辖市人民政府规定。

6. 评论与展望。在我国现行的《标准化法》中，政府主导标准化服务的体制是传统计划经济管理体制的体现和延伸，与当今世界标准化活动中以企业为主体的趋势格格不入，也是在经济发达国家和新兴经济体国家中所不多见的，已严重地抑制了企业标准化活动的主体作用，应该是改革与调整的时候了。

中国标准化管理体制改革的方向宜选择协调型政府模式，具体可概括为政府标准化职能集中统一行使，企业标准化主体市场引导，原则规定与例外补充相结合。现分述如下：

（1）政府标准化职能集中统一行使。对外由中国标准局代表中国政府，对内由国家标准委代表中央政府，集中统一行使标准化职责，取消政府、其他行政部门在本行业、本部门内的标准化职责，将省、自治区、直辖市政府变更为国家标准委的派出机构、授权机构，行使区域职责。

（2）企业标准化主体市场引导。国家用激励性的政策推动企业完成角色转换：成为标准化主体，按照市场要求，加大科技创新，成为标准的起草人、需求人和实施人；按照市场地位，积极谋取标准活动权，让标准成为市场竞争的利器，成为产业发展的助推剂。

（3）原则规定与例外补充相结合。这包括三种情况：①政府标准化职能集中统一行使是原则，适用自愿性标准领域，例外补充是在强制性标准上，考虑到和技术法规的对接与实施，允许有例外；②企业主导标准化活动是原则，例外补充是在政府认为涉及社会公共利益或多行业、多部门协调，或涉及新兴行业发展时，启动综合标准化作为例外；③政府激励性手段是原则，是普适性的，考虑到权责利的一致性，惩罚措施作为例外的补充也是必不可少的。

三、国家标准化战略

制定并推动国家标准化战略实施，是实行企业主导标准化活动的欧美国家的创造性实践，并产生了巨大的产业带动效益和企业竞争优势。这也从另一个侧面说明政府在标准化活动中，既要在自愿标准领域完全放手推动企业为主体，又要在技术法规的适用上授权标准，完善合格评定，强化自愿性标准的实施，更要在企业所不及之处，发挥国家优势，制定标准化发展战略，提高国家创新能力和竞争能力。

自欧盟在20世纪80年代提出标准化发展战略，美国、加拿大在2000年推出标准化战略之后，日本在2001年也提出了标准化发展战略，欧盟也在第一个战略实施10年之后，于2000年发布了新的标准化战略。可见经济发达体是十分重视标准化战略的制定与实施的。

纵观已有的标准化战略，可以发现欧盟是“全面战略”，利用欧盟一体论及东扩的机遇，用欧盟标准统合国际标准，影响WTO/TBT，推动世界标准向趋同化发展；美国是“程序战略”，用美国标准化程序改造国际标准化工作，从而达到利用美国标准整合国际标准的目的；日本是“重点争夺战略”，在信息技术、环保、制造技术、产业基础技术以及保护弱势群体等日本优势领域，主导制定国际标准。较之欧盟的“全面战略”，美国、日本都明显地显现出了差距和不足。

中国标准化战略研究课题始于2002年9月，2005年8月完成并于同年11月30日通过专家验收，共计完成73个研究报告、发表近九十篇论文、出版3部专著。[1]《中国标准化战略研究》作为公开出版的课题成果，系统地研究了制定中国标准化战略的背景、中国标准化战略的整体构架、实施的措施与建议和转型、协调、竞争三大策略及若干重点领域的标准化战略。其主要内容是：[2]在未来15年，极大地提高标准的适应性和竞争力是我国标准发展战略的核心，支撑和引导我国经济和社会协调发展是标准化战略的目的。为此，标准化工作要实现四大战略取向：①发展方向向注重制定具有自主创新成果的标准转变；

〔1〕 中国标准化研究院编著：《中国标准化发展研究报告》（2006），中国标准出版社2007年版，第98页。

〔2〕 中国标准化研究院编著：《中国标准化战略研究》，中国标准出版社2007版，第14～19页。

②国际标准化工作向有效采用、重点竞争转变；③标准体制向以自愿性标准为基础的体制转变；④发展重点向支持建立和谐社会的标准转变。

整体上看，中国标准化战略属于基础性的调整型战略。如果能够以《标准化法》的修改为契机完成标准体制和标准管理体制的改革与调整，那么战略目标的完成时间就有望得到明显的甚至是大幅的缩短，在10年内完成15年的任务，为第二个中国标准化发展战略即“重点争夺战略”的启动奠定基础。

■　第三节　企业在标准化法中的地位与作用

一、企业在标准化活动中的角色

在市场经济条件下，企业是标准化活动中的主体，它们既是标准化的需求者，推动着标准制定与发布，是标准化发展的动力源，又是标准化的供给者。企业的生产与贸易是建立在广泛复杂的标准综合体之上的，企业标准是最活跃、最具有创新性和最具有生命力的标准，所以说企业是标准活动的实践者。“标准化工作的任务是制定标准、组织实施标准和对标准的实施进行监督”（《标准化法》第3条），其任务的承担者和完成者应该是企业，而不是政府。

在计划经济条件下，企业从标准化活动的主体转化成了标准化的客体，是政府标准化管理的对象，其实施标准化的活动是标准实施监督的主要内容，企业被束缚在行政管理框架内，丧失了创新性，没有了活力，最终使标准化从企业自为要为的积极活动变成政府推动促进的消极活动。

二、中国标准化法关于企业的规定

中国标准化法关于企业的规定，在《标准化法》中只有原则性要求，具体规定主要集中在《企业标准化管理办法》和《企业产品标准管理规定》中。

《标准化法》对企业的要求包括：

（1）企业生产的产品没有国家标准和行业标准的，应当制定企业标准，作为组织生产的依据。企业的产品标准须报当地政府标准化行政主管部门和有关行政主管部门备案。已有国家标准或者行业标准的，国家鼓励企业制定严于国家标准或者行业标准的企业标准，在企业内部适用。

（2）企业对有国家标准或者行业标准的产品，可以向国务院标准化行政主管部门或者国务院标准化行政主管部门授权的部门申请产品质量认证。认证合格的，由认证部门授予认证证书，准许在产品或者其包装上使用规定的认证标志。

（3）企业研制新产品、改进产品，进行技术改造，应当符合标准化要求。

（4）法律责任中的重要主体。

《标准化法实施条例》对上述规定，有以下新的发展：①企业标准由企业组织制定，但农业企业标准制定办法另定；②制定企业标准应当充分听取使用单位、科学技术研究机构的意见；③国家标准、行业标准和地方标准的代号、编号办法，由国务院标准化行政主管部门统一规定；④企业生产执行国家标准、行业标准、地方标准或企业标准，应当在产品或其说明书、包装物上标注所执行标准的代号、编号、名称。

《企业标准化管理办法》是根据《标准化法》和《标准化法实施条例》及有关规定制定的标准化规章制度，《企业产品标准管理规定》又对其进行了细化，主要内容包括：

1. 企业标准化的对象与原则。企业标准是对企业范围内需要协调、统一的技术要求、管理要求和工作要求所制定的标准。企业标准是企业组织生产、经营活动的依据。企业是企业标准的制定和实施主体，应当对标准的内容及实施后果承担责任。制定企业产品标准应当遵循下列原则：①符合国家有关法律、法规和规章的规定；②符合国家产业发展方针、政策；③符合强制性的国家标准、行业标准和地方标准要求；④满足保障人体健康、人身财产安全的要求，保护动植物生命健康和安全；⑤保护消费者合法权益，保护环境，合理利用资源和节约能源；⑥保证产品质量和产品安全；⑦完整反映产品的质量特征和功能特性；⑧食品企业产品标准应当明确所使用的原、辅料和添加剂。

2. 企业标准的类型。企业标准有以下几种：

（1）企业生产的产品，没有国家标准、行业标准和地方标准的，所制定的企业产品标准。

（2）为提高产品质量、促进技术进步，制定的严于国家标准、行业标准或地方标准的企业产品标准。

（3）对国家标准、行业标准的选择或补充的标准。

（4）工艺、工装、半成品和方法标准。

（5）生产、经营活动中的管理标准和工作标准。

3. 企业标准的制定与审批程序。制定企业标准的一般程序是：编制计划、调查研究，起草标准草案、征求意见，对标准草案进行必要的验证、审查、批准、编号、发布。

企业标准由企业制定，由企业法人代表或法人代表授权的主管领导批准、发布，由企业法人代表授权的部门统一管理。审批企业标准时，一般需准备以下材料：企业标准草案（报批稿）、企业标准草案编制说明（包括对不同意见的处理情况等）、必要的验证报告。

4. 企业产品标准的备案。企业产品标准应在发布后30日内办理备案。一般按企业的隶属关系报当地政府标准化行政主管部门和有关行政主管部门备案。国务院有关行政主管部门所属企业的企业产品标准，报国务院有关行政主管部门和企业所在省、自治区、直辖市标准化行政主管部门备案。国务院有关行政主管部门和省、自治区、直辖市双重领导的企业，企业产品标准还要报省、自治区、直辖市有关行政主管部门备案。

受理备案的部门收到备案材料后即予登记。当发现备案的企业产品标准违反有关法律、法规和强制性标准规定时，标准化行政主管部门会同有关行政主管部门责令申报备案的企业限期改正或停止实施。企业产品标准复审后，应及时向受理备案部门报告复审结果。修订的企业产品标准，重新备案。

报送企业产品标准备案的材料有：备案申报文、标准文本和编制说明等。具体备案办法，按省、自治区、直辖市人民政府的规定办理。

5. 企业对标准的实施。企业对标准的实施，主要集中在产品标准方面，包括以下四种情况：

（1）国家标准、行业标准和地方标准中的强制性标准，企业必须严格执行；不符合强制性标准的产品，禁止出厂和销售；推荐性标准，企业一经采用，应严格执行；企业已备案的企业产品标准，也应严格执行。

（2）企业生产的产品必须按标准组织生产，按标准进行检验。经检验符合标准的产品，由企业质量检验部门签发合格证书。企业生产执行国家标准、行业标准、地方标准或企业产品标准，应当在产品或其说明书、包装物上标注所执行标准的代号、编号、名称。

（3）企业研制新产品、改进产品、进行技术改造和技术引进，都必须进行标准化审查。

（4）企业应当接受标准化行政主管部门和有关行政主管部门依据有关法律、法规对企业实施标准情况进行的监督检查。

综合《标准化法》中关于企业的规定，以今天的眼光来观察，我们不难发现，《标准化法》修订过程中关于企业标准化问题的争议将会主要集中在三个方面：①企业标准备案是否废除；②企业标准的类型是开放的，抑或是继续保持封闭性；③政府激励企业标准化的政策与措施是否写入标准化法。对此，持肯定的、开放的态度，应是《标准化法》修订的方向。

三、企业标准化发展方向

如果说中国的现代企业制度已经建立，企业作为市场的主体已经从观念到体制、从法律到治理，完全根据市场经济竞争的要求进行了洗涤和重塑，那么企业在标准化方面则比较滞后，仍处于转型时期。今后一段时期内，中国企业标准化发展的方向问题将是一个具有战略意义的重大课题。

（一）企业标准化模式从旧传统向企业标准化综合体模式方向发展

旧的企业标准化传统是将标准化局限并仅仅理解为技术部门技术工作的一部分，是少数标准化人员技术文件审查、产品质量把关，企业中处于附属地位的工作，其弊端是企业标准化工作与企业经营管理活动结合差，乃至两张皮；标准化人员游离于企业技术活动之外，科技创新人员不关心标准化工作；企业经营层对标准化的地位与作用的认识不到位、工作不到位、支持不到位。[1]

这种旧的观念、机制和方法已经严重不适应全球经济一体化时代市场竞争的需要。企业需要树立的标准化意识与观念犹如企业的经脉，贯穿在企业的方方面面，是每一个员工、每一个部门、每一项工作都必须参与、创造与贡献力量的活动。企业全员参加、产品全过程、管理全流程、服务全方位地实施标准化，其中心目标是围绕企业核心竞争力的提升而实施综合、协调、配套的标准化。

（二）企业标准化的类型从封闭性向开放性发展

中国企业标准因实施备案制度而使其呈现出类型单一性和封闭性的特点。所谓单一性是说企业标准具有法定性、正式性和确认性；标准化法没有确认的事实标准、论坛标准、联盟标准，企业不得采用。这和市场经济条件下企业在标准化活动中主体地位的角色要求是格格不入的。一些经济发达区域已经开始谨慎试行联盟标准。企业标准化在标准类型上的发展趋势是立法与政策上宜持开放立场，凡跨国公司和西方企业具有的标准化工具绝不束缚国内企业，更不削弱企业标准竞争力。所以，对企业的事实标准、论坛标准、联盟标准和新近出现的私营标准及今后出现的其他新标准形式，都应赋予企业选择与使用的权利。

（三）企业标准已从技术文件向和企业知识产权保护、企业竞争战略实施相互融合的方向发展

标准与知识产权尤其是专利权的结合，是西方跨国公司的创新。这项创新通过 DVD“3C”联盟和 DVD“6C”联盟使中国企业明白了“一流企业卖标准、二流企业卖技术、三流企业卖产品”的道理。尽管标准与知识产权的结合招致许多发展中国家的批评，并成为国际知识产权、国际标准化和国际竞争政策三大领域都共同关注的问题，但它也从实践的层面提醒了我们：企业市场创新的天才是不应该抑制的！所以我们在标准化法和竞争政策中，对此应持有限的开放态度。所谓“有限的开放”，即除涉及“社会重大利益”事项外，标准与知识产权的结合应由市场加以评判，并按市场的规则予以解决。至于这种结合所产

---

[1] 宣安东主编：《新时期企业标准化运行模式的建立与应用》，中国标准出版社 2007 年版，第 6 页。

生的产业抑制效应，那就只有从技术创新上另行解决了。

■ 第四节 标准的制定、实施、监督与责任

《标准化法》的结构是以标准化活动的阶段——标准的制定、标准的实施和标准的责任为依托建构的。这和其他国家的标准化法以标准化主体为核心进行立法构成了很大的不同。

一、标准的制定

标准的制定及修订，是标准化活动的起点，包括标准制定权限、标准制定程序与标准编写方法三个方面的内容。

（一）标准制定权限

我国《标准化法》对标准制（修）定权限，根据标准的基本类型进行了明确的划分。《标准化法实施条例》对此清晰地规定：

1. 国家标准。《标准化法实施条例》第11、12条规定："对需要在全国范围内统一的下列技术要求，应当制定国家标准（含标准样品的制作）：①互换配合、通用技术语言要求；②保障人体健康和人身、财产安全的技术要求；③基本原料、燃料、材料的技术要求；④通用基础件的技术要求；⑤通用的试验、检验方法；⑥通用的管理技术要求；⑦工程建设的重要技术要求；⑧国家需要控制的其他重要产品的技术要求。国家标准由国务院标准化行政主管部门编制计划，组织草拟，统一审批、编号、发布。工程建设、药品、食品卫生、兽药、环境保护的国家标准，分别由国务院工程建设主管部门、卫生主管部门、农业主管部门、环境保护主管部门组织草拟、审批；其编号、发布办法由国务院标准化行政主管部门会同国务院有关行政主管部门制定。"《国家标准管理办法》在此基础上建立了更加具体、可操作的管理制度。

2. 行业标准。《标准化法实施条例》第13、14条规定："没有国家标准而又需要在全国某个行业范围内统一的技术要求，可以制定行业标准（含标准样品的制作）。制定行业标准的项目由国务院有关行政主管部门确定。行业标准由国务院有关行政主管部门编制计划，组织草拟，统一审批、编号、发布，并报国务院标准化行政主管部门备案。行业标准在相应的国家标准实施后，自行废止。"《行业标准管理办法》在此基础上建立了更加具体、可操作的管理制度。

3. 地方标准。《标准化法实施条例》第15、16条规定："对没有国家标准和行业标准而又需要在省、自治区、直辖市范围内统一的工业产品的安全、卫生要求，可以制定地方标准。制定地方标准的项目，由省、自治区、直辖市人民政府标准化行政主管部门确定。地方标准由省、自治区、直辖市人民政府标

准化行政主管部门编制计划，组织草拟，统一审批、编号、发布，并报国务院标准化行政主管部门和国务院有关行政主管部门备案。”《地方标准管理办法》在此基础上建立了更加具体、可操作的管理制度。

（二）标准的制定程序

1. 标准制定程序的原则。GB/T 20000.6－2006《标准化工作指南第6部分：标准化良好行为规范》规定了标准制定程序的原则，包括：

（1）协商一致原则。标准制定程序应能控制标准制定的方法。根据各相关方的请求，标准化机构的技术程序文件应以合理而及时的方式予以提供。

（2）标准制定程序应包括一种明确的、现实的和便捷的投诉机制，以公平处理程序性和实质性的投诉。

（3）标准化活动通报的发布应通过合适的媒体及时公布新的、进行中的和已完成的标准制定活动以及情况变化，以便感兴趣的相关机构或个人发表意见。

（4）根据各相关方的请求，标准化机构应及时提供一份已经提交讨论的标准草案。除邮寄费用外所涉及的各项费用，应对各相关方一视同仁。相关方无论处于何地，标准化机构都应为其提供适当的机会审议和评论标准草案。如果需要，对于所有收到的意见（例如要求解释偏离相关国际标准的理由）都应给予及时的考虑和回复。

（5）标准的通过应基于协商一致的结果。

（6）标准化机构应定期复审和及时修订标准。对于任何机构和个人，按照相应程序提交的制定、修订标准的新工作项目提案都应给予及时地考虑。

（7）标准化机构应及时出版已批准发布的标准，并能让任何人在合理的时限和条件下获得出版物。

2. 标准制定的程序。依据有关规定，我国标准制定程序一般为9个阶段：预阶段、立项阶段、起草阶段、征求意见阶段、审查阶段、批准阶段、出版阶段、复审阶段、废止阶段。[1] 实践中，国家标准的制定若等同采用或等效采用国际标准、国外先进标准，或现行国家标准修订，或其他标准转化为国家标准的，可申请采用快速程序，在正常标准制定程序的基础上，省略起草阶段、征求意见阶段，实施简化程序。[2]

（三）标准编写方法

标准是一种特定形式的技术文件，标准的编写结构和编写方法都必须遵循

---

〔1〕 沈同、邢造宇主编：《标准化理论与实践》，中国计量出版社2005年版，第122～128页。

〔2〕 参见《采用快速程序制定国家标准的管理规定》。

统一的规定。[1]

国际标准 ISO/IEC 标准编写的基本规定是《ISO/IEC 技术工作导则》（2001年版）。我国依据该导则制定了一系列的标准制定规则。

1. 标准化工作导则。具体规定如下：

GB/T 1.1　标准化工作导则　第一部分：标准的结构和编写规则

GB/T 1.2　标准化工作导则　第二部分：标准中规范性技术要素内容的确定方法

GB/T 1.3　标准化工作导则　第三部分：技术工作程序

上述标准规定了我国国家标准、行业标准和地方标准的标准结构和编写规则，标准中技术要求的确定方法以及制定、修订标准的工作程序，并提出了标准出版的格式、字体和符号。企业标准和标准化指导性文件编写参照执行。但是计量领域的标准，如检定标准、校准规范等则按下列标准要求编写：

JJF－1002　国家计量检定规程编写规则

JJF－1071　国家计量校准规范编写规则

JJF－1104　国家计量检定系统编写规程

2. 标准化工作指南。对于标准编写中的一些概念，采用国际标准、引用文件等问题，我国又制定了 GB/T 20000 系列标准如下：

GB/T 20000.1　标准化工作指南　第一部分：标准化和相关活动的通用词汇

GB/T 20000.2　标准化工作指南　第二部分：采用国际标准的规则

GB/T 20000.3　标准化工作指南　第三部分：引用文件

GB/T 20000.4　标准化工作指南　第四部分：标准中涉及安全的内容

GB/T 20000.5　标准化工作指南　第五部分：产品标准中涉及环境的内容

GB/T 20000.6　标准化工作指南　第六部分：标准化良好行为规范

GB/T 20000.7　标准化工作指南　第七部分：管理体系标准的认证和制定

3. 标准编写规则。针对我国一些量大面广，对各类标准具有普遍指导意义的基础标准，如术语标准、符号（标志）标准、信息分类编码标准、化学分析方法标准的编写，我国又制定了 GB/T 20001 系列标准如下：

GB/T 20001.1　标准编写规则　第一部分：术语

GB/T 20001.2　标准编写规则　第二部分：符号

GB/T 20001.3　标准编写规则　第三部分：信息分类编码

GB/T 20001.4　标准编写规则　第四部分：化学分析方法

此外，我国对一些重要而又实用的产品标准，专门制定其编写方法标准，例如：

GB/T 16755　机械安全　安全标准的起草与表述规则

---

〔1〕经洪生伟教授授权同意，本节内容引自洪生伟：《技术监督概论》，中国标准出版社 2008 年版。特此说明并对洪生伟教授致以谢意。

GB/T 16854 职业病诊断标准的起草与表述规则 第一部分：职业病诊断标准编写的基本规定

很多行业的标准化管理部门依据本行业的实际需要分别制定了行业标准的编写规定，例如：

GB 3383 船舶工业标准编写基本规定

HB 6141 航空工业标准编写和出版的基本规定

JT 200 水运工程建设标准编写规定

有些产品的质量特性与众不同，因此有关部门对这些产品标准专门制定了编写规定，例如：

GB/T 17768 悬浮种衣剂产品标准编写规范

HG/T 2467.1 农药原药产品标准编写规范

要编制好一项标准，除了遵守上述相关规定外，还必须结合标准的具体情况和顾客使用要求编写，并符合下列基本要求：①正确，标准中规定的技术指标、参数、公式以及其他内容都要正确可靠；②准确，标准的内容表达要准确、清楚，以防止从不同角度产生不同的理解；③简明，标准的内容要简洁、明了、通俗、易懂；④和谐，不能与国家的有关法律、法规和规章相违背，并要与现行的上级、同级有关标准协调一致；⑤统一，标准的表达方式始终要统一，即同一标准中名词、术语、符号、代号要前后统一，相关标准中的名词、术语、符号、代号也要统一。

二、标准的实施

标准的实施是标准化活动的核心，包括强制性标准的实施与自愿性标准的实施两种状况。

1. 强制性标准的实施。《标准化法》第14条规定："强制性标准，必须执行。"《标准化法实施条例》第23条规定："从事科研、生产、经营的单位和个人，必须严格执行强制性标准。不符合强制性标准的产品，禁止生产、销售和进口。"

在我国标准化法中，强制性标准的范围比较宽，包含在国家标准、行业标准和地方标准中。下列标准属于强制性标准：

（1）药品标准、食品卫生标准、兽药标准。

（2）产品及产品生产、储运和使用中的安全、卫生标准，劳动安全、卫生标准，运输安全标准。

（3）工程建设的质量、安全、卫生标准及国家需要控制的其他工程建设标准。

（4）环境保护的污染物排放标准和环境质量标准。

（5）重要的通用技术术语、符号、代号和制图方法。

（6）通用的试验、检验方法标准。

（7）互换配合标准。

（8）国家需要控制的重要产品质量标准。国家需要控制的重要产品目录由国务院标准化行政主管部门会同国务院有关行政主管部门确定。省、自治区、直辖市人民政府标准化行政主管部门制定的工业产品的安全、卫生要求的地方标准，在本行政区域内是强制性标准。

在此基础上，强制性标准在中国入世之后，作为过渡期措施具有了技术法规的特性。

2. 推荐性标准的实施。推荐性标准属于自愿实施的标准。在西方国家，是通过企业自律完成的，并无强制性要求与制度推进。但在中国，对于推荐性标准亦建立了一套制度，以保证企业接受并实施推荐性标准，包括：产品质量监督抽查制度、许可证制度、禁止无标生产制度、认证认可制度等。

三、标准实施的监督

对标准的实施进行监督，可以是“对一个单位或个人（如个体工商户）实施标准的情况进行全面检查与处理；也可以是对某类或某项标准实施情况进行专项检查与处理；有时是有计划、定期地检查（如国家产品质量监督抽查、采标验收等）；有时是依据检举、揭发或企业自愿申请进行的不定期检查”。[1]

1. 政府监督标准实施的职权划分。国务院标准化行政主管部门统一负责全国标准实施的监督。国务院有关行政主管部门分工负责本部门、本行业的标准实施的监督。

省、自治区、直辖市标准化行政主管部门统一负责本行政区域内的标准实施的监督。省、自治区、直辖市人民政府有关行政主管部门分工负责本行政区域内本部门、本行业的标准实施的监督。

市、县标准化行政主管部门和有关行政主管部门，按照省、自治区、直辖市人民政府规定的各自的职责，负责本行政区域内的标准实施的监督。

2. 企业实施标准公开性要求。企业生产执行国家标准、行业标准、地方标准或企业标准，应当在产品或其说明书、包装物上标注所执行标准的代号、编号、名称。

3. 产品是否符合标准争议的检验。县级以上人民政府标准化行政主管部门，可以根据需要设置检验机构，或者授权其他单位的检验机构，对产品是否符合标准进行检验和承担其他标准实施的监督检验任务。检验机构的设置应当合理布局，充分利用现有力量。

---

〔1〕 洪生伟：《技术监督概论》，中国标准出版社 2008 年版，第 159 页。

国家检验机构由国务院标准化行政主管部门会同国务院有关行政主管部门规划、审查。地方检验机构由省、自治区、直辖市人民政府标准化行政主管部门会同省级有关行政主管部门规划、审查。

处理有关产品是否符合标准的争议，以上述检验机构的检验数据为准。

四、违反标准化法的法律责任

违反标准化法的法律责任包括行政责任、刑事责任和民事责任三种。标准化法从标准化管理的立场出发，配置了较多的行政责任。

1. 企业不符合标准化要求应承担的责任。企业违反标准化法，有下列情形之一的，由标准化行政主管部门或有关行政主管部门在各自的职权范围内责令限期改进，并可通报批评或给予责任者行政处分：

(1) 企业未按规定制定标准作为组织生产依据的。

(2) 企业未按规定要求将产品标准上报备案的。

(3) 企业的产品未按规定附有标识或与其标识不符的。

(4) 企业研制新产品、改进产品、进行技术改造，不符合标准化要求的。

(5) 科研、设计、生产中违反有关强制性标准规定的。

2. 企业不符合强制性标准要求应承担的责任。

(1) 企业生产不符合强制性标准的产品的，应当责令其停止生产，并没收产品，监督销毁或作必要技术处理；处以该批产品货值金额20% ~50%的罚款；对有关责任者处以5000元以下罚款。

(2) 销售不符合强制性标准的商品的，应当责令其停止销售，并限期追回已售出的商品，监督销毁或作必要技术处理；没收违法所得；处以该批商品货值金额10% ~20%的罚款；对有关责任者处以5000元以下罚款。

(3) 进口不符合强制性标准的产品的，应当封存并没收该产品，监督销毁或作必要技术处理；处以进口产品货值金额20% ~50%的罚款；对有关责任者给予行政处分，并可处以5000元以下罚款。

其中，责令停止生产、行政处分，由有关行政主管部门决定；其他行政处罚由标准化行政主管部门和工商行政管理部门依据职权决定。

(4) 生产、销售、进口不符合强制性标准的产品，造成严重后果，构成犯罪的，由司法机关依法追究直接责任人员的刑事责任。

3. 企业违反认证标志使用要求应承担的责任。产品未经认证或者认证不合格而擅自使用认证标志出厂销售的，由标准化行政主管部门责令其停止销售，处以违法所得3倍以下的罚款，并对单位负责人处以5000元以下罚款。

获得认证证书的产品不符合认证标准而使用认证标志出厂销售的，由标准化行政主管部门责令其停止销售，并处以违法所得2倍以下的罚款；情节严重的，由认证部门撤销其认证证书。

4．企业违反标准化法应承担的民事责任。我国《标准化法》关于民事责任的规定是极笼统的，基本属于宣示性的规定。《标准化法实施条例》针对《标准化法》关于民事责任规定的空白状态，在第 38 条规定：“本条例第 32 条至第 36 条规定的处罚不免除由此产生的对他人的损害赔偿责任。受到损害的有权要求责任人赔偿损失。赔偿责任和赔偿金额纠纷可以由有关行政主管部门处理，当事人也可以直接向人民法院起诉”。该规定的价值与意义在于：①违反标准化法的行为可以产生损害赔偿责任；②承担行政责任不免除民事责任；③民事责任可以通过直接向法院起诉而得以实现。

《产品质量法》在此基础之上，进行了细致的、可操作的规定，这包括三种情况：

（1）不符合标准的合同责任。《产品质量法》第 40 条规定，售出的产品不符合在产品或者其包装上注明采用的产品标准的，销售者应当负责修理、更换、退货；给购买产品的消费者造成损失的，销售者应当赔偿损失。销售者在修理、更换、退货、赔偿损失后，属于生产者的责任或者属于向销售者提供产品的其他销售者的责任的，销售者有权向生产者、供货者追偿。

（2）标准对认定缺陷的支撑作用。《产品质量法》第 46 条规定：本法所称缺陷，是指产品存在危及人身、他人财产安全的不合理的危险；产品有保障人体健康和人身、财产安全的国家标准、行业标准的，是指不符合该标准。

（3）缺陷赔偿责任。《产品质量法》第 41 条规定了生产者的严格责任，因产品存在缺陷造成人身、缺陷产品以外的其他财产损害的，生产者应当承担赔偿责任。因产品存在缺陷造成受害人人身伤害的，侵害人应当赔偿医疗费、治疗期间的护理费、因误工减少的收入等费用；造成残疾的，还应当支付残疾者生活自助具费、生活补助费、残疾赔偿金以及由其扶养的人所必需的生活费等费用；造成受害人死亡的，并应当支付丧葬费、死亡赔偿金以及由死者生前扶养的人所必需的生活费等费用。因产品存在缺陷造成受害人财产损失的，侵害人应当恢复原状或者折价赔偿。受害人因此遭受其他重大损失的，侵害人应当赔偿损失。

《食品安全法》以食品安全标准为基点，建立了惩罚性的 10 倍赔偿制度。其第 96 条规定：“违反本法规定，造成人身、财产或者其他损害的，依法承担赔偿责任。生产不符合食品安全标准的食品或者销售明知是不符合食品安全标准的食品，消费者除要求赔偿损失外，还可以向生产者或者销售者要求支付价款 10 倍的赔偿金。”

（1）对于生产者来说，“生产不符合食品安全标准的食品”是承担 10 倍赔偿的条件。[1] 这里的“生产”，是指食品形成过程，既包括食品加工、制作、包装、储藏、运输，也包括初级食品饲料、种植、养殖和收获、捕捞、狩猎、屠宰。这里的“食品安全标准”，既包括食品安全国家标准，也包括食品安全地方标准，还包括食品安全企业标准。根据《食品安全法》第三章的规定，中国实行的是食品安全国家标准主导的食品安全标准体系，食品安全标准具有唯一性和强制性，《食品安全法》第19条规定：“食品安全标准是强制执行的标准。除食品安全标准外，不得制定其他的食品强制性标准。”食品安全地方标准是对食品安全国家标准的单向补缺。某一食品没有食品安全国家标准的（没有及时制定出或属于地方特色食品务必要制定），允许地方制定食品安全地方标准。国家已制定标准，地方不得再行制定地方标准，有地方标准后国家又制定国家标准的，地方标准自国家标准实施之日废止。对于企业标准，基于企业标准化主体地位的考虑，《食品安全法》继承和移植了《标准化法》的规定，在第25条构建了食品安全企业标准制度，包括：①禁止食品无标准生产，“企业生产的食品没有食品安全国家标准或者地方标准的，应当制定企业标准，作为组织生产的依据”；②鼓励食品高标准生产，“国家鼓励食品生产企业制定严于食品安全国家标准或者地方标准的企业标准”，作为食品安全的质量依据；③规制食品企业标准，“企业标准应当报省级卫生行政部门备案，在本企业内部适用”。这里特别应该提出的是，企业标准并不是和国家标准、地方标准在同一意义上使用的标准，企业标准是事实标准，是企业内部的技术文件和生产技术规则，所以它只能“在企业内部使用”。但由于国家在政策上选择对此采取规制立场，使食品安全企业标准具有了外部性，成了食品市场贸易的条件（标准）、召回的条件（标准）和消费者索赔的条件（标准），同时也就成了监管机关监管食品是否安全的依据。实践中，消费者向食品生产者主张食品不符合食品安全标准的，举证责任的分担宜实行倒置原则，即当消费者主张食品不符合食品安全标准时，生产者只要能举证证明生产的食品符合食品安全标准，就应免除其惩罚性的10倍赔偿责任。

（2）对销售者来说，销售“明知是不符合食品安全标准的食品”是其承担10倍赔偿的条件。

这里的“明知”，相对于生产者而言，既是条件的紧缩，也是条件的扩展。[2] ①条件的紧缩是指经营者在主观上必须是“明知”的，具有主观过错才

[1] 王艳林主编：《中华人民共和国食品安全法实施问题》，中国计量出版社2009年版，第240～241页。

[2] 王艳林：“论中国食品安全法中的消费者保护”，载《东方法学》2009年第2期。

承担惩罚性责任。如何确认经营者是否“明知”的根据只有一个，那就是《食品安全法》第39条规定的进货查验记录制度。该制度要求食品经营者采购食品，应当查验供货者的许可证和食品合格证的证明文件，并予以留存，建立食品进货查验记录，“如实记录食品的名称、规格、数量、生产批号、保质期、供货者名称及联系方式、进货日期等内容”。经营者完全符合该制度所要求的形式要件的，即推定经营者尽到谨慎义务，对于须凭借技术手段才能证实的内容，不能推定经营者具备这种能力。经营者未建立进货查验记录或记录不符合《食品安全法》要求的，即可推定其具有了“明知”的过错。②条件的扩展是指经营者对于食品从生产者到经营者之间的运输、仓储环节负有查验义务，当出现第28条规定的禁止生产经营“被包装材料、容器、运输工具等污染的食品”时，经营者不得进货，已进货的不得进入销售；经营者自身在进货之后销售的过程中，必须按照《食品安全法》第40条的要求尽到注意义务，即“食品经营者应当按照保证食品安全的要求贮存食品，定期检查库存食品，及时清理变质或者超过保质期的食品”。经营者若没有尽到查验义务和注意义务，应当视为“明知”，相对于生产者的责任，此当为经营者10倍惩罚性赔偿条件的扩展。对于经营者因扩展而承担的10倍惩罚性赔偿责任，生产者一方面可根据《产品质量法》的规定，即在产品投入市场流通时，致损缺陷尚不存在的，可免于承担赔偿责任；另一方面可援引合同法上消极履行注意义务致使损失扩大的，可免于承担赔偿责任，而由经营者自己承担，促使经营者谨慎履行注意义务和《食品安全法》的制度要求。

第五章 认证认可法律制度

认证认可是国际上通行的提高产品、服务质量和管理水平，促进经济发展的重要手段，是确保人员、服务、资本、商品跨地区、跨国界流动的支撑性、基础性制度，同时也是一项重要的质量监督检验检疫制度。2003年9月3日，我国颁布了专门调整和规范认证认可活动的法律规范——《认证认可条例》。本章以该条例为蓝本对认证认可法律制度进行专门性介绍。

■ 第一节 认证认可法律制度概述

《认证认可条例》是认证认可行业的基本法律制度，它的颁布和实施为认证认可工作提供了法律保障，也使我国认证认可工作走上了统一化、法制化和国际化的道路。

一、认证认可的含义及其特征

认证认可是指认证认可机构依据一定的标准和要求，按照法定程序，对产品、服务、管理体系的质量和标准，对认证机构、检查机构、实验室以及从事评审、审核等认证活动人员的能力和职业资格进行合格评定的活动的总称。认证认可活动由认证活动和认可活动组成，是一项重要的质量监督检验检疫活动。

同其他质量监督检验检疫活动相比，认证认可活动具有以下两个明显特征：

1. 唯一性。唯一性是指根据我国有关认证认可法律规范的规定，认证认可机构是我国法定的、唯一有资格从事认证认可活动的主体。也就是说认证认可活动只能由认证认可机构来进行，其他任何组织和个人都不得直接或者变相从事认证认可活动。《认证认可条例》第9条明确规定："未经批准，任何单位和个人不得从事认证活动。"第37条也规定："除国务院认证认可监督管理部门确定的认可机构外，其他任何单位不得直接或者变相从事认可活动。其他单位直接或者变相从事认可活动的，其认可结果无效。”

2．特定性。特定性是说认证认可活动是一项特定的质量监督检查检验活动。这种特定性表现在三个方面：①标准和要求的特定性。即认证认可活动是依据国家、行业协会或认证认可机构事先制定的标准和要求进行的，其本身就是一项标准活动。②内容的特定性。根据《认证认可条例》的规定，认证是由认证机构证明产品、服务、管理体系符合相关技术规范、相关技术规范的强制性要求或者标准的合格评定活动；认可是指由认可机构对认证机构、检查机构、实验室以及从事评审、审核等认证活动人员的能力和执业资格，予以承认的合格评定活动，内容都十分具体明确。③结果的特定性。根据《认证认可条例》的规定，认证认可仅仅是“合格”评定，其认证认可结果也只能是对认证认可对象做出“合格”与否的确认。正是由于认证认可结果的这种特定性，国际社会才将认证认可活动又称之为合格评定活动。

国际合格评定活动始于20世纪70年代。我国于1981年4月开始了认证试点工作，并建立了第一个认证机构——中国电子元器件认证委员会。社会主义市场经济体制确立以后，我国的合格评定工作得到了迅速的发展，认证也已由过去单纯地对产品质量进行认证拓展到服务和管理体系领域；认可机构对认证机构、认证培训机构、实验室和检查机构以及对认证人员的认可也逐步发展起来。为适应加入世界贸易组织的需要，规范和促进认证认可活动的健康发展，进一步提高我国产品竞争力、服务质量和管理水平，促进经济和社会的发展，2003年9月3日，国务院颁布了《认证认可条例》。该条例共分7章78条，第一章“总则”；第二章“认证机构”；第三章“认证”；第四章“认可”；第五章“监督管理”；第六章“法律责任”；第七章“附则”。《认证认可条例》是认证认可行业的基本法律制度，为认证认可工作提供了坚实可靠的法律保障，在我国认证认可活动史上具有里程碑意义。[1]

二、认证认可的基本原则

认证认可的基本原则，即认证认可活动的指导思想和基本准则，贯穿于整个认证认可活动。认证认可的基本原则既可以规定于认证认可法律规范之中，也可以寓意于认证认可法律规范之中。《认证认可条例》确立了认证认可活动的以下三项基本原则：

（一）客观独立原则

客观独立是指认证机构、认可机构及其审核员、评审员在开展认证认可活动的过程中，不带个人偏见，不受任何可能会影响认证或认可结果的商业、财

---

〔1〕 王凤清、李适时主编：《中华人民共和国认证认可条例释义》，中国标准出版社2004年版。

政和其他压力，其业务活动也不受他人的干扰。

认证认可机构作为技术评价机构，只有具有中立的性质，才可以在认证认可活动中保持不偏不倚的地位和态度，对认证认可事项做出客观的合格评定，因此，国际通行规则都要求从机制上确保认证认可机构具有相对于政府部门和其他认证认可利害关系人的独立性。

《认证认可条例》也根据我国认证认可行业的实际情况，结合国际通则的相关内容，规定：认证机构不得接受任何可能对认证活动的客观公正产生影响的资助，不得从事任何可能对认证活动的客观公正产生影响的产品开发、营销等活动，也不得与认证委托人存在资产、管理方面的利益关系，认可机构也不得接受任何可能对认可活动的客观公正产生影响的资助。需要说明的是，目前还有一些认证机构与行政机关存在隶属关系，考虑到完全脱钩还需要一段时间，因此《认证认可条例》仅规定，认证机构不得与行政机关存在利益关系。但是值得特别强调的是，认证认可机构的独立性并不排斥有关行政机关参与认证认可制度的建立和实施。如《国家认可机构监督管理办法》第5条就规定："国务院有关行政主管部门通过以下方式参与国家认可制度的建立和实施：①在国家认监委[1]统一管理、监督和综合协调下，通过全国认证认可工作部际联席会议制度，向国家认监委提出有关认可方面的建议和意见；②通过参加设立在国家认可机构的相关委员会，对国家认可机构的工作进行指导和监督；③推动本行业、本部门适用国家认可制度，促进认证工作的发展。"

第五章

（二）公开公正原则

公开公正是指认证认可基本规范、规则应当透明，认证认可活动应当以使人们信任、合乎道德规范和没有歧视的方式进行。公开是针对认证认可机构的相对人和社会公众而言的，其最重要的价值是建立透明的认证认可机构，保障相对人和社会公众的知情权，防止暗箱操作，杜绝腐败滋生；公正是针对认证认可机构而言的，旨在维护法律正义和认证认可的中立，防止徇私舞弊。

公开才能公正，公正要求公开。为了确保认证认可机构的公正，《认证认可条例》要求认证认可机构必须保持"中立"，依法独立地开展认证工作，不得以委托人未参加认证咨询或者认证培训等为理由，拒绝提供本认证机构业务范围内的认证服务，也不得向委托人提出与认证活动无关的要求或者限制条件。

关于认证认可的公开，我国《认证认可条例》作了明确而具体的规定，内容非常广泛，既包括认证机构的公开、认证认可程序的公开，也包括认证基本规范、认证规则、认证标准、收费标准等信息的公开，还包括认证认可结果的

[1] 即国家认证认可监督管理委员会。——作者注

公开。

（三）诚实信用原则

诚实信用原则是市场经济活动的一项基本道德准则，是现代法治社会的一项基本法律规则，同时也是我们贯彻党中央依法治国基本方略的一项基本行为准则。它要求人们在市场经济活动中讲究信用、恪守诺言、童叟无欺，在不损害他人利益和社会利益的前提下，追求自己的利益。

诚实信用原则具体到认证认可活动中，就是要求参与认证认可活动的各方都应当以诚相待、以诚为本，重信誉、讲信用。

客观独立原则、公开公正原则与诚实信用原则是三个既相互独立，又相互联系的基本原则，客观独立原则是实现认证认可公开公正原则的前提，公开公正原则为诚实信用原则树立了判断的基准。

三、认证认可基本法律制度

所谓认证认可基本法律制度，是指贯穿认证认可活动始终，对整个认证认可活动具有指导意义的法律制度。统一的认证认可监督管理制度和认证认可国际互认制度是我国《认证认可条例》所确立的两项认证认可基本法律制度。

（一）统一的认证认可监督管理制度

为了适应社会主义市场经济发展的需要，我国建立了统一的认证认可监督管理制度，从而实现了与国际惯例的接轨。这是我国认证认可管理体制改革的重要成果，也是我国兑现加入世贸组织承诺的积极举措。

统一的认证认可监督管理制度，就是在国务院认证认可监督管理部门统一管理、监督和综合协调下，各有关方面共同实施的一项工作机制。“统一”包括认可体系的统一和认可机构的统一。而认可体系的统一则包括统一产品目录，统一技术规范的强制性要求、标准和合格评定程序，统一标志和统一收费标准等内容。

统一的认证认可监督管理制度是认证认可工作和活动的基本法律制度。我国《认证认可条例》明确规定：“国家实行统一的认证认可监督管理制度。国家对认证认可工作实行在国务院认证认可监督管理部门统一管理、监督和综合协调下，各有关方面共同实施的工作机制。”它的建立和实施有利于促进经济贸易的发展，提高产品质量和服务水平，增强在国际市场上的竞争力，维护公众的人身安全和健康，保护环境；有利于减少行政审批，推动政府职能转变；有利于社会信用制度的建立。

为了统一监督、管理和综合协调全国认证认可工作，2001 年 8 月 29 日，国务院决定成立中国国家认证认可监督管理委员会。中国国家认证认可监督管理委员会是履行行政管理职能，统一管理、监督和综合协调全国认证认可工作的主管机构。

在统一的认证认可监督管理制度下，行使政府职能的中国国家认证认可监督管理委员会对认证认可机构和认证认可活动的监督管理，主要表现在以下几个方面：①对认可机构的管理。根据授权协议，如果认可机构违反了授权，政府将视情况做出处理决定，轻者予以警告，重者予以取消认可资格。②对认证机构、检测机构和人员注册机构的管理。对认证机构、检测机构和人员注册机构的行为，政府有权随时抽查。发现违法行为后，轻者予以警告、教育，重者予以取消资格。③通过投诉机制实施管理。对于认可机构、认证机构、检测机构和人员注册机构的不当行为，任何单位和个人都可以向政府投诉。政府将根据投诉，及时予以调查取证并采取相应的措施。这种监督管理机制相比于过去的多头管理体制，既可以使政府从大量的行政审批、培训、考核、发证等行政事务中解脱出来，又可以使政府与企业的关系简单、透明，有利于防止腐败，因而可以说统一的认证认可监督管理制度是一种更高层次的认证认可管理体制。

但是，我们应当注意我国正处于市场经济的起步阶段，尤其是企业的产品质量、技术标准、管理水平等普遍偏低，社会信用需要完善。因此，我国在建立统一的认证认可制度时，应采取如下策略：一方面积极推进这一制度的建立，履行我国的入世承诺，包括制定这方面的法律、法规；另一方面要趋利避害，有选择地采用国际标准。当然，这并不意味着保护落后，相反应当以此为契机积极推进企业的技术进步，不断提高产品质量和管理水平，使其尽快达到并参与到国际竞争的大环境中去。

（二）认证认可国际互认制度

为适应国际经济一体化的要求，加强认证认可领域的国际合作，提升我国企业、产品以及服务的国际竞争力，我国积极推动认证认可国际互认制度的实施，鼓励平等互利地开展认证认可国际互认活动。

所谓国际互认，是指一个供应商的质量体系只要获得一个属于国际标准化组织和国际电工组织质量体系评定和承认特别委员会（简称 ISO/IEC QSAR）系统中的某一个体系认证机构的认证，则质量体系评定和承认特别体系中任何国家的各方都要承认该认证的效力。为了便于识别，这类认证证书将带有 ISO/IEC QSAR 标志。

认证认可国际互认的提出最初是为了减少技术壁垒，被互认后，各自评定机构的结果被相互承认，又可以在各个成员方内互设合格评定机构，形成一个合格评定市场公平竞争的格局，使合格评定资源得到充分利用，避免重复性认证，避免了经营费用的增加，降低不符合而带来的风险，促进贸易自由化，因而具有很大的积极意义，也因而为很多国家所接受和推崇。

目前，很多国家都通过双边互认协议（Mutual Recognition Agreement，简称MRA）进行国际互认，如欧盟—美国在电气通讯设备、电磁并存性、电气安全性等六个领域所实施的互认；欧盟—澳大利亚在电气通讯设备、电磁并存性、汽车、医药品等八个领域所实施的互认；欧盟—加拿大在电气通讯设备、电磁并存性、电气安全性等六个领域所实施的互认；欧盟—日本在电气通讯设备、电气产品、化学品、医药品等四个领域所实施的互认。

同时，国际社会也通过多边互认协议（Multilateral Recognition Agreement，简称MLA）进行更广泛范围内的国际互认。目前，在国际上共有三个全球多边认证认可合作组织，即国际认可论坛（IAF）、国际实验室认可组织（ILAC）、国际评审员和培训认证协会（IATCA）。另外，还有几个区域性的多边互认组织，如太平洋认可组织（PAC）、亚太实验室认可大会（APLAC）、欧洲认可合作组织（EA）等。这些国际组织致力于在不同国家认证机构、实验室和认可机构之间开展合作，确保认证认可的广泛承认。其宗旨是通过对管理体系、产品认证、实验室、认证人员和其他类似工作要求的协调和统一，达到消除技术壁垒，促进世界贸易的目的。

实现认证认可的国际互认，除政治和经济条件之外，还需要一定的技术条件。为了创造国际互认所需的基本技术条件，国际标准化组织（ISO）于1985年成立了一个专门机构，即合格评定委员会（CASCO），研究制定指导认证制度建设的各类标准和指南。经国际化标准组织理事会批准，CASCO的主要任务是：①研究关于产品、过程、服务和质量体系符合适用标准或其他技术规范的评定方法。②制定有关产品、过程和服务、质量体系认证以及检验和审核工作的国际指南；制定有关检验机构、审核机构和认证机构的评审和认可的国际指南。③促进各国和区域合格评定制度间的相互承认和认可，并在检验、审核、认证、评定和有关工作中，促进采用、适用国际标准。目前，由国际电工委员会（IEC）公布的涉及这个领域的指南已有19个。

中国也是CASCO活动的积极参加国。国家技术监督局每年都派代表参加CASCO会议。

■　第二节　认证机构

认证机构与认可机构相对，是经国务院认证认可监督管理部门批准，依法取得法人资格的社会组织。认证机构依照法律的规定，按照审核批准的范围从事产品、服务和质量体系的认证活动。

一、认证机构的概念及特征

认证机构是经国务院认证认可监督管理部门批准，依法取得法人资格的社会组织。这一定义，包含以下几层含义：

1. 认证机构是社会组织。认证机构是一个特殊的社会组织，既不同于自然人，也有别于国家机关、事业单位、企业单位等类型的社会组织，从其性质上来讲属于社会团体的范畴。

2. 认证机构是具有法人资格的社会组织。认证机构不仅仅是一个社会组织，而且是一个具有法人资格的社会组织。认证机构的法人性质，决定了认证机构可以以自己的名义对外从事批准范围内的认证活动，同时也应当以自己所有的全部财产承担法律责任。

3. 认证机构是经国务院认证认可监督管理部门批准的具有法人资格的社会组织。认证机构是经国务院认证认可监督管理部门批准的法人性社会组织，区别于由其他批准机关批准成立的法人性社会组织。

中国国家认证认可监督管理委员会是我国法定的认证认可监督管理部门，是由国务院组建并授权，履行行政管理职能，统一管理、监督和综合协调全国认证认可工作的主管机构。

二、认证机构的设立

同自然人因出生而成立不同，认证机构作为法人性社会组织因设立而成立。我国《认证认可条例》对认证机构设立的条件和程序作出了具体的规定。

（一）认证机构设立的条件

认证机构设立的条件是指法律规定的设立认证机构所应当具备的基本要素。这些条件是认证机构从事认证认可活动和依法承担法律责任的物质基础和法律保障。关于认证机构的设立条件，不同的国家有不同的规定，有宽有严，有多有少。我国《认证认可条例》第10、11、16条也对在我国境内设立认证机构规定了法定条件。这些规定包含三个方面的内容：

1. 一般认证机构的设立条件。《认证认可条例》第10条规定，设立一般认证机构，应当符合下列条件：①有固定的场所和必要的设施；②有符合认证认可要求的管理制度；③注册资本不得少于人民币300万元；④有10名以上相应领域的专职认证人员。

该条例同时规定，从事产品认证活动的认证机构，除应当符合上述条件之外，还应当具备与从事相关产品认证活动相适应的检测、检查等技术能力。

2. 外商投资的认证机构的设立条件。《认证认可条例》第11条规定，设立外商投资的认证机构除应当符合一般认证机构的设立条件外，还应当符合下列条件：①外方投资者取得其所在国家或者地区认可机构的认可；②外方投资者具有3年以上从事认证活动的业务经历。

3. 向社会出具具有证明作用的数据和结果的检查机构、实验室的设立条件。《认证认可条例》第16条规定，向社会出具具有证明作用的数据和结果的检查机构、实验室应当具备有关法律、行政法规规定的基本条件和能力。

（二）认证机构设立的程序

认证机构设立的程序是指法律规定的设立认证机构所应当经过的法定阶段。根据《认证认可条例》第12、13条的规定，在我国境内设立认证机构的程序由申请、审核和登记三个独立阶段构成。

1. 申请。我国认证机构的设立采取申请制。根据《认证认可条例》的规定，设立认证机构，申请人应当向国务院认证认可监督管理部门提出书面申请。申请人在提交设立申请书时，应当一并提交符合《认证认可条例》第10条规定条件的证明文件。否则，国务院认证认可监督管理部门不予受理。

2. 审核。审核是认证机构设立的必经程序，同时，也是核心程序。国务院认证认可监督管理部门是法定的申请审核机关。根据《认证认可条例》的规定，国务院认证认可监督管理部门受理申请人的设立申请后，应当自受理认证机构设立申请之日起90日内作出是否批准的决定。但是，涉及国务院有关部门职责的，应当征求国务院有关部门的意见。受理部门决定批准的，应当向申请人出具批准文件；决定不予批准的，应当书面通知申请人，并说明理由。

3. 登记。登记，即工商登记，是认证机构设立的最后程序，也是结果程序。根据《认证认可条例》的规定，申请人的申请得到国务院认证认可监督管理部门批准的，应当持批准文件，依法办理登记手续。根据《企业法人登记管理条例》第14条的规定，申请人应当在国务院认证认可监督管理部门批准后的30日内，依法办理登记手续。

依法设立、取得法人资格，是认证机构从事批准范围内认证活动的前提条件。未经批准，任何单位和个人都不得从事认证活动。根据我国《认证认可条例》的规定，未经批准擅自从事认证活动的，予以取缔，处10万元以上50万元以下的罚款，有违法所得的，没收违法所得；境外认证机构未经批准在中华人民共和国境内设立代表机构的，予以取缔，处5万元以上20万元以下的罚款；经批准设立的境外认证机构代表机构在中华人民共和国境内从事认证活动的，责令改正，处10万元以上50万元以下的罚款，有违法所得的，没收违法所得；情节严重的，撤销批准文件，并予公布。

三、认证机构的权利与义务

权利是指认证机构在认证活动中，依法具有的自己为或不为一定行为和要求他人为或不为一定行为的资格。

根据《认证认可条例》的规定，认证机构在认证活动中享有下列权利：①能够以自己的名义在审核范围内开展认证活动；②制定认证规范和标准；③按照法律规定，收取一定的费用。

义务是指认证机构在认证活动中，依法必须为和不为一定行为的责任。根据《认证认可条例》的规定，认证机构及其工作人员在认证认可活动中负有下列义务：①公开认证基本规范、规则以及收费标准；②保守所知悉的国家秘密和商业秘密；③不得损害国家安全和社会公共利益；④不得接受任何可能对认证活动的客观公正产生影响的资助；⑤不得从事任何可能对认证活动的客观公正产生影响的产品开发、营销等活动；⑥认证人员从事认证活动，应当在一个认证机构执业，不得同时在两个以上认证机构执业。

■ 第三节 认 证

认证是认证认可活动的重要组成部门，由产品认证、服务认证和质量体系认证三部分组成。自愿与强制相结合原则和国民待遇原则是我国认证活动的基本行为准则。强制性产品认证制度在我国认证法律制度中处于基础和核心的地位。

一、认证的含义、特征

认证是指认证机构依据有关规范、规程和标准对某项产品或者服务的质量以及管理体系进行评价，并对评价合格的产品、服务或者企业颁发认证标志的过程。

认证具有以下几个特征：

1．认证是由认证机构进行的一种合格评定活动。认证，是法定的认证机构依据法律的规定，在核准的范围内所从事的一项专门性法律活动，其他任何主体和个人均不得从事认证活动。在我国，认证机构是指具有可靠的执行认证制度的必要能力，并在认证过程中能够客观、公正、独立地从事认证活动的机构。

2．认证的对象是产品、服务和管理体系。产品指一种过程的结果，包括服务、软件、硬件和流程性材料四种通用类别。服务是指一种特殊的、无形的产品，是发生在服务提供方和顾客之间的活动的结果，如空运服务、旅游服务等。管理体系是指建立方针和目标并实现这些目标的相互关联或相互作用的一组要素。

3．认证的依据是相关技术规范、相关技术规范的强制性要求或者标准。标准是依据《标准化法》规定的，包括推荐性标准和强制性标准。相关技术规范和推荐性标准，是指和认证认可有关的，经公认机构批准的，规定非强制执行的，供通用或重复使用的产品或相关工艺和生产方法的规则、方针或特性的文件。相关技术规范的强制性要求是指规定必须强制执行的产品特性或其相关工艺和生产方法，包括适用的管理规定在内的文件。强制性标准是指为保障人体健康，人身、财产安全的标准和法律、行政法规规定强制执行的标准。

4. 认证的内容是证明产品、服务、管理体系符合相关技术规范、相关技术规范的强制性要求或者标准。

二、认证的分类

根据认证对象的不同，通常将认证分为产品、服务和管理体系认证。

1. 产品认证。是指认证机构按照一定程序规则证明产品符合相关标准和技术规范要求的合格评定活动。产品认证按其性质，可以分为强制性产品认证和自愿性产品认证；按其目的，可分为安全认证、品质认证、EMC 认证、节能认证、节水认证等。

2. 服务认证。是指由认证机构按照一定程序规则证明服务场所、服务活动的组织与推广等服务，符合相关标准和技术规范要求的合格评定活动。服务认证不同于服务业的体系认证。我国已经开展了服务认证或类似的服务认证，但是尚未普遍实施。国家认监委正在与有关部门合作，准备逐步推动服务认证工作的开展。

3. 管理体系认证。是指以各种管理体系标准为依据开展的认证活动，主要包括：①以 ISO 9001 标准为依据开展的质量管理体系认证；②以 ISO 14001 标准为依据开展的环境管理体系认证；③以 GB/T 28001 标准为依据开展的职业健康安全管理体系认证；④以 HACCP 管理体系为标准进行的关于食品安全管理方面的认证制度。

另外，为进一步推动我国食品、农产品流通环节的标准化建设，确保农产品、食品流通过程的安全、卫生，根据国家“三绿工程”的要求，我国还开展了针对农副产品、食品批发、零售市场的“绿色市场”认证。

三、认证的原则

认证原则，即认证活动的基本指导思想和行为准则。自愿与强制相结合原则、国民待遇原则是我国《认证认可条例》确立的两项基本认证原则。

（一）自愿与强制相结合原则

为了充分发挥认证在规范市场秩序、提高我国产品、服务的质量和企业管理水平方面的积极作用，同时考虑到一些特殊领域的产品关系到国家、社会和人民群众的切身利益与安全，应当实行更为严格的质量安全管理，因此《认证认可条例》确立了自愿与强制相结合的认证法律制度，进而也确立了自愿与强制相结合的认证原则。

所谓强制性认证（简称 CCC 认证）是指为了保护国家安全、防止欺诈行为、保护人体健康或者安全、保护动植物生命或者健康、保护环境等目的而设立的市场准入制度。实施强制性产品认证的产品必须经过国家认监委指定认证机构的认证，并标注认证标志以后，才能出厂、销售、进口或者在其他经营活动中使用。2001 年 12 月 3 日，国家质量监督检验检疫总局颁布了《强制性产品认证管理规定》，并公布了《第一批实施强制性产品认证的产品目录》（以下简称《产品目录》）。现在实行的是国家质检总局于 2009 年 7 月颁布的《强制性产品认证管理规定》。

所谓自愿性认证（简称 CQC 认证）是指为满足市场经济活动有关方面的需求，由产品制造者、服务提供者和管理者自愿委托第三方认证机构开展的合格评定活动，范围比较宽泛。国内已经开展的自愿性产品认证包括国家推行的环境标志认证、无公害农产品认证、有机产品认证、饲料产品认证等。另外，还有一些认证机构自行推行的认证形式，如安全饮品、葡萄酒认证、绿色食品认证等。

自愿性认证应当坚持企业自愿申请的原则，政府管理部门不得干预企业的自主权。我国鼓励并积极推行自愿性认证，制定统一的自愿性认证管理办法，统一标准和合格评定程序。

（二）国民待遇原则

国民待遇是国际上关于外国人待遇的最重要的制度之一，其基本含义是指一国以对待本国国民之同样方式对待外国国民，即外国人与本国人享有同等的待遇。传统的国民待遇所涉及的权利义务关系仅局限在民事领域，随着国际经济交往的日益频繁，其内容逐渐延伸到国际投资领域，并成为该领域普遍遵守的基本法则。国民待遇原则一般通过国内立法和国际条约来体现。

国民待遇原则是最惠国待遇原则的重要补充。在实现所有世贸组织成员平等待遇基础上，世贸组织成员的商品或服务进入另一成员领土后，也应该享受与该国的商品或服务相同的待遇，这正是世贸组织非歧视贸易原则的重要体现。因而，严格讲国民待遇原则就是外国商品或服务与进口国国内商品或服务处于平等待遇的原则。

以前受计划经济体制的影响，中国在内外产品的认证认可上存在两套标准，存在重复认证、重复收费，使得同一产品贴上两个认证标签，有外商曾对此表示不满。市场经济要求我们必须打破以前证出多门、内外有别的旧的认证局面，坚持国民待遇原则，只有这样我国的认证工作才能更有效地服务于中国的对外经济和贸易，我国的认证制度也才能尽可能快地与国际接轨。

中国认证认可监督管理委员会（CNCA）的成立，为中国政府将按照 WTO

的国民待遇原则开展产品认证工作，也为我国建立统一高效、内外一致的国家认证认可和合格评定制度提供了体制保障。

四、认证证书和认证标志

为加强对产品、服务、管理体系认证的认证证书和认证标志的管理、监督，规范认证证书和认证标志的使用，维护获证组织和公众的合法权益，促进认证活动健康有序的发展，2004 年 6 月 23 日，国家质检总局公布了《认证证书和认证标志管理办法》。

（一）认证证书

认证证书是指产品、服务、管理体系通过认证所获得的证明性文件。认证证书包括产品认证证书、服务认证证书和管理体系认证证书。

1. 产品认证证书。产品认证证书包括以下基本内容：①委托人名称、地址；②产品名称、型号、规格，需要时对产品功能、特征的描述；③产品商标、制造商名称、地址；④产品生产厂名称、地址；⑤认证依据的标准、技术要求；⑥认证模式；⑦证书编号；⑧发证机构、发证日期和有效期；⑨其他需要说明的内容。

2. 服务认证证书。服务认证证书包括以下基本内容：①获得认证的组织名称、地址；②获得认证的服务所覆盖的业务范围；③认证依据的标准、技术要求；④认证证书编号；⑤发证机构、发证日期和有效期；⑥其他需要说明的内容。

3. 管理体系认证证书。管理体系认证证书包括以下基本内容：①获得认证的组织名称、地址；②获得认证的组织的管理体系所覆盖的业务范围；③认证依据的标准、技术要求；④证书编号；⑤发证机构、发证日期和有效期；⑥其他需要说明的内容。

（二）认证标志

认证标志是指证明产品、服务、管理体系通过认证的专有符号、图案或者符号、图案以及文字的组合。认证标志包括产品认证标志、服务认证标志和管理体系认证标志。

认证标志分为强制性认证标志和自愿性认证标志：①自愿性认证标志包括国家统一的自愿性认证标志和认证机构自行制定的认证标志。其中，认证机构自行制定的认证标志是指认证机构专有的认证标志。②强制性认证标志和国家统一的自愿性认证标志属于国家专有认证标志。

根据《认证证书和认证标志管理办法》的规定，强制性认证标志和国家统一的自愿性认证标志的制定和使用，由国家认监委依法规定，并予以公布。认证机构自行制定的认证标志的式样（包括使用的符号）、文字和名称，应当遵守以下规定：①不得与强制性认证标志、国家统一的自愿性认证标志或者已经国家认监委备案的认证机构自行制定的认证标志相同或者近似；②不得妨碍社会管理秩序；③不得将公众熟知的社会公共资源或者具有特定含义的认证名称的文字、符号、图案作为认证标志的组成部分（如使用表明安全、健康、环保、绿色、无污染等的文字、符号、图案）；④不得将容易误导公众或者造成社会歧视、有损社会道德风尚以及其他不良影响的文字、符号、图案作为认证标志的组成部分；⑤其他法律、行政法规，或者国家制定的相关技术规范、标准的规定。

五、强制性产品认证制度

强制性产品认证制度是各国政府为保护广大消费者人身和动植物生命安全，保护环境、保护国家安全，依照法律法规实施的一种产品合格评定制度，它要求产品必须符合国家标准和技术法规。

（一）强制性产品认证的含义

强制性产品认证，顾名思义是政府的强制性行为，它要求某些产品必须符合国家标准和技术法规的规定，目的是保护人类健康和人身安全，保护动植物的生命安全，保护自然环境乃至国家安全。

强制性产品认证制度要求对列入《产品目录》中的产品实施强制性的检测和审核。即凡列入强制性产品认证目录内的产品，没有获得指定认证机构的认证证书，没有按规定加施认证标志，一律不得进口、不得出厂销售和在经营服务场所使用。强制性产品认证制度在推动国家各种技术法规和标准的贯彻、规范市场经济秩序、打击假冒伪劣行为、促进产品的质量管理水平和保护消费者权益等方面，具有其他工作不可替代的作用和优势。实行市场经济制度的国家，政府利用强制性产品认证制度作为产品市场准入的手段，正在成为国际通行的做法。

（二）强制性产品认证的范围

根据《产品目录》的规定，我国第一批实施强制性产品认证制度的产品目录，共 19 类 132 种产品。其中：电线电缆 5 种、电路开关及保护或连接用电器装置 6 种、低压电器 9 种、小功率电动机 1 种、电动工具 16 种、电焊机 15 种、家用和类似用途设备 18 种、音视频设备类 16 种（不包括广播级音响设备和汽车音响设备）、信息技术设备 12 种、照明设备 2 种（不包括电压低于 36V 的照明设备）、电信终端设备 9 种、机动车辆及安全附件 4 种、机动车辆轮胎 3 种、安全玻璃 3 种、农机产品 1 种、乳胶制品 1 种、医疗器械产品 7 种、消防产品 3 种、安全技术防范产品 1 种。但是属于第一批实施强制性产品认证范围内的下列产品，无需办理强制性产品认证或可免于办理强制性产品认证：

1. 符合以下条件的，无需办理强制性产品认证，也不需加施中国强制性产品认证标志：①外国驻华使馆、领事馆和国际组织驻华机构及其外交人员自用的物品；②香港、澳门特区政府驻内地官方机构及其工作人员自用的物品；③入境人员随身从境外带入境内的自用物品；④政府间援助、赠送的物品。

2. 符合以下条件的，可免于办理强制性产品认证：①为科研、测试所需的产品；②为考核技术引进生产线所需的零部件；③直接为最终用户维修目的所需的产品；④工厂生产线、成套生产线配套所需的设备、部件（不包含办公用品）；⑤仅用于商业展示，但不销售的产品；⑥暂时进口后需退运出关的产品（含展览品）；⑦以整机全数出口为目的而用一般贸易方式进口的零部件；⑧以整机全数出口为目的而用进料或来料加工方式进口的零部件。

（三）强制性产品认证的组织管理

国家质检总局、国家认证认可监督管理委员会、各地质检行政部门和指定认证机构依照法律规定，在职权范围内履行认证的组织管理职责。

1. 国家质检总局的组织管理职责。国家质检总局为国务院直属机构，负责全国的标准、计量、质量监督、检验、检疫工作，其在强制性产品认证工作中的职能为：①批准并与认监委共同对外发布《产品目录》；②组织制定强制性产品认证规章。

2. 国家认证认可监督管理委员会的组织管理职责。国家认证认可监督管理委员会负责全国强制性产品认证制度的管理和组织实施工作，履行以下职责：①对全国认证认可工作实施监督管理，协调有关认证认可工作的重大问题；②拟定、调整并与国家质量监督检验检疫总局联合发布《产品目录》；③制定和发布《产品目录》中产品认证实施规则；④确定《产品目录》中产品认证适用的认证模式；⑤制定和发布认证标志；⑥规定认证证书的式样和格式；⑦指定认证机构和为其服务的检测机构、检查机构承担强制性产品认证和认证活动中的检测、检查工作；⑧公布指定认证机构和为其服务的指定检测机构、检查机构的名录及其工作范围；⑨公布获得认证的产品及其企业名录；⑩审批特殊用途产品免于强制性认证的事项，指导各地质检行政部门对强制性产品认证违法行为的查处工作，受理强制性产品认证的投诉、申诉工作，组织查处重大认证违法行为，指导处理有关强制性产品认证工作中的重大事宜。

3. 各地质检行政部门的组织管理职责。各地质检行政部门负责履行以下职责：①按照法定职责，对所辖地区《产品目录》中产品实施监督；②对强制性产品认证违法行为进行查处。

4. 指定认证机构的组织管理职责。指定认证机构的职责：①在指定的工作范围内按照产品认证实施规则开展认证工作；②对获得认证的产品，颁发认证证书；③对获得认证的产品进行跟踪检查；④受理有关的认证投诉、申诉工作；⑤依法暂停、注销和撤销认证证书。

（四）强制性产品认证的基本程序

强制性产品认证程序由以下全部或部分环节组成：

1. 认证申请和受理。这是认证程序的起始环节。由申请人向指定的认证机构提出正式的书面申请，按认证实施规则和认证机构的要求提交技术文件和认证样品，并就有关事宜与认证机构签署有关协议（与申请书合并亦可）。

2. 型式试验。型式试验是认证程序的核心环节。型式试验由指定的检测机构按照认证实施规则和认证机构的要求具体实施。

3. 工厂审查。工厂审查是确保认证有效性的重要环节，工厂审查由认证机构或指定检查机构按照认证实施规则要求进行。工厂审查包括两部分内容：①产品的一致性审查，包括对产品结构、规格型号、重要材料或零部件等的核查；②对工厂的质量保证能力的审查。

4. 抽样检测。抽样检测是针对不适宜型式试验的产品设计的一个环节和工厂审查时对产品的一致性有质疑时，事先派人抽样，检测合格后再做工厂审查的一种特殊检测手段。

5. 认证结果评价与批准。认证机构应根据检测和工厂审查结果进行评价，作出认证决定并通知申请人。原则上自认证机构受理认证申请之日起到作出认证决定的时间不超过90日。

6. 获证后的监督。为保证认证证书的持续有效性，对获得认证的产品根据产品特点安排获证后的监督，认证实施规则中对此做出了详细规定。

（五）认证模式和认证实施规则

认证模式和认证实施规则属技术规程的范畴，重点解决认证过程中的技术问题。

1. 认证模式。模式不是框架（Framework），不是过程，也不是解决问题的一般方案，而是解决问题的指导性方案。模式具有研究价值和交流价值。在一个良好的模式指导下，有助于任务的完成和目标的实现，有助于做出一个优良的设计方案，达到事半功倍的效果。

我国产品认证的模式依据产品的性能，对人体健康、环境和公共安全等方面可能产生的危害程度，产品的生命周期特性等综合因素，按照科学、便利等原则予以确定。依据《产品目录》，我国产品认证的模式主要有以下几种：①设计鉴定；②型式试验；③制造现场抽取样品检测或者检查；④市场抽样检测或者检查；⑤企业质量保证体系审核；⑥获得认证的后续跟踪检查。这些产品认证模式可以单独适用，也可以组合适用。

2．产品认证实施规则。实施规则，即实施内容和要求。根据《产品目录》，产品认证的实施规则包括以下基本内容：①适用的产品范围；②适用的产品对应的国家标准和技术规则；③认证模式以及对应的产品种类和标准；④申请单元划分规则或者规定；⑤抽样和送样要求；⑥关键元器件的确认要求（根据需要）；⑦检测标准和检测规则等相关要求；⑧工厂审查的特定要求（根据需要）；⑨跟踪检查的特定要求；⑩适用的产品加施认证标志的具体要求；⑪其他规定。

（六）强制性产品认证的收费标准

为规范强制性产品认证的收费行为，2002 年 6 月 11 日，国家发展和改革委员会批转了原国家计委制定的《关于强制性产品认证收费标准的通知》，该通知对强制性产品认证的收费项目和收费标准做出了具体规定。

1．强制性产品认证收费项目。包括：

（1）申请费，即认证机构受理申请人申请强制性产品认证的费用。

（2）产品检测费，即产品检测机构按照产品认证标准和技术要求进行检测并出具检测报告的费用。

（3）工厂审查费，即认证机构按照认证产品的工厂审查要求所进行的文件审查、现场审核和出具工厂审查报告的费用。

（4）批准与注册费，即认证机构对符合认证要求的产品进行评定，颁发认证证书的费用。

（5）监督复查费，即认证机构根据产品认证实施规则中规定的复查内容，对认证企业进行监督复查所发生的费用，具体包括工厂审查费和抽样检测费。

（6）年金，即产品认证批准注册后的保持、责任风险、提供相关信息和处理申诉、投诉及争议等的费用。

（7）认证标志费，即认证标志制作和实施管理的费用，分为标志费与标志批准使用费两种。

2．收费标准。

（1）申请费。申请费收费标准为 600 元。其中，受理境外申请，由于支付通讯费用相对较多，另收通讯费 500 元；非中文资料另收翻译费 1000 元。

（2）产品检测费。产品检测费按原国家物价局、财政部《关于发布〈产品质量监督检验收费管理试行办法〉的通知》（［1992］价费字 496 号）规定的收费标准执行。该文件没有规定收费标准的检验项目，按照补偿检测成本的原则核定收费标准。

（3）工厂审查费。工厂审查费收费标准为每个监督审核员每个工作日 3500 元。

（4）批准与注册费。批准与注册费（含证书费）收费标准为每次 800 元。

(5) 监督复查费。监督复查费按不超过认证时的工厂审查费和产品检测费的各25%收取。但对涉及认证产品扩展和变更的监督复查，其工厂审查费和产品检测费应按实际发生费用收取。

(6) 年金。年金标准为获证产品每年400元。

(7) 认证标志费。对按规定直接使用认证标志（CCC）的，收取标志费。标志费的具体收费标准为：8毫米标志每枚0.07元；15毫米标志每枚0.14元；30毫米标志每枚0.28元；45毫米标志每枚0.52元；60毫米标志每枚0.56元。对经认证机构批准在产品或包装上自行印刷或模压标志的，收取标志批准使用费。标志批准使用费收费标准为每一种标志使用形式每年1000元。

（七）认证标志与认证证书

强制性产品认证标志名称为“中国强制认证”，英文缩写为CCC。认证标志是《产品目录》内产品准许出厂销售、进口和使用的证明标志。

认证证书是证明《产品目录》内产品符合认证实施规则要求并准许其使用认证标志的证明文件。为便于监管，认证证书的格式由国家认监委统一规定，其具体内容包括：①申请人；②制造商；③产品名称、型号或者系列名称；④产品的生产者、生产或者加工场所；⑤认证模式；⑥认证依据的标准和技术规则；⑦发证日期和有效期；⑧发证机构。

对于第一批《产品目录》内的产品，所有认证实施规则对认证证书的有效期均未作固定时限的要求。认证证书的有效性依赖获证后的监督来保障。

（八）认证的注销、暂停和撤销

根据《强制性产品认证管理规定》的规定，在认证证书有效期内，发生下列情况，认证机构应当注销认证证书：①认证实施规则或有关标准、技术规则变更，认证证书持有人认为产品不能满足上述变更要求的；②获得认证的产品不再生产的；③证书超过有效期，证书持有者未申请延续的；④证书持有人申请注销的。

在认证证书有效期内，发生下列情况，认证机构应暂停认证证书：①未按规定使用认证证书和认证标志的；②违反认证实施规则和指定认证机构要求的；③监督检查结果证明不符合认证实施规则要求的。

在证书有效期内，发生下列情况应撤销认证证书：①暂停认证证书期间内，未采取纠正措施的；②监督结果证明产品出现严重缺陷；③因缺陷而导致重大质量事故的。

（九）认证活动相关主体的义务

认证活动相关主体是指与认证活动有密切联系的认证活动参加者。指定认证机构和为其提供服务的指定检测机构、检查机构，《产品目录》中产品认证的生产者、销售者、进口商是重要的认证活动相关主体。他们在认证活动中负有相应的法定义务，承担相应的法律责任。

1. 指定认证机构和为其提供服务的指定检测机构、检查机构的义务。指定认证机构和为其提供服务的指定检测机构、检查机构在认证活动中，负有以下义务：接受国家认证认可监督管理委员会的监督管理；根据国家产品质量认证的法律、法规规定，在指定范围内实施《产品目录》中产品认证、检测和检查工作；保证认证结果的准确，承担相应的法律责任；定期向国家认证认可监督管理委员会报送《产品目录》中产品认证信息；保守认证产品的商业秘密和技术秘密，不得非法占有他人的科技成果；未经许可，不得向其他认证机构转让认证受理权、认证决定权、检测权和检查权；不得从事认证工作职责范围内的咨询和产品开发工作；不得擅自与其他机构或者组织签署双边或者多边互认《产品目录》中产品的认证、检测和检查结果的协议；不得依照前项所述协议颁发《产品目录》中产品认证证书；配合各地质检行政部门对违反质量认证法律、法规和规章行为的查处工作；建立《产品目录》中产品认证投诉、申诉制度，公正处理指定范围内的《产品目录》中产品认证的争议。

2. 《产品目录》中产品认证的生产者、销售者、进口商的义务。《产品目录》中产品认证的生产者、销售者、进口商的义务在认证活动中负有以下义务：保证提供实施认证工作的必要条件；保证获得认证的产品持续符合相关的国家标准和技术规则；保证销售、进口的《产品目录》中产品为获得认证的产品；按照规定对获得认证的产品加施认证标志；不得利用认证证书和认证标志误导消费者；不得转让、买卖认证证书和认证标志或者部分出示、部分复印认证证书；接受各地质检行政部门和指定认证机构的监督检查或者跟踪检查。

（十）法律责任

《产品目录》对违反规定的行为，规定了相应的法律责任。主要有：①未按本规定实施认证的，可以处 3 万元以下罚款，责令限期实施认证；②产品获得认证证书、未按规定使用认证标志的，责令限期改正，逾期不改的，可以处 1 万元以下罚款；③伪造、冒用认证证书、认证标志，以及其他违反国家有关产品安全质量许可、产品质量认证法律法规的行为，依照有关法律法规的规定予以处罚；④指定认证机构和为其提供服务的指定检测机构和检查机构出具虚假证明，或者伪造有关文件，依法承担相应的责任。

■ 第四节 认 可

国家认可制度是由国家实施的，对认证机构、实验室、认证培训机构、认证人员进行认可管理的专门性法律制度。建立健全国家认可制度，有利于加强对国家认可机构的监督管理，有利于保证认证认可工作的质量，因而受到了各国政府的重视。

一、认可的含义及其特征

认可是指由认可机构对认证机构、检查机构、实验室以及从事评审、审核等认证活动人员的能力和执业资格，予以承认的合格评定活动。

同认证相比，认可具有以下特征：

1. 认可是由认可机构开展的一种合格评定活动。国务院认证认可监督管理部门确定的认可机构是认可活动展开的唯一合法主体，除此之外，其他任何单位不得直接或者变相从事认可活动。其他单位直接或者变相从事认可活动的，其认可结果无效。

2. 认可通常是依据国际标准化组织制订的标准、导则或国家认证认可监督委员会的有关规定进行。目前，对认证机构进行认可的标准是ISO/IEC国际导则62；对检测机构的认可标准是ISO/IEC国际导则61和58；对人员注册机构的认可标准是国际导则TR 170101；对实验室的认可标准是国际标准ISO/IEC 17025。在这些国际导则中规定了详细的执业标准与条件。认可机构必须严格按照这些标准与条件进行认定，并颁发合格的认可标志。这种标志具有较高的权威性，并得到了国际间的相互承认。获得这种标志的机构就意味着获得了从事某项活动的信用保证。

3. 认可的结果是由认可机构以认可证书形式对认证机构、检查机构、实验室以及从事评审、审核等认证活动人员的能力和资格予以承认。

二、认可机构

国家认可机构是指由国家授权的，从事认证机构认可、实验室认可、认证培训机构和认证人员认可的机构。为规范、监督和管理认可机构的认可活动，2002年4月18日，国家认证认可监督管理委员会发布了《国家认可机构监督管理办法》。

根据《国家认可机构监督管理办法》第8条的规定，国家认可机构应当符合相关国际准则要求并具备以下基本条件：①具有法人资格，能够独立承担民事法律责任；②具有确保公正性的原则和程序，并以公正的方式实施管理；③具有确保其公正性的政策并形成文件，包括国家认可机构保证认证工作公正性的规则，有关认可事项的申诉、投诉程序等，并且保证有关各方均能参与认可制度的建立和实施；④根据认可范围和工作量，配备足够的人员，这些人员的教育、培训、技术知识和经历应当满足认可工作的要求；⑤确保管理者和全体人员不受任何可能影响其认可结果的商业、财务和其他方面的压力；⑥确保其相关机构的活动不影响认可活动的保密性、客观性和公正性。

国家认可机构的设立由国家认监委进行审批。国家认监委对国家认可机构的基本条件、能力及其相关委员会的组成、章程进行评审后，颁发国家认可机构授权证书。中国合格评定国家认可委员会和中国认证人员与培训机构国家认可委员会是我国目前两个最为权威的认可机构。

中国合格评定国家认可委员会（CNAS）是中国国家认证认可监督管理委员会批准设立并授权的国家认可机构，由原中国认证机构国家认可委员会（CNAB）和中国实验室国家认可委员会（CNAL）整合而成，统一负责对认证机构、实验室和检查机构等相关机构的认可工作。

中国认证人员与培训机构国家认可委员会（CNAT）是经中国国家认证认可监督管理委员会批准成立并授权的国家认可机构，在中国认证人员国家注册委员会（CRBA）和中国国家进出口企业认证机构认可委员会（CNAB）的基础上成立，统一负责质量管理体系（QMS）认证人员、环境管理体系（EMS）认证人员、职业健康安全管理体系（OHSMS）认证人员的认可工作。

三、认可对象

认可对象，即对什么进行认可。根据《认证认可条例》的规定，认可对象可以分为两类：一类是机构认可，一类是人员认可。

（一）机构认可

机构认可是相对于认证活动人员的认可而言的，包括认证机构认可、检查机构认可和实验室认可三类。

1. 认证机构认可。认可机构对认证机构的认可在认可活动占有重要和主导的地位，也是最基本的认可。

在我国，中国认证机构国家认可委员会（CNAB）统一管理全国认证机构的认可工作。CNAB 由原中国质量体系认证机构国家认可委员会（CNACR）、原中国产品认证机构国家认可委员会（CNACP）、原中国国家进出口企业认证机构认可委员会（CNAB）和原中国环境管理体系认证机构认可委员会（CACEB）整合而成，整合后的 CNAB 继承原认可组织的认可结果，并承担相应的认可责任。

CNAB 的成立是在我国加入世界贸易组织新形势下，国家认监委统一管理全国认证认可工作的一项重要举措。它的成立标志着中国统一认证认可制度在组织上已得到了落实，意味着中国统一的认证机构认可体系和制度已经基本建立。

CNAB 在国家认监委的授权下，按照 ISO/IEC 导则 61《对实施认证机构评审和认可的基本要求》和《IAF 对 ISO/IEC 导则 61 的应用指南》对全国各类管理体系认证机构和各类产品认证机构的认证能力进行统一认可和监督管理，建立、实施并保持认可工作质量管理体系。

第五章

2. 检查机构认可。检查是对产品设计、产品、服务、过程或工厂的核查，并确定其相对于特定要求的符合性，或在专业判断的基础上，确定相对于通用要求的符合性的活动，合格评定活动的一种。

检查机构（Inspection Body）是从事检查工作的组织。在ISO/IEC 17020中将检查机构从独立性的角度划分为三种类型：A型、B型和C型检查机构。①A型检查机构独立于各方，机构本身和负责实施检查的人员，不应是检查项目的设计人员、制定商、供应商、安装者、采购人、所有人、用户或维修者，也不应是上述任何一方的授权代表；②B型检查机构是仅向母体组织提供检查服务的机构，机构本身及其人员不得直接参与检查项目或类似的竞争项目的设计、生产、供应、安装、使用或维护；③C型检查机构可以向任何一方提供检查服务，它通过组织机构和/或形成文件的程序，在检查服务的条款中，确保各项检查服务的职责完全分离。

对于检查机构来说，获得认可是其能力的一种展示，也是向管理者和客户提供信心的一种手段。检查机构经过认可，可以确保检查机构拥有有能力的检查员、适当的检查方法和检查设施及设备，并通过持续改进的质量管理体系，保证检查过程的有效性，为检查报告的可靠性提供信心，同时也可以极大地提高市场竞争力。对于国家来讲，对检查机构实施认可，可以统一检查机构的运作水平，保证一个国家内检查证书的一致性，维护市场的有序竞争，促进合格评定事业的发展。

3. 实验室认可。实验室认可也是认可的重要内容。实验室认可可以使实验室的检测能力得到承认，并为实验室提供运作基准；可以使实验室得到国际承认，继而抢占市场先机，同时还可以推动经济和贸易的增长。

我国目前有1.5万家各类实验室，它们为政府、司法部门履行行政管理、行政执法提供了重要的技术支持；在产品质量监督、环境保护、国际贸易等与国民经济和社会发展密切相关的领域和行业内，实验室检测数据的质量保障体系更加不可缺少。我国的实验室认可工作是由中国实验室国家认可委员会（CNAL）来承担的，评审准则是以全世界用来评审实验室的国际标准ISO/IEC 17025（原ISO/IE指南25）为基础。实验室认可包括：工作人员的技术能力，检测方法的有效性和适当性，测量和校准溯源到国家标准，检测设备的适宜性、校准和维护，检测环境，检测物品的抽样、处置和运输，检测和校准数据质量的保证等项内容。

（二）人员认可

人员认可，即对从事评审、审核等认证活动人员的能力和资格进行的合格评定。

在我国，在原中国认证人员国家注册委员会（CRBA）和中国国家进出口企业认证机构认可委员会（CNAB）的基础上，经中国国家认证认可监督管理委员会批准成立的中国认证人员与培训机构国家认可委员会统一负责我国认证人员的注册和培训课程及培训机构的认可批准工作。目前，CNAT认可的认证人员主要有：质量管理体系（QMS）认证人员、环境管理体系（EMS）认证人员和职业健康安全管理体系（OHSMS）认证人员。

■ 第五节 认证认可监管

认证认可监督管理部门对认证认可工作的监督管理是我国认证认可制度的重要内容，也是认证认可工作规范化、法制化的重要保障。我国实行认证认可"统一管理，分级负责"的监督管理体制，各级监督管理部门根据授权，依照《认证认可条例》的规定对认证活动实施监督管理。抽查制度、检查制度、定期报告制度和调查了解制度是认证认可监督管理的基本法律制度。

一、监督管理机关

我国对认证认可实行"统一管理、分级负责"的监督管理体制。该监督管理体制，依照《认证认可条例》的规定，包括以下层次有别、任务不同的机构：

1. 中央认证监督管理部门。国务院认证认可监督管理部门是中央认证监督管理部门。目前，具体行使中央认证监督管理部门职权的国务院认证认可监督管理部门是中国国家认证认可监督管理委员会。该委员会是国务院组建并授权，履行行政管理职能，统一管理、监督和综合协调全国认证认可工作的主管机构。

2. 地方认证监督管理部门。国务院认证认可监督管理部门授权的省、自治区、直辖市人民政府质量技术监督部门和国务院质量监督检验检疫部门设在地方的出入境检验检疫机构，统称地方认证监督管理部门。

地方认证监督管理部门在国务院认证认可监督管理部门的授权范围内，依照《认证认可条例》的规定对认证活动实施监督管理。

除国家法定认证监督管理机构的监督管理之外，《认证认可条例》还规定，任何单位和个人对认证认可违法行为，有权向国务院认证认可监督管理部门和地方认证监督管理部门举报。对于单位和个人的举报，国务院认证认可监督管理部门和地方认证监督管理部门应当及时调查处理，并为举报人保密。

二、认证认可监督管理制度

认证认可监督管理制度是监督管理的具体措施，也是监督管理的根本保障。抽查制度、检查制度、定期报告制度和调查了解制度是我国重要的认证认可监督管理制度。

1. 抽查制度。是认证认可监督管理机关对认证活动和认证结果进行的一项专门性监督管理制度。《认证认可条例》第51条确立了抽查制度，即国务院认证认可监督管理部门可以对认证活动和认证结果进行抽查。认证认可监督管理制度中的抽查制度与产品质量监督制度中的抽查制度均属监督管理制度，但是，二者之间却有着明显的不同，前者是认证认可监督管理机关针对认证活动和认证结果实施的一种监督管理行为，而后者则是产品质量监督管理机关针对产品生产和销售所实施的一种监督管理行为。

2. 检查制度。是国务院认证认可监督管理部门对认证、检查、检测活动进行的一项专门性监督管理制度。《认证认可条例》第52条确立了检查制度，即国务院认证认可监督管理部门应当重点对指定的认证机构、检查机构、实验室进行监督，对其认证、检查、检测活动进行定期或者不定期的检查。在检查中，指定的认证机构、检查机构、实验室有义务配合检查机关的检查，应当定期向国务院认证认可监督管理部门提交报告，并对报告的真实性负责；报告应当对从事列入目录产品认证、检查、检测活动的情况做出说明。

3. 定期报告制度。是国务院认证认可监督管理部门对认可报告进行的一项专门性监督管理制度。《认证认可条例》第53条确立了定期报告制度，即国务院认证认可监督管理部门应当对认可机构的报告做出评价，并采取查阅认可活动档案资料、向有关人员了解情况等方式，对认可机构实施监督。认可机构应当定期向国务院认证认可监督管理部门提交报告，并对报告的真实性负责；报告应当对认可机构执行认可制度的情况、从事认可活动的情况、从业人员的工作情况做出说明。

4. 调查了解制度。是国务院认证认可监督管理部门就具体认证认可事项进行的一项专门性监督管理制度。《认证认可条例》第54条确立了调查了解制度，即国务院认证认可监督管理部门可以根据认证认可监督管理的需要，就有关事项询问认可机构、认证机构、检查机构、实验室的主要负责人，调查了解情况，给予告诫。对于国务院认证认可监督管理部门的调查了解，有关人员应当积极配合。

第六章　动植物与卫生检疫法律制度

■　第一节　进出境动植物检疫法

一、概述

（一）进出境动植物检疫法的概念

动植物检疫是指为了防止检疫性有害生物、疫病的传入、传出、扩散，确保对其进行官方控制的一切活动，包括法制管理、行政管理和技术管理。它在世界经济贸易活动中一直占据重要的地位，尤其对农产品国际贸易影响重大。这一方面体现在它能最大限度地阻止和延缓疫情的传播蔓延，保护农产品的生产安全，从而促进农产品贸易的正常进行；另一方面体现在它可以在SPS协定的基础上合理使用非关税技术措施，在一定程度上保护本国农产品市场。[1]

进出境动植物检疫法是指调整进出境动植物检疫社会关系的法律规范的总和。狭义的进出境动植物检疫法仅指1991年10月30日发布、1992年4月1日起施行的《中华人民共和国进出境动植物检疫法》（以下简称《进出境动植物检疫法》）。进出境动植物检疫法的立法宗旨是为了防止动物传染病、寄生虫病和植物危险性病、虫、杂草以及其他有害生物（以下简称“病虫害”）传入、传出国境，保护农、林、牧、渔业生产和人体健康，促进对外经济贸易的发展。其中，其他有害生物是指动物传染病、寄生虫病和植物危险性病、虫、杂草以外的各种危害动植物的生物有机体、病原微生物，以及软体类、啮齿类、螨类、多足虫类动物和危险性病虫的中间寄主、媒介生物等。

进出境动植物检疫的范围是对进出境的动植物、动植物产品和其他检疫物，

〔1〕丁三寅等：“进出境动植物检疫与国际农产品贸易”，载《植物检疫》2004年第5期。

装载动植物、动植物产品和其他检疫物的装载容器、包装物，以及来自动植物疫区的运输工具等实施的检疫。享有外交、领事特权与豁免权的外国机构和人员公用或者自用的动植物、动植物产品和其他检疫物进境，也应当依照进出境动植物检疫法的规定实施检疫。

动物是指饲养、野生的活动物，如畜、禽、兽、蛇、龟、鱼、虾、蟹、贝、蚕、蜂等；动物产品是指来源于动物未经加工或者虽经加工但仍有可能传播疫病的产品，如生皮张、毛类、肉类、脏器、油脂、动物水产品、奶制品、蛋类、血液、精液、胚胎、骨、蹄、角等。植物是指栽培植物、野生植物及其种子、种苗及其他繁殖材料等；植物产品是指来源于植物未经加工或者虽经加工但仍有可能传播病虫害的产品，如粮食、豆、棉花、油、麻、烟草、籽仁、干果、鲜果、蔬菜、生药材、木材、饲料等。其他检疫物是指动物疫苗、血清、诊断液、动植物性废弃物等。

（二）动植物检疫机关

国务院设立动植物检疫机关，统一管理全国进出境动植物检疫工作。目前，我国的国家动植物检疫机关是国家质量监督检验检疫总局。国家动植物检疫机关在对外开放的口岸和进出境动植物检疫业务集中的地点设立的口岸动植物检疫机关，依照进出境动植物检疫法的规定实施进出境动植物检疫。国家动植物检疫机关和口岸动植物检疫机关对进出境动植物、动植物产品的生产、加工、存放过程，实行检疫监督制度。口岸动植物检疫机关在港口、机场、车站、邮局执行检疫任务时，海关、交通、民航、铁路、邮电等有关部门应当配合。海关依法配合口岸动植物检疫机关，对进出境动植物、动植物产品和其他检疫物实行监管。

动植物检疫机关对下列各物依照进出境动植物检疫法的规定实施检疫：①进境、出境、过境的动植物、动植物产品和其他检疫物；②装载动植物、动植物产品和其他检疫物的装载容器、包装物、铺垫材料；③来自动植物疫区的运输工具；④进境拆解的废旧船舶；⑤有关法律、行政法规、国际条约规定或者贸易合同约定应当实施进出境动植物检疫的其他货物、物品。其中，装载容器是指可以多次使用、易受病虫害污染并用于装载进出境货物的容器，如笼、箱、桶、筐等。

口岸动植物检疫机关在实施检疫时可以行使下列职权：①依照规定登船、登车、登机实施检疫；②进入港口、机场、车站、邮局以及检疫物的存放、加工、养殖、种植场所实施检疫，并依照规定采样；③根据检疫需要，进入有关生产、仓库等场所，进行疫情监测、调查和检疫监督管理；④查阅、复制、摘录与检疫物有关的运行日志、货运单、合同、发票以及其他单证。

对进出境动植物、动植物产品和其他检疫物因实施检疫或者按照规定作熏蒸、消毒、退回、销毁等处理所需费用或者招致的损失，由货主、物主或者其代理人承担。口岸动植物检疫机关依法实施检疫，需要采取样品时，应当出具采样凭单；验余的样品，货主、物主或者其代理人应当在规定的期限内领回；逾期不领回的，由口岸动植物检疫机关按照规定处理。

国家禁止下列各物进境：①动植物病原体（包括菌种、毒种等）、害虫及其他有害生物；②动植物疫情流行的国家和地区的有关动植物、动植物产品和其他检疫物；③动物尸体；④土壤。口岸动植物检疫机关发现有前述规定的禁止进境物的，作退回或者销毁处理。因科学研究等特殊需要引进前述规定的禁止进境物的，必须事先提出申请，经国家动植物检疫机关批准。

国（境）外发生重大动植物疫情并可能传入中国时，国家有关部门可以根据情况采取下列紧急预防措施：①国务院可以对相关边境区域采取控制措施，必要时下令禁止来自动植物疫区的运输工具进境或者封锁有关口岸；②国家动植物检疫机关可以公布禁止从动植物疫情流行的国家和地区进境的动植物、动植物产品和其他检疫物的名录；③有关口岸动植物检疫机关可以对可能受病虫害污染的禁止进境各物采取紧急检疫处理措施；④受动植物疫情威胁地区的地方人民政府可以立即组织有关部门制定并实施应急方案，同时向上级人民政府和国家动植物检疫机关报告。邮电、运输部门对重大动植物疫情报告和送检材料应当优先传送。

（三）检疫审批

动植物进境应当办理检疫审批手续，检疫审批手续应当在贸易合同或者协议签订前办妥。检疫审批是防止国外动植物疫情传入的第一道防线，是进境动植物及其产品检验检疫的第一个环节。检疫审批的依据是看进境动植物是否符合政策法规，即是否符合“一法二协定三部令四公告”[1]。“一法”是指《进出境动植物检疫法》及其实施条例；“二协定”是指中国与输出国签订的双边检疫协定（含协定、备忘录、检疫议定书）；“三部令”是指“三检”合并前，原动植物检疫机构直属农业部，当时农业部针对国外的动植物疫情，以农业部部长令的形式颁布的禁止从某国或某国某地区进口相关的动植物及其产品的有关规定；“四公告”是指“三检”合一后，总局或总局与农业部联合针对国外的动植物疫情，以公告的形式颁布的禁止从某国或某国某地区进口相关的动植物及其产品的有关规定。

输入动物、动物产品和进出境动植物检疫法所列禁止进境物的检疫审批，

---

〔1〕 黄婉莉等：“进境动物产品检疫初审工作的思考”，载《中国检验检疫》2003 年第 6 期。

由国家动植物检疫机关或者其授权的口岸动植物检疫机关负责。输入植物种子、种苗及其他繁殖材料的检疫审批，由植物检疫条例规定的机关负责。植物种子、种苗及其他繁殖材料，是指栽培、野生的可供繁殖的植物全株或者部分，如植株、苗木（含试管苗）、果实、种子、砧木、接穗、插条、叶片、芽体、块根、块茎、鳞茎、球茎、花粉、细胞培养材料等。携带、邮寄植物种子、种苗及其他繁殖材料进境的，必须事先提出申请，办理检疫审批手续；因特殊情况无法事先办理的，携带人或者邮寄人应当在口岸补办检疫审批手续，经审批机关同意并经检疫合格后方准进境。

符合下列条件的，货主、物主或者其代理人方可办理进境检疫审批手续：①输出国家或者地区无重大动植物疫情；②符合中国有关动植物检疫法律、法规、规章的规定；③符合中国与输出国家或者地区签订的有关双边检疫协定（含检疫协议、备忘录等）。办理进境检疫审批手续后，有下列情况之一的，货主、物主或者其代理人应当重新申请办理检疫审批手续：①变更进境物的品种或者数量的；②变更输出国家或者地区的；③变更进境口岸的；④超过检疫审批有效期的。

要求运输动物过境的，货主或者其代理人必须事先向国家动植物检疫机关提出书面申请，提交输出国家或者地区政府动植物检疫机关出具的疫情证明、输入国家或者地区政府动植物检疫机关出具的准许该动物进境的证件，并说明拟过境的路线。国家动植物检疫机关审查同意后，签发《动物过境许可证》。因科学研究等特殊需要，引进《进出境动植物检疫法》第 5 条第 1 款所列禁止进境物的，办理禁止进境物特许检疫审批手续时，货主、物主或者其代理人必须提交书面申请，说明其数量、用途、引进方式、进境后的防疫措施，并附具有关口岸动植物检疫机关签署的意见。

二、进境检疫

输入动物、动物产品、植物种子、种苗等其他繁殖材料的，必须事先提出申请，办理检疫审批手续。国家对向中国输出动植物产品的国外生产、加工、存放单位，实行注册登记制度。国家动植物检疫机关根据检疫需要，并征得输出动植物、动植物产品国家或者地区政府有关机关同意，可以派检疫人员进行预检、监装或者产地疫情调查。海关、边防等部门截获的非法进境的动植物、动植物产品和其他检疫物，应当就近交由口岸动植物检疫机关检疫。

通过贸易、科技合作、交换、赠送、援助等方式输入动植物、动植物产品和其他检疫物的，应当在合同或者协议中订明中国法定的检疫要求，并订明必须附有输出国家或者地区政府动植物检疫机关出具的检疫证书。中国法定的检疫要求，是指中国的法律、行政法规和国家动植物检疫机关规定的动植物检疫要求。

进境检疫主要包括下列步骤：

（一）报检

输入动植物、动植物产品和其他检疫物的，货主或者其代理人应当在进境前或者进境时向进境口岸动植物检疫机关报检。属于调离海关监管区检疫的，运达指定地点时，货主或者其代理人应当通知有关口岸动植物检疫机关。属于转关货物的，货主或者其代理人应当在进境时向进境口岸动植物检疫机关申报；到达指运地时，应当向指运地口岸动植物检疫机关报检。其中，输入种畜禽及其精液、胚胎的，应当在进境前30日报检；输入其他动物的，应当在进境前15日报检；输入植物种子、种苗及其他繁殖材料的，应当在进境前7日报检。动植物性包装物、铺垫材料进境时，货主或者其代理人应当及时向口岸动植物检疫机关申报；动植物检疫机关可以根据具体情况对申报物实施检疫。动植物性包装物、铺垫材料是指直接用作包装物、铺垫材料的动物产品和植物产品。

向口岸动植物检疫机关报检时，应当填写报检单，并提交输出国家或者地区政府动植物检疫机关出具的检疫证书、产地证书、贸易合同、信用证、发票等单证；依法应当办理检疫审批手续的，还应当提交检疫审批单。无输出国家或者地区政府动植物检疫机关出具的有效检疫证书，或者未依法办理检疫审批手续的，口岸动植物检疫机关可以根据具体情况，作退回或者销毁处理。

（二）现场检疫

输入的动植物、动植物产品和其他检疫物运达口岸时，检疫人员可以到运输工具上和货物现场实施检疫，核对货、证是否相符，并可以按照规定采取样品。承运人、货主或者其代理人应当向检疫人员提供装载清单和有关资料。装载动物的运输工具抵达口岸时，上下运输工具或者接近动物的人员，应当接受口岸动植物检疫机关实施的防疫消毒，并执行其采取的其他现场预防措施。因口岸条件限制等原因，可以由国家动植物检疫机关决定将动植物、动植物产品和其他检疫物运往指定地点检疫。在运输、装卸过程中，货主或者其代理人应当采取防疫措施。指定的存放、加工和隔离饲养或者隔离种植的场所，应当符合动植物检疫和防疫的规定。

对输入的动植物、动植物产品和其他检疫物，按照中国的国家标准、行业标准以及国家动植物检疫机关的有关规定实施检疫。此外，检疫人员应当按照下列规定实施现场检疫：①动物：检查有无疫病的临床症状。发现疑似感染传染病或者已死亡的动物时，在货主或者押运人的配合下查明情况，立即处理。动物的铺垫材料、剩余饲料和排泄物等，由货主或者其代理人在检疫人员的监督下，作除害处理。②动物产品：检查有无腐败变质现象，容器、包装是否完好。符合要求的，允许卸离运输工具。发现散包、容器破裂的，由货主或者其代理人负责整理完好，方可卸离运输工具。根据情况，对运输工具的有关部位及装载动物产品的容器、外表包装、铺垫材料、被污染场地等进行消毒处理。需要实施实验室检疫的，按照规定采取样品。对易滋生植物害虫或者混藏杂草种子的动物产品，同时实施植物检疫。③植物、植物产品：检查货物和包装物有无病虫害，并按照规定采取样品。发现病虫害并有扩散可能时，及时对该批货物、运输工具和装卸现场采取必要的防疫措施。对来自动物传染病疫区或者易带动物传染病和寄生虫病病原体并用作动物饲料的植物产品，同时实施动物检疫。④动植物性包装物、铺垫材料：检查是否携带病虫害、混藏杂草种子、沾带土壤，并按照规定采取样品。⑤其他检疫物：检查包装是否完好以及是否被病虫害污染。发现破损或者被病虫害污染时，作除害处理。

对船舶、火车装运的大宗动植物产品，应当就地分层检查；限于港口、车站的存放条件，不能就地检查的，经口岸动植物检疫机关同意，也可以边卸载边疏运，将动植物产品运往指定的地点存放；在卸货过程中经检疫发现疫情时，应当立即停止卸货，由货主或者其代理人按照口岸动植物检疫机关的要求，对已卸和未卸货物作除害处理，并采取防止疫情扩散的措施；对被病虫害污染的装卸工具和场地，也应当作除害处理。

输入种用大中家畜的，应当在国家动植物检疫机关设立的动物隔离检疫场所隔离检疫 45 日；输入其他动物的，应当在口岸动植物检疫机关指定的动物隔离检疫场所隔离检疫 30 日。动物隔离检疫场所管理办法，由国家动植物检疫机关制定。

进境的同一批动植物产品分港卸货时，口岸动植物检疫机关只对本港卸下的货物进行检疫，先期卸货港的口岸动植物检疫机关应当将检疫及处理情况及时通知其他分卸港的口岸动植物检疫机关；需要对外出证的，由卸毕港的口岸动植物检疫机关汇总后统一出具检疫证书；在分卸港实施检疫中发现疫情并必须进行船上熏蒸、消毒时，由该分卸港的口岸动植物检疫机关统一出具检疫证书，并及时通知其他分卸港的口岸动植物检疫机关。

（三）出具检疫证书

检疫证书是指动植物检疫机关出具的关于动植物、动植物产品和其他检疫物健康或者卫生状况的具有法律效力的文件，如《动物检疫证书》、《植物检疫证书》、《动物健康证书》、《兽医卫生证书》、《熏蒸（消毒）证书》等。输入动植物、动植物产品和其他检疫物，经检疫合格的，由口岸动植物检疫机关在报关单上加盖印章或者签发《检疫放行通知单》；需要调离进境口岸海关监管区检疫的，由进境口岸动植物检疫机关签发《检疫调离通知单》。货主或者其代理人凭口岸动植物检疫机关在报关单上加盖的印章或者签发的《检疫放行通知单》、《检疫调离通知单》办理报关、运递手续。海关对输入的动植物、动植物产品和其他检疫物，凭口岸动植物检疫机关在报关单上加盖的印章或者签发的《检疫放行通知单》、《检疫调离通知单》验放。运输、邮电部门凭单运递，运递期间国内其他检疫机关不再检疫。

输入动植物、动植物产品和其他检疫物，经检疫不合格的，由口岸动植物检疫机关签发《检疫处理通知单》，通知货主或者其代理人在口岸动植物检疫机关的监督和技术指导下，作除害处理；需要对外索赔的，由口岸动植物检疫机关出具检疫证书。

（四）检疫不合格的处理

输入动物经检疫不合格的，由口岸动植物检疫机关签发《检疫处理通知单》，通知货主或者其代理人作如下处理：①检出一类传染病、寄生虫病的动物，连同其同群动物全群退回或者全群扑杀并销毁尸体；②检出二类传染病、寄生虫病的动物，退回或者扑杀，同群其他动物在隔离场或者其他指定地点隔离观察。输入动物产品和其他检疫物经检疫不合格的，由口岸动植物检疫机关签发《检疫处理通知单》，通知货主或者其代理人作除害、退回或者销毁处理。经除害处理合格的，准予进境。

输入植物、植物产品和其他检疫物，经检疫发现有植物危险性病、虫、杂草的，由口岸动植物检疫机关签发《检疫处理通知单》，通知货主或者其代理人作除害、退回或者销毁处理。经除害处理合格的，准予进境。

一类、二类动物传染病、寄生虫病的名录和植物危险性病、虫、杂草的名录，由国家动植物检疫机关制定并公布。输入动植物、动植物产品和其他检疫物，经检疫发现有上述名录之外，对农、林、牧、渔业有严重危险的其他病虫害的，由口岸动植物检疫机关依照国家动植物检疫机关的规定，通知货主或者其代理人作除害、退回或者销毁处理。经除害处理合格的，准予进境。

三、出境检疫

货主或者其代理人在动植物、动植物产品和其他检疫物出境前，应当向口岸动植物检疫机关报检。报检时，应当提供贸易合同或者协议。对输入国要求中国对向其输出的动植物、动植物产品和其他检疫物的生产、加工、存放单位注册登记的，口岸动植物检疫机关可以实行注册登记，并报国家动植物检疫机关备案。

输出动物，出境前需经隔离检疫的，在口岸动植物检疫机关指定的隔离场所检疫。输出植物、动植物产品和其他检疫物的，在仓库或者货场实施检疫；根据需要，也可以在生产、加工过程中实施检疫。待检出境植物、动植物产品和其他检疫物，应当数量齐全、包装完好、堆放整齐、唛头标记明显。输出动植物、动植物产品和其他检疫物的检疫依据包括：①输入国家或者地区和中国有关动植物检疫规定；②双边检疫协定；③贸易合同中订明的检疫要求。

输出动植物、动植物产品和其他检疫物，由口岸动植物检疫机关实施检疫，经检疫合格或者经除害处理合格的，准予出境；海关凭口岸动植物检疫机关签发的检疫证书或者在报关单上加盖的印章验放。检疫不合格又无有效方法作除害处理的，不准出境。

经启运地口岸动植物检疫机关检疫合格的动植物、动植物产品和其他检疫物，运达出境口岸时，按照下列规定办理：①动物应当经出境口岸动植物检疫机关临床检疫或者复检；②植物、动植物产品和其他检疫物从启运地随原运输工具出境的，由出境口岸动植物检疫机关验证放行，改换运输工具出境的，换证放行；③植物、动植物产品和其他检疫物到达出境口岸后拼装的，因变更输入国家或者地区而有不同检疫要求的，或者超过规定的检疫有效期的，应当重新报检。

输出动植物、动植物产品和其他检疫物，经启运地口岸动植物检疫机关检疫合格的，运达出境口岸时，运输、邮电部门凭启运地口岸动植物检疫机关签发的检疫单证运递，国内其他检疫机关不再检疫。

四、过境检疫

要求运输动物过境的，必须事先征得中国国家动植物检疫机关同意，并按照指定的口岸和路线过境。装载过境植物、动植物产品和其他检疫物的运输工具和包装物、装载容器必须完好。经口岸动植物检疫机关检查，发现运输工具或者包装物、装载容器有可能造成途中散漏的，承运人或者押运人应当按照口岸动植物检疫机关的要求，采取密封措施；无法采取密封措施的，不准过境。动植物、动植物产品和其他检疫物过境期间，未经动植物检疫机关批准，不得开拆包装或者卸离运输工具。

运输动植物、动植物产品和其他检疫物过境（含转运，下同）的，承运人或者押运人应当持货运单和输出国家或者地区政府动植物检疫机关出具的证书，向进境口岸动植物检疫机关报检；运输动物过境的，还应当同时提交国家动植物检疫机关签发的《动物过境许可证》。

过境动物运达进境口岸时，由进境口岸动植物检疫机关对运输工具、容器的外表进行消毒并对动物进行临床检疫，经检疫合格的，准予过境。进境口岸动植物检疫机关可以派检疫人员监运至出境口岸，出境口岸动植物检疫机关不再检疫。发现有法定名录所列的动物传染病、寄生虫病的，全群动物不准过境。过境动物的饲料受病虫害污染的，作除害、不准过境或者销毁处理。过境动物的尸体、排泄物、铺垫材料及其他废弃物，必须按照动植物检疫机关的规定处理，不得擅自抛弃。

五、携带、邮寄物检疫

携带动植物、动植物产品和其他检疫物进境的，进境时必须向海关申报并接受口岸动植物检疫机关检疫。海关应当将申报或者查获的动植物、动植物产品和其他检疫物及时交由口岸动植物检疫机关检疫。禁止携带、邮寄进出境动植物检疫法规定的名录所列动植物、动植物产品和其他检疫物进境；也不得携带其他未经检疫的物品进境。携带、邮寄植物种子、种苗及其他繁殖材料进境，未依法办理检疫审批手续的，由口岸动植物检疫机关作退回或者销毁处理。邮件作退回处理的，由口岸动植物检疫机关在邮件及发递单上批注退回原因；邮件作销毁处理的，由口岸动植物检疫机关签发通知单，通知寄件人。

携带动物进境的，必须持有输出动物的国家或者地区政府动植物检疫机关出具的检疫证书，经检疫合格后放行；携带犬、猫等宠物进境的，还必须持有疫苗接种证书。没有检疫证书、疫苗接种证书的，由口岸动植物检疫机关作限期退回或者没收销毁处理。作限期退回处理的，携带人必须在规定的时间内持口岸动植物检疫机关签发的截留凭证，领取并携带出境；逾期不领取的，作自动放弃处理。

口岸动植物检疫机关可以在港口、机场、车站的旅客通道、行李提取处等现场进行检查，对可能携带动植物、动植物产品和其他检疫物而未申报的，可以进行查询并抽检其物品，必要时可以开包（箱）检查。旅客进出境检查现场应当设立动植物检疫台位和标志。携带植物、动植物产品和其他检疫物进境，经现场检疫合格的，当场放行；需要作实验室检疫或者隔离检疫的，由口岸动植物检疫机关签发截留凭证。截留检疫合格的，携带人持截留凭证向口岸动植物检疫机关领回；逾期不领回的，作自动放弃处理。

邮寄进境的动植物、动植物产品和其他检疫物，由口岸动植物检疫机关在国际邮件互换局（含国际邮件快递公司及其他经营国际邮件的单位，以下简称邮局）实施检疫。邮局应当提供必要的工作条件。经现场检疫合格的，由口岸动植物检疫机关加盖检疫放行章，交邮局运递。需要作实验室检疫或者隔离检疫的，口岸动植物检疫机关应当向邮局办理交接手续；检疫合格的，加盖检疫放行章，交邮局运递。携带、邮寄进境的动植物、动植物产品和其他检疫物，经检疫不合格又无有效方法作除害处理的，作退回或者销毁处理，并签发《检疫处理通知单》交携带人、寄件人。

六、运输工具检疫

口岸动植物检疫机关对来自动植物疫区的船舶、飞机、火车，可以登船、登机、登车实施现场检疫。有关运输工具负责人应当接受检疫人员的询问并在询问记录上签字，提供运行日志和装载货物的情况，开启舱室接受检疫。口岸动植物检疫机关应当对前述运输工具可能隐藏病虫害的餐车、配餐间、厨房、储藏室、食品舱等动植物产品存放、使用场所和泔水、动植物性废弃物的存放场所以及集装箱箱体等区域或者部位，实施检疫；必要时，作防疫消毒处理。

来自动植物疫区的船舶、飞机、火车，经检疫发现有进出境动植物检疫法规定的名录所列病虫害的，必须作熏蒸、消毒或者其他除害处理。发现有禁止进境的动植物、动植物产品和其他检疫物的，必须作封存或者销毁处理；作封存处理的，在中国境内停留或者运行期间，未经口岸动植物检疫机关许可，不得启封动用。对运输工具上的泔水、动植物性废弃物及其存放场所、容器，应当在口岸动植物检疫机关的监督下作除害处理。

来自动植物疫区的进境车辆，由口岸动植物检疫机关作防疫消毒处理。装载进境动植物、动植物产品和其他检疫物的车辆，经检疫发现病虫害的，连同货物一并作除害处理。装运供应香港、澳门地区的动物的回空车辆，实施整车防疫消毒。

进境拆解的废旧船舶，由口岸动植物检疫机关实施检疫。发现病虫害的，在口岸动植物检疫机关监督下作除害处理。发现有禁止进境的动植物、动植物产品和其他检疫物的，在口岸动植物检疫机关的监督下作销毁处理。

来自动植物疫区的进境运输工具经检疫或者经消毒处理合格后，运输工具负责人或者其代理人要求出证的，由口岸动植物检疫机关签发《运输工具检疫证书》或者《运输工具消毒证书》。

进境、过境运输工具在中国境内停留期间，交通员工和其他人员不得将所装载的动植物、动植物产品和其他检疫物带离运输工具；需要带离时，应当向口岸动植物检疫机关报检。

装载动物出境的运输工具，装载前应当在口岸动植物检疫机关监督下进行消毒处理；装载植物、动植物产品和其他检疫物出境的运输工具，应当符合国家有关动植物防疫和检疫的规定；发现危险性病虫害或者超过规定标准的一般性病虫害的，作除害处理后方可装运。

七、进出境动植物的检疫监督

国家动植物检疫机关和口岸动植物检疫机关对进出境动植物、动植物产品的生产、加工、存放过程，实行检疫监督制度。进出境动物和植物种子、种苗及其他繁殖材料，需要隔离饲养、隔离种植的，在隔离期间，应当接受口岸动植物检疫机关的检疫监督。从事进出境动植物检疫熏蒸、消毒处理业务的单位和人员，必须经口岸动植物检疫机关考核合格。口岸动植物检疫机关对熏蒸、消毒工作进行监督、指导，并负责出具熏蒸、消毒证书。

口岸动植物检疫机关可以根据需要，在机场、港口、车站、仓库、加工厂、农场等生产、加工、存放进出境动植物、动植物产品和其他检疫物的场所实施动植物疫情监测，有关单位应当配合。未经口岸动植物检疫机关许可，不得移动或者损坏动植物疫情监测器具。口岸动植物检疫机关根据需要，还可以对运载进出境动植物、动植物产品和其他检疫物的运输工具、装载容器加施动植物检疫封识或者标志；未经口岸动植物检疫机关许可，不得开拆或者损毁检疫封识、标志。动植物检疫封识和标志由国家动植物检疫机关统一制发。

进境动植物、动植物产品和其他检疫物，装载动植物、动植物产品和其他检疫物的装载容器、包装物，运往保税区（含保税工厂、保税仓库等）的，在进境口岸依法实施检疫；口岸动植物检疫机关可以根据具体情况实施检疫监督；经加工复运出境的，依照进出境动植物检疫法有关出境检疫的规定办理。

■　第二节　国境卫生检疫法

一、概述

（一）国境卫生检疫法的概念

国境卫生检疫是指为防止疫病由国外传入和国内传出，对出入境的船舶、飞机、车辆、交通员工、旅客、行李、货物等实施医学检查、卫生检查和必要的卫生处理。[1] 国境卫生检疫法是指调整国境卫生检疫社会关系的法律规范的总称。狭义的国境卫生检疫法仅指1986年12月2日公布、1987年5月1日起施行的《国境卫生检疫法》。国境卫生检疫法的立法宗旨是为了防止传染病由国外传入或者由国内传出，实施国境卫生检疫，保护人体健康。入境、出境的人员，交通工具和集装箱，以及可能传播检疫传染病的行李、货物、邮包等，均应当按照国境卫生检疫法的规定接受检疫，经卫生检疫机关许可，方准入境或者出境。

（二）卫生检疫机关

国家质检总局主管全国国境卫生检疫工作。卫生检疫单、证的种类、式样和签发办法，由国家质量监督检验检疫总局规定。在中华人民共和国国际通航的港口、机场、车站、陆地边境和国界江河的口岸（以下简称国境口岸），设立国境卫生检疫机关（以下简称卫生检疫机关），依照《国境卫生检疫法》的规定实施传染病检疫、监测和卫生监督。传染病是指由病原体引起的，能在人与人、

---

〔1〕 辞海编辑委员会编：《辞海》，上海辞书出版社1989年版，第3425页。

动物与动物或人与动物之间相互传染的疾病。[1] 《国境卫生检疫法》规定的传染病包括检疫传染病和监测传染病。检疫传染病，是指鼠疫、霍乱、黄热病以及国务院确定和公布的其他传染病；监测传染病，由国家质检总局确定和公布。

卫生检疫机关根据工作需要，可以设立派出机构。卫生检疫机关的设立、合并或者撤销，由国家质检总局决定。卫生检疫机关具有以下职责：①执行《国境卫生检疫法》及其实施细则和国家有关卫生法规；②收集、整理、报告国际和国境口岸传染病的发生、流行和终息情况；③对国境口岸的卫生状况实施卫生监督，对入境、出境的交通工具（指船舶、航空器、列车和其他车辆）、人员、集装箱、尸体、骸骨以及可能传播检疫传染病的行李、货物、邮包等实施检疫查验、传染病监测、卫生监督和卫生处理；④对入境、出境的微生物、生物制品、人体组织、血液及其制品等特殊物品以及可能传播人类传染病的动物，实施卫生检疫；⑤对入境、出境人员进行预防接种、健康检查、医疗服务、国际旅行健康咨询和卫生宣传；⑥签发卫生检疫证件；⑦进行流行病学调查研究，开展科学实验；⑧执行国家质检总局指定的其他工作。

国境口岸卫生监督员应当履行下列职责：①对国境口岸和停留在国境口岸的入境、出境交通工具进行卫生监督和卫生宣传；②在消毒、除鼠、除虫等卫生处理方面进行技术指导；③对造成传染病传播、啮齿动物和病媒昆虫扩散、食物中毒、食物污染等事故进行调查，并提出控制措施。

卫生检疫机关工作人员、国境口岸卫生监督员在执行任务时，应当穿着检疫制服，佩戴检疫标志；卫生检疫机关的交通工具在执行任务期间，应当悬挂检疫旗帜。检疫制服、标志、旗帜的式样和使用办法由国家质检总局会同有关部门制定，报国务院审批。

卫生检疫监管的工作思路是“围绕一个中心、确保两个率、加强三个环节、做好四个方面的工作”[2]，即：

(1) 围绕一个中心，就是紧密围绕严把国门，保护人民身体健康，保护国家经济安全这一中心。

(2) 确保两个率，即确保对出入境人员、货物、交通工具、集装箱卫生检疫监管的查验率和有效率。查验率反映卫生检疫监管部门的工作数量，反映其是否切实履行检验检疫职能，防止逃、漏检现象的发生；卫生检疫监管的有效率则体现卫生检疫监管部门的工作质量，反映其把关的实效，其具体体现就是传染病及有害病毒的阳性检出率。

---

〔1〕 辞海编辑委员会编：《辞海》，上海辞书出版社 1989 年版，第 561 页。

〔2〕 张原生：“国境卫生检疫工作刍议”，载《中国检验检疫》2004 年第 4 期。

(3) 加强三个环节，是指卫生检疫监管的工作要在加强管理工作、加强队伍建设、加强实验室建设三个环节上下功夫。

(4) 做好四个方面的工作：①努力做好传染病监测工作；②建立并发挥口岸卫生检疫风险预警快速反应机制的作用，对疫情以及具有重大公共卫生意义的事件做到“四快”，即快速发现、快速控制、快速报告、快速反馈；③积极稳妥地搞好保健中心改革；④夯实基础工作，重点是在每年质量检查的基础上，规范卫生检疫管理的各项工作，规范工作程序，建立工作质量风险预警和控制监督措施，探索应用 ISO 9000 体系管理模式来提高管理水平。

(三) 卫生检疫的依据

卫生检疫的依据主要是卫生检疫技术法规、卫生检疫国家标准和卫生检疫行业标准。其中，卫生检疫行业标准较多，形成了卫生检疫行业标准体系。卫生检疫行业标准体系的构成可以分成以下三个层次：

1. 国家出入境检验检疫行业通用标准（基础标准），如《国境卫生检疫标准编写基本规则》、《国境卫生检疫术语和定义标准》、《国境卫生检疫标准英文书写规范》。

2. 国境卫生检疫行业分类通用标准（门类标准），如《国境卫生检疫查验标准编写基本规则》、《国境卫生检疫卫生监督标准编写基本规则》、《国境口岸疾病监测标准编写基本规则》、《国境卫生检疫卫生处理标准编写基本规则》、《国际旅行卫生保健标准编写基本规则》；又如《出入境人员健康检查通用规范》、《检疫传染病监测通用规范》、《国境口岸卫生监督通用规范》、《国境口岸出入境交通工具卫生检疫查验规程》。

3. 国境卫生检疫行业个性标准或系列标准的各部分，如《卫生检疫证书的签发规程》、《国境口岸食品、饮用水供应单位卫生监督规程》、《国境口岸艾滋病疫情监测管理规程》、《卫生处理效果评定方法》、《出入境人员预防接种规程》。本层次的标准可以归属于不同的门类，主要分为卫生检疫查验标准、卫生监督标准、疾病检测标准、卫生处理标准、国际旅行卫生保健标准五大类。[1]

(四) 检疫的一般规则

卫生检疫机关发现染疫人时，应当立即将其隔离，防止任何人遭受感染，并按照检疫传染病管理的规定处理。所谓染疫人是指正在患检疫传染病的人，或者经卫生检疫机关初步诊断，认为已经感染检疫传染病或者已经处于检疫传染病潜伏期的人。而隔离是指将染疫人收留在指定的处所，限制其活动并进行

---

〔1〕 毕玉国、关淳：“建立国境卫生检疫行业标准体系的探讨”，载《中国国境卫生检疫杂志》2003 年第 2 期。

治疗，直到消除传染病传播的危险。与之类似，卫生检疫机关发现染疫嫌疑人时，也应当按照检疫传染病管理的规定处理。染疫嫌疑人是指接触过检疫传染病的感染环境，并且可能传播检疫传染病的人。

卫生检疫机关应当阻止染疫人、染疫嫌疑人出境，但是对来自国外并且在到达时受就地诊验的人，本人要求出境的，可以准许出境；如果乘交通工具出境，检疫医师应当将这种情况在出境检疫证上签注，同时通知交通工具负责人采取必要的预防措施。

在国境口岸以及停留在该场所的入境、出境交通工具上，所有非因意外伤害而死亡并死因不明的尸体，必须在经卫生检疫机关查验，并签发尸体移运许可证后，方准移运。查验是指国境卫生检疫机关实施的医学检查和卫生检查。

来自国内疫区的交通工具，或者在国内航行中发现检疫传染病、疑似检疫传染病，或者有人非因意外伤害而死亡并死因不明的，交通工具负责人应当向到达的国境口岸卫生检疫机关报告，接受临时检疫。

在国内或者国外检疫传染病大流行的时候，国家质检总局应当立即报请国务院决定采取下列检疫措施的一部或者全部：①下令封锁陆地边境、国界江河的有关区域；②指定某些物品必须经过消毒、除虫，方准由国外运进或者由国内运出；③禁止某些物品由国外运进或者由国内运出；④指定第一入境港口、降落机场。对来自国外疫区的船舶、航空器，除因遇险或者其他特殊原因外，没有经第一入境港口、机场检疫的，不准进入其他港口和机场。

入境、出境的集装箱、货物、废旧物等物品在到达口岸的时候，承运人、代理人或者货主，必须向卫生检疫机关申报并接受卫生检疫。对来自疫区的、被传染病污染的以及可能传播检疫传染病或者发现与人类健康有关的啮齿动物和病媒昆虫的集装箱、货物、废旧物等物品，应当实施消毒、除鼠、除虫或者其他必要的卫生处理。集装箱、货物、废旧物等物品的货主要求在其他地方实施卫生检疫、卫生处理的，卫生检疫机关可以给予方便，并按规定办理。海关凭卫生检疫机关签发的卫生处理证明放行。

入境、出境的微生物、人体组织、生物制品、血液及其制品等特殊物品的携带人、托运人或者邮递人，必须向卫生检疫机关申报并接受卫生检疫，未经卫生检疫机关许可，不准入境、出境。海关凭卫生检疫机关签发的特殊物品审批单放行。

入境、出境的旅客、员工个人携带或者托运可能传播传染病的行李和物品，应当接受卫生检查。卫生检疫机关对来自疫区或者被传染病污染的各种食品、饮料、水产品等应当实施卫生处理或者销毁，并签发卫生处理证明。海关凭卫生检疫机关签发的卫生处理证明放行。

卫生检疫机关对应当实施卫生检疫的邮包进行卫生检查和必要的卫生处理时，邮政部门应予配合。未经卫生检疫机关许可，邮政部门不得运递。

（五）卫生处理

卫生处理是指隔离、留验和就地诊验等医学措施，以及消毒、除鼠、除虫等卫生措施。卫生检疫机关的工作人员在实施卫生处理时，必须注意下列事项：

①防止对任何人的健康造成危害；②防止对交通工具的结构和设备造成损害；③防止发生火灾；④防止对行李、货物造成损害。

入境、出境的集装箱、行李、货物、邮包等物品需要卫生处理的，由卫生检疫机关实施。入境、出境的交通工具有下列情形之一的，应当由卫生检疫机关实施消毒、除鼠、除虫或者其他卫生处理：①来自检疫传染病疫区的；②被检疫传染病污染的；③发现有与人类健康有关的啮齿动物或者病媒昆虫，超过国家卫生标准的。

由国外启运经过中华人民共和国境内的货物，如果不在境内换装，除发生在流行病学上有重要意义的事件，需要实施卫生处理外，在一般情况下不实施卫生处理。

卫生检疫机关对入境、出境的废旧物品和曾行驶于境外港口的废旧交通工具，根据污染程度，分别实施消毒、除鼠、除虫，对污染严重的实施销毁。

入境、出境的尸体、骸骨托运人或者代理人应当申请卫生检疫，并出示死亡证明或者其他有关证件，对不符合卫生要求的，必须接受卫生检疫机关实施的卫生处理。经卫生检疫机关签发尸体、骸骨入境、出境许可证后，方准运进或者运出。对因患检疫传染病而死亡的病人尸体，必须就近火化，不准移运。

卫生检疫机关对已在到达本口岸前的其他口岸实施卫生处理的交通工具不再重复实施卫生处理。但有下列情形之一的，仍需实施卫生处理：①在原实施卫生处理的口岸或者该交通工具上，发生流行病学上有重要意义的事件，需要进一步实施卫生处理的；②在到达本口岸前的其他口岸实施的卫生处理没有实际效果的。

在国境口岸或者交通工具上发现啮齿动物有反常死亡或者死因不明的，国境口岸有关单位或者交通工具的负责人，必须立即向卫生检疫机关报告，迅速查明原因，实施卫生处理。

国际航行船舶的船长，必须每隔6个月向卫生检疫机关申请一次鼠患检查，卫生检疫机关根据检查结果实施除鼠或者免予除鼠，并且分别发给除鼠证书或者免予除鼠证书。该证书自签发之日起6个月内有效。

卫生检疫机关只有在下列之一的情况下，经检查确认船舶无鼠害的，方可签发免予除鼠证书：①空舱；②舱内虽然装有压舱物品或者其他物品，但是这些物品不引诱鼠类，放置情况又不妨碍实施鼠患检查。对油轮在实舱时进行检查，可以签发免予除鼠证书。

对船舶的鼠患检查或者除鼠，应当尽量在船舶空舱的时候进行。如果船舶因故不宜按期进行鼠患检查或者蒸熏除鼠，并且该船又开往便于实施鼠患检查或者蒸熏除鼠的港口，可以准许该船原有的除鼠证书或者免予除鼠证书的有效期延长1个月，并签发延长证明。

对国际航行的船舶，按照国家规定的标准，应当用蒸熏的方法除鼠时，如果该船的除鼠证书或者免予除鼠证书尚未失效，除该船染有鼠疫或者有鼠疫嫌疑外，卫生检疫机关应当将除鼠理由通知船长。船长应当按照要求执行。

船舶在港口停靠期间，船长应当负责采取下列的措施：①缆绳上必须使用有效的防鼠板，或者其他防鼠装置；②夜间放置扶梯、桥板时，应当用强光照射；③在船上发现死鼠或者捕获到鼠类时，应当向卫生检疫机关报告。

在国境口岸停留的国内航行的船舶如果存在鼠患，船方应当进行除鼠。根据船方申请，也可由卫生检疫机关实施除鼠。

国家质检总局认为必要时，可以要求来自国外或者国外某些地区的人员在入境时，向卫生检疫机关出示有效的某种预防接种证书或者健康证明。

预防接种的有效期如下：①黄热病疫苗自接种后第10日起，10年内有效；如果前次接种不满10年又经复种，自复种的当日起，10年内有效。②其他预防接种的有效期，按照有关规定执行。

（六）疫情通报

在国内或者国外某一地区发生检疫传染病流行状况时，国家质检总局可以宣布该地区为疫区。在国境口岸以及停留在国境口岸的交通工具上，发现检疫传染病、疑似检疫传染病，或者有人非因意外伤害而死亡并且死因不明时，国境口岸有关单位以及交通工具的负责人，应当立即向卫生检疫机关报告。

卫生检疫机关发现检疫传染病、监测传染病、疑似检疫传染病时，应当向当地卫生行政部门和卫生防疫机构通报；发现检疫传染病时，还应当用最快的办法向国家质检总局报告。当地卫生防疫机构发现检疫传染病、监测传染病时，应当向卫生检疫机关通报。

二、海港检疫

船舶的入境检疫必须在港口的检疫锚地或者经卫生检疫机关同意的指定地点实施。检疫锚地由港务监督机关和卫生检疫机关会商确定，报国务院交通和卫生行政部门备案。

船舶代理应当在受入境检疫的船舶到达以前，尽早向卫生检疫机关通知下列事项：①船名、国籍、预定到达检疫锚地的日期和时间；②发航港、最后寄港；③船员和旅客人数；④货物种类。港务监督机关应当将船舶确定到达检疫锚地的日期和时间尽早通知卫生检疫机关。

受入境检疫的船舶，在航行中，发现检疫传染病、疑似检疫传染病，或者有人非因意外伤害而死亡并死因不明的，船长必须立即向实施检疫港口的卫生检疫机关报告下列事项：①船名、国籍、预定到达检疫锚地的日期和时间；②发航港、最后寄港；③船员和旅客人数；④货物种类；⑤病名或者主要症状、患病人数、死亡人数；⑥船上有无船医。

受入境检疫的船舶，必须按照下列规定悬挂检疫信号等候查验，在卫生检疫机关发给入境检疫证前，不得降下检疫信号。昼间在明显处所悬挂国际通语信号旗：①“ρ”字旗表示：本船没有染疫，请发给入境检疫证；②“ρρ”字旗表示：本船有染疫或者染疫嫌疑，请即刻实施检疫。夜间在明显处所垂直悬挂灯号：①红灯三盏表示：本船没有染疫，请发给入境检疫证；②红、红、白、红灯四盏表示：本船有染疫或者染疫嫌疑，请即刻实施检疫。

悬挂检疫信号的船舶，除引航员和经卫生检疫机关许可的人员外，其他人员不准上船，不准装卸行李、货物、邮包等物品，其他船舶不准靠近；船上的人员，除因船舶遇险外，未经卫生检疫机关许可，不准离船；引航员不得将船引离检疫锚地。

申请电讯检疫的船舶，首先向卫生检疫机关申请卫生检查，合格者发给卫生证书。自该证书签发之日起12个月内可以申请电讯检疫。

持有效卫生证书的船舶在入境前24小时，应当向卫生检疫机关报告下列事项：①船名、国籍、预定到达检疫锚地的日期和时间；②发航港、最后寄港；③船员和旅客人数及健康状况；④货物种类；⑤船舶卫生证书的签发日期和编号、除鼠证书或者免予除鼠证书的签发日期和签发港，以及其他卫生证件。经卫生检疫机关对上述报告答复同意后，即可进港。

对船舶的入境检疫，在日出后到日落前的时间内实施；凡具备船舶夜航条件，夜间可靠离码头和装卸作业的港口口岸，应实行24小时检疫。对来自疫区的船舶，不实行夜间检疫。

受入境检疫船舶的船长，在检疫医师到达船上时，必须提交由船长签字或者有船医附签的航海健康申报书、船员名单、旅客名单、载货申报单，并出示除鼠证书或者免予除鼠证书。在查验中，检疫医师有权查阅航海日志和其他有关证件；需要进一步了解船舶航行中卫生情况时，检疫医师可以向船长、船医提出询问，船长、船医必须如实回答；用书面回答时，须经船长签字和船医附签。

船舶实施入境查验完毕以后，对没有染疫的船舶，检疫医师应当立即签发入境检疫证；如果该船有受卫生处理或者限制的事项，应当在入境检疫证上签注，并按照签注事项办理。对染疫船舶、染疫嫌疑船舶，除通知港务监督机关外，对该船舶还应当发给卫生处理通知书，该船舶上的引航员和经卫生检疫机关许可上船的人员应当视同员工接受有关卫生处理，在卫生处理完毕以后，再发给入境检疫证。船舶领到卫生检疫机关签发的入境检疫证后，可以降下检疫信号。

船舶代理应当在受出境检疫的船舶启航以前，尽早向卫生检疫机关通知下列事项：①船名、国籍、预定开航的日期和时间；②目的港、最初寄港；③船员名单和旅客名单；④货物种类。港务监督机关应当将船舶确定开航的日期和时间尽早通知卫生检疫机关。船舶的入境、出境检疫在同一港口实施时，如果船员、旅客没有变动，可以免报船员名单和旅客名单；有变动的，报变动船员、旅客名单。

受出境检疫的船舶，船长应当向卫生检疫机关出示除鼠证书或者免予除鼠证书和其他有关检疫证件。检疫医师可以向船长、船医提出有关船员、旅客健康情况和船上卫生情况的询问，船长、船医对上述询问应当如实回答。

对船舶实施出境检疫完毕以后，检疫医师应当按照检疫结果立即签发出境检疫证。如果因卫生处理不能按原定时间启航，应当及时通知港务监督机关。对船舶实施出境检疫完毕以后，除引航员和经卫生检疫机关许可的人员外，其他人员不准上船，不准装卸行李、货物、邮包等物品。如果违反上述规定，该船舶必须重新实施出境检疫。

三、航空检疫

航空器在飞行中，不得向下投掷或者任其坠下能传播传染病的任何物品。

实施卫生检疫机场的航空站，应当在受入境检疫的航空器到达以前，尽早向卫生检疫机关通知下列事项：①航空器的国籍、机型、号码、识别标志、预定到达时间；②出发站、经停站；③机组和旅客人数。

受入境检疫的航空器，如果在飞行中发现检疫传染病、疑似检疫传染病，或者有人非因意外伤害而死亡并且死因不明时，机长应当立即通知到达机场的航空站，向卫生检疫机关报告下列事项：①航空器的国籍、机型、号码、识别标志、预定到达时间；②出发站、经停站；③机组和旅客人数；④病名或者主要症状、患病人数、死亡人数。

受入境检疫的航空器到达机场以后，检疫医师首先登机。机长或者其授权的代理人，必须向卫生检疫机关提交总申报单、旅客名单、货物仓单和有效的灭蚊证书，以及其他有关检疫证件；对检疫医师提出的有关航空器上卫生状况的询问，机长或者其授权的代理人应当如实回答。在检疫没有结束之前，除经卫生检疫机关许可外，任何人不得上下航空器，不准装卸行李、货物、邮包等物品。

入境旅客必须在指定的地点，接受入境查验，同时用书面或者口头回答检疫医师提出的有关询问。在此期间，入境旅客不得离开查验场所。

对入境航空器查验完毕以后，根据查验结果，对没有染疫的航空器，检疫医师应当签发入境检疫证；如果该航空器有受卫生处理或者限制的事项，应当在入境检疫证上签注，由机长或者其授权的代理人负责执行；对染疫或者有染疫嫌疑的航空器，除通知航空站外，对该航空器应当发给卫生处理通知单，在规定的卫生处理完毕以后，再发给入境检疫证。

实施卫生检疫机场的航空站，应当在受出境检疫的航空器起飞以前，尽早向卫生检疫机关提交总申报单、货物仓单和其他有关检疫证件，并通知下列事项：①航空器的国籍、机型、号码、识别标志、预定起飞时间；②经停站、目的站；③机组和旅客人数。

对出境航空器查验完毕以后，如果没有染疫，检疫医师应当签发出境检疫证或者在必要的卫生处理完毕以后，再发给出境检疫证；如果该航空器因卫生处理不能按原定时间起飞，应当及时通知航空站。

四、陆地边境检疫

实施卫生检疫的车站，应当在受入境检疫的列车到达之前，尽早向卫生检疫机关通知下列事项：①列车的车次、预定到达的时间；②始发站；③列车编组情况。

受入境检疫的列车和其他车辆到达车站、关口后，检疫医师首先登车，列车长或者其他车辆负责人，应当口头或者书面向卫生检疫机关申报该列车或者其他车辆上人员的健康情况，对检疫医师提出有关卫生状况和人员健康的询问，应当如实回答。

受入境检疫的列车和其他车辆到达车站、关口，在实施入境检疫而未取得入境检疫证以前，未经卫生检疫机关许可，任何人不准上下列车或者其他车辆，不准装卸行李、货物、邮包等物品。

实施卫生检疫的车站，应当在受出境检疫列车发车以前，尽早向卫生检疫机关通知下列事项：①列车的车次、预定发车的时间；②终到站；③列车编组情况。

应当受入境、出境检疫的列车和其他车辆，如果在行程中发现检疫传染病、疑似检疫传染病，或者有人非因意外伤害而死亡并死因不明的，列车或者其他车辆到达车站、关口时，列车长或者其他车辆负责人应当向卫生检疫机关报告。

受入境、出境检疫的列车，在查验中发现检疫传染病或者疑似检疫传染病，或者因受卫生处理不能按原定时间发车，卫生检疫机关应当及时通知车站的站长。如果列车在原停车地点不宜实施卫生处理，站长可以选择站内其他地点实施卫生处理。在处理完毕之前，未经卫生检疫机关许可，任何人不准上下列车，不准装卸行李、货物、邮包等物品。为了保证入境直通列车的正常运输，卫生检疫机关可以派员随车实施检疫，列车长应当提供方便。

对列车或者其他车辆实施入境、出境检疫完毕后，检疫医师应当根据检疫结果分别签发入境、出境检疫证，或者在必要的卫生处理完毕后，再分别签发入境、出境检疫证。

徒步入境、出境的人员，必须首先在指定的场所接受入境、出境查验，未经卫生检疫机关许可，不准离开指定的场所。

受入境、出境检疫的列车以及其他车辆，载有来自疫区、有染疫或者染疫嫌疑或者夹带能传播传染病的病媒昆虫和啮齿动物的货物，应当接受卫生检查和必要的卫生处理。

五、国境卫生检疫传染病管理

（一）各种检疫传染病的管理

1. 鼠疫。鼠疫的潜伏期为6日。船舶、航空器在到达时，有下列情形之一的，为染有鼠疫：①船舶、航空器上有鼠疫病例的；②船舶、航空器上发现有感染鼠疫的啮齿动物的；③船舶、航空器上曾经有人在上船或登机6日以后患鼠疫的。船舶、航空器在到达时，有下列情形之一的，为染有鼠疫嫌疑：①船舶、航空器上没有鼠疫病例，但曾经有人在上船或登机后6日以内患鼠疫的；②船上或航空器上啮齿动物有反常死亡，并且死因不明的。

对染有鼠疫的船舶、航空器应当实施下列卫生处理：①对染疫人实施隔离。②对染疫嫌疑人实施除虫，并且从到达时算起，实施不超过6日的就地诊验或者留验。在此期间，船上的船员除因工作需要并且经卫生检疫机关许可外，不准上岸。③对染疫人、染疫嫌疑人的行李、其使用过的其他物品和卫生检疫机关认为有污染嫌疑的物品，实施除虫，必要时实施消毒。④对染疫人占用过的部位和卫生检疫机关认为有污染嫌疑的部位，实施除虫，必要时实施消毒。⑤船舶、航空器上有感染鼠疫的啮齿动物，卫生检疫机关必须实施除鼠。如果船舶上发现只有未感染鼠疫的啮齿动物，卫生检疫机关也可以实施除鼠。实施除鼠可以在隔离的情况下进行。对船舶、航空器的除鼠应当在卸货以前进行。⑥卸货应当在卫生检疫机关的监督下进行，并且防止卸货的工作人员遭受感染，必要时，对卸货的工作人员从卸货完毕时算起，实施不超过6日的就地诊验或者留验。对染有鼠疫嫌疑的船舶、航空器，应当实施前述第①~⑥项规定的卫生处理。对到达的时候载有鼠疫病例的列车和其他车辆，除了实施前述第①、

③、④、⑥项规定的卫生处理之外，还应当对染疫嫌疑人实施除虫，并且从到达时算起，实施不超过6日的就地诊验或者留验；必要时，对列车和其他车辆实施除鼠。

对没有染疫的船舶、航空器，如果其来自鼠疫疫区，卫生检疫机关认为必要时，可以实施下列卫生处理：①对离船、离航空器的染疫嫌疑人，从船舶、航空器离开疫区的时候算起，实施不超过6日的就地诊验或者留验；②在特殊情况下，对船舶、航空器实施除鼠。

2. 霍乱。霍乱的潜伏期为5日。船舶在到达的时候载有霍乱病例，或者在到达前5日以内，船上曾经有霍乱病例发生的，为染有霍乱。船舶在航行中曾经有霍乱病例发生，但是在到达前5日以内，没有发生新病例的，为染有霍乱嫌疑。航空器在到达的时候载有霍乱病例的，为染有霍乱。航空器在航行中曾经有霍乱病例发生，但在到达以前该病员已经离去的，为染有霍乱嫌疑。

对染有霍乱的船舶、航空器，应当实施下列卫生处理：①对染疫人实施隔离。②对离船、离航空器的员工、旅客，从卫生处理完毕时算起，实施不超过5日的就地诊验或者留验；从船舶到达时算起5日内，船上的船员除因工作需要，并且经卫生检疫机关许可外，不准上岸。③对染疫人、染疫嫌疑人的行李，其使用过的其他物品和有污染嫌疑的物品、食品实施消毒。④对染疫人占用的部位、污染嫌疑部位，实施消毒。⑤对污染或者有污染嫌疑的饮用水，应当实施消毒后排放，并在储水容器消毒后再换清洁饮用水。⑥人的排泄物、垃圾、废水、废物和装自霍乱疫区的压舱水，未经消毒的，不准排放和移下。⑦卸货必须在卫生检疫机关监督下进行，并且应防止工作人员遭受感染，必要时，对卸货工作人员从卸货完毕时算起，实施不超过5日的就地诊验或者留验。

对染有霍乱嫌疑的船舶、航空器除了实施前述第②~⑦项规定的卫生处理之外，还应当对离船、离航空器的员工、旅客从到达时算起，实施不超过5日的就地诊验或者留验。在此期间，船上的船员除因工作需要，并经卫生检疫机关许可外，不准离开口岸区域；或者对离船、离航空器的员工、旅客，从离开疫区时算起，实施不超过5日的就地诊验或者留验。

对没有染疫的船舶、航空器，如果其来自霍乱疫区，卫生检疫机关认为必要时，可以实施下列卫生处理：①前述第⑤、⑥项规定的卫生处理；②对离船、离航空器的员工、旅客，从离开疫区时算起，实施不超过5日的就地诊验或者留验。

对到达时载有霍乱病例的列车和其他车辆应当实施如下卫生处理：①实施前述第①、③、④、⑤、⑦项规定的卫生处理；②对染疫嫌疑人从到达时算起，实施不超过5日的就地诊验或者留验。

对来自霍乱疫区或者染有霍乱嫌疑的交通工具，卫生检疫机关认为必要时，可以实施除虫、消毒；如果交通工具载有水产品、水果、蔬菜、饮料及其他食品的，除装在密封容器内没有被污染的外，未经卫生检疫机关许可，不准卸下，必要时可以实施卫生处理。

对来自霍乱疫区的水产品、水果、蔬菜、饮料以及装有这些制品的邮包，卫生检疫机关在查验时，为了判明其是否被污染，可以抽样检验，必要时可以实施卫生处理。

3. 黄热病。黄热病的潜伏期为6日。来自黄热病疫区的人员，在入境时，必须向卫生检疫机关出示有效的黄热病预防接种证书。对无有效的黄热病预防接种证书的人员，卫生检疫机关可以从该人员离开感染环境的时候算起，实施6日的留验，或者实施预防接种并留验到黄热病预防接种证书生效时为止。

航空器在到达时载有黄热病病例的，为染有黄热病。来自黄热病疫区的航空器，应当出示在疫区起飞前的灭蚊证书；如果在到达时不出示灭蚊证书，或者卫生检疫机关认为出示的灭蚊证书不符合要求，并且在航空器上发现活蚊的，为染有黄热病嫌疑。

船舶在到达时载有黄热病病例，或者在航行中曾经有黄热病病例发生，为染有黄热病。船舶在到达时，如果离开黄热病疫区没有满6日，或者没有满30日并且在船上发现埃及伊蚊或者其他黄热病媒介的，为染有黄热病嫌疑。

对染有黄热病的船舶、航空器，应当实施下列卫生处理：①对染疫人实施隔离；②对离船、离航空器又无有效的黄热病预防接种证书的员工、旅客，从该人员离开感染环境的时候算起，实施6日的留验，或者实施预防接种并留验到黄热病预防接种证书生效时为止；③彻底杀灭船舶、航空器上的埃及伊蚊及其虫卵、幼虫和其他黄热病媒介，并且在没有完成灭蚊以前限制该船与陆地和其他船舶的距离不少于400米；④卸货应当在灭蚊以后进行，如果在灭蚊以前卸货，应当在卫生检疫机关监督下进行，并且采取预防措施，使卸货的工作人员免受感染，必要时，对卸货的工作人员，从卸货完毕时算起，实施6日的就地诊验或者留验。对染有黄热病嫌疑的船舶、航空器，应当实施前述第②~④项规定的卫生处理。

对没有染疫的船舶、航空器，如果其来自黄热病疫区，卫生检疫机关认为必要时，可以实施前述第③项规定的卫生处理。对到达的时候载有黄热病病例的列车和其他车辆，或者来自黄热病疫区的列车和其他车辆，应当实施前述第①、④项规定的卫生处理；对列车、车辆彻底杀灭成蚊及其虫卵、幼虫；对无有效黄热病预防接种证书的员工、旅客，应当从该人员离开感染环境的时候算起，实施6日的留验，或者实施预防接种并留验到黄热病预防接种证书生效时为止。

（二）检疫传染病病人的卫生处理

检疫传染病病人的卫生处理措施包括就地诊验、留验和隔离等。

1. 就地诊验。就地诊验是指一个人在卫生检疫机关指定的期间，到就近的卫生检疫机关或者其他医疗卫生单位去接受诊察和检验；或者卫生检疫机关、其他医疗卫生单位到该人员的居留地，对其进行诊察和检验。卫生检疫机关对受就地诊验的人员，应当发给就地诊验记录簿，必要的时候，可以在该人员出具履行就地诊验的保证书以后，再发给其就地诊验记录簿。受就地诊验的人员应当携带就地诊验记录簿，按照卫生检疫机关指定的期间、地点，接受医学检查；如果就地诊验的结果为没有染疫，就地诊验期满的时候，受就地诊验的人员应当将就地诊验记录簿退还卫生检疫机关。

卫生检疫机关应当将受就地诊验人员的情况，用最快的方法通知受就地诊验人员旅行停留地的卫生检疫机关或者其他医疗卫生单位。卫生检疫机关、医疗卫生单位遇有受就地诊验的人员请求医学检查时，应当视同急诊给予医学检查，并将检查结果在就地诊验记录簿上签注；如果发现其患检疫传染病或者监测传染病、疑似检疫传染病或者疑似监测传染病时，应当立即采取必要的卫生措施，将其就地诊验记录簿收回存查，并且报告当地卫生防疫机构和签发就地诊验记录簿的卫生检疫机关。

2. 留验。留验是指将染疫嫌疑人收留在指定的处所进行诊察和检验。受留验的人员必须在卫生检疫机关指定的场所接受留验；但是有下列情形之一的，经卫生检疫机关同意，可以在船上留验：①船长请求船员在船上留验的；②旅客请求在船上留验，经船长同意，并且船上有船医和医疗、消毒设备的。受留验的人员在留验期间如果出现检疫传染病的症状，卫生检疫机关应当立即对该人员实施隔离，对与其接触的其他受留验的人员，应当实施必要的卫生处理，并且从卫生处理完毕时算起，重新计算留验时间。

3. 隔离。隔离是指将检疫传染病病人与其他任何人通过一些措施进行分隔、分离。隔离比就地诊验、留验要严格些。一旦在就地诊验、留验中发现有检疫传染病的，就必须进行隔离。

（三）传染病监测

传染病监测是指对特定环境、人群进行流行病学、血清学、病原学、临床症状以及其他有关影响因素的调查研究，预测有关传染病的发生、发展和流行。入境、出境的交通工具、人员、食品、饮用水和其他物品以及病媒昆虫、动物，均为传染病监测的对象。传染病监测的内容包括：①首发病例的个案调查；②爆发流行病的流行病学调查；③传染源调查；④国境口岸内监测传染病的回顾性调查；⑤病原体的分离、鉴定，人群、有关动物血清学调查以及流行病学调查；⑥有关动物、病媒昆虫、食品、饮用水和环境因素的调查；⑦消毒、除鼠、除虫的效果观察与评价；⑧国境口岸以及国内外监测传染病疫情的收集、整理、分析和传递；⑨对监测对象开展健康检查和对监测传染病病人、疑似病人、密切接触人员的管理。

卫生检疫机关应当阻止其所发现的患有艾滋病等性病、麻风病、精神病、开放性肺结核病的外国人入境。卫生检疫机关在国境口岸内设立传染病监测点时，有关单位应当给予协助并提供方便。受入境、出境检疫的人员，必须根据检疫医师的要求，如实填报健康申明卡，出示某种有效的传染病预防接种证书、健康证明或者其他有关证件。

卫生检疫机关对国境口岸的涉外宾馆、饭店内居住的入境、出境人员及工作人员实施传染病监测，并区别情况采取必要的预防、控制措施。对来自检疫传染病和监测传染病疫区的人员，检疫医师可以根据流行病学和医学检查结果，发给就诊方便卡。卫生检疫机关、医疗卫生单位遇到持有就诊方便卡的人员请求医学检查时，应当视同急诊给予医学检查；如果发现其患检疫传染病或者监测传染病、疑似检疫传染病或者疑似监测传染病的，应当立即实施必要的卫生措施，并且将情况报告当地卫生防疫机构和签发就诊方便卡的卫生检疫机关。

凡申请出境居住 1 年以上的中国籍人员，必须持有卫生检疫机关签发的健康证明。中国公民出境、入境管理机关凭卫生检疫机关签发的健康证明办理出境手续。凡在境外居住 1 年以上的中国籍人员，入境时必须向卫生检疫机关申报健康情况，并在入境后 1 个月内到就近的卫生检疫机关或者县级以上医院进行健康检查。公安机关凭健康证明办理有关手续。健康证明的副本应当寄送到原入境口岸的卫生检疫机关备案。国际通行交通工具上的中国籍员工，应当持有卫生检疫机关或者县级以上医院出具的健康证明。健康证明的项目、格式由国家质检总局统一规定，有效期为 12 个月。

传染病检测系统主要包括国家法定报告的传染病监测系统和以特殊人群[1]为基础的传染病监测系统。[2] 传染病监测点应当按照合理性原则、有效性原则和意愿配合原则进行设置。[3]

---

〔1〕 选择特殊人群应当遵循两个原则：①选择有相对恒定性的人群；②选择有可能成为传入、传出检疫传染病、监测传染病或带菌（毒）的人群。

〔2〕 一般疾病监测系统除了这两个系统外，还包括了以实验室为基础的监测系统和以医院为基础的监测系统。

〔3〕 陆永昌等：“检验检疫传染病监测系统和监测点的设置原则”，载《中国国境卫生检疫杂志》2001 年第 4 期。

六、国境卫生检疫的卫生监督

卫生监督是指为保护人民健康、保证生产和生活条件合乎卫生要求，卫生机关对有关单位或个人执行和遵守国家或地方卫生法规和卫生标准的情况所进行的检查。[1] 或者说，卫生监督是指为执行卫生法规和卫生标准所进行的卫生检查、卫生鉴定、卫生评价和采样检验。国境卫生检疫机关根据国家规定的卫生标准，对国境口岸的卫生状况和停留在国境口岸的入境、出境的交通工具的卫生状况实施卫生监督：①监督和指导有关人员对啮齿动物、病媒昆虫的根除；②检查和检验食品、饮用水及其储存、供应、运输设施；③监督从事食品、饮用水供应的从业人员的健康状况，检查其健康证明书；④监督和检查垃圾、废物、污水、粪便、压舱水的处理。

国境卫生检疫机关设立国境口岸卫生监督员，执行国境卫生检疫机关交给的任务。国境口岸卫生监督员在执行任务时，有权对国境口岸和入境、出境的交通工具进行卫生监督和技术指导，对卫生状况不良和可能引起传染病传播的因素提出改进意见，协同有关部门采取必要的措施，进行卫生处理。

对国境口岸的卫生要求包括：①国境口岸和国境口岸内涉外的宾馆、生活服务单位以及候船、候车、候机厅（室）应当有健全的卫生制度和必要的卫生设施，并保持室内外环境整洁、通风良好。②国境口岸有关部门应当采取切实可行的措施，控制啮齿动物、病媒昆虫，使其数量降低到不足为害的程度。仓库、货场必须具有防鼠设施。③国境口岸的垃圾、废物、污水、粪便必须进行无害化处理，保持国境口岸环境整洁、卫生。

对交通工具的卫生要求：①交通工具上的宿舱、车厢必须保持清洁、卫生，通风良好；②交通工具上必须备有足够的消毒、除鼠、除虫药物及器械，并备有防鼠装置；③交通工具上的货舱、行李舱、货车车厢在装货前或者卸货后应当进行彻底清扫，有毒物品和食品不得混装，防止污染；④对不符合卫生要求的入境、出境交通工具，必须接受卫生检疫机关的督导，并立即进行改进。

对饮用水、食品及从业人员的卫生要求包括：①国境口岸和交通工具上的食品、饮用水必须符合有关的卫生标准；②国境口岸内的涉外宾馆，以及向入境、出境的交通工具提供饮食服务的部门，营业前必须向卫生检疫机关申请卫生许可证；③国境口岸内涉外的宾馆和入境、出境交通工具上的食品、饮用水从业人员应当持有卫生检疫机关签发的健康证书。该证书自签发之日起12个月内有效。

---

〔1〕 辞海编辑委员会编：《辞海》，上海辞书出版社1989年版，第1074页。

国境口岸有关单位和交通工具负责人应当遵守下列事项：①遵守《国境卫生检疫法》和其实施细则及有关卫生法规的规定；②接受卫生监督员的监督和检查，并为其工作提供方便；③按照卫生监督员的建议，对国境口岸和交通工具的卫生状况及时采取改进措施。

第七章 商品检验法律制度

第一节 商品检验法律制度概述

一、商品检验法律制度的概念

商品检验是进出口商品检验的简称，其又可以进一步简称为商检，是指特定机构根据国家授权，对进出口商品的质量、数量、重量、包装、安全、卫生以及装运条件等进行的检验管理活动，以及对进出口业务活动提供具有公正性证明作用的检验、鉴定活动。

由于商品检验属于检验的一种，因此需要对检验的概念进行分析。检验的定义有狭义与广义之分。狭义的检验是指对产品的一种或多种特性进行测量、检查、试验、计量，并将这些特性与规定的要求进行比较，以确定其符合性的活动。[1] 狭义的检验即质量检验，根据《辞海》的定义，质量检验是根据质量标准或有关技术文件，对影响产品质量的各种因素进行检验的工作，包括对原材料、外购件的检验，设备、工艺装备的检验，半成品和成品的检验。[2] 狭义的检验是人类生产活动的一个重要组成部分，其目的是要科学地揭示产品的特性，剔除那些不符合需要的产品，从而确保产品质量达到标准要求，并为改进产品质量和加强质量管理提供信息。

广义的检验是指对产品或服务的一种或多种特性进行测量、检查、试验、计量，并将这些特性与规定的要求进行比较，以确定其符合性的活动。[3] 广义的检验将检验对象从产品扩充为产品和服务。ISO 9000：2000 将“检验”定义

---

〔1〕 顾钟毅、李德涛编著：《质量检验基础》，中国标准出版社 2004 年版，第 1 页。

〔2〕 辞海编辑委员会编：《辞海》，上海辞书出版社 1989 年版，第 708 页。

〔3〕 秦现生主编：《质量管理学》，科学出版社 2002 年版，第 286 页。

第七章

为：通过观察和判断，适当结合测量、试验所进行的符合性评价。该定义未指明检验仅限于产品，所以其理应适用于产品和服务，即该定义也是指广义的检验。广义的检验根据检验对象可以区分为产品检验和服务检验等。

狭义与广义的检验的区别在于两者的检验对象不同，前者仅为产品，后者为产品和服务。狭义的检验根据检验地点又可以区分为国境检验和国内检验。国境检验指国际市场的商品检验，亦称为进出口商品检验，一般简称商品检验或商检；国内检验指国内市场的商品检验，一般称为产品质量检验或产品检验。

商品检验与质量技术监督的关系非常密切，但是也有明显的区别。从严格的狭义层面上讲，质量技术监督是指国家以法律、法规为准绳，以标准为依据，以技术检验、计量检测为手段，对产品质量安全进行综合管理和执法监督的行政管理活动。质量技术监督是对国内市场产品质量的监督，商品检验是对国境上的产品质量进行的监督。两者主要的区别是监督地点的不同，前者在国内，后者在国境。两者的共同点是它们都对产品（商品）的质量进行检验监督。

商品检验法律制度，又称商检法、进出口商品检验法，是指调整进出口商品检验社会关系的法律规范的总和。狭义的进出口商品检验法仅指1989年2月21日颁布、2002年4月28日修改的《进出口商品检验法》。广义的进出口商品检验法还包括进出口商品检验行政法规、进出口商品检验部门规章。进出口商品检验行政法规有《进出口商品检验法实施条例》等。进出口商品检验部门规章有《进出口商品免验办法》、《进出口商品抽查检验管理办法》、《进出口煤炭检验管理办法》等。

商品检验法律制度属于经济法法律部门的一个组成部分，也是质检法的一个组成部分。商品检验法律制度与产品质量法律制度具有密切的内在联系，也与动植物检疫法律制度有交叉重叠之处。

二、商品检验法律制度的特征

商品检验法律制度主要有以下几个特征：

1. 综合性。商检工作不仅仅是指进出口环节的法定检验，还包括从法定检验延伸到生产和使用部门的工作，旨在帮助它们建立健全检验机构和检验制度，促进工厂的全面质量管理。商检工作也不仅仅是单纯检验型的工作，而是检验管理型的工作。商检是从不同的侧面进行的、有机组合的系统工程，其监督管理的内容和形式非常丰富：既要实施强制性检验，又要进行非强制性检验鉴定；既有检验把关，又有监督检查；既有管理，又有服务。因此，进出口商品检验的监督管理具有明显的综合性。

2. 广泛性。虽然法定检验的进出口商品是有一定范围的，但是非法定检验的商品在很多国际贸易场合，买卖双方或一方都主动要求对之进行检验、鉴定。

因此，商检几乎涉及所有进出口的商品，这些商品涉及的领域是非常广泛的，从而商检工作具有极强的广泛性。

3. 强制性。为加强对进出口商品的质量管理，发展对外贸易，各国一般通过立法的形式，对进出口商品实行强制性管理。对进出口商品实施法定检验，体现了商检工作的强制性。商检机构根据法律规定，制定法定检验的商品目录，对指定的进出口商品实施强制性检验。列入目录的进口商品未经检验的，不准销售、使用；列入目录的出口商品未经检验合格的，不准出口。商检机构可以对有关单位和机构检验的商品进行抽查检验；必要时可以派员驻厂，参与监督列入目录的出口商品出厂前的质量检验工作和进口的重要商品的验收检验工作；对重要的进出口商品及其生产单位实行质量许可证制度等。这些法定检验的相关工作，由国家法律予以规定，由国家强制力保证实施，有关单位和个人必须服从和配合。

4. 公正性。在国际贸易活动中，贸易有关各方为了维护各自的利益，避免和减少各种风险损失和责任划分的争议，便利货物的交接结算，客观上要求有一个公正的、能够发挥居间证明作用的第三方检验机构，对货物进行检验、鉴定，以证明货物是否符合合同的约定，以及掌握商品流动过程中各环节的状况，并判明事故的原因和责任的归属，以保护贸易各方的合法权益。因此，第三方检验机构所进行的检验、鉴定工作必须具有公正性，保证自己的检验结果准确，而不能故意偏袒国际贸易中的任何一方。

5. 国际性。商检工作是为国际贸易服务的，是国际商品流通不可缺少的重要环节。商检机构签发的证书，是国际间贸易有关方货物交接、计费计价、通关结汇、处理争议、诉讼举证的有效凭证。商检活动不仅要遵循本国的法律、法规，同时还要遵循国际通行的惯例，其活动结果须得到国际贸易有关方面的确认。这些都表明商检活动的作用空间超越了国界，具有明显的国际性。

三、商品检验法律制度的意义

商品检验法律制度的意义体现在：其立法宗旨是为了加强进出口商品检验工作，规范进出口商品检验行为，维护社会公共利益和进出口贸易有关各方的合法权益，促进对外经济贸易关系的顺利发展。

商检是国际贸易活动的重要组成部分，是保证国际贸易活动顺利进行的重要环节。在 1991 年 3 月全国商检局长会议期间，江泽民主席为商检工作题词："商检工作关系到国家利益和对外信誉。广大商检职工要依法施检，既把关，又服务，为扩大对外开放多作贡献"。李鹏总理也题词："商检部门在把好进出口商品质量关方面担负着重要的任务，为促进我国对外经济贸易的顺利发展作出了贡献。希望商检部门在对外贸易中更好地发挥质量监督管理作用，严格把关，提高我国出口商品在国际市场上的信誉与竞争能力，维护我国在进口商品中的合法权益，也希望工、贸、检及有关部门密切配合，共同搞好商检工作”。这些题词都指出了商检的作用。

商检上述重要作用的发挥，必须依赖一个完善的商品检验法律制度的保障。商品检验法律制度的作用主要可以归纳为具有把关、服务、促进的作用。

1. 对进出口商品质量把关的作用。通过商品检验法律制度来规范商检工作，一方面可以将质量不符合标准和合同规定的国外商品拒之于国门之外，避免劣质商品流入以对国内生活、生产造成不良影响；另一方面，可以将质量不符合标准和合同规定的国内商品控制在国门之内，避免劣质商品进入国际市场从而对我国造成不良影响，这种不良影响主要体现在两方面：一是对我国政府和企业的声誉的不良影响；二是国外买家与消费者退货、索赔给我国企业造成的经济损失。

2. 发挥商检服务功能的作用。商品检验法律制度可以发挥商检服务功能的作用。商检服务功能主要体现在以下几个方面：

（1）为进出口商品提供第三方公正性居间证明服务。国际贸易的货物交接、计费、索赔、理赔、免责等环节，都需要商检提供公正的数据，以确保交易各方的权益得到合理、公正的保护。

（2）为出口企业提供技术服务和信息服务。商检工作所积累的技术和信息可以帮助国内出口企业提高产品质量，找准国际市场畅销商品，拓展国际市场。

（3）为海关、税务等部门提供参考信息。商检所积累的大量国内外商品的质量、性能、价格等情况，可以为海关、税务等部门的执法提供有效的参考资料。

3. 促进国际贸易和国内国民经济发展的作用。把关作用也好，服务作用也好，其最终都表现为对国际贸易和国内国民经济的促进作用。通过把关和服务作用，商品检验法律制度促进了国内生产、出口企业和国外卖方、生产企业不断提高产品的质量。商品检验法律制度的严格把关，还可以减少、防止伪劣商品对国内外市场的冲击，对稳定和繁荣国内外市场起到积极的促进作用。另外，商品检验法律制度还促进了我国在国际贸易中对外信誉的提高。

四、商品检验法律制度的基本规定

（一）行政执法机构

国务院设立进出口商品检验部门（以下简称国家商检部门），主管全国进出口商品检验工作。目前我国的国家商检部门是国家质量监督检验检疫总局。国家质量监督检验检疫总局在省、自治区、直辖市以及进出口商品的口岸、集散地所设立的进出口商品检验局及其分支机构（以下简称商检机构），管理所负责地区的进出口商品检验工作。

商检机构的职责在于：对进出口商品实施检验，办理进出口商品鉴定，对进出口商品的质量和检验工作实施监督管理。国家商检部门和商检机构加强进出口商品检验工作、规范进出口商品检验，其行为的目的是为了维护社会公共利益和进出口贸易有关各方的合法权益，促进对外经济贸易关系的顺利发展。

商检机构的检验人员须经考核合格并取得证件后，方可执行检验任务。商检机构的检验人员依法执行职务，不受非法干预和阻挠。

（二）商检的范围

国家商检部门根据保护人类健康和安全、保护动物和植物的生命和健康、保护环境、防止欺诈行为、维护国家安全的原则，制定、调整必须实施检验的进出口商品目录（以下简称目录）并公布实施。列入目录的进出口商品，必须经过商检机构检验。列入目录的进口商品未经检验的，不准销售、使用；列入目录的出口商品未经检验合格的，不准出口。

商检机构和经国家商检部门许可的检验机构，依法对进出口商品实施检验。商检机构和经国家商检部门许可的检验机构对进出口商品实施法定检验的范围包括：①对列入目录的进出口商品的检验；②对出口食品的卫生检验；③对出口危险货物包装容器的性能鉴定和使用鉴定；④对装运出口易腐烂变质食品、冷冻品的船舱、集装箱等运载工具的适载检验；⑤对有关国际条约规定须经商检机构检验的进出口商品的检验；⑥对其他法律、行政法规规定须经商检机构检验的进出口商品的检验。

依照有关法律、行政法规的规定，进出口药品的卫生质量检验、计量器具的量值检定、锅炉压力容器的安全监督检验、船舶（包括海上平台、主要船用设备及材料）和集装箱的规范检验、飞机（包括飞机发动机、机载设备）的适航检验以及核承压设备的安全检验等项目，由其他检验机构实施检验。

商检机构对法定检验以外的进出口商品，可以抽查检验并实施监督管理。法定检验以外的进出口商品，对外贸易合同约定或者进出口商品的收货人、发货人申请商检机构签发检验证书的，由商检机构实施检验。

当然，对于列入目录的进出口商品，凡符合国家规定的免予检验条件的（如经商检机构检验质量长期稳定的或者经国家商检部门认可的外国有关组织实施质量认证的），由进出口商品的收货人或者发货人申请，经国家商检部门审查批准，可以免予检验。此外，进出口的样品、礼品、非销售展品和其他非贸易性物品，可以免予检验，但是国家另有规定或者对外贸易合同另有约定的除外。

（三）商检的标准

商检机构对进出口商品实施检验的内容，包括商品的质量、规格、数量、重量、包装以及是否符合安全、卫生要求。商检机构按照下列标准对进出口商品实施检验：

（1）法律、行政法规规定有强制性标准或者其他必须执行的检验标准的，按照法律、行政法规规定的检验标准检验。

（2）法律、行政法规未规定有强制性标准或者其他必须执行的检验标准的，按照对外贸易合同中约定的检验标准检验；凭样成交的，还应当按照样品检验。

（3）法律、行政法规规定的强制性标准或者其他必须执行的检验标准，低于对外贸易合同约定的检验标准的，按照对外贸易合同约定的检验标准检验；凭样成交的，还应当按照样品检验。

（4）法律、行政法规未规定有强制性标准或者其他必须执行的检验标准，对外贸易合同又未约定检验标准或者约定检验标准不明确的，按照生产国标准、有关国际标准或者国家商检部门指定的标准检验。

国家商检部门根据对外贸易和检验工作的实际需要，可以制定进出口商品检验方法行业标准。

五、商品检验法律制度的规制对象

商品检验法律制度的规制对象是商检。要准确理解商品检验法律制度，应当首先理解其规制对象——商检的基本情况。

（一）商检的项目

商检是对进出口商品的相关内容进行检验。其具体检验的项目主要有以下几项：

1. 质量检验。质量检验或称品质检验，是对进出口商品的质量是否符合标准与合同规定的判定。它包括外观质量检查和内在质量检验：①外观质量检查包括检查进出口商品的外观形态、尺寸规格、样式、花色、造型、表面缺陷、表面加工装饰水平，以及通过视觉、嗅觉、味觉等进行的检查；②内在质量检验主要是成分检验和性能检验，其中成分检验是对商品有效成分的种类及含量、杂质与有害成分的种类及含量的判定；性能检验包括物理性能、化学性能、机械性能、使用性能、安全性能、卫生性能、环保性能等的检验。

2. 数量或重量检验。数量或重量检验属于计量工作，需要确定计量单位，其中重量检验还要确定计量方法及计量器具。

（1）数量检验的计量单位：机电仪器类产品、零部件、日用轻工品等常用个数计量，计量单位为个、只、件、套、打、台等；纺织品、布匹、绳索等用长度计量，计量单位为米、英尺等；玻璃、胶合板、地毯、镀锌（锡）钢板等多用面积计量，计量单位为平方米、平方英尺等；木材一般用体积计量，计量单位为立方米、立方英尺等；液体、气体产品常用容积计量，计量单位为升、加仑等。

（2）重量检验的计量单位：重量有毛重（Gross Weight，指商品本身重量加上包装重量）、净重（Net Weight，指商品本身重量）之分，大部分商品按照净重计价。但对于包装相对于货物本身来说重量很轻或者包装本身不便计量等情况，往往以毛作净（Gross for Net），即以商品的毛重作为净重。对于棉、毛、丝等纺织纤维，由于其含水率变化影响重量，一般用公量重（Conditioned Weight）为计价重量。公量重是指商品的干态重加上标准含水率（公定含水率）时的水分的重量。各种重量一般使用公吨（Metric Ton）、公斤（kg）为单位，但也有为照顾进口国需要而使用英制长吨（Long Ton）、美制短吨（Short Ton）、磅、盎司等作为单位的。

（3）重量检验的计量方法：可以采用衡量计重、水尺计重、容量计重、流量计重等方法，其中衡量计重是使用最多的计重方法，需用天平、台秤、汽车衡、轨道衡、料斗秤等衡器。

3．包装检验。包装检验是根据外贸合同、标准和其他有关规定，对进出口商品的外包装和内包装以及包装标志进行检验。包装检验首先应核对外包装上的商品包装标志（标记、号码等）是否与进出口贸易合同相符。

对进口商品主要检验外包装是否完好无损，包装材料、包装方式和衬垫物等是否符合合同规定要求。对外包装破损的商品，要另外进行验残，查明货损责任方以及货损程度。对发生残损的商品要检查其是否由于包装不良而引起。对出口商品的包装检验，除包装材料和包装方法必须符合外贸合同、标准规定外，还应检验商品内外包装是否牢固、完整、干燥、清洁，是否适于长途运输和保护商品质量、数量的习惯要求。

对装运危险货物的包装容器，要进行特别的包装性能检验，如跌落试验、堆码试验、气密试验、液压试验等。商检机构对进出口商品的包装检验，一般进行抽样检验或在当场检验，或在进行衡器计重的同时结合进行。

4．出口商品装运技术检验。其是指对出口商品的装载条件、装载技术、适载性等内容进行的检验，包括船舱检验、进出口集装箱鉴定、监视装载、积载鉴定等。

（1）船舱检验。船舱检验包括干货舱检验、油舱检验、冷藏舱检验，主要检验各类船舱的清洁、干燥、无异味、无虫害、卫生、安全等情况。

（2）进出口集装箱鉴定。它包括集装箱的装箱鉴定、拆箱鉴定、承租鉴定、退租鉴定，以及集装箱的清洁、温度、风雨密固性等单项鉴定。其中，装箱鉴定是根据拟装货物的特性，鉴定集装箱的结构、卫生、冷冻等条件，制定装箱计划和防护措施，指导和监视装货，鉴定所装货物的数量、包装、标志并对集装箱签封，出具鉴定证书；拆箱鉴定是对进口集装箱货物，查核集装箱号码、封识号及外观状态，检查卸货前货物在箱内状态，监视卸货，鉴定所卸货物的数量、包装、标志，确定货损、货差，出具鉴定证书。

(3) 监视装载。其是对出口商品装货进行的监视鉴定。在船舱检验、进出口集装箱鉴定的基础上，审核承运人的配载计划是否符合货运安全的需要，监督承运人按照商品的装载技术要求进行装载，并出具监视装载证书。

(4) 积载鉴定。其是对出口商品装载情况进行的鉴定。主要是审核承运人的配载计划是否合理，是否具有安全性、稳固性，能否防止货物互相抵性、串味等，并检查装船技术措施是否符合保护货物的质量、数量、完整和安全的要求，比如是否有良好的加固、隔离、衬垫、通风措施等，并据实出具鉴定证明。

5. 货载衡量鉴定。其是对贸易成交即将运输的商品进行体积和重量的测量并予以鉴定。根据鉴定结果，可以计算运输中的运费和保证运输船舶的合理配载。

6. 进出口商品残损鉴定。其是对进出口过程中由于货物的质量、运输环节、人为因素、意外灾害等原因产生的货物变质、短少、破损等残损情况进行的鉴定。发生残损的原因主要有渍损、残破、霉烂、变质、变形、短缺、锈损、火损、串味、虫蛀、鼠咬等。在残损鉴定中，首先要查明致损原因，判别责任归属（是原残、短装、船残、工残，还是海损）。其次要确定商品的受损程度，包括数量、重量的短少变化、品质变异、降等、降级等情况。再次，对残损商品进行估损和确定贬值。最后，出具残损鉴定证书，供申请人向责任方或保险公司办理索赔。残损鉴定还包括舱口检视、载损鉴定、监视卸载、海损鉴定等。

其中，致损原因主要包括以下几项：

(1) 原残是指进口商品在商品付运前已经存在问题的残损，应由发货人承担责任。原残包括：①货物在生产、加工制造、装配、包装过程中已发生的残损或缺陷；②货物装运前在储运过程中形成的残损；③货物由于包装条件不符合合同约定，或不适合海洋运输条件而造成的残损。

(2) 短装是指货物在启运前原装短少，即发货时错装或少装所致，下列情况均可判断为短装：①包装外表完好，内部装置完好，其短缺货物的数量和体积不可能装入原件包装的；②外包装虽有某些破损，但内部装置完整，又无空隙可以装置短缺的货物；③桶装商品，其桶内衬袋完好无损，或无衬袋，但查无渗漏痕迹而到货重量不足。

(3) 船残是指进口货物在装船至卸货前的过程中在船上发生的残损，应由承运人承担责任。船残一般由于下述原因致使货物受损：①船舱条件不适宜载货，如船体陈旧，年久失修，船舱不密，水舱漏水，水管锈蚀、裂缝、断裂、脱焊，货舱不清洁、不干燥或有异味、虫害等；②船舱设备不良，如缺乏通风设备，造成货物污水渍损，覆盖用帆布数量不足或有破洞等；③配载不当，如没有根据不同商品的特点进行配载，使有些商品相互串味等；④积载不良，如没有采取合理的加固、绑扎、隔离、隔层、铺垫、通风、衬垫等有关的保护措施；⑤冒雨、冒雪装卸货物；⑥船员在航程中没有注意管好货载，以及发现有问题时未及时采取补救措施等。凡是清洁提单，大副收据没有批注，发货人并未提供保函的进口货物，而卸货港理货单上却有船方签认的货损，一般都属于船残。

（4）工残是指进口货物由于装卸工而引起的残损，应由港务或铁路等装卸部门承担责任。工残发生的原因包括违章操作、机械失灵、粗暴搬动、装卸不慎、使用工具不当等。例如，搬运工人单纯追求卸货速度或贪图省力，而将货物乱摔乱放，应该用网兜吊货却用绳吊造成货残；绞车失灵，货物下坠碰破，钢丝绳起吊断裂使货物遭损；装卸搬运不慎，货物落地撞破，包件货用手钩造成钩洞残破使货物漏失等。此外，在卸货码头、车站、仓库、场地，由于装卸、搬运、堆放或保管不善，致使货物遭受雨淋、水湿、损坏的，也属于港务或铁路等装卸部门的责任。

7. 外商投资财产鉴定。其是指对国外（包括港、澳、台地区）的公司、企业、其他经济组织或个人在中国境内开办的外商投资企业及在各种经济贸易活动中投入中国的财产所进行的鉴定。鉴定的内容包括价值鉴定、损失鉴定以及品种、质量、数量鉴定。

（二）商检的地点

商检的检验时间和地点由买卖双方约定（强制性检定除外），主要有以下五种类型：

1. 在出口国产地检验。发货前，由卖方检验人员会同买方检验人员对货物进行检验，卖方只对商品离开产地前的品质负责。离开产地后运输途中的风险，由买方负责。

2. 在出口国装运港（地）检验。货物在装运前或装运时由双方约定的商检机构检验，并出具检验证明，作为确认交货品质和数量的依据，这种规定被称为以“离岸品质和离岸数量”为准。

3. 在进口国目的港（地）检验。货物在目的港（地）卸货后，由双方约定的商检机构检验，并出具检验证明，作为确认交货品质和数量的依据，这种规定被称为以“到岸品质和到岸数量”为准。

4. 在进口国买方营业处所或用户所在地检验。对于那些密封包装、精密复杂的商品，不宜在使用前拆包检验，或需要安装调试后才能检验的产品，可将检验推迟至货物到达用户所在地时进行，由双方认可的检验机构检验并出具证明。

5. 出口国检验、进口国复检。按照这种做法，装运前的检验证书作为卖方收取货款的出口单据之一，但货到目的地后，买方有复验权。如经双方认可的商检机构复验后，发现货物不符合合同规定，而且是属于卖方责任，那么买方可在规定时间内向卖方提出异议和索赔，直至拒收货物。

上述各种做法各有特点，应视具体的商品交易性质而定。但对大多数一般商品交易来说，“出口国检验、进口国复检”的做法最为方便而且合理，因为这种做法一方面肯定了卖方的检验证书是有效的交接货物和结算凭证，同时又确认买方在收到货物后有复验权，符合各国法律和国际公约的规定。因此，我国在对外贸易中大多采用这一做法。

（三）商检证书

商检证书是商检机构在完成商检工作后为进出口商品出具的各种证书、证明。商检证书主要有以下几种：

1. 品质检验证书。它是出口商品交货结汇和进口商品结算索赔的有效凭证，其中法定检验商品的品质检验证书还是进出口商品报关、输出输入的合法凭证。商检机构签发的放行单和在报关单上加盖的放行章与品质检验证书有同等通关效力；签发的检验情况通知单视为具有品质检验证书性质。

2. 重量或数量检验证书。它是出口商品交货结汇、签发提单和进口商品结算索赔的有效凭证，其中出口商品的重量证书也是国外报关征税和计算运费、装卸费用的证件。

3. 兽医检验证书。它是证明出口动物产品或食品经过检疫合格的证件，其适用于冻畜肉、冻禽、禽畜罐头、冻兔、皮张、毛类、绒类、猪鬃、肠衣等出口商品，是它们对外交货、银行结汇和进口国通关输入的重要证件。

4. 卫生（健康）证书。它是证明可供人类食用的出口动物产品、食品等经过卫生检验或检疫合格的证件，其适用于肠衣、罐头、冻鱼、冻虾、食品、蛋品、乳制品、蜂蜜等，是它们对外交货、银行结汇和通关验放的有效证件。

5. 消毒检验证书。它是证明出口动物产品经过消毒处理，保证安全卫生的证件，其适用于猪鬃、马尾、皮张、山羊毛、羽毛、人发等商品，是它们对外交货、银行结汇和国外通关验放的有效凭证。

6. 熏蒸证书。它是用于证明出口粮谷、油籽、豆类、皮张等商品以及包装用木材与植物性填充物等已经过熏蒸灭虫的证书。

7. 残损检验证书。它是证明进口商品残损情况的证件，其适用于进口商品发生残、短、渍、毁等情况，并可作为受货人向发货人或承运人或保险人等有关责任方索赔的有效证件。

8. 积载鉴定证书。它是证明船方和集装箱装货部门正确配载积载货物，作为证明履行运输契约义务的证件，可供货物交接或发生货损时处理争议之用。

9. 财产价值鉴定证书。它是作为对外贸易关系人和司法、仲裁、验资等有关部门索赔、理赔、评估或裁判的重要依据。

10. 船舱检验证书。它能够证明承运出口商品的船舱清洁、密固、冷藏效能及其他技术条件是否符合保护承载商品的质量和数量完整与安全的要求，其可作为承运人履行租船契约适载义务，对外贸易关系方进行货物交接和处理货损事故的依据。

11. 生丝品级及公量检验证书。它是出口生丝的专用证书，其作用相当于品质检验证书和重量/数量检验证书。

12. 产地证明书。它是出口商品在进口国通关输入和享受减免关税优惠待遇和证明商品产地的凭证。

13. 舱口检视证书、监视装（卸）载证书、舱口封识证书、油温空距证书、集装箱监装（拆）证书。它们作为证明承运人履行契约义务，明确责任界限，便于处理货损货差责任事故的证明。

14. 价值证明书。它作为进口国管理外汇和征收关税的凭证。在发票上签盖商检机构的价值证明章与价值证明书具有同等效力。

15. 货载衡量检验证书。它是证明进出口商品的重量、体积、吨位的证件。其可作为计算运费和制定配载计划的依据。

16. 集装箱租箱交货检验证书、租船交船剩水（油）重量鉴定证书。它们可作为契约双方明确履约责任和处理费用清算的凭证。

综合以上商检证书的主要种类，商检证书一般具有以下作用：①报关验放的必要凭证；②买卖双方结算货款的依据；③计算运输、仓储等费用的依据；④办理索赔的依据；⑤计算关税的依据；⑥证明情况、明确责任的有效凭证；⑦仲裁、诉讼的重要证据。

（四）商检的形式

对进出口商品实施检验，可以根据商检机构自身特点以及社会的检验条件，并参照国际惯例，采取不同的检验形式，主要形式有自行检验、共同检验、委托检验、认可检验等。

1. 自行检验是指商检机构在接到进出口商品申请人的申请后，自行派出技术人员进行抽样并完成全部项目的检验。自行检验的全过程是由商检机构靠自身的技术力量[1]（包括在局部地区或在全局范围内）严格按照进出口商品检验规程进行的。它是商检机构在进出口商品检验中采取的最主要形式。

2. 共同检验是指商检机构以自身的检验力量为主体，派出检验技术人员与有关部门共同合作完成对进出口商品的检验。

3. 委托检验是指商检机构就某一商品或某个项目委托具备检验条件[2]的单位进行检验，又称“转承包检验”。

4. 认可检验是商检机构对具备认可检验条件[3]的出口生产企业或进口收用货单位出具的进出口商品检验结果进行认可的检验形式。

共同检验、委托检验、认可检验都是商检机构组织社会力量对进出口商品进行检验的形式，是商检重要的补充形式，但商检机构必须加强对这些检验形式的监督和管理。

（五）商检的方法

对进出口商品进行检验、鉴定的方法可以概括为感官检验方法、物理检验方法、化学检验方法、生物检验方法，以及把上述方法原理仪器化的仪器分析方法等。检验前要做好抽样与制样工作，检验后要做好检验数据处理和备查样品保留工作。

1. 感官检验方法是凭借检验人员的感觉器官（眼、耳、鼻、舌、手）的视觉、听觉、嗅觉、味觉、触觉等感觉来检验、鉴定商品的现状或某种特性的方法。

2. 物理检验方法是指在进出口商品检验中，使用各种工具、设备仪器，对检验对象的物理结构、物理性能和物理量进行检测的方法。

3. 化学检验方法也叫化学分析方法，它主要是通过化学反应的结果来分析试样是否含有某种成分及其含量，从而确定商品的等级、品位、优劣和真伪。

---

[1] 自行检验并不排除在某些商品或某个项目的检验中，需要申请人或有关单位提供一些辅助劳力或工具。有时商检机构对某一个项目的检验，可以在抽样之后利用厂矿企业、生产部门以及科教部门、专门检测机构的仪器设备自己进行检验，这种做法也属于自行检验的范围。

[2] 承担委托检验任务的单位必须具备以下基本条件：①具有本专业检验所必需的检验仪器设备和检验技术人员；②检验室应有严密的组织机构和严格的管理制度；③在接受委托检验任务的全过程中，能自觉地按照商检机构的规定和要求，按时完成任务，并接受商检机构的检查和监督；④检验人员能按照商检机构的规定，认真检验，结果准确，记录完整，经得起检查，不徇私枉法；⑤检验室和检验人员经商检机构考核合格并认可方可上岗。

[3] 被认可的检验单位应具备以下基本条件：①质量意识强，能严格按照合同、标准进行生产或严格按照合同、标准进行验收；②建立了健全有效的质量管理体系；③检验室和检验人员经过商检机构考核合格，其检验结果与商检机构的检验结果相比，符合规定要求；④领导重视，检验室机构、制度健全，检验技术人员作风正派、坚持原则。

4. 生物检验方法是指主要针对卫生条件进行检验的方法，包含微生物学检验方法和生理学检验方法。

5. 仪器分析方法是指使用仪器设备对某一试样进行定性分析、定量分析、结构分析等分析测试的方法。

■　第二节　进口商品检验

进口商品检验对进口商品具有把关作用，要运用及时报检、科学高效的检验手段，加强进口检验环节的监督管理，切实发挥进口检验的把关作用。由于进口商品的种类、贸易合同、运输方式以及有关情况的不同，商检机构可根据有关的规定和检验的条件，采取卸货口岸检验、收用货地检验、装运前检验等三种方式。

一、卸货口岸检验

卸货口岸检验是进口商品的主要检验方式。按照国际惯例，检验的地点除合同另有规定以外，一般都是在目的港或货物到达地点。有些商品如果不在口岸检验而易地检验，则会产生残损或引起品质的变化，这时的检验就难以正确地反映到货的状态，尤其是当进口商品及其包装遭到破坏或在运输中产生水湿、霉烂等各种残损时，要在到货口岸进行检验鉴定，查清残损情况和致损原因。

不同类型的商品，其在卸货口岸检验的项目也不同。

（一）包装商品

对于包装商品，主要检查以下三方面内容：

1. 检查商品的唛头（标记）。进口商品的运输包装上刷有唛头（标记）、批号、合同号等。这些唛头（标记）是由一些字母、数字、简单的文字以及简单的图案组成。它有两项作用：①在各种交接过程中，用来辨认该批货物是否属于某个合同或运输单位的货物；②提醒运输、装卸、储存保管人员在作业过程中要按照规定采取正确的搬运和防护措施。在检查的时候，要看包装上是否具有必需的正确的唛头（标记）、批号、合同号等，同时还要检查商品在运输、装卸、储存、堆叠过程中是否按照这些标记规定或指示所提醒的要求作业。

2. 检查商品的包装。包装的一个主要的作用就是保护商品、使之适于远洋运输和正常的装卸、储存的需要。与商品相比，包装更直接地接触装卸、运输工具和各种环境条件。经过长途运输和多次装卸，包装有可能被损坏、起变化乃至影响里面盛装的商品的品质、安全、卫生和数量、重量。因此，在现场检查时要认真检查包装的外表有无油污、水浸、破损、修补及其程度、发生的部位、周围的环境。

对于包装已有破损的商品，不要急于拆除包装检查内装的货物，而首先要认真查清情况（包括包装材料、方式、衬垫、封口、捆扎、防潮、防锈等情况以及包装破损的程度、部位、周围环境、原因等），做好详细记录或拍下全局或局部照片。包装物料或已破损的包装需保留供责任方确认的，应提请有关部门妥善保管。没有充分的证据不能随便作出“包装不良”、“包装不适于远洋运输”的结论。

3. 检查商品。对能在到货现场检查的商品，商检人员在检查包装后，应打开包装进行检查并依检查的顺序做好详细记录。打开包装后，应首先检查里面的内包装情况（如衬垫、防震、防霉、防锈、加固措施和密封情况等）。其次，检查商品的数量并检查其是否已发生了残损，如果发现有残损，就要仔细检查残损商品的部位、位置与运输包装的破损情况是否吻合，确定残损的程度和数量。最后，对需要抽样进行检验的商品，应在包装完好、无发生各种残损或异常的商品中按规定的标准抽取代表性样本，供检验室检验，同时要做好抽样情况记录。

（二）散装商品

对于海运进口的散装商品，到货后，商检机构应及时派人登轮察看，尤其是在申请人已经说明船上所装货物可能或已发生残损等的情况下，商检机构的登轮检验鉴定人员更要仔细检查货物的残损情况，船体相应部位的完好情况，船只在运输途中的装卸、积载情况，查阅航海日志，否则，货物一经开卸，就难以见到现场，不易判断货物的致损原因。

在口岸到货第一现场的鉴定中，除了要自始至终做好详细记录外，必要时还应做好现场和货物、包装现状的拍照、录像，以备作为商检的举证材料。在检查完到货的残损、外观后，应根据需要抽取完好货物或残损货物的代表性样本做检验。

（三）机械设备

进口的机械设备大多需要在安装调试或试产的过程中进行检验，除在卸货时发现残损外，一般应在其使用、安装的地点开箱检验。

运输件的包装破损严重，不换包装就不能运往使用、安装地点的，应在口岸卸货现场（必须有良好的防护措施）或码头仓库开箱检验。开箱和检验的情况应做好记录，必要时要拍照。检验和清点要详细、具体、实事求是。

对必须在安装调试中进行检验的机械设备，商检人员应做好检验计划，哪些是需要单机试车检验，哪些是需要联动试车检验的，事先要做好安排。如果进口时附有国外的检验资料或国内已有出国检验的资料，则要仔细研究、进行比较。商检机构受理检验出证的时间不能超过索赔期，如索赔期过于紧迫，则要提醒买方争取延长。无论如何，商检机构检验出证的时间不能超过质量保证期。一般的质量保证期为1年，在质量保证期内，如果发现设备和材料有缺陷，未达到合同、技术协议上的规定，经商检机构检验后签发检验证书。

在对进口的机械设备进行检验时，要特别注意那些在合同和技术协议书、说明书上规定的不能拆开检验的地方以及卖方封样的技术专利、高压、高真空、高精密的特殊密封的设备、部件、容器。对于那些在特殊条件下（如高温、高压、恒温）装配或过盘配合的部件，拆开后不能恢复原来的状态、原有的精密度；一经拆开会造成破坏的部件或设备，一般也不要拆开检查。如确需拆开，要取得使用单位和卖方的同意，制定周密的拆开检查方案。因此，对于这一类的设备、部件，一般通过试用、试产去检查它们的功效，成套设备一般采用驻厂检验的方式。

二、收用货地检验

收用货地检验是指进口商品由到货口岸转运到收用货地后再由收用货地商检机构进行检验的方式。进口商品属于法定检验范围的，收货人向口岸商检机构办理登记手续后，再向收用货地商检机构办理正式报验，检验出证。法定检验范围以外的进口商品，凭收货人或对外贸易关系人的申请办理。

口岸商检机构发现具有下列情况的进口商品，应及时通报收用货地商检机构，进行收用货地检验：①根据合同或国际贸易惯例应在收用货地验收、检验的商品；②必须在用货地安装调试或在试产中才能进行全面检查的机械设备；③必须在生产线上联动使用才能检验其性能的机械设备；④在口岸拆开包装检查后很难恢复原状或难以重新包装的商品；⑤收用货单位在内地并且在国内转运途中又不易变质、变量，包装又完好无损的商品。

三、装运前检验

对关系国计民生、价值较高、技术复杂的重要进口商品和大型成套设备，收货人应当在对外贸易合同中约定在出口国装运前进行预检验、监造或者监装，以及保留到货后最终检验和索赔权的条款，并按照合同约定进行装运前预检验、监造或者监装。商检机构根据需要可以派出检验人员参加或者组织实施检验。装运前检验是国际贸易中的通常做法，它不代替买方对商品进口后的最终检验和验收。

出国检验前，商检人员应要求有关方面提供合同、有关标准、检测技术指标、数据和检测方法等有关文件、资料，按拟定的“装运前检验方案”实施检验。在检验中发现确有需要磋商的技术问题时，可建议召开有关各方的技术联络会议。商检机构派出的出国检验人员在国外一般不签署检验结论等文件。商检机构的出国检验人员必须遵守外事纪律、出国守则等规定，要遵守所在国的法律和尊重当地的风俗习惯，要服从出国团组的安排，由团组长统一对外。商检机构派出的出国检验、监造、监装人员在回国后，原则上必须参加进口到货后的检验工作。

■ 第三节 出口商品检验

出口商品检验工作主要是在国内装运前进行，一般以不耽误出口装运和结汇为前提。出口检验是指商检机构接到申请人的报验[1]后，依据商品的有关检验技术依据和贸易合同、信用证的规定，对准备装运出口的商品进行的检验。

一、出口商品检验的一般要求

出口商品检验一般是在商品已经生产、加工完毕，已签订出口销售合同（凭信用证支付货款的商品已经收到信用证），明确了检验依据和装运条件之后，在向海关报关和装运之前，由出口经营商向商检机构报验后进行的。出口商品检验的前提条件包括：

（1）商品已全部生产、加工完毕。出口检验的商品必须是由出口经营单位提交给商检机构进行检验的一个完整的批次，而不是其中的一部分。

（2）全批商品应按出口要求包装好并刷上唛头（标记）和批号。中性包装商品，也应按规定分清批次；危险品必须按照联合国海事组织IMO发布的《国际海上危险货物运输规则》的规定在包装上铸印有关标记。裸装商品，尽可能系上标记。

（3）出口危险品以及法律、行政法规规定必须经商检机构检验的出口商品，其运输包装必须经商检机构性能检验合格，并持有包装性能检验合格证单。

（4）全部产品已经厂检合格后提供给出口经营单位并由其验收合格。

（5）该商品已签订了出口销售合同，若属凭信用证支付货款的，出口经营单位应已收到信用证，明确了检验依据和装运条件。

（6）商品堆放整齐，批次清楚，具备抽样检查的条件。

出口商品检验中应当采用风险分析方法[2]正确评估商品安全质量可能存在的危险，以便采取科学、可靠的检验检疫技术手段，确定适用、合理的检验检疫方式，提高检验检疫工作质量。出口商品的风险分析，通常包括风险评估、风险管理和风险通报与交流三个部分[3]。出口商品检验尤其要注意进口国对该

---

〔1〕 报验又称报检，均指申报检验。

〔2〕 风险分析方法是针对可能发生的危害（险）事项或事故的特征进行分析和评估，并采取相应的风险管理措施，以控制、避免或降低风险的一种方法。

〔3〕 杨雪瑛："风险分析在出口商品检验中的应用"，载《世界标准化与质量管理》2003年第4期。

商品的规定和要求。出口商品的检验（包括检验后的制发证书和放行工作）不能耽误商品出口的装运期和结汇期，尤其是登轮鉴定（如水尺计重、容量计重、货额衡量、船舱检验、监视装载、积载鉴定）以及集装箱的检验，有关部门或出口经营单位要凭这些鉴定证书配载、装货、计费、交接和结汇，因此在接受申请人的报验后，检验鉴定人员应当从速登轮鉴定，检验合格后，检验部门须当即签发商检证书。

二、出口商品的特殊检验方式

（一）出口预检

在出口商品检验工作中经常遇到这样的情况，即商品已经生产、加工完毕，对外已经签订了出口销售合同，但尚未收到信用证，还不能确定商品的装运条件和不能进行包装、刷印唛头（Mark）；或者有的商品已有了出口意向，但还未正式签订出口销售合同。为了配合出口经营单位做好备货和出口装运的准备，确保在出口装运期满之前完成检验发证工作，商检机构可采取“出口预检”的方式。

预检一般应在厂检合格和出口经营单位验收合格的基础上进行。商检机构受理出口预检申请后，如果合同已订明品质、规格条款的，按合同的规定进行检验；如果合同没有订明的，则按照申请人提出的规格标准进行检验；涉及强制性检验内容的，按有关标准进行检验。

预检结束后，商检机构签发预检证单，其中有出口商品检验换证凭单和预检结果单两种。出口商品检验换证凭单供出口经营单位在商品出口时向出口装运口岸的商检机构换发检验证书之用；预检结果单供出口商向原商检机构换证用，如果需转运至其他口岸出口时，可再申领换发出口商品检验换证凭单。

经预检的商品，出口经营单位在收到国外开来的信用证后，持出口商品检验换证凭单到商检机构正式办理出口报验手续，商检机构应查核信用证规定的品质、规格、数量、安全、卫生、包装条款与商品的实际情况是否相符（其中包括生产批号、标记、号码情况）。如在有效期内的商品，在外观上未发现残破、霉变等异样情况，可根据合同、信用证要求的项目，按照检验换证凭单换发出口证书或放行出口。超过预检合格有效期者应重新报验检验。对于那些在预检时未曾检验过而后来在合同、信用证要求检验的项目，在出口换证时必须按照有关规定申请补验。

（二）驻厂检验

商检机构在进行出口检验时，对某些出口商品，如出口批量大、批数多，或生产、加工工艺过程比较复杂、环节多、要求严、影响品质因素较多的商品，除了采取前面的检验方式以外，还可采取派出检验技术人员驻在生产、加工单位进行检验的方式。

驻厂检验既能配合生产单位边生产边检验，又能全面地了解和掌握商品生产的全过程，可以从原材料、半成品、成品到包装以及环境卫生、仓储条件等进行比较全面的检验和监督管理。它有利于及时发现和清除造成不合格的因素，尽可能地将它消灭在生产过程的萌芽状态，避免最后的成品因不合格而造成浪费或影响出口。

（三）产地检验

产地检验是指商检机构派人到产地进行检验的方法。这种方法主要适用于实施出口质量许可证和食品卫生注册的商品以及对安全、卫生要求严的商品，批量大、生产加工季节性很强的商品，生产加工点分散、资源复杂的商品，包装完毕后难以拆开检验或拆开后难以重新包装、恢复原状的商品。上述商品如果运到口岸或出口装运点后再进行抽样检验，不仅难度大，而且有的还不符合规定。

产地检验有两类：①商品按出口要求生产、加工、包装完毕，产地检验合格后就可出口，其检验签证程序与出口检验的程序相同；②在产地进行检验，检验合格后运往口岸或出口装运点等待出口，在收到信用证、具备出口装运条件后，再申请查验换证或放行出口，这类产地检验实质上是出口预检，其检验签证程序与出口预检的程序相同。

（四）口岸查验

口岸查验是对预检商品经过长途运输到达口岸或出口装运点时进行的核查和检验。由于仓储运输方面的原因以及气候环境条件的影响，即使在产地经过检验合格的商品，运至口岸也可能受到污染，品质发生变化，批次混乱或残损。因此，口岸查验是防止不合格品出口的最后一道关。

准备出口的商品经过产地商检机构检验合格之后发运到口岸、出口装运点，口岸商检机构一般不抽样检验，凭产地商检机构发给的“检验换证凭单”进行查验，核对检验项目是否符合出口合同、信用证的规定及包装有无破损。如无问题，则换发证书或放行出口。产地商检机构已检验合格并发了“检验换证凭单”但又未能随货同行的商品，如果有证据说明是急需装运出口的，口岸商检机构可根据产地商检机构函电确认的结果，受理口岸查验的申请。

口岸查验的一般内容包括：①查验商品的运输包装是否适于长途、远洋运输，是否经得起正常的装卸，包装的外表有无破损、污染、水渍、压扁；②查核货物名称、批号、标记、件数与“检验换证凭单”是否相符；③查核原检验结果是否符合合同、信用证、标准的规定，是否有漏验的项目；④对于运输包装破损致使商品有变异者，产地商检机构预先通知口岸商检机构要求查验品质者，易腐易变质、品质不稳定、易受环境条件影响者以及国家商检部门规定查验品质者，必须依照有关规定和要求逐批查验品质。

三、出口商品检验监管模式

为实现科学、有效监管，提高检验工作质量及效率的目的，应当根据商品的不同属性与特性采取相应的检验监管模式。[1]

1. 以贸易方式为主要依据确定检验监管模式。对于正常贸易及需要出具检验证书的产品一般采取批批检验模式。来料加工企业的出口产品，相对风险偏低，可采取“过程检验＋型式试验”的模式，批次管理可以用海关备案之合同批[2]方式。对于其中的相对风险较高的产品，则可采取以生产批[3]为单位的批次管理，采用“过程检验＋型式试验”的模式。

2. 根据商品本身的特性确定检验模式。对于不同的商品应采取不同的检验模式，换句话说，即检验模式应因商品而异。一般对一种商品的检验监管应结合实际，由几种适应的检验监管方式同时并存并有机地结合。

例如，对于小家电产品的出口检验，国家质检总局统一规定采取“型式试验＋抽批检验＋企业质量体系审核＋发证后跟踪监督”的方式。通过建立相应的企业档案，详细掌握企业及产品情况、产品型式试验、企业获取国内外认证、下厂抽批检验质量等情况，实施检验监管，有效地减轻了工作压力。灯具产品也可以借鉴小家电产品的做法，采用上述的检验模式。又如机械设备产品，由于该产品成型后，有时检验比较困难，所以适宜采取过程检验的检验模式，在产品的产前、产中、产后对产品的原辅材料、技术管理、生产工序中的主要部件、关键工序、关键部件进行监督检验，产品成型后再进一步进行安全、性能检验。有条件的应进行整机检验，这样对产品的质量更有保障。

3. 根据企业的诚信度及企业的质量管理情况确定检验模式。检验模式应实行动态管理，在对企业全方位考核之后进行分类管理并随时调整。对企业分类管理的核心是企业的产品，因此对已分类企业的不同时期不同规格或型号的产品，应该在具体分析的基础上，参考其产品特性及不同贸易性质再进行细分。如果发现企业产品质量不稳定、企业质量管理发生变化、违反检验有关规定或遭受国外的重大索赔和退货的出口产品，要及时调整检验模式。

---

〔1〕 詹少彤、郭毓强：“谈加工贸易出口商品检验监管模式”，载《检验检疫科学》2002年第6期。

〔2〕 合同批是指以出口加工贸易企业海关备案的合同为单位依据而确定的产品批。

〔3〕 生产批是指以企业同一产品的单位生产周期为依据而确定的批次。

■ 第四节 进出口商品的鉴定

一、进出口商品鉴定的概念

商检机构和国家商检部门、商检机构指定的检验机构以及经国家商检部门批准的其他检验机构，可以接受对外贸易关系人的申请、外国检验机构的委托、仲裁司法机构的指定，办理规定范围内的进出口商品鉴定业务，签发鉴定证书。其他检验机构未经批准不得办理进出口商品鉴定业务。对外贸易关系人委托商检机构办理鉴定业务，应当提供合同、信用证以及有关的其他证单。

进出口商品鉴定与进出口商品检验有密切联系，但是也有一些区别。首先，进出口商品鉴定一般在是在进出口商品检验的基础上提供的鉴定意见。其次，进出口商品鉴定都是由申请人申请才启动，而进出口商品检验有相当部分是强制进行的。

二、进出口商品鉴定的意义

进出口商品鉴定通过检验、鉴定事实状态，出具居间证明和各种鉴定证书，供有关方面作为办理进出口商品交接、结算、计费、通关、计税、索赔、仲裁等的有效凭证，处理有关贸易、运输、保险方面的各种问题，便利对外贸易的顺利进行，维护对外贸易有关各方的合法权益和国家信誉，促进生产和对外贸易的发展。

进出口商品鉴定也是进出口商品检验的必要延伸和有益补充，是发挥商检服务功能的有效途径。

三、进出口商品鉴定的业务范围

进出口商品鉴定业务原来称对外贸易公证鉴定业务，它的范围和内容十分广泛，凡是以第三者的地位、公正科学的态度，运用各种技术手段和工作经验，检验、鉴定各种进出口商品的品质、规格、包装、数量、重量、残损等实际情况与使用价值，以及运载工具、装运技术、装运条件等事实状态，是否符合合同（契约）标准和国际条约的规定、国际惯例的要求，通过独立的检验、鉴定和分析判断，作出正确的、公正的检验、鉴定结果和结论，或提供有关的数据，签发检验、鉴定证书或其他有关的证明，都属于进出口商品鉴定业务范围。

具体来说，进出口商品鉴定业务包括：①进出口商品的质量、数量、重量、包装鉴定和货载衡量；②进出口商品的监视装载和监视卸载；③进出口商品的积载鉴定、残损鉴定、载损鉴定和海损鉴定；④装载进出口商品的船舶、车辆、飞机、集装箱等运载工具的适载鉴定；⑤装载进出口商品的船舶封舱、舱口检视、空距测量；⑥集装箱及集装箱货物鉴定；⑦与进出口商品有关的外商投资财产的价值、品种、质量、数量和损失鉴定；⑧抽取并签封各类样品；⑨签发价值证书及其他鉴定证书；⑩其他进出口商品鉴定业务。此外，商检机构还可以接受对外贸易关系人的申请，依照有关法律、行政法规的规定签发普惠制原产地证、一般原产地证。

■　第五节　进出口商品检验的监督管理

一、监督管理机构及人员

国家商检部门、商检机构对进出口商品的收货人、发货人及生产、经营、储运单位以及国家商检部门、商检机构指定或者认可的检验机构和认可的检验人员的检验工作实施监督管理。国家商检部门和商检机构根据检验工作需要，可以认可符合条件的国内外检验机构承担委托的进出口商品检验或者指定的质量许可和认证商品的检测以及企业的评审工作，并且可以认可有关单位的检验人员承担指定的检验、评审任务。国家商检部门和商检机构对其指定或者认可的检验机构的进出口商品检验工作进行监督，可以对其检验的商品抽查检验。被认可的检验机构，经检查不符合规定要求的，国家商检部门或者商检机构可以取消对其认可的资格。

外国在中国境内设立进出口商品检验鉴定机构，须经国家商检部门审核同意，依照有关法律、行政法规的规定履行批准和登记手续，方可在指定的范围内接受委托办理进出口商品检验、鉴定业务，并应当接受国家商检部门和商检机构的监督管理。

二、监督管理制度

国家商检部门根据需要同外国有关机构签订进出口商品质量认证协议。商检机构根据协议或者接受外国有关机构的委托进行进出口商品的质量认证工作。对经认证合格的进出口商品及其生产企业颁发认证证书，准许使用进出口商品质量认证标志。

国家根据需要，对涉及安全、卫生等重要的进出口商品及其生产企业实施进口安全质量许可制度和出口质量许可制度。实施进口安全质量许可制度的进口商品，必须取得国家商检部门的进口安全质量许可，方可进口。实施出口质量许可制度的出口商品，必须取得国家商检部门或者国家商检部门会同国务院有关主管部门的出口质量许可，方可出口。商检机构根据出口商品生产企业的申请或者国外的要求，也可以对出口商品生产企业的质量体系进行评审。

获准使用认证标志或者取得进口安全质量许可、出口质量许可或者经卫生注册登记的进出口商品的生产企业，经检查不符合规定要求的，由商检机构责令其限期改进；逾期仍不符合规定要求的，报经国家商检部门取消其使用认证标志的资格或者撤销其进口安全质量许可、出口质量许可、卫生注册登记。

三、监督管理方法

商检机构根据检验工作的需要，可以向法定检验的出口商品生产企业派出检验人员，参与监督出口商品出厂前的质量检验工作；对生产企业的生产、检测条件、质量保证工作实施监督检查；对出口商品使用的原材料、零部件和成品、包装、标志等进行抽查检验；商检机构根据需要，对检验合格的进出口商品加施商检标志；对检验合格的以及其他需要加施封识的进出口商品加施封识。商检标志和封识的制发由国家商检部门规定。

商检机构或者国家商检部门、商检机构指定或者认可的检验机构，按照有关规定对检验的进出口商品抽取样品。验余的样品，有关单位应当在规定的期限内领回；逾期不领回的，由商检机构处理。商检机构的检验人员到生产企业、建设现场、港口、机场、车站、仓库等地点或者运输工具上依法实施检验、鉴定和监督管理时，有关单位应当提供必要的工作条件及辅助人力、用具等。

中编

质检法调节手段

第八章 工业产品生产许可证法律制度

工业产品生产许可证法律制度是国家实施的一项重要的行政许可法律制度。自1984年以来，国家先后制定了508个产品实施细则，发布了1300多个规范性文件和生产许可证公告，形成了一套较为完整的生产许可技术法规体系，特别是2005年国务院颁布了《中华人民共和国工业产品生产许可证管理条例》（以下简称《许可证条例》），遵循科学公正、公开透明、程序合法、便民高效的原则，对生产许可的申请受理、审查决定、证书标志、监督检查和法律责任等作出了明确规定。随后依据《条例》的规定，我国又修改了《工业产品生产许可证管理条例实施办法》（以下简称《许可证办法》），系统地规范了生产许可管理工作的全过程。可以说，工业产品生产许可工作目前已经建立了由法律法规、部门规章和技术法规组成的层次分明、规范完整的法制体系。

■ 第一节 工业产品生产许可证法律制度概述

一、工业产品生产许可证法律制度的立法背景

工业产品生产许可证制度是为了保证直接关系公共安全、人体健康、生命财产安全的重要工业产品的质量安全，贯彻国家产业政策，促进社会主义市场经济健康、协调发展，国务院工业产品生产许可证主管部门对涉及人体健康的加工食品、危及人身财产安全的产品、关系金融安全和通信质量的产品、保障劳动安全的产品、影响生产安全和公共安全的产品，以及法律法规要求依照《许可证条例》的规定实行生产许可证管理的其他产品的生产企业，进行实地核查和产品检验，确认其具备持续稳定生产合格产品的能力，并颁发生产许可证证书，允许其生产的一种行政许可制度。该制度规定，生产企业必须具备保证产品质量安全的基本条件，并按规定程序取得生产许可证后，方可从事相关产

品的生产活动。任何企业未取得生产许可证的，均不得生产实行生产许可证制度管理的产品。任何单位和个人不得销售或者在经营活动中使用未取得生产许可证的产品。取得生产许可证的企业，需要每年度向省、自治区、直辖市工业产品生产许可证主管部门提交企业自查报告；县级以上地方工业产品生产许可证主管部门组织定期、不定期的监督检查，要求生产企业保证产品质量稳定合格，不得降低取得生产许可证的条件。

工业产品生产许可证制度起源于20世纪80年代。新中国成立以来，我国一直实行的是单一的计划经济体制。1978年党的十一届三中全会之后，我国社会主义市场经济体制开始逐步建立。随着我国经济体制改革的深入，我国国民经济开始进入高速发展阶段。与此同时，工业生产也出现了一些新的情况和问题。一些不具备基本生产条件的企业一哄而起，盲目上马，原有的一些中小型企业设备陈旧，管理混乱，粗制滥造，致使不少质量低劣的产品流向市场，冲击了合法生产企业的正常生产和经营，导致许多恶性质量事故不断发生。1979年，当时的第一机械工业部对640家生产低压电器的企业进行了调查，低压电器的合格率仅为10%。调查中还发现，其中90%的低压电器生产企业没有产品标准、图样和工艺文件，产品未经型式检验和产品检验就投放市场，并因此引发了一些重大安全事故，如北京饭店电梯失控、舞阳钢厂剪彩典礼时钢水包吊在半空中放不下来，等等。

针对这种情况，原第一机械工业部在原国家经委和国家机械委员会的指导下向国务院提交了对低压电器产品试行颁发工业产品生产许可证的报告。1980年8月，国务院批转了原第一机械工业部《关于整顿低压电器产品质量，试行颁发工业产品生产许可证的报告》（国机二发［1980］16号），开始对低压电器、民用电度表等产品试行工业产品生产许可证制度管理。

经过一段时间的实践，工业产品生产许可证制度作为一项新的产品质量监管制度，在促进企业完善内部管理、提高质量管理水平、保证产品质量符合标准要求等方面发挥了积极作用，试行工作取得了明显效果。1983年，在总结试行工作经验的基础上，于第五届全国人大第三次会议上提出的政府工作报告提出了对重要工业产品实行工业产品生产许可证制度的要求。1984年4月7日，国务院颁布了《工业产品生产许可证试行条例》（国发［1984］54号）。低压电器、电度表等87类产品被列入第一批实施生产许可证管理的产品目录。《工业产品生产许可证试行条例》颁布后，原国家经委于同年又发布了《工业产品生产许可证管理办法》，成立了工业产品生产许可证办公室，设在原国家标准局，承担全国生产许可证管理的日常工作，并逐步形成了国家统一管理，部门审核发证，地方技术监督局负责监督执法的管理体制。这种管理体制从1984年一直延续到1998年。14年间，其虽然随着政府机构的变动而有部分调整，但总体未变。

1998年国务院机构改革，国家质量技术监督局具有“管理工业产品生产许可证工作”的职能。随后，国家质量技术监督局发布了《关于进一步做好工业产品生产许可证管理工作的通知》（质技监局质发［1999］143号），决定从1999年1月1日起，将国家经贸委各委管工业局，劳动部、建设部、原中国兵器工业总公司、原电力部等部门负责的工业产品生产许可证发放工作进行统一管理。2001年，国务院决定撤销国家经贸委各委管国家局，成立各行业协会。同年，国家质检总局成立，根据国家质检总局“三定”方案，明确该局管理全国工业产品生产许可证工作的职能。国家质检总局成立后，面临中国加入WTO后的新形势以及国务院要求国家质检总局从生产源头狠抓产品质量安全、建立市场准入机制的新机遇，其于2002年3月发布了《工业产品生产许可证管理办法》（国质检［2002］19号令）。2003～2005年间的立法计划都对《工业产品生产许可证试行条例》的修订工作做了安排。经过广泛的立法调研，特别是按照《行政许可法》的要求，我国召开了行政许可法实施以来的第一次立法听证会，全面、深入、系统地征求了企业、消费者和社会各界的意见，为《许可证条例》的重新修订打下了坚实的基础。2005年6月29日，国务院第97次常务会议审议通过了《工业产品生产许可证管理条例》，并于2005年7月9日以国务院第440号令予以公布，决定自2005年9月1日起施行。2005年9月15日国家质检总局发布了《工业产品生产许可证管理条例实施办法》（国家质检总局第80号令），随后，又出台了一系列相关规定，工业产品生产许可证制度日趋完善，更加适应社会主义市场经济的发展。

二、工业产品生产许可证制度的宗旨和产品范围

（一）工业产品生产许可证制度的宗旨

工业产品生产许可证制度是保证直接关系公共安全、人体健康、生命财产安全的重要工业产品质量安全的行政许可制度。通过实施该制度，可以达到以下几个方面的目的：

1．保证重要工业产品质量安全。由于我国现阶段生产力水平还较低，相当数量的企业缺乏必备工艺装备和质量检验手段，产品质量不高。因此，政府必须加强对这些企业生产直接关系公共安全、人体健康、生命财产安全的重要工业产品的监管，通过实施工业产品生产许可证制度，督促企业提高生产工业装备水平，完善产品质量检验手段，建立质量管理体系，切实提高产品质量水平，从而从源头上遏制假冒伪劣产品的生产，保证重要工业产品的质量安全。

2．贯彻国家产业政策。我国现阶段经济结构不合理的矛盾比较突出，这表

现在许多传统产品供给能力明显过剩，总体上资源利用率低下。要实现国民经济持续快速健康发展，就必须对经济结构进行战略性调整，加快工业改组改造和结构优化升级。国家要通过综合运用经济、法律和必要的行政手段依法关闭产品质量低劣、浪费资源、污染环境、不具备安全生产条件的企业；淘汰落后设备、技术和工艺，压缩部分行业过剩生产能力，实现对传统产业的技术改造和新兴产业的发展，调整和提升产业结构。在新的形势下，长期以来作为质量宏观调控重要手段之一的工业产品生产许可证制度也为落实科学发展观，实现国民经济可持续发展发挥着重要作用。

3. 促进社会主义市场经济健康协调发展。工业产品生产许可证制度是产品质量安全方面的政策引导措施，从生产和流通两个领域对粗制滥造的劣质产品起到清源截流的作用，使企业在同一许可的水平线上平等竞争，公平交易，从而促进社会主义市场经济健康协调发展。同时，工业产品生产许可证制度在配合国家诚信体系建设，激励督促企业逐步完善自律机制方面，也将起到积极作用。

（二）工业产品生产许可制度的产品范围

国家对实行工业产品生产许可证制度的产品实施目录管理，《许可证条例》第2条和第3条从正反两个方面对企业实行生产许可证的范围做出了较为详尽的规定。其中，第2条规定，对涉及食品安全、人身财产安全、生产安全、劳动安全、公共安全、金融安全、通信安全等“七个安全”的重点产品实施许可证制度，具体包括：

（1）乳制品、肉制品、饮料、米、面、食用油、酒类等直接关系人体健康的加工食品。

（2）电热毯、压力锅、燃气热水器等可能危及人身、财产安全的产品。

（3）税控收款机、防伪验钞仪、卫星电视广播地面接收设备、无线广播电视发射设备等关系金融安全和通信质量安全的产品。

（4）安全网、安全帽、建筑扣件等保障劳动安全的产品。

（5）电力铁塔、桥梁支座、铁路工业产品、水工金属结构、危险化学品及其包装物、容器等影响生产安全、公共安全的产品。

（6）法律、行政法规要求依照《许可证条例》的规定实行生产许可证管理的其他产品。

多年来，生产许可发证产品范围始终紧紧围绕经济建设的中心任务，根据相关法律法规和完善社会主义市场经济的要求以及国家产业政策的不断变化，不断地进行着调整。1998年，发证目录从487类产品调整到138类产品。2003年，国家质检总局贯彻落实国务院行政审批制度改革精神，取消了54类619种产品的生产许可管理，包括：低压电器、轮胎等17类产品划转实行强制性认证制度管理；塔式起重机、电梯、阀门、大型游艺机、医用高压氧舱、电力用高压管件和中频弯管、中小型起重运输设备7类产品划转实行特种设备安全监察管理；饲料、民用爆破器材等15类产品转由法规规定的其他部门管理；自行车、电熨斗等15类产品转为依法日常监督管理。

2004年，根据国务院有关文件要求，增加了对税控收款机、棉花加工机械等2类产品实施生产许可管理。经过不断的动态调整，目前经国务院行政审批领导小组办公室审查确认后，国家质检总局将生产许可发证产品范围进一步调整到涉及人体健康和人身财产安全，影响国计民生、环境保护和公共安全的86类产品。针对食品安全存在的严重问题，按照国务院的要求，国家质检总局于2001年在全国创建并实施了以生产许可为核心内容的食品质量安全市场准入制度，通过生产许可、强制检验、市场准入标志等措施，有力地强化了食品质量安全监管工作。截止到2006年8月底，国家质检总局已经将国家标准规定的28大类421种食品纳入到食品质量安全市场准入管理，占食品类别总数的80%。

《许可证条例》第3条还同时规定，工业产品的质量安全通过消费者自我判断、企业自律和市场竞争能够有效保证的，通过认证认可制度能够有效保证的，不实行生产许可证制度。

另外，《许可证条例》第5条规定，任何企业未取得生产许可证不得生产列入目录的产品。任何单位和个人不得销售或者在经营活动中使用未取得生产许可证的列入目录的产品。

（三）《许可证条例》的适用范围

凡在中华人民共和国境内生产、销售或者在经营活动中使用列入目录产品的，应当遵守《许可证条例》的规定。这涉及以下四方面的内容：

1. 关于管理的主体，包括三种人：①公民，也就是自然人，这其中包括《许可证条例》第69条中单独提出的个体工商户；②法人；③社会组织。

2. 关于调整的环节，包括三个环节：生产环节、销售环节、经营活动中的使用环节。这里关键要明确经营活动中的使用，是指企业在生产经营过程中使用了生产许可证管理的产品，比如房地产开发商用自己生产的水泥做房子，水泥是实行生产许可证管理的产品，那么开发商就必须领取水泥生产许可证。但要明确的是，经营活动中的使用不包括个人消费的行为。

3. 关于管理的领域。管理的领域是中华人民共和国境内，包括领土、领海和领空。按我国的宪法和特别行政区基本法的规定，我国的香港特别行政区、澳门特别行政区和台湾地区不适用该条例。

4. 关于与其他相关法律的关系，这里有一个非常重要的原则，就是特殊法优先适用原则。例如，《许可证条例》第66条明确规定，法律、行政法规对工业产品管理另有规定的，从其规定，这就是特殊法优先适用的原则。又如，进出口商品要按照进出口商品法律法规来管理。

三、工业产品生产许可证管理的原则

按照《行政许可法》和《许可证条例》的要求，生产许可证工作要牢牢把握“科学公正、公开透明、程序合法、便民高效”四条基本原则。

1. 科学公正的原则。这包括以下三方面的要求：①科学制定实施细则等技术要求，广泛听取审查部、省局、检验机构以及相关生产企业、研究机构和消费者的意见和建议，科学设定企业必备条件和企业核查要求。②公正对待各方参与人，提供平等的参与机会，违反规定的都要承担相应法律责任。比如，企业对检验机构的检验结论有异议的，可以申请复检，复检受理部门要在规定期限内作出复检结论。工作机构和人员对企业实施监督检查，不得妨碍企业的正常生产经营活动。③强化工作机构和人员责任，保证工作的公正性。核查人员必须经考核合格，取得资格证书后，方可从事相应的核查工作。工作机构和人员不得拖延时间、不得刁难企业、不得从事相关生产、销售活动，不得索取、收受企业的财物，不得牟取其他不当利益。对核查人员、检验机构和人员故意刁难企业的，企业有权向各级质量技术监督局投诉，并要求受理部门及时进行调查处理。

2. 公开透明的原则。这要求做到以下“六公开”：①公开生产许可证的申请条件、标准、程序、期限和费用；②公开所确定的工作机构；③公开审查和检验工作时限；④公开审查和检验机构资质；⑤公开从事生产许可证审查人员和技术机构名单等；⑥公开生产许可证书数量、获证企业名单及产品名称、生产许可证编号、有效期等。公开的形式可以多种多样，但主要是通过报纸和网络进行。

3. 程序合法的原则。生产许可证申请受理、现场核查、产品检验、发证以及证后监督等各个环节都要依据法定的权限、步骤、方式、时限和费用标准等进行，保证程序合法。

4. 便民高效的原则。生产许可证制度的各项规定应尽量考虑便于企业取证，尽量简化环节，按照不超过60个工作日的时限，在确保发证质量的前提下，尽可能为申请人提供方便。①在企业申请和审查时，一般由企业所在地的省局受理企业申请、组织审查，提高行政效率，方便企业。特别是申请受理工作要明确省级生产许可证管理部门“一个窗口”对外。省级生产许可证管理部门应当将全部申请材料的目录和申请书示范文本在办公场所公示。②在企业送样检验时，企业可以按照就近就便的原则，自主选择总局或省局公布的能够承担许可证检验任务的法定检验机构。③《许可证条例》规定了许可证的变更和补领程序，办理部门要在办理过程中尽量简化证书遗失或者损毁后的补领程序。④加快信息化建设步伐，在目前可以通过网络公布有关政策、查询相关信息的基础上，逐步实现网上申请、网上审批，提高工作效率，降低行政成本。

■　第二节　工业产品生产许可证的管理体制

经过多年的发展完善，国家逐步健全了生产许可证管理机构，特别是在2001年国家质检总局成立后，逐步理顺了生产许可管理体制，真正实现了对生产许可工作的统一管理，具体体现为"五个统一"，即统一规章制度和规范性文件、统一发证产品类别目录、统一企业生产条件审查要求、统一证书式样、统一监督管理。在国家质检总局的领导下，生产许可工作逐步形成了"统一管理、分工协作、突出重点、程序规范"的管理体制，即国家质检总局统一管理，各省级质量技术监督局依法负责组织实施，同时，充分发挥有关行业部门、协会和专业机构的技术优势，调动它们积极地参与开展相关工作，形成了健全有效的生产许可管理体系。

一、国家质检总局

国家质检总局是国务院工业产品生产许可证主管部门，其主要职责有：

（1）负责《许可证条例》的贯彻实施，制定并发布生产许可证工作有关规章和规范性文件，制定并发布实行生产许可证管理产品的具体要求。

（2）拟订并报批国家实行生产许可证制度管理的产品目录。

（3）根据需要设立相应产品审查部。

（4）指定承担生产许可证检验任务的检验机构。

（5）对生产许可证申请事项作出是否准予许可的决定，符合条件的颁发证书，公布颁发证书的企业名录。

（6）对生产许可证工作机构及其工作人员进行监督管理。

（7）对工业产品生产许可证制度的实施情况进行监督管理。

（8）建立生产许可证信息管理体系。

（9）受理生产许可证工作的有关投诉，处理生产许可证有关争议事宜。

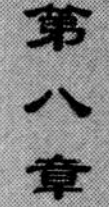

二、全国工业产品生产许可证办公室

全国工业产品生产许可证办公室，简称全国许可证办公室，是国家质检总局内设的全国工业产品生产许可证日常工作的管理机构，其职责主要有：

（1）制定发布产品实施细则。

（2）具体设立产品审查部。

(3) 具体指定承担生产许可证发证检验任务的检验机构。

(4) 统一管理核查人员资质以及审批发证等工作。

三、全国工业产品生产许可证审查中心

全国工业产品生产许可证审查中心简称全国许可证审查中心，是国家质检总局批准设立的全国许可证办公室的办事机构，其主要职责有：

(1) 研究起草生产许可证工作有关文件。

(2) 协助全国生产许可证办公室制定产品实施细则。

(3) 审核、汇总各产品审查部、省级许可证办公室报送的申报材料。

(4) 打印和寄送生产许可证证书。

(5) 负责组织实施对企业审查工作的抽查。

(6) 负责审查员的培训、考试、注册、期满换证和晋级，审查员教师的培训、考试、注册、期满换证等日常工作。

(7) 管理生产许可证工作资料和档案。

(8) 协助全国许可证办公室开展生产许可证信息管理体系建设。

(9) 完成全国许可证办公室交办的其他事项。

四、省、自治区、直辖市工业产品生产许可证办公室

省、自治区、直辖市工业产品生产许可证办公室简称省级许可证办公室，是省级质量技术监督局内设的本行政区域工业产品生产许可证日常工作的管理机构。

五、工业产品生产许可证产品审查部

工业产品生产许可证产品审查部，简称产品审查部，是全国许可证办公室报国家质检总局批准设立的工业产品生产许可证产品审查机构，其主要职责有：

(1) 组织起草相关产品实施细则。

(2) 跟踪相关产品的国家标准、行业标准以及技术要求的变化，及时提出修订、补充产品实施细则的意见和建议。

(3) 组织相关产品实施细则的宣贯。

(4) 组织对相关产品申请企业的实地核查。

(5) 审查、汇总申请取证企业的有关材料。

(6) 推荐拟承担相关产品生产许可证产品检验任务的检验机构。

(7) 负责培训、推荐注册、聘用和监督管理生产许可证审查员。

(8) 配合建立健全生产许可证的信息管理体系。

(9) 完成全国生产许可证办公室交办的其他事项。

产品审查部是产品审查机构，不具备行政管理职能。

六、工业产品生产许可证检验机构

工业产品生产许可证检验机构，简称检验机构，是全国许可证办公室指定的承担生产许可证发证检验任务的检验机构，其主要职责是按照全国许可证办公室指定的范围和相关要求承担检验任务。

七、省、自治区、直辖市质量技术监督局

省、自治区、直辖市质量技术监督局简称省级质量技术监督局，是省级工业产品生产许可证主管部门，其主要职责为：

（1）负责受理申证企业的生产许可证申请。

（2）组织或负责组织对申请取证企业进行产品实施细则宣贯、企业实地核查和产品抽样。

（3）承担由省级质量技术监督局负责发证产品的受理、审查、批准、发证工作。

（4）推荐拟承担生产许可证检验任务的检验机构。

（5）负责培训、推荐注册、聘用和监督管理生产许可证审查员。

（6）负责对获证企业的定期、不定期监督管理。

（7）负责对无证生产企业的违法行为进行查处。

（8）配合全国许可证办公室建立健全生产许可证信息管理体系。

（9）完成国家质检总局交办的其他事项。

八、生产许可证管理体制的改革与发展

目前，国家质检总局在组织全国质量技术监督系统成功建立并实施食品质量安全市场准入制度的基础上，进一步深入研究，提出并创建了“统一管理、分类监管、层级负责、重心下移”的新型监管机制。几年来的工作实践证明，这个新型监管模式是成功的，也是行之有效的。在生产许可工作中，这个监管机制的具体内容就是实行“两级发证、三级操作、层级负责”，这既是贯彻落实《许可证条例》的规定，也是对生产许可工作体系的重大改革和完善。

1. 两级发证，即国家质检总局负责质量安全风险大、技术含量高的产品的生产许可审批和发证，省局负责量大面广的风险性较小的产品的生产许可审批和发证。两级发证的具体目录由国家质检总局分期分批公布实施。经过认真研究，国家质检总局选择建筑外窗、验配眼镜两类产品作为第一批下放到省局发证的产品。实施一段时间后，总结经验，再研究第二批、第三批下放的产品，最终目标是改变目前全部由国家质检总局发证的管理模式，实现层级管理。

2. 三级操作，即坚持便民、高效的原则。国家质检总局将继续把部分产品生产许可工作中的受理申请、现场核查、发证检验等具体事项委托省局组织实施。省局也要将由省局审批发证的产品生产许可工作中的部分事项委托市局实施，但生产许可证均盖省局公章，省局对审查发证负责。

3. 层级负责，即按照权责一致的原则。在国家质检总局的统一管理下，省、市、县各级质量技术监督部门按照分工，各司其职，既切实履行职权，又承担相应责任。省局对省级发证工作负总责。市局接受省局委托，开展生产许可的具体工作，对承担的工作向省局负责。县局主要负责企业基本情况调查，建立企业档案，并重点开展证后监督和无证查处工作。

国家质检总局统一发布省级质量技术监督局发证的产品目录并适时进行调整，统一制定并公布产品实施细则，统一规定证书式样。省级质量技术监督局在本行政区域内负责国家质检总局规定的发证产品的受理、审查、批准、发证工作。省级质量技术监督局应当参照国家质检总局的办证程序，结合实际情况，制定企业申请办证程序并向社会公布。省级质量技术监督局应当自受理企业申请之日起60日内，完成审查发证工作。产品检验时间以实施细则的规定为准，不计入上述规定时限。省级质量技术监督局应当公布获证企业名录，并报全国许可证办公室。省级质量技术监督局颁发的生产许可证全国有效。国家质检总局采取不定期检查的方式，对省级质量技术监督局的发证工作质量进行监督检查，对于工作质量出现严重问题的，追究有关人员责任。[1]

■ 第三节 工业产品生产许可证的申请、受理、审查与决定

一、企业的申请

根据规定，企业取得生产许可证，应当符合下列条件：

（1）有营业执照。

（2）有与所生产产品相适应的专业技术人员。

（3）有与所生产产品相适应的生产条件和检验检疫手段。

（4）有与所生产产品相适应的技术文件和工艺文件。

（5）有健全有效的质量管理制度和责任制度。

（6）产品符合有关国家标准、行业标准以及保障人体健康和人身、财产安全的要求。

（7）符合国家产业政策的规定，不存在国家明令淘汰和禁止投资建设的落

[1] 前两节有关数据等内容来源于国家质检总局网站，并参考了国家质检总局产品质量监督司原司长纪正昆在全国工业产品生产许可证宣贯工作会议上的工作报告和其在全国工业产品生产许可工作座谈会上的讲话，特此说明。

后工艺、高耗能、污染环境、浪费资源的情况。

法律、行政法规有其他规定的，还应当符合其规定。企业生产列入目录的产品，应当向其所在地的省级质量技术监督局提出申请。企业正在生产的产品被列入目录的，企业应当在国家质检总局规定的时间内申请取得生产许可证。企业的申请可以通过信函、电报、电传、传真、电子数据交换和电子邮件等方式提出。

二、申请的受理

省级质量技术监督局应当按照生产许可证发证工作的进度安排，以登报、上网等方式告知本行政区域内的生产企业，并负责组织企业的申报工作。审查机构应当积极配合做好相关工作。

省级质量技术监督局在收到企业提出的申请后，对申请材料符合实施细则要求的，准予受理，并自收到企业申请之日起5日内向企业发送《行政许可申请受理决定书》。

省级质量技术监督局收到企业提出的申请后，对申请材料不符合实施细则要求且可以通过补正达到要求的，应当当场或者在5日内向企业发送《行政许可申请材料补正告知书》一次性告知。逾期不告知的，自收到申请材料之日起即为受理。省级质量技术监督局收到企业提出的申请后，对申请材料不符合《行政许可法》和《许可证条例》要求的，应当作出不予受理的决定，并发出《行政许可申请不予受理决定书》。

省级质量技术监督局以及其他任何部门不得另行附加任何条件，限制企业申请取得生产许可证。

三、对企业的审查

根据规定，省、自治区、直辖市工业产品生产许可证主管部门受理企业申请后，应当组织对企业进行审查。依照列入目录产品生产许可证的具体要求，应当由国务院工业产品生产许可证主管部门组织对企业进行审查的，省、自治区、直辖市工业产品生产许可证主管部门应当自受理企业申请之日起5日内将全部申请材料报送国务院工业产品生产许可证主管部门。实施细则规定由省级质量技术监督局负责组织审查的，省级许可证办公室应当自受理企业申请之日起30日内，完成对企业实地核查和抽封样品，并将实地核查结论以书面形式告知被核查企业。

对企业的审查包括对企业的实地核查和对产品检验。其中一项不合格，即判为企业审查不合格。企业实地核查不合格的，不再进行产品抽样检验，企业审查工作终止。

（一）实地核查及抽封样品

审查机构或者省级许可证办公室应当制定企业实地核查计划，并提前5日通知企业。实施细则规定由审查机构组织审查的，企业实地核查计划应当同时抄送企业所在地省级许可证办公室。审查机构或者省级许可证办公室应当指派2~4名审查员组成审查组，对企业进行实地核查，企业应当予以配合。

审查组应当按照实施细则的要求，对企业进行实地核查，核查时间一般为1~3天。审查组对企业实地核查结果负责，并实行组长负责制。核查人员经国务院工业产品生产许可证主管部门组织考核合格，取得核查人员证书，方可从事相应的核查工作。核查人员依照《许可证条例》第9条规定的条件和列入目录产品生产许可证的具体要求对企业进行实地核查。核查人员对企业进行实地核查，不得刁难企业，不得索取、收受企业的财物，不得谋取其他不当利益。

企业实地核查合格的，审查组按照实施细则的要求封存样品，并告知企业所有承担该产品生产许可证检验任务的检验机构名单及联系方式，由企业自主选择。经核查合格，需要送样检验的，应当告知企业在封存样品之日起7日内将该样品送达检验机构；需要现场检验的，由核查人员通知企业自主选择的检验机构进行现场检验。

（二）产品检验

检验机构应当依照国家有关标准、要求进行产品检验，在实施细则规定的时间内完成检验工作，并出具检验报告。

检验机构和检验人员应当客观、公正、及时地出具检验报告。检验报告经检验人员签字后，由检验机构负责人签署。检验机构和检验人员对检验报告负责。检验机构和检验人员进行产品检验，应当遵循诚信原则和方便企业的原则，为企业提供可靠、便捷的检验服务，不得拖延，不得刁难企业。检验机构和检验人员不得从事与其检验的列入目录产品相关的生产、销售活动，不得以其名义推荐或者监制、监销其检验的列入目录产品。

四、报送材料

由省级许可证办公室负责组织审查的，省级许可证办公室应当自受理企业申请之日起30日内将申报材料报送审查机构，审查机构应当自受理企业申请之日起40日内将申报材料汇总，并报送全国许可证办公室。

由审查机构负责组织审查的，审查机构应当自受理企业申请之日起40日内将申报材料汇总，并报送全国许可证办公室。

五、批准发证

国家质检总局自受理企业申请之日起60日内作出是否准予许可的决定。符合发证条件的，国家质检总局应当在作出许可决定之日起10日内颁发生产许可证证书；不符合发证条件的，应当自作出决定之日起10日内向企业发出《不予行政许可决定书》，并说明理由。检验机构进行产品检验所需时间不计入上述规定的期限。

省级许可证办公室或者审查机构判定企业审查不合格时，应当根据《许可证办法》第18条的规定，及时书面上报国家质检总局，并由国家质检总局向企业发出《不予行政许可决定书》。

国家质检总局将获证企业名单以网络、报刊等方式向社会公布。同时，相关产品的发证情况还要及时通报国家发展改革部门、卫生主管部门和工商行政管理部门等。

六、许可证的有效期及续展

生产许可证有效期为5年，但是食品加工企业生产许可证的有效期为3年。生产许可证有效期届满，企业继续生产的，应当在生产许可证有效期届满6个月前向所在地省级质量技术监督局提出换证申请。国务院工业产品生产许可证主管部门或者省、自治区、直辖市工业产品生产许可证主管部门应当依照《许可证条例》规定的程序对企业进行审查。

在生产许可证有效期内，企业生产条件、检验手段、生产技术或者工艺发生较大变化的（包括生产地址变更、生产线重大技术改造等），企业应当及时向其所在地省级质量技术监督局提出申请，审查机构或者省级许可证办公室应当按照实施细则的规定重新组织实地核查和产品检验。企业获得生产许可证后需要增加申请项目的，应当按照实施细则规定的程序办理增项手续。符合条件的，换发生产许可证证书，但有效期不变。在生产许可证有效期内，因国家有关法律法规、产品标准及技术要求发生较大改变而修订实施细则时，全国许可证办公室将根据需要组织必要的实地核查和产品检验。

七、许可的听证、公布和归档

国务院工业产品生产许可证主管部门认为需要听证的涉及公共利益的重大许可事项，应当向社会公告，并举行听证。

国务院工业产品生产许可证主管部门作出的准予许可的决定应当向社会公布。省级许可证办公室、审查机构和全国许可证办公室应当将企业办理生产许可证的有关资料及时归档，公众有权查阅。企业档案材料的保存时限为5年。

八、集团公司生产许可及委托加工备案的特殊规定

（一）集团公司的生产许可

根据《许可证办法》的规定，集团公司及其所属子公司、分公司或者生产基地（以下统称所属单位）具有法人资格的，可以单独申请办理生产许可证；不具有法人资格的，不能以所属单位名义单独申请办理生产许可证。各所属单位无论是否具有法人资格，均可以与集团公司一起提出办理生产许可证申请。

所属单位与集团公司一起申请办理生产许可证时，应当向集团公司所在地省级质量技术监督局提出申请。凡按规定由省级许可证办公室组织企业实地核查的，集团公司所在地省级许可证办公室可以直接派出审查组，也可以书面形式委托所属单位所在地省级许可证办公室组织核查。集团公司所在地省级许可证办公室负责按规定程序汇总、上报有关材料。

集团公司取得生产许可证后，新增加的所属单位需要与集团公司一起办理生产许可证的，新增所属单位审查合格后，换发生产许可证证书，但有效期不变。所属单位与集团公司一起申请办理生产许可证的，经审查的所属单位以及集团公司应当分别缴纳审查费和产品检验费，公告费按证书数量收取。

其他经济联合体及所属单位申请办理生产许可证的，参照集团公司办证程序执行。

（二）委托加工备案

根据《许可证办法》的规定，从事委托加工实行生产许可证制度管理的产品的委托企业和被委托企业，必须分别到所在地省级许可证办公室申请备案。

委托企业必须是合法经营的企业，被委托企业必须持有合法有效的生产许可证。委托企业和被委托企业向所在地省级许可证办公室申请备案时，应当提供如下材料：①委托企业和被委托企业营业执照复印件；②被委托企业的生产许可证复印件；③公证的委托加工合同复印件；④委托加工合同必须明确委托企业负责全部产品销售；⑤委托加工产品标注式样。

省级许可证办公室应当自收到委托加工备案申请之日起 5 日内，进行必要的核实，并对符合条件的企业予以备案。对不符合条件的，不予备案并说明理由。委托加工企业必须履行备案承诺，不得随意改变委托合同和产品标注方式。委托加工备案不得向企业收费。

■ 第四节 工业产品生产许可证的证书和标志

一、工业产品生产许可证的证书

许可证证书分为正本和副本，具有同等法律效力。生产许可证证书由国家质检总局统一印制。许可证证书应当载明企业名称和住所、生产地址、产品名称、证书编号、发证日期、有效期等相关内容。集团公司的生产许可证证书还应当载明与其一起申请办理的所属单位的名称、生产地址和产品名称。

企业名称、住所、生产地址发生变化而企业生产条件、检验手段、生产技术或者工艺未发生变化的，企业应当在变更名称后 1 个月内向企业所在地的省级质量技术监督局提出生产许可证名称变更申请。省级质量技术监督局自受理企业名称变更材料之日起 5 日内将上述材料上报全国许可证办公室。全国许可证办公室自收到上报的企业名称变更材料之日起 25 日内完成申报材料的书面审核，并由国家质检总局做出是否准予变更的决定。对于符合变更条件的，颁发新证书，但有效期不变。不符合条件的，书面告知企业，并说明理由。

企业应当妥善保管生产许可证证书。生产许可证证书遗失或者毁损，应当向企业所在地的省级质量技术监督局提出补领生产许可证申请。省级质量技术监督局自受理企业补领生产许可证材料之日起 5 日内，将上述材料上报全国许可证办公室。全国许可证办公室自收到各省级许可证办公室上报的企业补领生产许可证材料之日起 25 日内，完成申报材料的书面审核，并由国家质检总局作出是否准予补领的决定。对于符合条件的，颁发新证书，但有效期不变；不符合条件的，书面告知企业，并说明理由。

在生产许可证有效期内，企业不再从事列入目录产品的生产活动的，应当办理生产许可证注销手续。企业不办理生产许可证注销手续的，国务院工业产品生产许可证主管部门应当注销其生产许可证并向社会公告。

二、工业产品生产许可证的标志

工业产品生产许可证标志由“质量安全”的英文 Quality Safety 的字头 QS 和“质量安全”中文字样组成，标志主色调为蓝色，字母“Q”与“质量安全”四个中文字样为蓝色，字母“S”为白色。QS 标志由企业自行印（贴），可以按照规定放大或者缩小。

工业产品生产许可证编号采用大写汉语拼音 XK 加 10 位阿拉伯数字编码组成：XK××－×××－×××××。其中，XK 代表许可，前 2 位代表行业编号，中间 3 位代表产品编号，后 5 位代表企业生产许可证编号。

企业必须在其产品或者包装、说明书上标注生产许可证标志和编号。裸装食品和其他根据产品的特点难以标注标志的裸装产品，可以不标注生产许可证标志和编号。

销售和在经营活动中使用列入目录产品的企业，应当查验产品的生产许可证标志和编号。所属单位具有法人资格的，在单独办理生产许可证时，其产品或者包装、说明书上应当标注所属单位的名称、住所、生产许可证标志和编号。

所属单位和集团公司一起办理生产许可证的，应当在其产品或者包装、说明书上分别标注集团公司和所属单位的名称、住所，以及集团公司的生产许可证标志和编号，或者仅标注集团公司的名称、住所和生产许可证标志和编号。

委托加工企业必须按照备案的标注内容，在其产品或者包装、说明书上进行标注。委托企业具有其委托加工的产品生产许可证的，应当标注委托企业的名称、住所和被委托企业的名称、生产许可证标志和编号；或者标注委托企业的名称、住所、生产许可证标志和编号。委托企业不具有其委托加工的产品生产许可证的，应当标注委托企业的名称、住所，以及被委托企业的名称、生产许可证标志和编号。

取得生产许可证的企业，应当自准予许可之日起6个月内，完成在其产品或者包装、说明书上标注生产许可证标志和编号。

任何单位和个人不得伪造、变造生产许可证证书、标志和编号。取得生产许可证的企业不得出租、出借或者以其他形式转让生产许可证证书、标志和编号。

■ 第五节 工业产品生产许可证的监督检查

国家质检总局和县级以上地方质量技术监督局依照《许可证条例》及《许可证办法》负责对生产列入目录产品的企业以及核查人员、检验机构及其检验人员的相关活动进行监督检查，对生产许可证制度的实施情况进行监督检查，对违反《许可证办法》的违法行为实施行政处罚。国务院工业产品生产许可证主管部门对县级以上地方工业产品生产许可证主管部门的生产许可证管理工作进行监督。

一、行政机关对企业的监督检查

（一）行政强制措施权

国家质检总局和县级以上地方质量技术监督局负责对全国生产列入目录产品的企业进行监督检查。根据举报或者已经取得的涉嫌违法证据，县级以上地方质量技术监督局在对涉嫌违法行为进行查处时，可以行使调查权、查阅权、查封、扣押权。

1. 调查权。向有关生产、销售、经营活动中使用单位和检验机构的法定代表人、主要负责人和其他有关人员调查、了解与涉嫌从事违法活动的有关情况。

2. 查阅权。查阅、复制有关生产、销售、经营活动中使用单位和检验机构的有关合同、发票、账簿以及其他有关资料。

3. 查封、扣押权。对有证据表明属于违反《许可证条例》和《许可证办法》生产、销售、经营活动中使用的产品予以查封或者扣押。

县级以上工商行政管理部门依法对涉嫌违反《许可证条例》规定的行为进行查处时，也可以行使上述职权。

（二）监督检查职责

国务院工业产品生产许可证主管部门和县级以上地方工业产品生产许可证

主管部门应当对企业实施定期或者不定期的监督检查。需要对产品进行检验的，应当依照《产品质量法》的有关规定进行。实施监督检查或者对产品进行检验应当有2名以上工作人员参加并应当出示有效证件。

国务院工业产品生产许可证主管部门和县级以上地方工业产品生产许可证主管部门对企业实施监督检查，不得妨碍企业的正常生产经营活动，不得索取或者收受企业的财物或者谋取其他不正当利益。国务院工业产品生产许可证主管部门和县级以上地方工业产品生产许可证主管部门依法对企业进行监督检查时，应当对监督检查的情况和处理结果予以记录，由监督检查人员签字后归档。公众有权查阅监督检查记录。

二、获证企业的自查自律义务及试生产的规定

企业应当保证产品质量稳定合格，不得降低取得生产许可证的条件。获证企业自取得生产许可证之日起，每年度应当向省级许可证办公室提交自查报告，企业对报告的真实性负责。获证未满1年的企业，可以在下一年度提交自查报告。

企业自查报告应当包括以下内容：①申请取证条件的保持情况；②企业名称、住所、生产地址等变化情况；③企业生产状况及产品变化情况；④生产许可证证书、标志和编号使用情况；⑤行政机关对产品质量监督检查的情况；⑥省级许可证办公室要求企业应当说明的其他相关情况。省级许可证办公室对企业的自查报告进行实地抽查时，被抽查的企业数量应当控制在获证企业总数的10%以内。

自省级质量技术监督局作出生产许可受理决定之日起，企业可以试生产申请取证的产品。企业试生产的产品，必须经承担生产许可证产品检验任务的检验机构，依据产品实施细则规定批批检验合格，并在产品或者包装、说明书标明“试制品”后，方可销售。对国家质检总局作出不予许可决定的，企业从即日起不得继续试生产该产品。

三、上级机关对下级机关的监督

国家质检总局负责对县级以上地方质量技术监督局生产许可证管理工作进行监督检查。全国许可证办公室组织对企业核查工作质量进行监督检查。

省级许可证办公室组织企业实地核查的，由全国许可证办公室组织审查机构实施抽查；审查机构组织企业实地核查的，由全国许可证办公室组织省级许可证办公室实施抽查。实施监督检查，应当制定监督检查计划，包括检查组组成、具体检查时间以及被检查企业等内容。检查计划应当提前通知企业所在地省级质量技术监督局，省级质量技术监督局应当对检查工作予以配合。

监督检查工作完成后，由检查组写出书面报告及处理建议，上报全国许可证办公室。

四、行政机关对从事生产许可证工作的机构及其人员的监督

国家质检总局和县级以上地方质量技术监督局负责对核查人员、产品审查部、检验机构及其人员的相关活动进行监督检查。

（一）对核查人员的管理

根据《许可证办法》的规定，核查人员需取得相应资质，方可从事企业实地核查工作。核查人员包括工业产品生产许可证注册审查员（以下简称“审查员”）、高级审查员和技术专家。审查员应当具备下列条件：①年龄在65周岁以下（含65周岁）；②大专（含大专）以上学历或者中级（含中级）以上技术职称；③熟悉相关产品生产工艺、产品质量标准和质量管理体系；④从事质量工作满5年。

全国许可证办公室对省级许可证办公室或者审查机构培训的人员进行考核注册，并批准后颁发审查员注册证书，证书有效期为3年。审查员注册证书期满前3个月内应当按规定申请换证，并应符合以下条件：①年龄在65周岁以下（含65周岁）；②在证书有效期内至少完成6次工业产品生产许可证企业实地核查；③每年至少参加15小时工业产品生产许可证相关工作培训；④遵守审查员行为规范，无违法违规行为。高级审查员在证书有效期内，满足前述条件并每年至少担任审查组长3次的，方可按规定换发高级审查员注册证书；仅满足前述条件的，可换发审查员证书。省级许可证办公室或者审查机构负责组织审查员期满换证申报工作，全国许可证办公室负责为符合换证条件的人员换发证书。

审查员申请晋升高级审查员，应当符合以下条件：①在注册证书有效期内，至少完成10次生产许可证企业实地核查，并担任6次以上审查组长；②每年参加20小时以上生产许可证相关工作培训；③遵守审查员行为规范，无违法违规行为。申请晋级人员向省级许可证办公室或者审查机构提出晋级申请，全国许可证办公室对省级许可证办公室或者审查机构上报的申请晋级人员进行考核，符合晋级要求的，经全国许可证办公室批准后，颁发高级审查员注册证书，证书有效期为3年。

技术专家是指未取得审查员注册证书，但根据工作需要可以为生产许可证企业实地核查提供技术咨询的有关人员。申请技术专家资格的人员应当具备以下条件：①大学本科（含大学本科）以上学历或者高级技术职称；②从事相关专业工作满10年；③精通相关产品专业知识并属于相关领域的技术权威。省级许可证办公室或者审查机构可以根据需要，向全国许可证办公室提出技术专家备案申请，经全国许可证办公室批准后，可参加企业的实地核查工作。技术专家参加企业实地核查工作时，不作为审查组成员，不参与作出审查结论。

注册证书持有者应当妥善保管证书，证书遗失或者损毁，应当及时申请补领。核查人员应当按照产品实施细则的规定开展企业实地核查。进行核查时，需向被核查企业出示相关证件。核查人员对企业进行实地核查，不得刁难企业，不得索取、收受企业的财物，不得谋取其他不当利益。

（二）对审查机构的管理

根据《许可证办法》的规定，审查机构必须具备以下基本条件：①有健全的管理制度和有效的运行机制；②有与开展相关产品审查工作相适应的工作人员；③有适宜的办公场所和办公设施；④掌握生产许可证工作的有关法律法规和规定，了解生产许可证的工作机制和程序；⑤了解相关产品的行业状况和国家产业政策；⑥没有从事相关产品生产、销售、监制、监销的行为。

符合以上规定条件的单位可以向全国许可证办公室申请承担相关产品的审查机构工作，并提交以下材料：①承担相关产品审查机构的书面申请；②申请机构的组织机构代码证书、法人营业执照或者社会团体法人登记证书；③申请单位的基本情况；④相关产品的行业发展水平、企业分布和产品检验机构的基本情况；⑤从事产品质量监督和生产许可证工作的经历。全国许可证办公室对申请单位的资格进行审查，必要时派员实地考查核实，并上报国家质检总局择优批准符合资质要求的单位承担审查机构工作。

审查机构应当自批准之日起15日内向全国许可证办公室提交审查机构负责人名单及岗位设置等基本情况。审查机构负责人发生变化时，应当及时将变化情况报全国许可证办公室备案。

审查机构开展企业实地核查时，不得妨碍企业的正常生产经营活动，不得索取或者收受企业的财物。审查机构在从事生产许可证工作时，不得有下列行为：①未按规定期限完成审查工作；②出具虚假审查结论；③擅自增加实施细则以外的其他条件；④未向企业说明企业有权选择有资质的检验机构送样检验；⑤从事或者介绍企业进行生产许可有偿咨询；⑥向企业推销生产设备、检验设备或者技术资料；⑦聘用未取得相应资质的人员从事企业实地核查工作；⑧违反法律法规和规章的其他行为。

（三）对检验机构的管理

申请承担生产许可证检验任务的检验机构必须按照国家法律、行政法规的规定通过计量认证、审查认可或者实验室认可，并经全国许可证办公室指定后，方可承担相关产品的生产许可证检验任务。

检验机构应当向省级许可证办公室或者审查机构提出承担相关产品生产许可证检验任务的书面申请。省级许可证办公室或者审查机构对提出申请的检验机构以适当的方式进行审查并提出推荐意见。全国许可证办公室应当根据需要组织专家对检验机构的申请进行必要的核实。全国许可证办公室按照保证工作质量和进度、方便企业送检、适度竞争的原则，对符合条件的检验机构进行指定，并公布其承担相关产品生产许可证检验任务的范围。被指定的检验机构依据产品实施细则的要求，开展生产许可证产品检验工作，并出具检验报告。检验报告需有检验人员、复核人员、检验机构负责人或者其授权人员签字。检验机构及其工作人员对检验报告负责。

检验机构应当按照国家规定的产品检验收费标准向企业收取检验费用。检验机构应当建立生产许可证产品检验技术档案，并确保档案完整、真实、有效。

检验机构在从事生产许可证产品检验工作时，不得有下列行为：①未按实施细则规定的标准、要求和方法开展检验工作；②伪造检验结论或者出具虚假检验报告；③从事与其指定检验任务相关的产品的生产、销售活动，或者以其名义推荐或者监制、监销上述产品；④从事或者介绍企业进行生产许可的有偿咨询；⑤超标准收取检验费用；⑥违反规定强行要求企业送样检验；⑦违反法律法规和规章的其他行为。

全国许可证办公室将通过查阅检验报告、检验结论对比等方式对检验机构的检验过程和检验报告是否客观、公正、及时进行监督检查。

五、行政相对人对行政机关的监督

从事生产许可证工作的行政机关及其工作人员刁难企业的，企业有权向国家质检总局和县级以上地方质量技术监督局投诉。国家质检总局和县级以上地方质量技术监督局接到投诉时，应当及时进行调查处理。

六、社会监督

任何单位和个人对违反《许可证条例》的行为，有权向国家质检总局和县级以上地方质量技术监督局举报。国家质检总局和县级以上地方质量技术监督局接到举报时，应当及时调查处理，并为举报人保密。

第九章　产品质量信息标识法律制度

产品质量信息标识法律制度包括产品标识标注法律制度、商品条码法律制度和地理标志产品保护法律制度三部分内容。

产品标识标注是特定产品质量、数量、特征、特性等产品内在信息的外在化。正确的产品标识标注是企业、用户和消费者了解特定产品信息的主要途径。商品条码是一种全球通用的商品识别系统。利用商品条码既可以识别特定商品的名称、来源，也可以实现商品单元的特定化，从而实现信息化管理。由此可见，产品标识标注和商品条码都属于标识系统的范畴，是具体商品信息的外在表现形式，而维护产品内在质量与外在表现形式的统一性，确保产品合格正是产品质量监督检验检疫的题中之义，也是运用法律手段对产品标识标注、商品条码进行规范的必要性所在。

地理标志制度是一种特殊的产品保护制度。它通过地理标志命名及其监控手段，确定产品的生产条件和生产标准，允许地理标志保护范围内按标准组织生产的产品加贴地理标志专用标志、使用地理标志产品名称销售，禁止地理标志产品保护以外的生产者使用、假冒地理标志专用标志，从而不仅保证产品的质量和特色，还起到了保护和提高被保护地理标志产品的知名度和信誉的作用。

■　第一节　产品标识标注法律制度

一、产品标识标注的概念

根据《产品标识标注规定》第2、3条的规定，产品标识标注是指运用文字、符号、数字、图案以及其他说明手段把产品质量、数量、特征、特性和使用方法等与产品有关的信息在产品、产品的使用说明或者产品的销售包装上表示出来的行为。产品标识标注完成后保留在产品、产品的使用说明或产品销售包装上的结果就构成了产品标识，标注的目的是为了明示产品质量信息，便于企业、用户、消费者通过产品标识识别产品。

因此，产品标识是指用于识别产品及其质量、数量、特征、特性和使用方法而在产品、产品的使用说明或产品的销售包装上所做的各种表示的统称。由此可见，产品标识的内容是指与产品有关的、可以用来识别产品的信息。产品标识的位置应当在产品、产品的使用说明或者产品的销售包装上。产品标识标注的手段则基本不受限制，可以采用文字、符号、数字、图案及其他说明手段。从产品标识标注与产品标识的关系看，产品标识是标注行为的结果，只有经过标注，产品标识才能形成。

二、产品标识标注中的“产品”界定

根据我国《产品质量法》第2条第2款的规定，产品是指经过加工、制作，用于销售的产品，而不包括农产品等天然产品。但如此理解产品标识标注中的“产品”是否合理呢？笔者认为有必要从产品标识标注法律制度的目的出发进行考察。

产品标识标注的主要目的就在于使用户或消费者通过产品标识标注这样一种外在化的形式识别特定产品的质量、数量、性能、安全性等真实信息。因此，产品标识标注所表示的产品信息不仅包含产品质量信息，还有数量、使用说明、性能、性质等多方面的信息。毫无疑问，这些信息的任一方面对于用户或消费者而言都是非常重要的。如果把产品标识标注中的“产品”含义仅限于经过加工、制作，用于销售的产品，那么对于一些未包含在内的诸如农产品等天然产品，用户或消费者又何以识别呢？难道对于这些天然产品，用户或消费者就不需要或者没有权利了解它们的数量、性能等方面的信息了？显然，事实并非如此，他们对于天然产品的该类相关信息还是非常关注的，同时也是享有知情权的。也就是说，对于天然产品，用户或消费者同样享有通过产品标识标注识别产品相关信息的权利。

因此，从理论上看，产品标识标注中的“产品”，显然应当同时包含有天然产品和经过加工、制作的工业产品。从实践看，1972年的《海牙公约》第2条第1项把“产品”描述为“是指天然产品和工业产品，无论是未加工的还是加工的，也无论是动产还是不动产”。可见，我们有必要在产品标识标注中引入广义的产品概念。

但这并不意味着所有的产品都适用产品标识标注规定，即产品标识标注规定允许例外产品的存在。这主要是由两方面的原因引起的：一方面是由产品标识标注本身的使命所决定的。由于产品标识是一种直接面向用户或消费者的产品外在化信息，这就要求产品标识必须附随于产品本身，离产品越近越好。事

实上，除了产品的使用说明以外，产品标识标注规定要求产品标识应当标注在产品或产品的销售包装上，以便于用户或消费者最大限度地利用产品标识。另一方面是由例外产品本身的特点引起的。因为这些例外产品本身的特点，使产品标识直接标注于产品或产品销售包装上变得不可能或者非常困难因而无法标注。前者如饭店加工的面包、饭菜、油条、预包装的新鲜水果和蔬菜等裸装食品，后者如钮扣、小五金等。此外，对于一些用户特制的、不直接用于销售的产品或者出口产品，由于其用户的特殊性，则可以根据合同要求标注产品标识。

三、产品标识标注的基本原则

（一）标识内容全面、准确、易懂原则

标识内容是产品标识标注的核心所在，它必须符合产品标识标注的目的——使用户或消费者能够全面、准确、易懂地把握其内容。这就要求产品标识的内容应当意思全面、表达准确、通俗易懂。

1. 意思全面。意思全面是指产品标识标注的内容应当全面。它包括两层含义：①产品标识的内容应当包括产品信息的各方面的内容，尤其是诸如产品质量、数量、性能、安全性等用户或消费者普遍关注的内容。意思全面就是要求产品标识充分、全面地表达出这些信息，不得缺少。②由于具体产品的不同，用户和消费者对于产品信息的具体内容的关注程度也不一样，也就是说，不同产品所包含的各方面信息的内容本身也是不同的。例如，对于食品或药品类产品而言，原料或成分是一项很重要的内容，而对于生活用品而言，原料或成分可能就不是那么重要了。这就要求生产者在标注产品标识、确定标注内容时要考虑到每一个具体产品的情况，确定全面的产品信息具体应当包括哪些内容。总之，全面原则是从标识内容的数量方面而言的，即在数量上应当全面、充分。

2. 表达准确。与全面原则是从数量上对产品标识内容的要求不同，准确原则则是从质量上对标识内容的要求。它同样有两方面的含义：①要求标识内容与产品的真实信息相符，不得有弄虚作假的情形。准确原则是产品标识标注法律制度的本意所在，产品标识只不过是产品客观信息的一个载体，只有准确反映产品的真实信息，才能起到便于用户或消费者通过产品标识识别商品的目的。②要求标识内容在利用各种方式表示信息内容时不发生错误。产品标识内容上的产品信息说到底只是产品客观信息经过主观化后表现出来的另一种形式，由于这种再现可以采用文字、图形、表格等多种手段，如何准确地传递这种信息就成了能否保证信息不失真的关键之一。这就要求不论采用何种表达手段，都必须能够准确地反映产品信息，否则只能是让用户或消费者产生误解，轻者影响生产者自身形象，重者造成用户或消费者财产或人身利益的损害。因此，准确原则是产品标识标注的基本要求之一。

3. 通俗易懂。通俗易懂是指产品标识内容应当简单，便于理解。这主要是考虑到产品标识的使用人以一般的用户或消费者居多，他们大多数都不是专业人员，往往缺乏与产品有关的专业知识。要使他们理解产品标识内容，就必须在标识内容上做到通俗易懂。易懂原则要求生产者做好以下三方面的工作：①掌握好术语的运用。准确原则要求标识内容能够准确反映产品的真实信息，因此，专业术语成为标注的最好选择。但标识的使用人毕竟是用户或消费者，而他们并不都是专业人员，或者说他们对于术语往往是一窍不通的。因此，对于标识中的术语一定要掌握其难易程度，择通俗易懂者进行标注。②关于标注方式的问题。究竟是采用何种方式进行标注，是文字、图形抑或表格？每一种标注方式都有其优点，不同信息也各有其自身比较适合的标注方式。因此，不论采用何种标注方式，都应以通俗易懂为首要判断因素。③标注位置要符合阅读习惯。产品标识应当标注在比较显眼、便于查看的位置。只有这样才能有利于用户或消费者很快地把握产品标识内容，并进一步掌握产品的真实信息。可见，易懂原则也是产品标识内容的基本原则之一。

（二）标识标注清晰、牢固原则

标识标注清晰、牢固是标识内容的形式要求，只有清晰、牢固的标识标注才能使产品的最终用户或消费者有可能查看到标识内容，从而利用产品标识识别产品。

1. 清晰。清晰是指产品标识内容通过标注后应当清楚、明确，具有良好的直观性。清晰原则首先要求在首次标注标识内容时所运用的各种表示方法，如文字、符号、图案或表格等本身应当是清楚、醒目的，即文字、符号、图形、表格等的线条应当与背景和底色采用对比色。其次是在各种表示方法中所运用的色彩应当具有一定的稳定性，不易于挥发及难溶于水的特点。由于产品从生产者到用户或消费者手中需要经过多个流通环节才能实现，如果标注所用色彩不稳定，或易挥发、易溶于水，那么在用户或消费者购买或使用产品时，该产品标识可能已经模糊不清了，这显然违背了标识标注的初衷，也达不到标识标注法律制度的目的。

2. 牢固。牢固是指产品标识应当结实、坚固。主要是指当产品标识并不是直接印制在产品或产品销售包装上，而是通过其他如粘贴等方式附着于产品或产品销售包装上时，其应当结实、坚固。由于现代物流的发达，一件产品从生产者到用户或消费者处往往需要经过多个流通环节，而每个流通环节都可能还需要经过多次装卸和搬运。如果产品标识不牢固，那么产品在流通过程中就很容易发生标识脱落或部分脱落，导致产品标识内容无法识别。因此，在产品或产品销售包装上固定、附加标识时，一定要确保其牢固程度，使其不致脱落。

四、产品标识标注的具体要求

（一）产品标识的内容要求

产品标识的内容虽然因产品不同而有所不同，但有些内容是所有产品都必须在产品标识中标注出来的。根据《产品标识标注规定》，产品标识内容中应当有以下内容：

1. 产品名称。产品名称是用户或消费者认识并选择是否购买产品的首要依据，产品信息首先通过产品名称反映出来。因此，产品名称必须表明产品的真实属性，符合一般人对产品名称与产品之间对应关系的认识。具体而言是指：①国家标准、行业标准对产品名称有规定的，应当采用国家标准、行业标准的名称；②国家标准、行业标准对产品名称没有规定的，应当使用不会引起用户、消费者误解或混淆的常用名称或者俗名；③如标注“奇特名称”、“商标名称”时，应当在同一部位明显标注上述第①、②项规定的一个名称。

2. 产品生产者的名称和地址。产品是生产者生产的，生产者对产品质量和产品责任承担保证义务。产品标识中标明生产者的名称和地址直接为用户、消费者指明了产品质量责任的承担者，尤其是在销售模式多元化的现代经济生活中，用户、消费者往往难以确认无店铺销售、电子商务、直销等销售模式中的销售者。因此，在法律规定生产者与销售者承担连带责任的前提下，产品标识中生产者名称和地址的标注无疑为用户、消费者保障自身的权益提供了一条捷径。从这一意义上讲，产品标识中生产者名称和地址也就必须是依法登记注册的、能够承担产品质量责任的生产者的名称和地址。具体而言，有以下几种情形：

（1）依法独立承担法律责任的集团公司或者其子公司，对其生产的产品，应当标注各自的名称、地址。

（2）依法不能独立承担法律责任的集团公司的分公司或者集团公司的生产基地，对其生产的产品，可以标注集团公司和分公司或者生产基地的名称、地址，也可以仅标注集团公司的名称、地址。

（3）按照合同或者协议的约定相互协作，但又各自独立经营的企业，在其生产的产品上，应当标注各自的生产者名称、地址。

（4）受委托的企业为委托人加工产品，且不负责对外销售的，在该产品上应当标注委托人的名称和地址。

（5）在中国设立办事机构的外国企业，其生产的产品可以标注该办事机构在中国依法登记注册的名称和地址。

此外，对于进口产品，因其产品质量责任由代理商或者进口商或者销售商承担，因此进口产品可以不标注原生产者的名称、地址，但应当标明该产品的原产地（国家/地区），以及代理商或者进口商或者销售商在中国依法登记注册的名称和地址。进口产品的原产地，依据中华人民共和国海关《关于进口货物原产地的暂行规定》予以确定。

3. 产品的合格证明和质量标准。产品的合格证明和质量标准是产品质量的判断依据，应当在标识中标明。国内生产的合格产品应当附有产品质量检验合格证明。国内生产并在国内销售的产品，应当标明企业所执行的国家标准、行业标准、地方标准或者经备案的企业标准的编号。

4. 其他必须标注的内容。由于产品本身的多样性，不同产品需要标注的内容并不相同。特定产品，其标识内容也具有特定性，具体又分为以下几种：

(1) 实行生产许可证管理的产品，应当标明有效的生产许可证标记和编号。

(2) 根据产品的特点和使用要求，需要标明产品的规格、等级、数量、净含量、所含主要成分的名称和含量以及其他技术要求的，应当相应予以标明。净含量的标注应当符合《定量包装商品计量监督管理办法》的要求。

(3) 限制使用的产品，应当标明生产日期和安全使用期或者失效日期。日期的表示方法应当符合国家标准规定或者采用“年、月、日”表示，并应当印制在产品或者产品的销售包装上。

(4) 使用不当容易造成产品本身损坏或者可能危及人体健康和人身、财产安全的产品，应当有警示标志或者中文警示说明。剧毒、放射性、危险、易碎、怕压、需要防潮、不能倒置以及有其他特殊要求的产品，其包装应当符合法律、法规、合同规定的要求，应当标注警示标志或者中文警示说明，标明储运注意事项。

(5) 性能、结构及使用方法复杂、不易安装使用的产品，应当根据该产品的国家标准、行业标准、地方标准的规定，标注详细的安装、维护及使用说明。

5. 可选择的标注内容。可选择的标注内容是指法律没有规定必须标注，而由当事人自行决定是否标注的内容，主要有：①获得质量认证的产品，可以在认证有效期内生产的该种产品上标注认证标志。②获得国家认可的名优称号或者名优标志的产品，可以标注名优称号或者名优标志。标注名优称号或者名优标志时，应明确标明获得时间和有效期间。③产品标识中可以标注产品条码，但应当是有效的产品条码。

（二）标识标注的位置要求

1. 以产品或产品销售包装标注为原则。产品标识以标注在产品或产品销售包装上为原则。由于产品标识标注的目的是使用户、消费者通过产品标识的相关信息识别产品，因此如何确保用户、消费者便利地查阅产品标识就应当成为产品标识标注的主要原则。在通常情况下，最终用户、消费者选购的产品都是单件产品或小包装的产品，把产品标识标注在产品或产品销售包装上最有利于用户、消费者查看。因此，原则上所有的产品标识都应当标注在产品或产品销售包装上，当然此处的产品销售包装是指用于销售的最小包装单元。

2. 以并用标注为例外。诚如前文所言，尽管原则上产品标识应当标注在产品或产品销售包装上，但由于产品本身的特点，有些产品标识无法直接标注在产品或产品销售包装上。这样就不得不采用并用标注的方法。并用标注是指把产品标识分为两部分，一部分标注于产品或产品的销售包装上，一部分标注在产品的其他说明物上。

并用标注又可以分为两种情形：

（1）需要产品使用说明的产品，其产品使用说明可以不标注在产品或产品的销售包装上，产品标识的其他内容仍然标注于产品或产品的销售包装上。这是因为随着科技的进步，市场上出现了许多性能、结构及使用方法复杂、不易安装使用的产品，如果此类产品没有产品使用说明，必将影响到用户、消费者对该类产品的正确使用，而根据产品的不同，有的产品使用说明很长，难以标注在产品或产品的销售包装上。因此，可以允许产品使用说明可以采用其他方式予以标注，如独立地置于产品的包装内。

（2）并用标注还适用于产品或产品的销售包装的最大表面面积小于10平方厘米的情形。由于表面面积小，产品标识的整体内容无法在产品或产品的销售包装上予以标注，因此只能把一部分内容标注在其他说明物上。但对于一些重要的内容，如产品名称、生产者名称、限期使用的产品的生产日期和安全使用期或失效日期等仍然应当标注在产品或产品的销售包装上。

（三）标识标注的文字要求

标识标注的文字要求是指运用文字手段来表示产品标识内容时对文字本身及字体高度的要求。它不包括产品注册商标中包含的文字，这是因为尽管商标也表达了产品的特定信息，但商标的主要意义在于使商标产品与其他同种类的产品相区别，而不是表达商标产品本身的具体信息。因此，注册商标中所含文字不受本文字要求的限制。

1. 使用文字要求。

（1）产品标识所用文字应当是规范汉字。“规范汉字”是指1986年国务院批准发表的《简化字总表》中的简化字和未简化的其他规范汉字。

（2）产品标识可以使用汉语拼音或者外文，但两者都不得单独使用，必须与汉字同时使用。汉语拼音必须拼写正确，并且字体应小于相应汉字；外文的意思应该与对应汉字的意思有密切联系，且外文字体应小于汉字。

（3）可以使用少数民族文字。少数民族文字应当与汉字有严密的对应关系。

在少数民族地区生产，且仅在少数民族区域内销售的产品，可以仅标注少数民族文字。

2. 字体高度要求。

(1) 净含量数字的高度。净含量数字的高度应当执行国家质检总局43号令《定量包装商品计量监督管理办法》的规定，最小不得低于2毫米。

(2) 产品标识中其他汉字、数字和字母的高度不得小于1.8毫米。因为国家标准规定，小七号字的字体高度为1.849毫米，产品标识中的其他汉字、数字和字母最小只能使用小七号字。

(四) 标识标注的计量单位要求

计量单位是当事人判断产品数量的一个重要基准。统一计量单位对于减少交易错误和降低交易成本是必不可少的。因此，产品标识中使用的计量单位必须是法定计量单位，即国务院《关于在我国统一实行法定计量单位的命令》中规定的《中华人民共和国法定计量单位》。例如，产品标识中的净含量应标注为××克或者××千克、××毫升或者××升；长度应标注为××厘米或者××米；等等。

五、产品标识标注的法律效果

产品标识标注的法律效果是指因产品标识标注所产生的法律上的效力。它包括私法效果和公法效果两个方面的内容。

(一) 产品标识标注的私法效果

私法效果是指基于私的法律关系而产生的法律效果。产品标识标注的私法效果主要是指产品标识标注义务人——产品生产者与产品用户、消费者之间基于民事法律关系所发生的法律上的效力。生产者与用户、消费者之间的民事法律关系因用户、消费者购买、使用生产者的产品而发生。因此，产品标识标注的私法效果可从产品生产者和用户、消费者两个角度加以考察。

由于产品标识是通过各种外在手段表示产品内在信息的直接途径，因此，从生产者的角度看，产品标识标注的内容就是生产者就产品本身对用户、消费者的承诺或提示；从用户、消费者的角度看，产品标识标注的内容就是他们选择并信赖产品的依据，他们可以直接把产品标识内容作为判断产品、选择是否购买、是否使用、如何使用的重要依据之一。

由于产品标识标注不实、错误而导致用户、消费者受到损害的，生产者、销售者应当依法承担产品的瑕疵担保责任或者产品责任。故意进行虚假标注的，则可以构成欺诈消费者的行为，按照消费者权益保护法的规定，不仅应当赔偿消费者因此受到的损害，而且还应当承担相当于商品价格一倍的惩罚性赔偿。

（二）产品标识标注的公法效果

公法效果是指基于公法规定而产生的法律效果。产品标识标注的公法效果主要是指生产者没有按照有关强制性法律的规定进行适当标注而产生的法律上的后果。我国的《产品质量法》、《产品标识标注规定》等法律法规都对产品标识规定了强制性的规范。如《产品质量法》第54条规定："产品标识不符合本法第27条规定的，责令改正；有包装的产品标识不符合本法第27条第4项、第5项规定，情节严重的，责令停止生产、销售，并处违法生产、销售产品货值金额30%以下的罚款；有违法所得的，并处没收违法所得。"

值得一提的是，在《产品标识标注规定》中，并没有关于对产品标识标注违法行为处罚的规定，这是因为《产品标识标注规定》的制定者考虑到地方技术监督局等执法部门有可能依据规定加大对企业产品标识标注违法行为的处罚力度，所以就没有在《产品标识标注规定》中规定处罚条款，而仅规定了企业应当如何标注。但这并不能说明违法的产品标识标注行为不会受到处罚，相反，对于产品标识标注违法行为仍然可以依据《产品质量法》等法律法规的规定加以处罚，以保证生产者依法标注产品标识。

■　第二节　商品条码法律制度

一、商品条码的概念

商品条码是由一组规则排列的条、空及其对应代码组成的表示商品特定信息的标识。一组规则排列的条、空及其对应代码是条码技术的一部分，商品条码实质上就是运用条码技术把商品特定信息转化为条码的结果。因此，商品条码是商品特定信息的载体。由于条码技术是在计算机的应用和实践中产生和发展起来的一种自动识别技术，商品条码所表示的商品特定信息也就可以通过电子、计算机技术实现自动识别，即商品条码是商品特定信息完成从传统文字数据向电子数据转换的桥梁。

从这一意义上讲，商品条码也是商品特定信息数据电子化的物质基础，给特定商品分配一个确定的商品条码就成了商品信息化管理的前提条件。同时商品信息的电子化也使特定实物商品的生产管理、流通管理变得更加简单，而且利用商品条码，使一些重要产品具有可跟踪和追溯性就不再困难，从而能够更好地保护用户和消费者的利益。

二、商品条码的经济性、技术性和法律化问题

（一）商品条码的经济性

商品条码的经济性是指对于经济生活而言，商品条码具有降低经济成本、

提高经济效益的性能。无疑，商品条码是经济发展的产物，作为一个新事物，商品条码的产生和发展离不开现实经济生活对它的需求。在商品极大丰富的现代经济生活中，人们每天都要为生活所需采购各种各样的商品，而所有这些商品，从原材料开始，到生产企业，再到销售者，最后到达最终用户——消费者手中都需要经过许多环节，不仅需要在不同主体之间进行移转，而且要在不同的时空中进行移动。为了确保商品的准确性，每一次移转和移动时都有必要对该商品的信息进行一次确认。

如果说在早期生活中，由于商品数量有限，商品流通范围受到地理环境等的限制，人们可以通过手工作业对商品信息进行逐一确认仍然是可能的话，那么在现代经济社会中，这种通过手工作业进行确认的做法对经济生活的影响将是致命的。也就是说，商品极大丰富的现代经济生活对我们提出了一个挑战，即我们怎样才能准确而高效地确认商品生产、流通过程中的商品信息？显然，如果仍然局限于对传统信息载体如文字、图形、表格等的认识，则很难脱离手工作业的范围。随着科学技术，尤其是电子和信息技术的发展，人们对于自动化技术有了很深的研究，于是，能否把商品信息转换为机器能够自动识别的信息就成为人们首先考虑的一个课题。商品条码就是在这种背景下被提出来的。

因此，从本质上讲，商品条码只是一种符号，是一种负载有商品信息的符号，而且这种符号能够为机器自动识别，并可以通过电脑技术还原回文字、图形等传统的信息载体。有了商品条码这种符号，人们就可以利用机器自动识别生产、流通过程中的各种信息，从而大大减少了通过手工作业确认商品信息的工作，降低了经济成本，提高了经济效益。可以认为正是由于商品条码具有经济性，才使商品条码从无到有，不断发展到今天，同时它也是商品条码法律制度产生和发展的原动力所在，体现了法律所追求的效率价值。

（二）商品条码的技术性

商品条码的技术性是指商品条码具有很强的技术成分的性质。如上所述，商品条码实质上就是一种符号，是一种把人们传统可识别的信息转换为机器可识别的信息，并最后还原为人们传统可识别信息的中间语言。在来回转换的过程中，如果没有很强的技术那是不可能完成的。原始商品信息转换为商品条码需要条码技术，商品条码的自动识别需要光电技术，机器自动识别后的信息处理需要电脑技术，信息的传播需要网络技术等任何一个环节都离不开技术。只有同时具备了这些技术，商品条码才能发挥最有效的作用，或者说商品条码作为一项制度能够在现实经济生活中得到运用必须得到上述各方面的技术支持。而这也是商品条码产生于近、现代社会的原因，因为只有在进入近、现代社会以后，上述各项技术才有可能提供一个技术支持，并成为商品条码制度发展的技术基础。

从这一点来看，我们也可以发现技术发展与制度演变总是相伴相随的。有些制度的产生与发展必须依赖于技术，商品条码制度就是其中之一。可以预见商品条码制度的进一步发展仍然离不开其他相关技术的发展，或者说其他相关技术的进步必将为改进现有的商品条码制度提供可能。

（三）商品条码的法律化

商品条码的法律化是指运用法律手段对注册、使用商品条码等行为进行规范的过程。如上分析，商品条码的经济性和技术性为商品条码进入人们的经济生活、降低经济成本、提高经济效益提供了可能。尤其是商品经营者，出于其营利的本能，都会根据自身的实际情况选择使用商品条码以降低经营成本，提高企业效率。那么，对于这种使用商品条码的行为是否需要进行规范呢？我们知道商品条码在本质上是一种负载有商品信息的符号，它由机器自动识别，显然对于机器而言，符号仅仅是符号，只要符号一样，那么该符号所包含的信息也就是一样的。

也就是说，如果要让机器识别不同商品，那么首先必须保证一件商品只能有一个唯一的负载有该信息的符号——商品条码，即保证商品条码的唯一性，否则机器就可能发生误读的现象。在现实经济生活中，由于商品经营者和商品本身都成千上万，如何在商品经营者之间分配商品条码就成为一个首要的问题。它需要由一个专门的机关和一套专用的规则来确定。此外，在商品经营者使用商品条码的过程中，由于商品条码总是随着商品不停地流通，这就必然产生由不同机器来识别同一个商品条码的问题，也说是说，商品条码必须保证能被所有的机器准确地识别出其所负载的信息。这就要求商品条码必须达到一定程度上的标准化。商品条码的标准化问题，也就是说商品条码的使用人在印制商品条码时应当按照特定的标准进行印制，否则就可能无法识别。

由上可见，商品条码作用的有效发挥必须有一套严格的规则来对商品条码的注册、使用行为加以规范。现代人类文明的实践证明，到目前为止，规范人们行为、治理社会的最好手段莫过于法律。因此，把商品条码的注册、使用纳入到法制轨道的重要意义乃不言自明的，而这也才有商品条码法律制度的诞生。

三、商品条码的内容、基本构成及质量控制

（一）商品条码的内容

商品条码是由一组规则排列的条、空及其对应代码组成，表示商品特定信息的标识。只要借助光电扫描阅读设备，即可迅速地把商品条码所代表商品的生产国别、制造厂商、产地、名称、特性、价格、数量、生产日期等一系列商品信息，准确无误地输入电子计算机，并由计算机自动进行存储、分类、排序、统计、打印或显示出来。因此，商品条码的实质就是一种电子设备可以阅读的语言，其内容仍然是商品的特定信息，并没有因为转换成了商品条码这种语言而有所改变。它与产品标识的不同之处也正在于此，产品标识面对的是用户、消费者等，而商品条码面对的是机器设备。

（二）商品条码的基本构成

根据商品条码所要表达的商品特定信息，商品条码基本上可以分为几个部分。由于构成商品条码的条形码的种类很多，以下仅以国际物品条形码（International Article Number Bar Code，简称 EAN 条形码）为例对商品条码的基本构成进行说明。由于 EAN 条形码由 13 位数字组成，又称 EAN－13 条码，由前缀码、厂商代码、商品项目代码（商品代码）、校验码四部分构成。如图 9－1 所示：

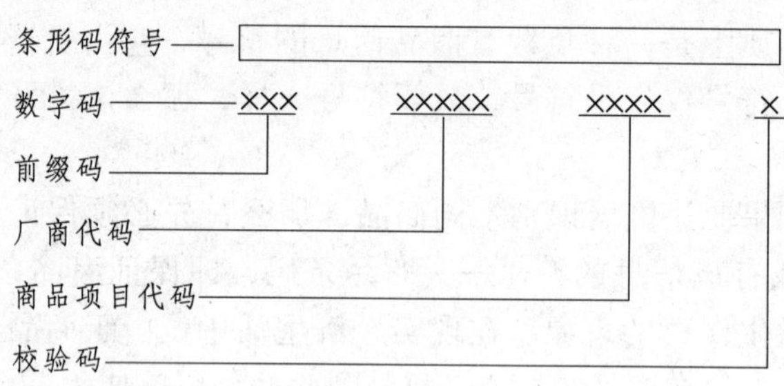

图 9－1

（1）前缀码，又称前缀号，由 3 位阿拉伯数字组成，是国际物品编码协会分配给其成员的标识代码。各国或地区只能作为一个编码组织代表加入国际物品编码协会，所以前缀码就是一国或地区的代码。国际物品编码协会分配给中国的前缀号为“690－691－692”。

（2）厂商代码，由 5 位阿拉伯数字组成，是各国或地区的 EAN 编码组织分配给其成员的标识代码，我国制造厂商代码由中国物品编码中心分配。

（3）商品项目代码，又称商品代码，由 4 位阿拉伯数字组成，用以标识商品的特征、属性或具体商品项目，即具有相同包装和价格的同一种商品。

（4）校验码，由 1 位阿拉伯数字组成，用以提高数据的可靠性和校验数据输入的正确性。

（三）商品条码的质量控制

商品条码的质量控制是指在商品条码印制过程中的质量控制问题。商品条码的内容及构成确定以后，需要把商品条码印制在商品包装上，如何控制好商品条码的印制质量就成为一个非常关键的问题。商品条码的印制质量主要与商品条码使用人的经济成本、条码识别设备的技术性能有关，也就是说，商品条码印制质量的评价标准主要由上述两个方面决定。因此，在商品条码的印制质量控制方面主要应做好以下几个方面的工作：

（1）商品条码使用单位在印刷商品包装时，应当选择获得《商品条码印刷企业资格认定证书》的印刷企业印制，否则，无法保证商品条码的印刷质量。

（2）制版企业在制作条码印刷印版时，应当采用质量技术监督部门制作并经过检验合格的原版条码胶片，并使用精度准确的条码制作软件生成条码。同时，应避免多次翻版、复制原包装物上的条码等制版方式，否则，很难满足条码印制所需的精度控制，非常容易造成条码符号尺寸超差。

（3）保证印刷企业印制设备精度和操作人员素质，确保条码符号在印刷过程中保持原有精度，不发生精度失控。

（4）商品条码使用企业和印刷企业印刷商品包装时应选择质量合格的印刷原料，否则，容易使条码符号尺寸严重超差。

四、商品条码法律制度的基本原则

（一）申请、分配原则

商品条码是用于现代化管理的高科技技术，是出口商品进入国际超级市场的显著标志。我国企业尤其是出口企业应该广泛推行采用。制造厂商只有向中国物品编码中心提出申请，该中心才能根据实际情况分配适用的条形码，并实施一定管理。条形码具有科学的内涵和特定的内容，任意编造是不能奏效的，也不会被承认。

（二）唯一性原则

唯一性是条形码的一大特点，是指商品项目与其标识条码应该一一对应，即一个商品项目只有一个条码，或者一个条码只标识同一商品项目。商品一经确定，其标识条码就不能更改。即使该商品停止生产不再销售了，在一段时间内也不得将该条码分配给其他商品项目，以确保条码的唯一性。但是，在我国，尤其在出口贸易中，往往同一种商品由不同厂家生产，在这种情况下，其条码如何处理？为此，中国物品编码中心有明确规定，由此获准使用他人注册商标的，必须采用商标注册者拥有的商品项目条码，否则就违背了条码唯一性。

（三）无含义性原则

在现代经济生活中，条形码应该推广采用。但是，条形码仅仅是一种识别商品的手段，即在商品流通过程中提高人们认识商品信息的灵活性、可靠性，从而提高生产和经营效率。条形码数字本身及其位置不表示商品的任何特定信息，不能认为印有条形码的就是好商品，没有印刷条形码的就是伪劣商品，更不能把条形码作为商品质量标准或质量认证标志。

（四）严格校验原则

由于条形码的种类很多，其组成形式比较复杂，在应用中往往出现差错，甚至造成混乱，因此必须加强管理，严格校验。为了提高数据的可靠性或校验数据输入的正确性，按照国际物品编码协会规定的方法，可以正确计算校验码的数值。为帮助理解，下面结合我国生产的阿诗玛牌香烟的条形码为例，进行校正验算。其步骤是：

第一步，将原条形码从右向左编排序号为①②③……⑬；即阿诗玛牌香烟的条形码为：6 9 0 1 0 2 8 0 4 7 0 7 4；编序号为：⑬ ⑫ ⑪ ⑩ ⑨ ⑧ ⑦ ⑥ ⑤ ④ ③ ② ①。

第二步，将序号为偶数位置上的数值相加，即 7 + 7 + 0 + 2 + 1 + 9 = 26

第三步，从序号第 3 位开始，将奇数项的数值相加，即 0 + 4 + 8 + 0 + 0 + 6 = 18

第四步，将第二步所得数值的和乘以 3，即 26 × 3 = 78

第五步，将第三步与第四步的结果相加，即 18 + 78 = 96

第六步，用固定数值 10 减去第五步结果的个位数，其结果一定是原条形码的校验码，即 10 - 6 = 4，

结果与原条形码的校验码数值相同，说明此条形码正确无误。

五、商品条码的注册、使用和管理

（一）厂商代码的注册

厂商代码，也称厂商识别代码，它是商品条码的重要组成部分，任何单位和个人使用商品条码必须按照《商品条码管理办法》核准注册，获得厂商识别代码。厂商代码的注册是指申请人根据《商品条码管理办法》的规定，向中国物品编码中心申请厂商识别代码，并取得中国商品条码系统成员资格的法律制度。

厂商代码注册申请人应当是依法取得营业执照和相关合法经营资质证明的生产者、销售者和服务提供者。集团公司中具有独立法人资格的子公司需要使用商品条码时，应当按规定单独申请注册厂商代码。社会组织、行业协会、中介机构等组织或单位申请的，非本单位使用厂商代码的，以及违反法律法规或者国际物品编码协会章程的其他情形的，不予注册厂商代码。

申请人可以到所在地的编码中心地方分支机构申请注册厂商代码，并应当提交《中国商品条码系统成员注册登记表》，出示营业执照或相关合法经营资质证明并提供复印件。编码分支机构应当在 5 个工作日内完成初审。初审合格的，编码分支机构应当签署意见并报送编码中心审批。编码中心应当在 5 个工作日内完成审核程序，对于符合要求的，应核准注册申请人的厂商代码，该申请人

取得中国商品条码系统成员资格。对初审不合格或不符合审批条件的，编码分支机构或编码中心应当将申请资料退回申请人或编码分支机构并说明理由。

编码中心应当定期公告系统成员及其注册的厂商代码。

（二）商品条码的编码、设计及印刷

商品条码的编码、设计及印刷应当符合《商品条码》（GB 12904）等相关国家标准的规定。编码中心应当按照有关国家标准编制厂商识别代码。系统成员应当按照有关国家标准编制商品代码，向所在地的编码分支机构通报编码信息。

企业在设计商品条码时，应当根据应用需要采用《商品条码》（GB 12904）、《储运单元条码》（GB/T 16830）、《EAN · UCC 系统 128 条码》（GB/T 15425）等国家标准中规定的条码标识。

印刷企业应当按照有关国家标准印刷商品条码，保证商品条码的印刷质量。印刷企业接受商品条码印刷业务时，应当查验委托人的《系统成员证书》或境外同等效力的证明文件并进行备案。

（三）商品条码的应用与管理

系统成员对其厂商代码、商品代码和相应的商品条码享有专用权。系统成员不得将其厂商代码及其相应的商品条码转让他人使用。任何单位和个人未经核准注册不得使用厂商识别代码和相应的条码；不得在商品包装上使用其他条码冒充商品条码；不得伪造商品条码。

销售者应当积极采用商品条码。销售者在其经销的商品没有使用商品条码的情况下，可以使用店内条码。店内条码的使用，应当符合国家标准《店内条码》（GB/T 18283）的有关规定。生产者不得以店内条码冒充商品条码使用。销售者进货时，应当查验与商品条码对应的《系统成员证书》或者同等效力的证明文件。销售者不得经销违法使用商品条码的商品。销售者不得以商品条码的名义向供货方收取进店费、上架费、信息处理费等费用，干扰商品条码的推广应用。

当在国内生产的商品使用境外注册的商品条码时，生产者应当提供该商品条码的注册证明、授权委托书等相关证明，并到所在地的编码分支机构备案，由编码分支机构将备案材料报送编码中心。

国家质检总局、国家标准委负责组织全国商品条码的监督检查工作，各级地方质量技术监督行政部门负责本行政区域内商品条码的监督检查工作。

各地质量技术监督行政部门要积极配合地方政府和有关部门，引导商品生产者、销售者、服务提供者积极采用国际通用的商品代码及条码标识体系，使用商品条码，保证商品条码质量，提高企业在商品生产、储运、配送、销售等各环节的现代化管理水平。

(四) 商品条码的续展、变更和注销

厂商识别代码有效期为2年。系统成员应当在厂商识别代码有效期满前3个月内，到所在地的编码分支机构办理续展手续。逾期未办理续展手续的，注销其厂商识别代码和系统成员资格。

系统成员的名称、地址、法定代表人等信息发生变化时，应当自有关部门批准之日起30日内，持有关文件和《系统成员证书》到所在地的编码分支机构办理变更手续。

系统成员停止使用厂商识别代码的，应当在停止使用之日起3个月内到所在地的编码分支机构办理注销手续。任何单位和个人不得擅自使用已经注销的厂商识别代码和相应条码。编码中心应当定期公告已被注销系统成员资格的企业名称及其厂商识别代码。已被注销厂商识别代码的生产者、销售者和服务提供者，需要使用商品条码时，应当重新申请注册厂商识别代码。

六、商品条码的法律责任

商品条码的法律责任是指有关当事人违反与商品条码管理有关的法律规范而承担的法律上的后果。按照责任主体可以分为商品条码使用人的法律责任和监督机关的法律责任两部分。

商品条码使用人应当依法使用商品条码，违反商品条码使用管理规定的应当承担相应责任。主要有：①系统成员转让厂商识别代码和相应条码的，责令其改正，没收违法所得，处以3000元罚款；②未经核准注册使用厂商识别代码和相应商品条码的，在商品包装上使用其他条码冒充商品条码或伪造商品条码的，或者使用已经注销的厂商识别代码和相应商品条码的，责令其改正，处以30 000元以下罚款。经销的商品印有未经核准注册、备案或者伪造的商品条码的，责令其改正，处以10 000元以下罚款。销售者以商品条码的名义向供货商收取进店费等不正当费用的，供货商可依法要求退还。

对商品条码使用人的行政处罚由县级以上地方质量技术监督行政部门负责实施。当事人对行政处罚不服的，可以依法申请行政复议或者提起行政诉讼。监督机关作为执法机关，应当严格按照法律执法，认真依法行政。监督机关或其工作人员应当对其失误和滥用职权等行为，承担相应的责任。质量技术监督行政部门应当加强对条码工作机构的管理与监督。因条码工作机构及工作人员的失误，给系统成员造成重大损失的，依法给予行政处分。从事商品条码管理工作的国家工作人员滥用职权、徇私舞弊的，由其主管部门给予行政处分；构成犯罪的，依法追究其刑事责任。

■ 第三节　地理标志保护法律制度

一、地理标志的概念及其性质

（一）地理标志的概念

地理标志作为某种特定的知名产品来源的标志，是由产地标志、原产地名称演变而来的。早在1883年6月签署的《保护工业产权巴黎公约》（简称《巴黎公约》）就对产地标志、原产地名称的保护问题进行了规定；1958年10月签署的《保护原产地名称及其国际注册里斯本协定》（简称《里斯本协定》）是一个专门保护原产地名称的国际条约，该协定对原产地名称的定义、保护方式、保护途径作了详细规定。在上述条约的基础上，1994年4月15日签署的《与贸易有关的知识产权协议》（简称《TRIPS协议》）确立了地理标志这一新的知识产权形式，并逐步被世界上大多数国家所接受。

《TRIPS协议》对地理标志作了如下界定："地理标志是标示出某种商品来源于某成员地域内，或者来源于该地域中某地区或某地方的标志，而且该商品的特定质量、信誉或者其他特征，主要与该地理来源相关。"我国作为WTO的成员，相关国内法在界定地理标志时，也是以上述定义为依据的。2001年10月，九届全国人大常务委员会对《商标法》进行了修正，增加了有关地理标志的内容，该法第16条第2款规定："前款所称地理标志，是指标示某商品来源于某地区，该商品的特定质量、信誉或者其他特征，主要由该地区的自然因素或者人文因素所决定的标志。"国家质量监督检验检疫总局于2005年制定颁布的《地理标志产品保护规定》第2条规定："本规定所称地理标志产品，是指产自特定地域，所具有的质量、声誉或其他特性本质上取决于该产地的自然因素和人文因素，经审核批准以地理名称进行命名的产品。"以上法律文件对地理标志的规定基本上是一致的。

由上述有关地理标志的定义可以看出，地理标志的概念包括以下三层内涵：

1. 地理标志是一种由地理名称所构成的一种区别标志。地理标志一般是由具有特殊的自然或者人文环境的地理区域的名称加上某种商品的通用名称构成的。作为地理标志的构成要素之一的地理区域的名称，指的是一个客观存在的地理区域的名称，包括现实或历史的地名，但不可以是虚构的而实际并不存在或从来都不曾存在过的地名。至于该地理区域的大小则没有限制，既可以是一个国家或者国家的一个省或州一级行政区域的名称，也可以是市县等行政区域的名称，甚至该地理区域并不是一个国家的行政区域，而只是某个特定地点或者区域，只要它符合构成地理标志的条件，就可以作为地理标志来使用并受到保护。

此外，地理名称不仅仅包括由文字构成的确切的地域名，而且还包括由符号或图形等构成的具有地理含义的其他标志。一般情况下，组成地理标志的另外一个要素是某种商品的通用名称，如“库尔勒香梨”中的“香梨”、“镇江香醋”中的“香醋”等。这里的通用名称应当是相关领域内消费者和公众所普遍知晓的商品的名称。例外的是有些地理标志仅仅就是由地理区域的名称单独构成的，如法国的“香槟”，香槟就是法国一个省的名称。

2. 地理标志不仅能够表明产品来自何地，更为重要的是它还要表明产品的特质，该特质是由产品所来自的那个地区决定的。地理标志所标示的商品的特殊品质与其来源地的密切联系便是该种商品的质量、信誉或者其他特征主要或者完全取决于该区域的人文或自然因素，或者两者兼而有之。此处的自然因素包括某个地理区域的气候、土壤、水源、植被以及自然稀有物种等，而人文因素则是指特定地理区域内有关商品的生产所独有的工艺、配方和技术流程等。因此，区别功能是地理标志的一般功能，而品质功能才是地理标志的本质特征。

3. 关于地理标志产品的来源地的具体认定标准。《巴黎公约》、《里斯本协定》以及《TRIPS 协议》都没有对此作出规定。根据本国地理标志资源的实际情况，各国立法对于地理标志产品的地理来源的具体认定标准规定不一。有的国家仅作了一般要求，规定只要产品在某种地理标志产品的特定地理区域内生产的或者其生产者位于该特定地域的，该产品就可以被认定为具有特定地理标志产品所要求的地理来源要素；有的国家则规定产品中来自特定地理区域的原材料必须达到一定比例，该产品才有可能被认定为地理标志产品，如美国的葡萄酒产地制度；有的国家则要求使产品具有一种地理标志产品的显著性特征的生产过程在特定地域完成即可。

我国《商标法》对地理标志产品的地理来源的认定标准没有规定，而作为部门规章的《地理标志产品保护规定》则规定：“地理标志产品包括：①来自本地区的种植、养殖产品；②原材料全部来自本地区或部分来自其他地区，并在本地区按照特定工艺生产和加工的产品。”可见，我国是采取了多种标准来认定地理标志产品的地理来源的。

（二）地理标志的性质

地理标志既是产地标志，也是质量标志，更是一种知识产权，一种无形财产。

地理标志不仅仅是一个简单的识别标志，它还是商品质量的标志。它代表着由来源地的地理环境（包括自然因素和人文因素）所确定的特定产品的突出的质量。地理标志往往是对产品标准和规范的符合性的管理和监督。地理标志保护制度就是通过制定法规、标准、技术规范、操作规程，运用检验、检疫等手段对原材料生产、加工、制作到销售进行全方位、全过程的监督管理，从而有效保证了特色产品的优良品质。因此，地理标志代表着产品的质量和信誉，是国家对消费者的一种承诺和担保。

作为一种知识产权，地理标志具有知识产权的一般特性，如专有性、地域性，同时也有其自己的独特属性。集体性和共有性就是地理标志区别于传统知识产权的一个显著属性。地理标志基于商品产地的自然条件和生产者的集体智慧而形成，归产地生产者和经营者集体共有，是一种集体性、共有性的权利。这一法律属性意味着：①地理标志不允许由个人独自注册，若独家注册则势必会剥夺该地域内其他生产经营者的使用权。②产地内的所有企业和个人只要其产品符合真实、稳定的传统条件，具有特定的质量和特点，都可以使用该地理标志。也就是说，该地理标志的使用权属于产地内所有符合该产品特质的企业和个人，而产地外的企业、个人，以及产地内的、其产品不符合一定特质的企业和个人则被禁止使用。③在盗用、假冒地理标志或侵权行为发生时，任何一个权利人均可提起诉讼，对地理标志予以保护。

二、地理标志与其他识别性标记的区别

围绕着保护某地域上的产品，世界各国先后产生过三个不同的识别性标记概念：产地标志（Indication of Source，亦称产地标记、产源标记、货源标记、原产地标志等）、原产地名称（Appellation of Origin）、地理标志（Geographical Indications）。地理标志与产地标志（货源标记）、原产地名称、商标等识别性标记既存在着紧密的联系又有着明显的区别。它们之间的共同点表现在：地理标志、产地标志、原产地名称、商标都是可以用来识别商品或者服务的不同来源（产地）的区别性标志，都可以帮助有着不同需求的消费者或用户挑选商品或服务的作用，但是它们之间还是有显著差别的。

（一）地理标志与产地标志的区别

产地标志这一概念在国际上首次出现于《巴黎公约》中，该公约将其保护对象规定为："工业产权的保护对象是发明、实用新型、外观设计、商标、服务标记、厂商名称、产地标记或原产地名称以及制止不正当竞争"。可见，在《巴黎公约》中，原产地名称和产地标志这两个概念是并列等同的，这也是产地标志最初的内涵，即广义的产地标志。

广义的产地标志的首要功能在于指明商品的来源、出处，并不直接地强调其所标示的商品的质量、信誉或者其他特征是否与该商品的地理来源存在密切联系。狭义的产地标志，又称货源标记，是现在通常情况下所采用的意义，仅用来指明某种商品的地理来源，即表明该商品是在某一特定的国家、地区生产

或者制造的，如“MADE IN CHINA”、“北京制造”等。在这里将产地标志与地理标志的概念加以比较时，取的是其第二种涵义，即狭义的产地标志。两者的区别在于：

1. 地理标志是一种表明商品的质量、信誉或者其他的特征，完全或者主要取决于其地理来源的识别性标志，强调商品的质量等特征与其产地的直接、密切、必然的联系；产地标志则仅仅是一种标示商品的地理出处的标志，与商品的质量、信誉等特征并无直接关系。

2. 由于地理标志直观地说明了商品的质量等特征与其地理来源的关系，因此通过在商品上使用地理标志，一方面有利于保护地理标志产品生产者的权益，给他们带来巨大的经济利益；另一方面也便于消费者从纷繁复杂的商品中选择质地优良、合乎心意的商品。而在商品上标注产地标志（货源标记），确定商品的原产地，则对于征收关税，进行进出口货物数量统计，执行数量限制等非关税措施以及执行动植物检疫等边境措施都具有十分重要的意义。

3. 虽然目前WTO成员尚未在地理标志产品的保护范围问题上达成一致，但是地理标志主要用于农产品、食品和手工艺品；产地标记的使用范围则没有限制，可用于任何性质、类型的商品。

4. 地理标志的构成要素之一的地理区域的名称可以是一个国名，也可以是国家的其他行政区域的名称，甚至是一国境内非行政区域的特定地点的名称，但总的来说，地理标志所标示的特定地域的范围比较小；产地标志一般标示某商品来自一个国家或者一国的特定行政区域，在范围上相对地理标志来说比较宽泛且大。

（二）地理标志与原产地名称的区别

在《巴黎公约》中，广义的原产地名称与广义的产地标志一样，用以表明商品的出处、来源，不强调商品的质量、信誉等特征与地域的联系。在《巴黎公约》的基础上，《里斯本协定》将原产地名称（Appellation of Origin）与狭义的产地标记（Indication of Source）区别开来，形成了狭义的原产地名称的概念，即“原产地名称（或称产地名称）是指一个国家、地区或地方的地理名称，用于指示一项产品来源于该地，其质量或特征完全或主要取决于地理环境，包括自然和人文因素”。这与《TRIPS协议》对地理标志的定义比较接近。二者不仅能够指明某种商品的地理出处，而且都强调商品的质量、信誉或者其他特征与其来源地的自然因素或人文因素的密切联系，因此其与《TRIPS协议》所界定的地理标志具有基本相同的涵义，但两者还是有一些区别的，具体表现为：

1. 地理标志的表现形式多于原产地名称。地理标志（参见《TRIPS协议》第22.1条的定义，下同）为“标示某商品……的标志”，而原产地名称（《里斯本协定》第2条定义，下同）为“用于表明某产品……的地理名称”。“标志”的内涵显然大于“名称”，因此地理标志不限于地理名称，还包括由文字、图形、三维标志等表达的其他多种可视性标志，只要能让公众产生该标志表达了商品来源的认识即可，如标示佛罗里达州柑橘的就是一图案，该图案就可以构成一个地理标志。

2. 地理标志的适用范围宽于原产地名称。地理标志适用于“特定品质、声誉或其他特征主要与该地理来源相关联”的商品，原产地名称适用于“质量和特性主要或本质上取决于该地理环境，包括自然和人的因素”的产品。因此，地理标志不限于质量和特性主要或本质上取决于该地理环境的产品，而且也包括信誉或其他特征主要归因于该地理来源的商品。“质量、信誉或其他特性”这一术语也被用于1992年7月14日欧共体《保护农产品和食品地理标志和原产地标记指令》（NO. 2081/92）。

3.《里斯本协定》项下原产地名称是用来指明“产品”（Product）的，而《TRIPS协议》项下地理标志是用来识别“商品”（Good）的。

（三）地理标志与普通商标的区别

按照《TRIPS协议》的规定，商标和地理标志是两种彼此相互独立存在的知识产权，但是二者存在着紧密联系：

（1）很多国家对地理标志的保护是通过商标的形式来实现的，即将地理标志注册为证明商标或集体商标，如美国、德国、爱沙尼亚等国家。

（2）地理标志和普通商标具有一定的相似性。具体表现为：①两者都是一种商业标识，用以区分不同商品经营者所提供的商品或服务；②地理标志和商标对于它们所标示的商品或者服务的质量、信誉或其他特征都具有一定程度的表彰作用，因此都具有广告的作用，消费者或者用户在选择商品时，都或多或少地会受到商品所使用的商标或者地理标志的影响；③地理标志和商标作为无形资产，背后都蕴藏着巨大的商业潜能，都可能给它们的权利主体带来极大的经济利益。可见两者之间的关系非常密切。

虽然地理标志和商标都是识别性标志，但它们的区别还是很明显的。地理标志与普通商标存在以下不同：

（1）构成要素方面的区别。对于地理标志的构成要素，《TRIPS协议》没有作出具体规定。地理标志一般是由特定地理区域的名称和某种商品的通用名称组合而成的，其中的地理区域的名称可以是包括一国的国名、县级以上地方行政区域的名称在内的任何特定地点的名称。

《TRIPS协议》规定：“任何能够将一企业的商品或服务与其他企业的商品或服务区分开的标记或标记组合，均应能够构成商标。这类标记，尤其是文字

(包括人名)、字母、数字、图形要素、色彩的组合，以及上述内容的任何组合，均应能够作为商标获得注册。”我国《商标法》对商标构成要素也作出了与上述公约基本一致的规定，同时强调规定，县级以上行政区划的地名或者公众知晓的外国地名等标志，不得作为商标使用；仅有某一商品的通用名称、图形、型号的标志不得作为商标注册。可见，地理标志和商标在构成要素方面的区别在于：地理标志可以使用一国国家名称和县级以上行政区域的名称以及公众知晓的外国地名，并且通常要突出强调该地域名称；另外，地理标志中可以出现某商品的通用名称。而无论是注册商标还是未经注册的商标一般都不得含有国家的名称和较大行政区域的名称，并且禁止仅有商品通用名称的商标注册。

(2) 功能方面的区别。地理标志和普通商标都具有区分不同的商品生产者或服务提供者的商品或服务的作用，但是它们发挥区分作用的途径和着眼点是有很大差异的。地理标志区分商品侧重于通过对其产地的标示，而不是通过对其制造来源的标示，通过标示商品的地理出处，表明该商品所具有的特殊质量或者其他特征；而商标发挥区分作用的途径则在于通过表明使用该商标的商品来自“何人”，即消费者或者用户可以通过商标来识别出某种商品（服务）的制造加工者（服务提供者)，进而区分商品或者服务。此外，商标在表征使用该商标的商品所具有的独特品质等特征方面不如地理标志那样直接明了。

(3) 权利主体方面的区别。地理标志作为一种集体性权利，它的权利主体一般是某一特定地点的多个自然人、法人或者其他组织，具有主体方面的广泛性；而注册商标的权利人一般是单个的主体，即使在商标注册人为两个以上的自然人、法人或者其他组织时，其权利主体的人数也是非常有限的，不具有广泛性。

(4) 权利取得方式的区别。有关地理标志权利的取得方式，无论是《巴黎公约》，还是《TRIPS 协议》都没有做出明确的规定。各国的做法不一，主要有以下几种方式：①《里斯本协定》模式。根据《里斯本协定》第1条第2项的规定，地理标志权利的取得必须履行在国际局注册的手续，同时在《里斯本协定》各缔约方都受到保护的地理标志还须具备在原属国得到承认和保护的前提条件。②行政机关核准取得的模式。我国《地理标志产品保护规定》第5条就规定：“申请地理标志产品保护，应依照本规定经审核批准。使用地理标志产品专用标志，必须依照本规定经注册登记，并接受监督管理。”③依商标法取得模式。即有关申请人通过将含有地理标志的商标申请注册为集体商标或者证明商标的方式间接取得地理标志的相关权利。

商标权的取得首先可分为原始取得和继受取得两种方式。商标权的原始取得方式主要有以下几种：①经行政机关核准注册登记的模式；②通过驰名商标认定的模式；③通过使用而取得的模式。除了原始取得外，商标权还可以通过继承、赠与、转让以及法律规定的其他途径发生继受取得。而由于地理标志是一项集体性的权利，因此，一方面，只要生产者、制造者能够证明其产品来自划定的地理标志产品产地范围内的，且符合相关的产品标准的，就可以在其商品上使用地理标志；另一方面，地理标志权利人也无权将地理标志权利转让于任何不符合地理标志使用条件的产品生产者。这是商标权与地理标志在权利取得方式上最主要的区别。

（5）权利保护方式方面的区别。地理标志是一项集体性权利，权利主体的广泛性决定了任何生产者只要保证其生产的产品来自该种地理标志产品所划定的产地范围内，且符合相应的产品质量标准的，就可以使用地理标志产品专用标志；反之，则绝对禁止其他生产者在商品上使用该专用标志。

国际通行的地理标志法律制度着重是从“禁止”的角度来保护权利主体的合法权益的。而无论是从国际上还是从国内看，商标法律制度则着重保护有限权利人的私人利益，从而使商标权的内容，尤其是其积极权能比地理标志丰富得多。依据现行的商标法律制度，一方面，商标权的权利主体可以通过行使商标权的积极权能，包括通过商标的使用、许可他人使用、转让等方式主动地维护自己的合法权益；另一方面，权利主体也可以通过行使商标权的消极权能，即排除他人的不法侵害的方式对自己的权益加以保护。

三、国际公约对地理标志的保护

（一）国际公约对地理标志保护的历史

产地标志、原产地名称和地理标志的产生都与一些国际公约或者国际组织的努力密切相关。

1883年的《巴黎公约》首次出现了产地标志、原产地名称一词，该公约关于原产地名称的保护主要有：①将原产地名称列入工业产权范围，成为工业产权的保护对象；②对于假冒原产地名称的商品（包括直接或间接使用商品原产地的虚假标志），各成员国应该在进口时予以扣押；③假冒原产地名称的行为构成不正当竞争，因为这是一个违反诚实经营的行为。

1891年在马德里签订的《商标国际注册马德里协定》（简称《马德里协定》）是《巴黎公约》的子公约，其最新文本是1958年的里斯本修订文本。该公约侧重于对产地标志的保护，将对原产地标志的保护涵盖在内。公约对产地标志的保护体现在以下几个方面：①对于使用虚假的或欺骗性标志的商品，各国应采取以下措施：在进口时扣押、禁止进口、在国内扣押以及其他合法措施；②禁止在招牌、广告、发票等任何商业文件中使用虚假的产地标记；③对葡萄产品进行严格的保护，对它的保留作了限制。

1958 年，《巴黎公约》部分成员国根据该公约第 19 条成立了一个特别联盟，以加强对原产地名称的保护，并在里斯本缔结了该条约，即《里斯本协定》。它是产地名称保护中的一个极其重要的国际条约。《里斯本协定》对原产地名称主要有以下规定：①第一次对“原产地名称”作了定义规定；②获得其他成员国保护原产地名称必须首先在其本国（即原属国）获得保护；③公约规定了一个原产名称的国际注册体系，受到一国保护的原产地名称可以到世界知识产权下属的国家局进行注册，以获得所有成员国的保护，其他成员国可在 1 年内提出不对该名称进行保护的异议，超过期限不提出异议则自动获得保护，对于该异议，原产地名称有关当事人可在异议国提出补救措施（包括司法和行政措施）；④原产地名称优先原则。如果一个已获保护的原产地名称在国际注册之前，在其他成员国已经被第三方使用（比如商标形式），该第三方应在 2 年内逐步停止使用。

（二）《TRIPS 协议》对地理标志的保护

1994 年制定的《TRIPS 协议》是迄今为止知识产权保护中较新的也是保护水平最高的国际公约。我国自 2001 年 12 月 1 日加入 WTO 后，开始承担履行《TRIPS 协议》的义务。该协议以《里斯本协定》对原产地名称的定义为基础，在国际条约中首次采用了“地理标志”这一概念，其所确立的地理标志保护制度主要规定在该协议第 22 ~ 24 条，包括以下几个部分：

1. 第 22 条关于地理标志的一般保护体系。

（1）规定 WTO 各成员对两类地理标志侵权行为，应当通过向与有关地理标志有利害关系的主体提供法律措施来制止不法行为，对合法权利人予以救济。这两类地理标志侵权行为包括：①在商品的称谓或表达上，以任何方式明示或暗示有关商品来源于并非其真实来源地，并足以使公众对该商品真实来源产生误认的行为；②依据《巴黎公约》1967 年文本第 10 条之二的规定，以任何方式使用地理标志所构成的不正当竞争行为。

（2）对于由地理标志要素构成的商标，该协议也规定在任何 WTO 成员地域内，如果使用由地理标志构成的商标的商品并非来源于其中的地理标志所标示的地域的，因此而误导公众的，具有使公众不能认明商品的真正来源地的性质，如果 WTO 成员的法律允许，则应当由有关成员的机关依职权驳回或撤销此类商标的注册，或者经一方利害关系人的请求驳回或撤销此类商标的注册。

（3）对于一个虽然真实地指明了商品的来源地，但是它会误导公众以为该商品来源于另一地域的使用在商品上的含有地域要素的标志，虽然该标志在形式上符合地理标志的要件，但是因为其欠缺《TRIPS 协议》要求地理标志所具有的指明某一商品的特定质量、信誉或其他特征主要与其地理来源相关联的属性，因而不能成为实质上的地理标志。

2. 第23条对葡萄酒和烈性酒的地理标志构建的特别保护体系。

（1）第23条第1款规定对于凡是用地理标志去标示并非来源于该标志所指的地方的葡萄酒或烈性酒的行为，即使经营者也同时标出了商品的真正来源地，或者所使用的是有关地理标志的翻译文字，或者伴有某某“种”、某某“型”，WTO成员也应当提供法律措施予以制止，以保护地理标志利害关系人的权益。

（2）第23条第2款对在葡萄酒或烈性酒上使用包含或组合有标示该酒的地理标志的商标的行为作了规范。依据该款的规定，对于此类包含或组合有标示葡萄酒或烈性酒的地理标志的商标，如果其所标示的酒产品并非产自该商标所指明的地域的，如果成员域内法允许，那么该成员应依职权驳回或撤销该商标的注册，或应根据一方利害关系人的请求，驳回或撤销该商标的注册。

（3）为了解决诸多葡萄酒使用同音字或同形字的地理标志的问题，《TRIPS协议》第23条第3款规定，在遵守第22条第4款的前提下，对于这些使用在葡萄酒上的、由同音字或同形字构成的地理标志均适用协议予以保护，同时要求各成员应当在顾及并确保给有关生产者以平等待遇而且不误导消费者的情况下，确定出将有关由同音字或同形字构成的地理标志区别开来的实际条件。

3. 地理标志国际保护的例外情形。

（1）在先使用或者善意使用的例外。依据协议第24条第4款的规定，如果一个WTO成员的国民或居民已经连续在该成员地域内，在相同或有关的葡萄酒或烈性酒商品或服务上，使用了另一成员标示有关商品或服务的地理标志的，只要这样的使用在关贸总协定部长级会议结束乌拉圭回合谈判之前，也就是1994年4月15日以前，已经至少有10年，或在该日以前是善意使用的，则有关经营者有权继续以同样方式使用该地理标志，该成员无义务遵循协议有关地理标志保护的规定采取措施加以制止。

（2）与地理标志相同或近似的商标通过在先善意申请、在先善意注册以及在先善意使用而获得商标权的例外。协议第六部分对WTO的三类成员（发达成员、发展中成员和最不发达成员）适用协议分别规定了不同的过渡期，协议第24条第5款规定，如果在某成员依据协议第六部分的规定，适用相应过渡期的规定之前或在有关地理标志于来源国获得保护之前，某个与某地理标志相同或近似的商标已善意申请或获得注册，或已通过善意使用获商标权的，则不得因该商标与某地理标志相同或近似，而依照《TRIPS协议》的有关规定采取措施损害该商标注册的利益或效力，或损害该商标的使用权。

（3）通用名称的例外。《TRIPS协议》第24条第6款规定，如果一个成员在其地域内的商品或服务上所使用的通用名称，与其他成员地理标志相同的，或者在WTO协定生效之前，在一成员地域内已有的葡萄品种的惯用名称与其他成员的葡萄酒产品所使用的地理标志相同的，则相关成员无义务适用《TRIPS协议》有关地理标志保护的规定。

（4）善意使用姓名或者企业名称的例外。协议为地理标志所提供的保护不得损害任何人在贸易活动中对其姓名或继续使用其营业名称的权利，但是该主体在主观上必须是善意的，但若以误导公众的方式使用，则应当仍然适用协议有关规定。

（5）地理标志在其来源国不再受保护的例外。《TRIPS协议》第24条第9款规定各成员对于在其来源国不受保护或中止保护的地理标志，或在来源国已废止使用的地理标志无保护的义务。

四、我国地理标志的商标保护及其内容

（一）我国地理标志的商标保护法律体系的建立

我国1982年制定的《商标法》及同年发布的《商标法实施细则》并没有关于地名商标的内容，更没有地理标志的规定。1984年11月，我国决定加入《巴黎公约》，该公约于1985年3月15日对我国生效，自此我国真正揭开了保护地理标志的序幕。该公约规定，成员有保护其他成员原产地名称的义务。

1986年11月6日，国家工商总局商标局就在《县级以上行政区划名称作商标等问题的复函》中明确规定："县级以上行政区划名称不得作商标的主要原因：①此乃国际上通常做法；②行政区划名称不该由某一企业或个人作为商标注册而排除该地区其他企业或个人在同一种商品或类似商品上使用；③与保护原产地名称产生矛盾；④县级以上行政区划只能表示商品产地，用作商标缺乏所应具有的显著性。"1988年修订的《商标法实施细则》中便规定了县级以上行政区划的名称和公众知晓的外国地名不得作为商标。1989年10月26日国家工商局就"香槟"原产地名称的保护问题专门下达了《关于停止在酒类商品上使用香槟或Champagne字样的通知》。该通知明文规定：我国是《巴黎公约》（1967年）的成员国，有义务依该公约的规定保护原产地名称。我国企业单位和个体工商户以及在中国的外国企业（法国除外）不得在酒类商品上使用"Champagne"或"香槟"字样。这实际上是以单行规定的方式，对一个原产地名称给予特殊的、明确的保护。

1993年2月22日修订后的《商标法》对地名作为商标作了明确的规定：县级以上行政区划的地名或者公众知晓的外国地名，不得作为商标，但是，地名具有其他含义的除外；已经注册的使用地名的商标继续有效。这种规定起到了间接保护地理标志的作用。1993年修订的《商标法实施细则》第6条增加了有关集体商标、证明商标的内容："依照《商标法》第3条规定，经商标局核准注册的集体商标、证明商标，受法律保护”。1994 年年底，国家工商局发布的《集体商标、证明商标注册和管理办法》，对集体商标、证明商标作了明确的规定。1998 年对该办法进行了修订，为地理标志用证明商标或集体商标保护提供了法律依据。

为适应我国加入世界贸易组织的需要及我国市场经济发展的要求，现行《商标法》作了第二次修正，于 2001 年 10 月 27 日第九届全国人民代表大会常务委员会第 24 次会议上通过。2002 年 8 月 3 日，为配合《商标法》的实施，国务院颁布了《商标法实施条例》。根据《商标法》及《商标法实施条例》，2003 年 4 月 17 日，国家工商管理总局颁布了新的《集体商标、证明商标注册和管理办法》。2007 年 1 月 8 日，国家工商管理总局颁布《地理标志产品专用标志管理办法》，开始对地理标志产品实施统一的专用标志。这些法律、行政法规及部门规章的规定，实际上是在我国建立了地理标志不得注册为一般商标但可注册为证明商标或集体商标，通过商标制度予以特殊保护的法律制度。

（二）我国地理标志商标保护制度的主要内容

1. 地理标志的界定及其保护方式。

（1）现行《商标法》明确了地理标志的定义，并规定了对地理标志的保护。该法第 16 条第 2 款对地理标志作了非常明确的定义：“……地理标志，是指标示某商品来源于某地区，该商品的特定质量、信誉或者其他特征，主要由该地区的自然因素或者人文因素所决定的标志。”第 16 条第 1 款规定：“商标中有商品的地理标志，而该商品并非来源于该标志所标示的地区，误导公众的，不予注册并禁止使用；但是，已经善意取得注册的继续有效。”即如果在申请注册的商标中包含有商品的地理标志（应包括文字或图形等），而该商品并不来源于该标志所指明的地区会使公众产生误会，则这样的商标除不予注册外，还禁止使用。

（2）《商标法》规定了集体商标、证明商标的内容，为地理标志的商标保护提供了依据。该法第 3 条第 1 款规定：“经商标局核准注册的商标为注册商标，包括商品商标、服务商标和集体商标、证明商标；商标注册人享有商标专用权，受法律保护。”同时规定：“本法所称集体商标，是指以团体、协会或者其他组织名义注册，供该组织成员在商事活动中使用，以表明使用者在该组织中的成员资格的标志。本法所称证明商标，是指由对某种商品或者服务具有监督能力的组织所控制，而由该组织以外的单位或者个人使用于其商品或者服务，用以证明该商品或者服务的原产地、原料、制造方法、质量或者其他特定品质的标志。”

（3）《商标法实施条例》进一步明确了地理标志可作为集体商标或证明商标

获得商标法的保护。该条例第 6 条规定："商标法第 16 条规定的地理标志，可以依照商标法和本条例的规定，作为证明商标或集体商标申请注册。以地理标志作为证明商标注册的，其商品符合使用该地理标志条件的自然人、法人或者其他组织可以要求使用该证明商标，控制该证明商标的组织应当允许。以地理标志作为集体商标注册的，其商品符合使用该地理标志条件的自然人、法人或者其他组织，可以要求参加以该地理标志作为集体商标注册的团体、协会或者其他组织，该团体、协会或者其他组织应当依据其章程接纳为会员；不要求参加以该地理标志作为集体商标注册的团体、协会或者其他组织的，也可以正当使用该地理标志，该团体、协会或者其他组织无权禁止。"

这意味着我国的法律法规是通过集体商标、证明商标制度来履行《TRIPS 协议》有关地理标志保护的要求。为了防止地理标志作为集体商标、证明商标注册以后影响他人的合法权益，该条例还规定符合条件的自然人、法人或者其他组织有权使用该证明商标或者有权加入该集体组织，也可正当使用该地理标志而不加入该集体组织。

2. 地理标志商标的标志及酒类商标标志的特殊规定。

（1）地理标志商标的标志。我国《商标法》规定商标可以采用文字、图形、字母、数字、三维标志和颜色组合等多种标志。对于地理标志商标的标志，国家工商行政管理总局于2003 年 4 月 17 日发布的《集体商标、证明商标注册和管理办法》则作出了灵活规定。该办法第 8 条规定："作为集体商标、证明商标申请注册的地理标志，可以是该地理标志标示地区的名称，也可以是能够标示某商品来源于该地区的其他可视性标志。前款所称地区无需与该地区的现行行政区划名称、范围完全一致。"

（2）酒类商标标志。《集体商标、证明商标注册和管理办法》对于酒类地理标志作出了较为特殊的规定。该办法第 9 条规定："多个葡萄酒地理标志构成同音字或者同形字的，在这些地理标志能够彼此区分且不误导公众的情况下，每个地理标志都可以作为集体商标或者证明商标申请注册。"第 12 条规定："使用他人作为集体商标、证明商标注册的葡萄酒、烈性酒地理标志标示并非来源于该地理标志所标示地区的葡萄酒、烈性酒，即使同时标出了商品的真正来源地，或者使用的是翻译文字，或者伴有诸如某某"种"、某某"型"、某某"式"、某某"类"等表述的，适用商标法第 16 条的规定。"（《商标法》第 16 条第 1 款规定："商标中有商品的地理标志，而该商品并非来源于该标志所标示的地区，误导公众的，不予注册并禁止使用；但是，已经善意取得注册的继续有效。"）

3. 地理标志商标的申请。作为集体商标或者证明商标的地理标志的申请注册程序与商品商标基本相同，比较特殊的方面主要包括：

（1）每一个商标申请应当向商标局交送《商标注册申请书》一份，并在商标申请书商标种类一栏上注明商标是集体商标或是证明商标。申请文件中说明下列内容：该地理标志所标示的商品的特定质量、信誉或者其他特征；该商品的特定质量、信誉或者其他特征与该地理标志所标示的地区的自然因素和人文因素的关系；该地理标志所标示的地区的范围。

（2）申请人还必须附送以下文件：商标使用管理规则；附送地理标志所标示地区的省级以上人民政府或者行业主管部门对申请人指定注册的商品的特定品质具有监督能力及其商品生产地域范围的证明文件及批准文件；提供详细说明申请人所具有的或者其委托的机构具有的专业技术人员、专业检测设备等情况，以表明其具有监督使用该地理标志商品的特定品质的能力。

4. 地理标志商标申请的实质审查。地理标志的注册由商标局依事实来认定。作为集体商标或者证明商标的地理标志实质审查是对商标是否具备注册条件的审查，是依照《商标法》的有关规定审查，即商标是否属于《商标法》第10条禁用之列；商标是否具有显著特征，便于识别（《商标法》第11条）；商标是否与在先申请或者已注册的商标权利冲突，其中包括普通商标的在先权利（《商标法》第28、29条）。

实质审查还包括：①该地理标志所标示的商品的特定品质、信誉或者其他特征；②该商品的特定品质、信誉或者其他特征与该地理标志所标示的地区的自然因素和人文因素的关系；③该地理标志所标示的地域范围。

5. 地理标志作为集体商标的注册人及使用人的权利与义务。集体商标一经注册，其集体组织所属成员均可使用该集体商标，但须按照该集体商标的使用管理规则履行必要手续。注册人应依《集体商标、证明商标注册和管理办法》第19条规定，发给使用人《集体商标使用证》。集体商标注册人应监督其成员依法使用该商标及其商品的质量，如果其成员使用该商标的商品达不到其使用管理规则的要求，粗制滥造，以次充好，欺骗消费者的，集体商标注册人应承担法律责任。该组织成员共同协商，注册人可收取一定的管理费，但不得以盈利为目的，应专用于集体商标的管理。

集体商标注册人不得许可非集体成员使用集体商标。集体商标专用权被侵犯的，注册人可以根据《商标法》及《商标法实施条例》的有关规定，请求工商行政管理部门处理，或者直接向人民法院起诉。经公告的使用人可以作为利害关系人参与上述请求。

6. 地理标志作为证明商标的注册人及使用人的权利与义务。《集体商标、证明商标注册和管理办法》规定，证明商标一经注册，凡符合证明商标使用管理规则规定条件的，在履行注册人所规定的手续后，可以使用该证明商标。当事人提供的商品或者服务符合证明商标规定条件的，注册人不得拒绝其使用。注册人对证明商标使用管理规则的任何修改，均应经商标局审查核准，并自公告之日起生效。

证明商标注册人不得在自己提供的商品或者服务上使用该证明商标。证明商标注册人准许他人使用其商标的，注册人应当在1年内报商标局备案，由商标局公告。证明商标注册人应依《集体商标、证明商标注册和管理办法》第19条规定，发给使用人《证明商标使用证》。证明商标注册人应对该商标的使用进行有效管理或者控制，如果使用该商标的商品达不到其使用管理规则的要求，对消费者造成损害的，该商标注册人应承担法律责任。对其商标使用失去控制的，由商标局撤销该注册商标。

证明商标专用权被侵犯的，注册人可以根据《商标法》及《商标法实施条例》的有关规定，请求工商行政管理部门处理，或者直接向人民法院起诉。经公告的使用人可以作为利害关系人参与上述请求。

7. 地理标志作为证明商标、集体商标的专用权保护。

（1）《商标法》及《商标法实施条例》规定下列行为均属侵犯注册商标专用权：①未经商标注册人的许可，在同一种商品或者类似商品上使用与其注册商标相同或者近似的商标的；②销售侵犯注册商标专用权的商品的；③伪造、擅自制造他人注册商标标识或者销售伪造、擅自制造的注册商标标识的；④未经商标注册人同意，更换其注册商标并将该更换商标的商品又投入市场的；⑤在同一种或者类似商品上，将与他人注册商标相同或者近似的标志作为商品名称或者商品装潢使用，误导公众的；⑥故意为侵犯他人注册商标专用权行为提供仓储、运输、邮寄、隐匿等便利条件的。

（2）侵犯地理标志作为证明商标、集体商标的专用权的法律责任：

第一，民事赔偿责任。关于侵犯商标专用权的赔偿数额，《商标法》第56条规定，为侵权人在侵权期间因侵权所获得的利益，或者被侵权人在被侵权期间因被侵权所受到的损失，包括被侵权人为制止侵权行为所支付的合理开支。侵权人因侵权所得利益，或者被侵权人因被侵权所受损失难以确定的，由人民法院根据侵权行为的情节判决给予50万元以下的赔偿。销售不知道是侵犯注册商标专用权的商品，能证明该商品是自己合法取得的并说明提供者的，不承担赔偿责任。

第二，行政责任。《商标法》及《商标法实施条例》规定，工商行政机关认定侵权行为成立的，责令立即停止侵权行为，没收、销毁侵权商品和专门用于制造侵权商品、伪造注册商标标识的工具，并可处以罚款。对侵犯注册商标专用权的行为，罚款数额为非法经营额3倍以下；非法经营额无法计算的，罚款数额为10万元以下。

第三，刑事责任。《商标法》第59条规定，未经商标注册人许可，在同一种商品上使用与其注册商标相同的商标，构成犯罪的，除赔偿被侵权人的损失外，依法追究刑事责任。

伪造、擅自制造他人注册商标标识或者销售伪造、擅自制造的注册商标标识，构成犯罪的，除赔偿被侵权人的损失外，依法追究刑事责任。销售明知是假冒注册商标的商品，构成犯罪的，除赔偿被侵权人的损失外，依法追究刑事责任。

（3）其他规定。《商标法》规定在侵犯注册商标专用权行为引起纠纷时，由当事人协商解决；不愿协商或者协商不成的，商标注册人或者利害关系人可以向人民法院起诉，也可以请求工商行政管理部门处理。

商标权人可以于起诉前向人民法院申请先予执行、财产保全和证据保全。

（三）地理标志专用标志

2007年1月24日，国家工商管理总局颁布《地理标志产品专用标志管理办法》，规定对地理标志产品实施统一的专用标志，用以表明使用该专用标志的产品的地理标志已经国家工商行政管理总局商标局核准注册。

该办法对其标志的使用主要规定为：①已注册地理标志的合法使用人可以同时在其地理标志产品上使用该专用标志，并可以标明该地理标志注册号；②专用标志使用人可以将专用标志用于商品、商品包装或者容器上，或者用于广告宣传、展览以及其他商业活动中；③专用标志应与地理标志一同使用，不得单独使用；④地理标志注册人应对专用标志使用人的使用行为进行监督；⑤专用标志应严格按照国家工商行政管理总局商标局颁布的专用标志样式使用，不得随意变化；⑥专用标志属于《商标法》第10条规定保护的官方标志，各级工商行政管理部门负责对专用标志实施管理；⑦对于擅自使用专用标志，或者使用与专用标志近似的标记的，各级工商行政管理部门可依照《商标法》、《商标法实施条例》的有关规定予以查处。

五、我国地理标志产品专门保护制度

（一）我国地理标志产品专门保护制度的建立

从1995年开始，原国家质量技术监督局与法国干邑办、农业部、财政部和欧盟在原产地产品保护方面加大了交流与合作。1997年5月及1998年9月中法签署了《中法联合声明》、《中法关于成立农业及农业食品合作委员会的声明》。两个声明均提出进一步加强两国在原产地命名和打击假冒行为方面的合作，由此对中国原产地产品保护制度的建立起了重大推动作用。

经过多年的反复研究、探索，原国家质量技术监督局于1999年8月17日以第6号局长令的形式发布了《原产地域产品保护规定》（该规定已被2005年6月7日发布的《地理标志产品保护规定》所取代），这是我国第一部专门规定原产地域产品（地理标志产品）保护制度的部门规章。该规定对原产地域产品的定义、标准要求、申请、审批、监控等作出了详细的规定，开创了我国地理标志保护的先河。其第2条规定："本规定所称原产地域产品，是指利用产自特定地域的原材料，按照传统工艺在特定地域内所生产的，质量、特色或者声誉在本质上取决于其原产地域地理特征并依照本规定经审核批准以原产地域进行命名的产品。"第16条规定："生产者申请经保护办注册登记后，即可以在其产品上使用原产地域产品专用标志，获得原产地域产品保护。"此规定是从直接保护的角度来保护这些由地理环境决定质量、特色或者声誉的产品，从而也间接地保护了这种专用标志（地理标志）。

依该项规定，我国当时对原产地产品实施两级管理，一级是国家质检总局作为原产地产品保护的主管部门，下设原产地域产品保护办公室，具体负责组织对原产地域产品保护申请进行审核、确认保护地域范围、产品品种和注册登记等管理工作。保护办下设若干专家审查委员会，负责对原产地域产品保护申请的技术审查工作。另一级是有关省、区、市质监局根据有关地方人民政府的建议，组织有关地方质监部门、行业主管、行业协会和生产者代表，组成原产地域产品保护申报机构。申报办向国家原产地域产品保护办提交申报手续，申请地域保护，受理并初审生产者的产品保护申请，管理原产地域产品专用标志的使用。

1999年12月7日，原国家质量技术监督局发布的《原产地域产品通用要求》对原产地域产品的标准、外包装、标签、专用标记等作出了操作性的规定。较具特色的是我国原产地域产品规定了专用标记的使用。《原产地域产品通用要求》第7条第1款规定，原产地域产品专用"标志的轮廓为椭圆形，灰色外圈，绿色底色，椭圆中央为红色的中华人民共和国地图，椭圆形下部为灰色的万里长城。在椭圆形上部标注中华人民共和国原产地域产品字样，字体为黑色、综艺体"。第7条第2款规定，在产品说明书和包装上印制标志时，允许按比例放大或缩小。未经国家职能部门批准，原产地域产品专用标志不能随意改变。大多数国家一般不规定统一的地理标志专用标记，具体标志根据申请者的需要自行设计。

2001年1月1日，原国家出入境检验检疫局颁布的《原产地标记管理规定》和2001年3月5日原国家出入境检验检疫局颁布的《原产地标记管理规定实施办法》中所称原产地标记包括"原产国标记"和"地理标志"。其中"原产国标记"是指用于指示一项产品或服务来源于某个国家或地区的标识、标签、标示、文字、图案以及与产地有关的各种证书等；“地理标志”是指一个国家、地区或特定地方的地理名称，用于指示一项产品来源于该地，且该产品的质量特征完全取决于该地的地理环境、自然条件、人文背景等因素。

《原产地标记管理规定》第6条规定：使用地理标志的产品包括：①用特定地区命名的产品，其原材料全部、部分或主要来自该地区，或来自其他特定地区，其产品的特殊品质、特色和声誉取决于当地的自然环境和人文因素，并在该地采用传统工艺生产；②以非特定地区命名的产品，其主要原材料来自该地区或其他特定地区，但该产品的品质、风味、特征取决于该地的自然环境和人文因素以及采用传统工艺生产、加工、制造或形成的产品，也视为地理标志产品。该两项规定还详细规定了原产地标记（包括地理标志）的申请、评审和注册原产地认证标记的使用、监管等事项。

2001年4月10日，原国家出入境检验检疫局和原国家质量技术监督局合并为国家质量技术监督检验检疫总局。国家质量技术监督检验检疫总局是全国原产地标记管理工作的主管机关，负责原产地标记管理规定的制定、原产地标记的注册审批、统一发布原产地标记认证的种类和形式，以及原产地标记管理工作的协调和监督管理工作，同时又承接了原国家质量技术监督局的一项职能——负责组织对原产地域产品保护申请进行审核、确认保护地域范围、产品品种和注册登记等管理工作。

2005年6月，国家质检总局按照WTO/TRIPS关于地理标志的规定，在总结、吸纳原有的《原产地域产品保护规定》和《原产地标记管理规定》成功经验的基础上，制定发布了《地理标志产品保护规定》。该规定将原产地域产品改称为地理标志产品，并对地理标志产品的申请受理、审核批准、地理标志专用标志注册登记和监督管理等作出统一规定。原国家质量技术监督局公布的《原产地域产品保护规定》同时废止。《地理标志产品保护规定》有两方面的明显改进：①剔除了《原产地域产品保护规定》中关于原产国的规定内容；②明确了《原产地标记管理规定》、《原产地标记管理规定实施办法》中关于地理标志的内容与《地理标志产品保护规定》不一致的，以后者为准。该规定有效规范、协调了国内关于地理标志与原产国的有关规定，有利于促进规范执法。《地理标志产品保护规定》的颁布实施既是对中国加入WTO相关承诺的进一步深化和落实，又结合中国国情实行了“五统一”，即统一制度、统一名称、统一审批程序、统一专用标志、统一产品标准。

（二）《地理标志产品保护规定》的主要保护内容

1. 一般规定：

（1）立法宗旨、立法依据。《地理标志产品保护规定》第1条首先确立了其立法宗旨及其立法依据："为了有效保护我国的地理标志产品，规范地理标志产品名称和专用标志的使用，保证地理标志产品的质量和特色，根据《中华人民共和国产品质量法》、《中华人民共和国标准化法》、《中华人民共和国进出口商品检验法》等有关规定，制定本规定。"

(2) 地理标志的概念。该规定第 2 条对地理标志作出如下界定：指产自特定地域，所具有的质量、声誉或其他特性本质上取决于该产地的自然因素和人文因素，经审核批准以地理名称进行命名的产品。地理标志产品包括：①来自本地区的种植、养殖产品；②原材料全部来自本地区或部分来自其他地区，并在本地区按照特定工艺生产和加工的产品。该规定明显类似于《TRIPS 协议》关于地理标志的界定。

(3) 管理机构。《地理标志产品保护规定》明确规定，国家质量监督检验检疫总局统一管理全国的地理标志产品保护工作。各地出入境检验检疫局和质量技术监督局（以下简称各地质检机构）依照职能开展地理标志产品保护工作。

(4) 法定审批与自愿申请相结合的原则。《地理标志产品保护规定》规定，申请地理标志产品保护，应依照本规定经审核批准。使用地理标志产品专用标志，必须依照本规定经注册登记，并接受监督管理。地理标志产品保护遵循申请自愿、受理及批准公开的原则。

此外，该规定还要求申请地理标志保护的产品应当符合安全、卫生、环保的要求，对环境、生态、资源可能产生危害的产品，不予受理和保护。

2. 地理标志产品的申请、受理。为有效发挥地理标志保护产品制度的功能，提高该类产品的质量，《地理标志产品保护规定》对地理标志保护的申请人、申请范围、申请材料作出了严格规定。

(1) 申请人、申请产品范围。根据《地理标志产品保护规定》，地理标志产品保护申请，由当地县级以上人民政府指定的地理标志产品保护申请机构或人民政府认定的协会和企业（以下简称申请人）提出，并征求相关部门意见。申请保护的产品在县域范围内的，由县级人民政府提出产地范围的建议；跨县域范围的，由地市级人民政府提出产地范围的建议；跨地市范围的，由省级人民政府提出产地范围的建议。

(2) 申请材料。申请人应提交以下资料：①有关地方政府关于划定地理标志产品产地范围的建议；②有关地方政府成立申请机构或认定协会、企业作为申请人的文件；③地理标志产品的证明材料，包括：地理标志产品保护申请书，产品名称、类别、产地范围及地理特征的说明，产品的理化、感官等质量特色及其与产地的自然因素和人文因素之间关系的说明，产品生产技术规范（包括产品加工工艺、安全卫生要求、加工设备的技术要求等），产品的知名度，产品生产、销售情况及历史渊源的说明；④拟申请的地理标志产品的技术标准。

（3）受理机构。根据《地理标志产品保护规定》，出口企业的地理标志产品的保护申请向本辖区内出入境检验检疫部门提出；按地域提出的地理标志产品的保护申请和其他地理标志产品的保护申请向当地（县级或县级以上）质量技术监督部门提出。省级质量技术监督局和直属出入境检验检疫局，按照分工，分别负责对拟申报的地理标志产品的保护申请提出初审意见，并将相关文件、资料上报国家质检总局。

3. 审核及批准。《地理标志产品保护规定》对地理标志保护的审核及批准规定了双重审查程序。具体体现为：

（1）形式审查与技术审查。根据该规定，国家质检总局对收到的申请进行形式审查。审查合格的，由国家质检总局在国家质检总局公报、政府网站等媒体上向社会发布受理公告；审查不合格的，应书面告知申请人。国家质检总局按照地理标志产品的特点设立相应的专家审查委员会，负责地理标志产品保护申请的技术审查工作。

（2）异议。该规定要求，有关单位和个人对申请有异议的，可在公告后的2个月内向国家质检总局提出。

（3）批准。国家质检总局组织专家审查委员会对没有异议或者有异议但被驳回的申请进行技术审查，审查合格的，由国家质检总局发布批准该产品获得地理标志产品保护的公告。

4. 标准制定与专用标志使用。为加强对地理标志产品质量的监管力度，保障其产品质量的提高，《地理标志产品保护规定》规定了较为全面的质量标准体系及严格的专用标志使用制度。

（1）标准制定。该规定要求，拟保护的地理标志产品，应根据产品的类别、范围、知名度、产品的生产销售等方面的因素，分别制定相应的国家标准、地方标准或管理规范。国家标准化行政主管部门组织草拟并发布地理标志保护产品的国家标准；省级地方人民政府标准化行政主管部门组织草拟并发布地理标志保护产品的地方标准。

（2）专用标志的申请使用。该规定要求，地理标志产品产地范围内的生产者使用地理标志产品专用标志，应向当地质量技术监督局或出入境检验检疫局提出申请，并提交以下资料：地理标志产品专用标志使用申请书；由当地政府主管部门出具的产品产自特定地域的证明；有关产品质量检验机构出具的检验报告。上述申请经省级质量技术监督局或直属出入境检验检疫局审核，并经国家质检总局审查合格注册登记后，发布公告，生产者即可在其产品上使用地理标志产品专用标志，获得地理标志产品保护。

5. 保护和监督。为保障地理标志产品权利人的利益，加强对地理标志产品的质量及专用标志使用的监控，《地理标志产品保护规定》规定了全面而有力的保护、监督机制。

(1) 权利保护。该规定赋予各地质检机构依法对地理标志保护产品实施保护的权力：对于擅自使用或伪造地理标志名称及专用标志的；不符合地理标志产品标准和管理规范要求而使用该地理标志产品的名称的；或者使用与专用标志相近、易产生误解的名称或标识及可能误导消费者的文字或图案标志，使消费者将该产品误认为是地理标志保护产品的行为，质量技术监督部门和出入境检验检疫部门应当依法进行查处。社会团体、企业和个人可以监督、举报。

(2) 地理标志产品的监督。根据该规定，各地质检机构对地理标志产品的产地范围，产品名称，原材料，生产技术工艺，质量特色，质量等级，数量，包装，标识，产品专用标志的印刷、发放、数量、使用情况，产品生产环境，生产设备，产品的标准符合性等方面进行日常监督管理。地理标志保护产品的质量检验由省级质量技术监督部门、直属出入境检验检疫部门指定的检验机构承担。必要时，国家质检总局将组织予以复检。

(3) 地理标志产品专用标志的注销。根据该规定，获准使用地理标志产品专用标志资格的生产者，未按相应标准和管理规范组织生产的，或者在 2 年内未在受保护的地理标志产品上使用专用标志的，国家质检总局将注销其地理标志产品专用标志使用注册登记，停止其使用地理标志产品专用标志并对外公告。

(4) 法律责任。该规定第 24 条明确规定："违反本规定的，由质量技术监督行政部门和出入境检验检疫部门依据《中华人民共和国产品质量法》、《中华人民共和国标准化法》、《中华人民共和国进出口商品检验法》等有关法律予以行政处罚。"

(三) 地理标志产品专用标志

《地理标志产品保护规定》颁布后，国家质检总局在 2005 年第 151 号公告上发布了地理标志保护产品专用标志。该公告规定，地理标志产品专用标志是指国家在审核批准地理标志产品保护后，经注册登记，赋予地理标志产品专用的特殊标志，禁止任何单位和个人伪造、冒用地理标志保护产品专用标志。标志的轮廓为椭圆形，淡黄色外圈，绿色底色；椭圆内圈中均匀分布四条经线、五条纬线；椭圆中央为中华人民共和国地图；在外圈上部标注"中华人民共和国地理标志保护产品"字样；中华人民共和国地图中央标注"PGi"字样；在外圈下部标注"PEOPLE'S REPUBLIC OF CHINA"字样。在椭圆形第四条和第五条纬线之间中部标注受保护的地理标志产品名称。(见图 9 - 2)

图9－2　地理标志保护产品专用标志

为加强地理标志产品专用标志的保护与管理，除通过质检部门的日常管理外，国家质检总局专门在国际互联网上开设了“国家地理标志网”，通过互联网接受相关的地理标志申报，并在网络上集中展示我国的地理标志产品，从而使得地理标志的保护和管理更为迅捷、高效。

第四节　产品质量信息标识的司法保护

在司法实践中，对于产品质量信息标识的保护主要是通过“在先权利”保护的形式实现的。目前的司法解释主要有最高人民法院《关于审理注册商标、企业名称与在先权利冲突的民事纠纷案件若干问题的规定》（2008年2月18日发布）和《关于审理专利纠纷案件适用法律问题的若干规定》（2001年6月22日发布）。

一、在先权利的确立及性质

对于在先权利，知识产权法提供了权利消极保护的一般原则。如《商标法》第31条规定，“申请商标注册不得损害他人现有的在先权利，也不得以不正当手段抢先注册他人已经使用并有一定影响的商标”。《专利法》第23条亦规定，“授予专利权的外观设计不得与他人在申请日以前已经取得的合法权利相冲突”。但上述法律对于什么是在先权利并未明确，对于在先权利包括哪些内容也未回答。最高人民法院《关于审理专利纠纷案件适用法律问题的若干规定》第16条清晰地回答了后者：“专利法第23条所称的在先取得的合法权利包括：商标权、著作权、企业名称权、肖像权、知名商品特有包装或者装潢使用权等。”

实际上，对在先权利的理解是离不开自然权利的。因为在先权利在很多情况下就是自然权利或自然权利向制定法权利的转换。更重要的是，在法定权利中，权利的取得与行使均依制定法的性质与授权条款而定，仅有法效力上的层次性而本无所谓的先后之分。因为按制定法规定，后法具有优先于前法的习性，但权利却往往不具有这一点。

自然权利本是人因出生而享有的天赋人权，后因应市场社会竞争之需要，亦将商业上之竞争及围绕产品竞争力和企业竞争力因应历史、文化、传承、地理等而产生的支配力与利益，称之为自然权利。[1] 自然权利有的为制定法所确认成为法定权利，有的尚未为制定法所确认而以当然之利益的形式存在着。产品质量信息所包含的并以包装标识形式呈现出来的资讯，就是这种自然权利。在制定法中，《反不正当竞争法》用不得混淆“知名商品特有的名称、包装、装潢”表明立法的选择，《商标法》用“商标中商品地理标志与产地不一致的不予注册并禁止使用”的原则，表达了制定法对地理标志的尊重。

二、在先权利诉讼保护的形式

根据最高人民法院《关于审理注册商标、企业名称与在先权利冲突的民事纠纷案件若干问题的规定》，注册商标、企业名称与在先权利冲突的诉讼保护形式主要有：

1. 案由的确立。人民法院应当根据原告的诉讼请求和争议民事法律关系的性质，确定民事案件案由为知识产权纠纷或竞争权纠纷，并适用相应的法律。

2. 知识产权纠纷。原告以他人注册商标使用的文字、图形等侵犯其著作权、外观设计专利权、企业名称权等在先权利为由提起诉讼，符合《民事诉讼法》第108条规定的，人民法院应当受理。

原告以他人使用在核定商品上的注册商标与其在先的注册商标相同或者近似为由提起诉讼的，人民法院应当根据《民事诉讼法》第111条第3项的规定，告知原告向有关行政主管机关申请解决。但原告以他人超出核定商品的范围或者以改变显著特征、拆分、组合等方式使用的注册商标，与其注册商标相同或者近似为由提起诉讼的，人民法院应当受理。

3. 竞争权纠纷。原告以他人企业名称与其在先的企业名称相同或者近似，足以使相关公众对其商品的来源产生混淆，违反《反不正当竞争法》第5条第3项的规定为由提起诉讼，符合《民事诉讼法》第108条规定的，人民法院应当受理。

4. 责任方式的发展。被诉企业名称侵犯注册商标专用权或者构成不正当竞争的，人民法院可以根据原告的诉讼请求和案件具体情况，确定被告承担停止使用、规范使用等民事责任。

三、注册商标权与原产地权利的冲突与保护

“金华牌”火腿与金华火腿原产地的冲突，曾持续数年得不到解决。《最高

[1] 王艳林：“竞争权及其程序保障”，武汉大学2006年博士学位论文。

人民法院公报》2007 年第 11 期所载《浙江省食品有限公司诉上海市泰康食品有限公司、浙江永康四路火腿一厂商标侵权纠纷案判决书》公平合理地解决了这一问题。该判决书将案件事实、法律规定和理论分析融为一体，事实叙述清楚，法律理解准确，理论分析衡平，获双方当事人认可，是一份很优秀的裁决。[1]

（一）案件事实及争议焦点

上海市第二中级人民法院经审理查明：1979 年 10 月，浙江省浦江县食品公司在第 33 类商品（火腿）上申请注册了注册证号为第 130131 号商标，后商品使用类别由第 33 类转为商品国际分类第 29 类。商标注册证记载"商标金华牌"，该文字下面有一底色为红色的长方形图案，图案中有装饰性线条组成的方框，方框上端标有"发展经济、保障供给"，中间是"金华火腿"字样，下端有"浦江县食品公司"字样。该长方形红色纸张右下角有下列文字："注：'发展经济、保障供给'，企业名称及装潢不在专用范围内"字样。1983 年 3 月 14 日，该商标经核准转让给浙江省食品公司（以下简称浙食公司）。2000 年 10 月 7 日，商标注册人变更为原告浙食公司。2002 年 12 月，商标经续展注册有效期自 2003 年 3 月 1 日至 2013 年 2 月 28 日。1986 年 8 月 21 日，浙食公司在向国家商标局提出的食业［1986］174 号《关于"金华"火腿商标事宜的请示》（以下简称《请示》）中提出，"今后凡印制有'金华'火腿商标的火腿包装物、产品合格证等，以及'金华'火腿商标的宣传、广告，除去掉'发展经济、保障供给'、'浦江县食品公司'部分外，均按照注册证核准的'金华'火腿商标标识使用，并标明'注册商标'或注册标记；由于工艺上的特点，在火腿上直接印盖的'金华火腿'的字体与排列位置，仍按照历史沿用的样式使用，但是，不标明'注册商标'或者注册标记，以此区别于注册证核准的注册标识"。同年 9 月，国家商标局作出［1986］工商标综字第 165 号《关于"金华"火腿商标使用问题的复函》（以下简称《复函》）同意浙江省食品公司食业［1986］174 号请示的使用方法。

原告浙食公司在生产销售的火腿表皮上标有"浙江省食品有限公司监制"、"金华火腿"、生产单位编号以及生产日期代号等。2004 年 3 月 9 日，国家商标局（商标案字［2004］第 64 号）《关于"金华火腿"字样正当使用问题的批复》（以下简称《批复》）认为，使用在商标注册用商品和服务国际分类第 29 类火腿商品上的"金华火腿"商标，是浙食公司的注册商标；"金华特产火腿"、"××（商标）金华火腿"和"金华××（商标）火腿"属于《商标法实施条

第九章

[1] 最高人民法院办公厅编：《中华人民共和国最高人民法院公报（2007 年卷）》，人民法院出版社 2008 年版，第 529 ~534 页。

例》第49条所述的正当使用方式；同时，在实际使用中，上述正当使用方式应当文字排列方向一致，字体、大小、颜色也应相同，不得突出“金华火腿”字样。

1992年8月、1997年10月、2001年3月和2004年1月，浙江省工商行政管理局先后认定原告浙食公司“金华火腿”商标为浙江省著名商标。1985年12月国家质量奖审定委员会颁发给浙江省食品公司的金质奖章证书、1993年8月浙江省工商行政管理局等多家单位颁发给浙江省食品公司的浙江名牌产品证书、1998年8月浙江省人民政府授予浙江省食品公司的浙江名牌产品证书等，其中对原告获奖产品表述为“金华牌”金华火腿或“金华牌”特级金华火腿。2001年9月，浙江名牌产品认定委员会颁发给浙江省食品股份有限公司的浙江名牌产品证书中，对原告获奖产品的表述为“金华牌”火腿。浙江省杭州市中级人民法院（2003）杭民三初字第110号民事判决书以及浙江省高级人民法院（2004）浙民三终字第154号民事判决书，对原告商标的表述为“金华牌”和“金华”火腿注册商标。

1999年8月17日，原国家质量技术监督局颁布实施了《原产地域产品保护规定》，该规定第2条规定：“本规定所称原产地域产品，是指利用产自特定地域的原材料，按照传统工艺在特定地域内所生产的，质量、特色或者声誉在本质上取决于其原产地域地理特征并依照本规定经审核批准以原产地域进行命名的产品”；第16条规定：“生产者申请经保护办注册登记后，即可以在其产品上使用原产地域产品专用标志，获得原产地域产品保护”。1999年12月7日，原国家质量技术监督局发布中华人民共和国国家标准《原产地域产品通用要求》，该标准第6条第4款规定，“原产地域产品标签的内容除符合国家有关规定外，还应规定特殊标注的内容，如原产地域名称、原材料的名称和地址，并使用原产地域专用标志”；该标准第7条第1款规定，原产地域产品专用“标志的轮廓为椭圆形，灰色外圈，绿色底色，椭圆中央为红色的中华人民共和国地图，椭圆形下部为灰色的万里长城。在椭圆形上部标注‘中华人民共和国原产地域产品’字样，字体为黑色、综艺体”。

2002年8月28日，国家质检总局发布2002年第84号公告，通过了对“金华火腿”原产地域产品保护申请的审查，批准自公告日起对金华火腿实施原产地域产品保护。2003年4月24日，国家质检总局发布中华人民共和国国家标准《原产地域产品金华火腿》。该标准的第5条第3款第3项规定，“金华火腿应在当年立冬至次年立春之间进行腌制，从腌制到发酵达到后熟时间不少于9个月”；第8条第1款第1项规定，“销售包装产品标志按GB7718（《食品标签通用标准》）的规定执行，标明以下内容：金华火腿原产地域产品名称、产品标准号、生产者名称和地址、净含量、生产日期、保质期、质量等级，并在金华火腿销售包装醒目位置标明中华人民共和国原产地域产品专用标志”。2003 年 9 月 24 日，国家质检总局发布 2003 年第 87 号公告，通过了对浙江省常山县火腿公司、被告永康火腿厂等 55 家企业提出的金华火腿原产地域产品专用标志使用申请的审核，并给予注册登记。自该日起，上述 55 家企业可以按照有关规定在其产品上使用“金华火腿”原产地域产品专用标志，获得原产地域产品保护。

1995 年，中国特产之乡命名暨宣传活动组织委员会命名浙江省金华市为“中国金华火腿之乡”。2002 年 12 月 9 日，金华市人民政府办公室、衢州市人民政府办公室印发了《金华火腿原产地域产品保护管理办法（试行）》（金政办［2002］94 号）。该办法第 5 条规定：“任何单位和个人使用金华火腿原产地域专用标志，必须按规定程序申请，经国家质量监督检验检疫总局原产地域产品保护办公室注册登记后，方可在其产品上使用”。第 9 条规定：“金华火腿原产地域产品保护专用标志由国家标准所规定的原产地域产品专用标志图案和‘金华火腿’文字组成。专用标志直接印制在包装物或说明书上，也可使用在企业产品介绍上”。第 12 条规定：“持有《金华火腿原产地域产品专用标志证书》，生产的火腿符合金华火腿国家强制性标准要求的生产者，有权在其生产的金华火腿产品的标签、包装、广告说明书上使用金华火腿原产地域产品专用标志，获得原产地域产品保护；有权在其生产的金华火腿产品表皮上加印‘××牌金华火腿，原产地管委会认定’字样，字样的印章由金华火腿管委会统一发放，统一管理”。2003 年 4 月 21 日，被告永康火腿厂在核定使用的第 29 类商品（火腿、肉等）上申请注册了“真方宗”注册商标，注册有效期至 2013 年 4 月 20 日。同年 6 月，永康火腿厂被金华火腿行业协会评定为首届“金华火腿明星企业”。2003 年 10 月 16 日，金华火腿原产地域产品保护管理委员会核发给永康火腿厂《金华火腿原产地域产品专用标志使用证书》，证书编号为金原保（2003）第 12 号。同年 11 月 12 日，永康火腿厂与金华市质量技术监督检测中心签订《金华火腿原产地域产品质量责任书》。

2003 年 7 月 27 日，原告浙食公司向被告泰康公司发函，告知“金华火腿”系原告注册商标，要求其在收到函件后立即停止销售侵犯原告注册商标专用权的火腿，否则将采取相关的法律行动。2003 年 10 月 14 日，原告委托代理人张峰在泰康公司处购买到“真方宗”牌火腿一只。火腿外包装印有“真方宗”、“真方宗火腿”、“金华火腿明星企业”及被告永康火腿厂名称、厂址、电话等；火腿表皮上印有“真方宗牌”、“金华火腿”、“原产地管委会认定”字样；出厂日期为 2003 年 8 月 30 日。根据原告的保全证据申请，上海市公证处对原告的上述购买过程进行了公证，并出具了（2003）沪证经第 5829 号公证书，公证书附有购买火腿的照片及被告泰康公司的销售发票联复印件。

本案的争议焦点：①原告浙食公司注册商标的专用权保护范围；②被告泰康公司、永康火腿厂行为是否侵犯原告注册商标专用权。

（二）法院的认定

上海市第二中级人民法院认为：

1. 关于原告浙食公司注册商标的专用权保护范围的问题。原告浙食公司认为：原告注册商标的专用权保护范围是“金华火腿”。“金华牌”是对该注册商标的称呼。根据注册证右下角的标注内容，排除“发展经济、保障供给”、企业名称及装潢内容，原告注册商标专用权保护范围是“金华火腿”。国家商标局在《复函》中，已经同意原告对其注册商标在火腿表皮的具体使用样式做适当改变，该《复函》具有与注册商标同等的法律证明力。同时，国家商标局的《批复》以及浙江省著名商标证，也均明确原告商标为“金华火腿”商标。被告泰康公司、永康火腿厂认为：原告注册商标专用权保护范围为“金华”，并非“金华火腿”。原告商标注册证上写明原告的商标为“金华牌”。浙江省食品公司在《请示》中，也称自己的商标是“金华”火腿商标。浙江省食品公司的部分荣誉证书、原告自己的网站资料以及相关的法院判决中，也称原告商标为“金华牌”或“金华”商标。

首先，根据《民法通则》和《商标法》的规定，公民、法人和其他组织的注册商标专用权受我国法律保护。注册商标的专用权，以商标行政管理部门核准注册的商标和核定使用的商品为限。原告浙食公司注册证号为第130131号注册商标经商标行政部门注册并经续展目前仍然有效，该注册商标的商标专用权受我国法律保护。

其次，关于原告浙食公司注册商标的专用权保护范围，应当根据商标当时注册的历史背景以及商标注册证上记载的内容确定。原告商标注册证是一个完整的整体，该商标注册于20世纪70年代末，那时注册商标的形式、商标注册证等，与目前有明显的不同，但是这并不改变商标专用权的保护范围。原告商标注册证右下角注中明确注明将“‘发展经济、保障供给’、企业名称及装潢内容”排除在专用范围外，国家商标局作为我国商标注册和管理工作的主管部门也在其《批复》中明确，浙食公司的注册商标为“金华火腿”商标。

综上，原告注册商标专用权保护范围的核心是“金华火腿”。被告永康火腿厂称原告注册商标的专用权保护范围仅仅为“金华”的观点，与事实不符，本院不予支持。

2. 关于被告泰康公司、永康火腿厂行为是否侵犯原告浙食公司注册商标专用权的问题。原告浙食公司认为：原告在其生产火腿上加盖“金华火腿”皮印，是对其注册商标的延伸使用，与注册商标具有同等的法律效力。被告永康火腿厂在皮印上使用“金华火腿”不具有合法性。被告抗辩的原产地域产品保护不能对抗原告注册商标专用权。《原产地域产品保护规定》属于部门规章，不能与商标法的规定相抵触。根据火腿产品特殊的销售方式以及被告销售侵权产品的时间，被告主观上具有侵害原告注册商标权的故意。民族品牌的保护需要以商标保护为核心，只有依靠法律制度的保障才能促进民族品牌的有序发展。被告泰康公司认为：在销售前已经尽到了对商品的审查义务。外包装上“真方宗”商标是永康火腿厂的注册商标，使用的原产地域名称经国家职能部门审批。被告销售的“金华火腿”产自金华地区，不会误导消费者，不会对原告注册商标造成侵害。永康火腿厂认为：被告依照原产地域产品保护的规定使用“金华火腿”，未侵犯原告的注册商标专用权。“金华”是行政地域名称，“火腿”是产品的通用名称，被告使用“金华”属于合理使用。“金华火腿”同时也是知名商品特有的名称。“金华火腿”具有一千两百多年的历史，仅允许原告一家使用“金华火腿”是不公平的。被告主观上没有侵害原告注册商标的任何故意。

原产地域产品，即地理标志，是指其标示出某商品来源于该地域中的某地区或某地方，该商品的特定质量、信誉或其他特征，主要与该地理来源相关联。我国已经参加的《TRIPS 协议》第 3 节对各成员国地理标志的保护作了专门的规定。我国加入世界贸易组织时承诺遵守《TRIPS 协议》关于地理标志的有关条款。《商标法》第 16 条专门增加了对地理标志的保护规定。该条规定：“商标中有商品的地理标志，而该商品并非来源于该标志所标示的地区，误导公众的，不予注册并禁止使用；但是，已经善意取得注册的继续有效。前款所称地理标志，是指标示某商品来源于某地区，该商品的特定质量、信誉或者其他特征，主要由该地区的自然因素或者人文因素所决定的标志。”之后颁布的《商标法实施条例》第 6 条规定，地理标志可以通过申请证明商标和集体商标予以保护。2005 年 6 月 7 日，国家质检总局发布第 78 号令，公布了《地理标志产品保护规定》。

长期以来，我国重视对原产地域产品的保护工作。为了有效保护我国的原产地域产品，规范原产地域产品专业标志的使用，保护原产地域产品的质量和特色，1999 年以来，国家质量技术监督局制定了《原产地域产品保护规定》和《原产地域产品通用要求》等规定，对原产地域产品的定义、申报机构、申报材料、审批管理部门、保护范围和专用标志的使用等作出了规定。上述一系列的规定，构成了我国对原产地域产品实施保护的法律体系。因此，原产地域产品与其他知识产权一样，在我国受法律保护。

被告永康火腿厂有权依法使用原产地域产品名称及专用标志。国家质检总局批准了对“金华火腿”实施原产地域产品保护，同意包括永康火腿厂在内的55家企业使用“金华火腿”原产地域产品专用标志。因此，永康火腿厂有权依照国家的相关规定在其生产、销售的火腿产品外包装、标签等处标注“金华火腿”原产地域产品名称及原产地域产品专用标记。

根据本案的案情分析，首先，被告永康火腿厂在其火腿外包装显著位置标明了自己的注册商标“真方宗”，同时也标明了企业名称、厂址、联系方式等信息；其次，永康火腿厂在火腿表皮上标注的“金华火腿”字样下端标明了“原产地管委会认定”，在火腿表皮上端还标有“真方宗”注册商标。因此，从上述使用方式可以认定，永康火腿厂标注“金华火腿”目的是表明原产地域产品。故永康火腿厂上述使用“金华火腿”原产地域产品名称行为，不构成对原告注册商标专用权的侵害。

对于本案争议的商标权与原产地域产品的冲突，应按照诚实信用、尊重历史以及权利与义务平衡的原则予以解决。一方面，从“金华火腿”历史发展来看，“金华火腿”有着悠久的历史，品牌的形成凝聚着金华地区以及相关地区几十代人的心血和智慧。原告成为商标注册人以后，对提升商标知名度做了大量的工作。原告的商标多次获得浙江省著名商标、国家技术监督局金质奖及浙江省名牌产品等荣誉称号。原告的注册商标应当受到法律的保护。但是，另一方面，原告作为注册商标的专用权人，无权禁止他人正当使用。《商标法实施条例》第49条规定：“注册商标中含有的本商品的通用名称、图形、型号，或者直接表示商品的质量、主要原料、功能、用途、重量、数量及其他特点，或者含有地名，注册商标专用权人无权禁止他人正当使用。”在我国，权利人的注册商标专用权与原产地域产品均受到法律保护，只要权利人依照相关规定的使用均属合法、合理。在本案中，被告永康火腿厂经国家质检总局审核批准使用原产地域产品名称和专用标志受法律保护，永康火腿厂的使用行为不构成对原告商标权的侵害。被告泰康公司是金华火腿的销售商，鉴于生产商永康火腿厂的行为不构成对原告商标专用权侵害，故泰康公司的销售行为也不构成对原告商标权的侵害。因此，原告要求两被告承担相关民事责任的请求，不予支持。

综上，对于本案争议的处理，既要严格依照现有的法律法规，又要尊重历史，促进权利义务的平衡。原告浙食公司注册商标专用权保护范围的核心是“金华火腿”，其专用权受法律保护。任何侵犯原告注册商标专用权的行为，应依法承担责任。但原告无权禁止他人正当使用。“金华火腿”经国家质检总局批准实施原产地域产品保护，被告永康火腿厂获准使用“金华火腿”原产地域专用标志，因此，永康火腿厂上述行为属于正当使用。永康火腿厂今后应当规范使用原产地域产品。原、被告之间均应相互尊重对方的知识产权，依法行使自己的权利。原告认为两被告侵犯其注册商标专用权的依据不足，不予支持。

3. 判决结果。上海市第二中级人民法院于2005年8月25日判决：驳回原告的诉讼请求。判决后，双方当事人在法定的上诉期内均没有上诉，一审判决已经生效。

第十章 缺陷产品召回法律制度

缺陷产品是典型的产品质量问题。2004年10月1日，《缺陷汽车产品召回管理规定》的正式实施，标志着我国缺陷产品召回制度的正式确立。《侵权责任法》把召回视为缺陷产品的生产者、销售者采取的旨在防止损害发生的补救措施（第46条）。和《侵权责任法》不同的是，质检法中的缺陷产品召回法律制度既强调经营者的经济责任，又关注行政机关的监督职能，因此与缺陷产品的民事救济和行政救济手段都有一定的不同。但同时作为一项有效的事前救济手段，其弥补了产品质量救济手段的不足，完善了我国产品安全管理制度及产品质量法律法规体系。

■ 第一节 缺陷产品召回制度概述

一、缺陷产品召回制度的产生及发展

所谓召回（Call Back），指的是因设计、制造等原因引起某个型号或批次的产品出现普遍存在的具有同一性的危及人身和财产安全的缺陷，制造商必须以更换、收回等方式消除产品的缺陷，并对消费者作出道歉或物质性补偿。美国是最早确立缺陷产品召回制度的国家。

1966年，美国在制定《国家交通与机动车安全法》时，明确规定汽车制造商在发现其产品由于设计或制造等方面的原因存在缺陷，不符合相关法律法规，有可能带来安全或环保问题时，有义务公开发布汽车召回的信息，必须将情况通报给用户和交通管理部门，进行免费维修。自该法实施以来，美国已经进行了九千多项安全召回，涉及几百万辆的机动车和车辆零部件。美国实施汽车召回制度后，国内汽车的质量及安全性都有了极大改善，交通事故也得到了有效

遏制，极大地推动了美国汽车工业的发展。[1] 在之后的四十多年时间里，美国的缺陷产品召回对象从汽车逐步拓展到多项涉及消费者人身安全和健康的产品，包括玩具、食品、药品、化妆品等。除美国之外，目前实行召回制度的国家有日本、韩国、英国、法国、加拿大、澳大利亚等。日本从1969年至2001年共召回缺陷车辆3483万余辆，仅2001年就召回329万多辆。[2] 我国台湾地区“消费者保护法”也规定了厂商必须履行收回缺陷产品的义务。

二、各国缺陷产品召回立法体系

1. 美国。美国是召回制度最为完善的国家之一。美国企业实施召回的目的有三方面：①尽快确定缺陷产品的范围；②将缺陷产品从市场和消费者手中收回，以防止损害的发生、扩大；③以及时、准确、易懂的方式告知公众产品存在的缺陷、危害和企业的矫正措施。

目前，美国已逐步在多项关于产品安全和公众健康的立法中引入了召回制度，如《消费者产品安全法》（CPSA）、《儿童安全保护法》（CSPA）、《食品、药品及化妆品法》（FDCA）以及2000年11月通过的《交通召回增加责任与文件》（TBEAD）。这些法案确立了美国多个行政机构对缺陷产品及其召回的执法管辖权，它们之间分工明确，各自管理一定范围内产品的召回。例如，消费者产品安全委员会（CPSC）享有最广泛的执法管辖权，包括在家庭、学校及娱乐中使用的大约15 000种不同产品。但食品、化妆品、药品、医疗设备、机动车等不属于其管辖范围。农业部（USDA）下属的食品安全与监管局（FSIS）负责肉、禽、蛋制品的质量监督和召回。食品与药品管理局（FDA）负责FSIS管辖权以外的食品及化妆品、药品、医疗设备的召回。公路交通安全管理局（NWA）负责机动车辆及其配件的质量和召回。

2. 日本。日本缺陷产品召回制度深受美国的影响，针对美国媒体对日本车商私下召回缺陷车辆进行修理的批评行为，日本政府于1969年就汽车安全问题建立了《道路运输车辆法》、《道路运输车辆安全标准》等法律法规，严格规定了召回的程序、范围和处理方式等，增加了“汽车制造商应承担在召回有缺陷车时应告之与众的义务”的内容，并由国土交通省负责监督执行。

3. 澳大利亚。澳大利亚在其1986年《贸易实践条例》中规定：“在境内销售的汽车（包括进口车）和轮胎若含有涉及安全的缺陷，规定要求厂家召回产品”，交通和地方服务局负责监督厂家召回的行为。

4. 法国。法国于1984年1月29日生效的《消费者保护法》，其中就有缺

---

〔1〕 梁宇：“汽车召回制度初探”，载《汽车工业研究》2003年第6期。

〔2〕 参见网易汽车频道，访问日期：2003年4月17日。

陷产品召回的规定。法国的《消费者保护法》为一框架法，此法授权给国务院在消费者安全委员会听证之后才能公布命令，依该命令第2条第4项的规定，产品才能从市场收回或召回变更或将产品完全对换，此外亦可能退还全部价款。又依该命令第3条第1项前段的规定，就危险陷于迟延时，消费者保护的主管机关可以命令为警告或召回。

5. 英国。英国1978年的《产品安全法》授权主管机关，可以命令制造人或供应者就疑有缺陷的产品提供资讯，且在某些情况下可以命令停业经营，或强制制造人为警告，主管部门本身不得命令召回。

三、缺陷产品召回制度辨析

（一）缺陷产品召回与修理、更换、退货

从缺陷产品召回制度的概念来看，该制度是从市场上和消费者手中收回缺陷产品，并进行免费修理、更换的制度。[1]《缺陷汽车产品召回管理规定》第5条规定："本规定所称召回，指按照本规定要求的程序，由缺陷汽车产品制造商（包括进口商，下同）选择修理、更换、收回等方式消除其产品可能引起人身伤害、财产损失的缺陷的过程。"从以上规定可以看出，缺陷产品召回的表现形式包括修理、更换、收回（类似于退货）。

对于修理、更换、退货，我国多部法律均有明确规定，《合同法》第111条规定："质量不符合规定的，受损害方可以合理选择要求对方承担修理、更换、重作、退货、减少价款或者报酬等违约责任"。《产品质量法》第40条规定："售出的产品有下列情形之一的，销售者应当负责修理、更换、退货。"《消费者权益保护法》第45条规定："对国家规定或者经营者与消费者约定包修、包换、包退的商品，经营者应当负责修理、更换或者退货。"通过以上规定我们可以看出，"修理、更换、退货"作为经营者在违反产品质量义务情况下必须承担的民事责任，在我国涉及产品质量的多部法律法规中均有体现。由于修理、更换、退货同时也作为缺陷产品召回制度的表现形式，因此就有学者认为，我国立法虽没有明确规定"经营者必须召回其缺陷产品"，但是在民法等法律中有类似规定，因此不能认为我国没有缺陷产品召回制度，[2] 从而将修理、更换、退货与缺陷产品召回等同起来。然而，笔者认为缺陷产品召回与修理、更换、退货是完全不同的，区别主要有以下几个方面：

1. 两者的适用前提不同。从以上相应的法律规定来看，修理、更换、退货

---

〔1〕 谢非："美国的缺陷产品召回制度"，载《消费经济》2001年第4期。

〔2〕 陈步雷："从洋车质量纠纷案谈缺陷商品召回制度"，载《中国市场》2002年第3期。

作为一项民事责任的承担方式，其适用前提是产品存在瑕疵。[1] 而从国外立法及我国当前立法来看，缺陷产品召回制度的适用前提则是产品存在缺陷。产品质量瑕疵和缺陷是完全不同的两个概念，产品瑕疵存在的是非危险性的毛病。[2] 而缺陷则意味着物质存在危险性，产品缺乏通常所应具备的安全性，可能对人身、生命造成主动性的侵害。

2. 两者的性质不同。修理、更换、退货的法律性质是民事责任的承担方式，其法律关系适用基于私法主体间的合同关系，纠纷主要通过协商、调解或民事赔偿的方式得以解决；而缺陷产品召回则是经营者承担的一种经济责任，基于经营者对消费者、社会承担的维护公共安全的公法或社会法上的责任，经营者不承担责任的后果主要招致的是行政处罚。

3. 两者的触发机制不同。消费者认为经营者生产或销售的产品存在质量瑕疵时，可以依法向对方主张修理、更换、退货。因此，修理、更换、退货的触发机制是由消费者引发的。另外，由于其是由消费者个人所引发，因此修理、更换、退货只针对个别商品，不涉及大批量的产品。而对于缺陷产品召回制度，其触发机制主要有两种情况：①经营者自身或主管部门发现产品存在缺陷，可能危及消费者的健康或环保，由经营者主动提起召回；②经营者未主动采取召回措施时，有关行政管理部门依法指令经营者采取召回措施。因此，缺陷产品召回的触发机制是由经营者或行政主管部门引发的。另外，无论是经营者还是行政主管机关引发的缺陷产品的召回，都是针对某一品牌、某一批次同期生产的大批量的产品，而非个别产品。

4. 两者实现的时间阶段不同。修理、更换、退货是一种事后进行损害赔偿的补救措施，发生在产品存在瑕疵，不能发挥其使用功能或产品造成消费者损害的场合。而缺陷产品召回制度并不要求损害必须发生，只要经营者侵犯了消费者的安全权，就有义务召回缺陷产品，其属于一种事前弥补缺陷以减少损害的措施。

5. 监督或管理两种制度实现的主管机关不同。当经营者不承担自己应尽的修理、更换、退货责任时，消费者可以向工商行政管理机关、技术监督管理部门投诉，还可以向法院提起诉讼，通过法院判决的形式保护自己的合法权益，因此其主管机关包括行政机关和司法机关。而缺陷产品召回制度的主管机关则主要是技术监督管理部门，因此其主管机关主要是行政机关。

---

〔1〕 参见《产品质量法》第40条及其他相关法律规定。

〔2〕 赵相林、曹俊主编：《国际产品责任法》，中国政法大学出版社2000年版，第82页。

（二）缺陷产品召回制度与强制收回制度

2002年7月13日，国家质检总局宣布对10家企业的插头插座实行强制收回，开创了对不合格产品实行强制收回的先例，被称为“强制收回第一单”。[1]这是我国首次实施强制收回制度，该项制度在依据《产品质量法》制定的《中华人民共和国国家质量监督检验检疫总局局长令》中首次以部门规章的形式确定下来。提起强制收回制度，人们会很自然地联想到缺陷产品召回制度。召回和收回虽然只有一字之差，而且收回作为缺陷产品召回的一项措施在《缺陷汽车产品召回管理规定》中也有明确规定，但是两者仍然存在着典型区别：

1. 行政主管部门的地位和职责不同。在缺陷产品召回制度中，行政主管部门主要负责立法和监督，在特殊情况下才实现执法功能，即对拒绝承担相应义务或者隐瞒汽车缺陷产品，或者以不当方式处理汽车缺陷产品的经营者进行处罚；而在强制收回制度中，行政主管部门则主要负责执法，即责令经营者停止生产某种不合格产品，强制经营者收回已经销售出厂的不合格产品，对制品进行清理、查封，对收回的产品进行监督销毁或进行必要的技术处理，使其不能再流入社会。

2. 经营者的地位和职责不同。在缺陷产品召回制度中，一般来说，经营者应该主动采取召回措施，召回主要是一种自律性的行为。在美国，绝大多数的汽车召回都是制造商自愿在美国国家公路交通安全局（NHTSA）的监督下进行的，自NHTSA成立至1996年只有8次是NHTSA起诉了汽车制造商。[2]对于其他国家其他产品的召回制度也是如此，缺陷产品召回制度需要市场主体有良好的诚信，需要其有严格的自觉和自律。而在强制收回中，正是因为经营者缺乏良好的诚信，缺乏自觉和自律，因此经营者在强制收回中是作为接受行政处罚措施的行政相对人的角色出现的。

3. 经营者支付的成本不同。正是因为在这两项制度中，行政主管部门和经营者所扮演的角色不同，因此在两制度中经营者支付的成本有很大不同。缺陷产品召回制度只是对某种产品的某一个部件进行修理或更换，产品并未被逐出市场，产品经过修理后还可以继续使用，对于经营者而言损失是较小的。同时由于主要采取经营者主动召回的方式，经营者一般可以避免惩罚成本的支出。另外，随着人们对召回制度的逐步认可和接受，人们将不再视其为洪水猛兽，因此，主动召回在消费者心目中不再是失信行为，而是讲信用、守承诺的表现，

---

〔1〕参见“目击强制收回行动”，载央视网首页“经济半小时·个案调查”，访问时间：2002年7月23日。

〔2〕梁宇：“汽车召回制度初探”，载《汽车工业研究》2003年第6期。

在市场上能够取得更多的市场份额。当然，如果经营者明知产品有缺陷而隐瞒不报，也将承受高额的处罚成本和因失信而来的社会损失。

而强制收回制度则是对整个产品全部进行收回或销毁，对经营者而言其损失将是百分之百的。另外招致强制收回的企业不仅产品被查封或没收，还要受到罚款的行政处罚，同时产品被强制收回企业的名单和产品将会被披露，这将大大地降低企业的信誉度，或者影响企业品牌的延伸，甚至使企业就此一蹶不振。因此，强制收回对于经营者而言，支付的成本是巨大的。

4．实施对象及范围不同。从国外的立法经验看，缺陷产品召回制度涉及产品的范围较广，包括多项影响消费者安全和健康的产品，我国即将确立的缺陷产品召回制度虽然仅涉及汽车产品，但可以预见的是，该制度在各类产品中将得到进一步的普及和推广。而对于强制收回，由于其是独具中国特色的一项法律制度，目前所涉及的产品仅仅是插头和插座，以后将涉及电器类产品和食品，范围不可能像缺陷产品召回制度一样广泛，而对于汽车产品更宜实行召回制度。

5．适用前提不同。缺陷产品召回制度的适用前提是产品存在缺陷；而强制收回制度的适用前提则是产品存在严重不合格的情况，即产品存在严重瑕疵。需要强调的是，实施强制收回制度的前提不仅仅是产品存在瑕疵，而应当是产品存在严重瑕疵，这也是基于实施此项制度的严厉性及后果的严重性考虑的。

四、缺陷产品召回制度确立的价值

（一）从缺陷产品召回制度产生的原因来看

在商品经济条件下，民商法是唯一调整经济的法律制度，此时，没有政府管制，没有行政法和经济法。按照经济学的原理，完全的市场机制是“看不见的手”（市场）充分发挥作用的基础。但是，在现实生活中关于完全市场机制的假设往往并不存在。

由于科学技术水平的发展，产品精细化、科技化的含量越来越高，而社会分工的细化进一步加剧了经营者和普通消费者之间的信息不对称分布，这引发了经营者的投机主义、消费者的逆向选择和道德风险以及商品市场的“劣币驱逐良币”现象的发生，由此缺陷产品充斥市场，缺陷产品致人损害时有发生。信息不对称、交易成本、经济行为的外部效应等情况的存在，导致市场机制失灵（Market Failure）。[1] 此时，市场作为“看不见的手”已不能引导并实现公众的最佳福利，因此需要国家公权力延伸入市场机制，打破一方的信息优势，使市场交易在真正平等、自愿、公平的基础上完成。政府的最佳角色将不再仅仅是不存在任何经济职能的“守夜人”或“夜警政府”，国家应当积极地干预经

---

〔1〕 叶必丰、刘轶：“西方行政法治理论演进的经济学基础”，载《法商研究》2000年第5期。

济，扩大政府职能，刺激投资和消费，当然其中最为重要的就是通过立法等制度途径改变市场失灵。

我们看到，《合同法》、《产品质量法》、《消费者权益保护法》等法律法规的出台在一定程度上削弱了市场失灵的程度，减少了缺陷产品现象及缺陷产品致人损害现象的发生。然而，政府不是万能的，“市场失灵”的另一面是“政府失效”。“福利国家”在给公众提供了各种各样的“公共产品”的同时，也魔术般地生产出各种各样的“副产品”。从我国目前的产品质量立法来看，虽然《产品质量法》属于经济法范畴，但其中对市场的调控主要依赖的却是行政手段，治理缺陷产品，减少缺陷产品致害现象主要依靠行政执法。由于政府行为自身所存在的缺陷，导致立法者立法成本和执法者执法成本一再攀升，出现了经营者的守法成本很高而违法成本极低的法律低效现象，[1] 由此导致的社会现状是：缺陷产品仍然屡禁不止，缺陷产品导致消费者人身、财产损害的现象仍然十分严重。倚重于强打强制的行政手段，并不利于从根本上改善产品质量的问题。因此，我国的产品质量法律制度是需要进一步检讨和完善的。

新古典综合经济学派代表萨缪尔森主张“混合经济”，即“没有政府和没有市场的经济都是一个巴掌拍不响的经济”，指出制度的构建应探寻政府与市场之间的最佳结合点，即服务与合作范围的最佳边界。[2] 从上述理论中我们得到了制度构建的思路，在产品质量法律领域，引进缺陷产品召回制度，由于该制度的设计主要依靠的是市场通过信用机制约束市场主体的行为，同时政府作为第三方，主要起到立法和监督的作用，从而可以做到政府和市场的协调，充分发挥市场和政府的作用，最大限度地增进社会福利，谋求公共利益最大化。

（二）从缺陷产品召回制度本身来看

从缺陷产品召回制度本身来看，其制度设计能够降低社会总体成本，提高社会总体福利，维护社会总体公平。

1. 降低社会总体成本。

（1）缺陷产品召回制度有利于降低社会成本。缺陷产品由经营者召回，是把可能由公众承担的损失转嫁到经营者的身上，即将社会成本内部化，而同时，精明的经营者在对召回所产生的经济损失与提高产品质量而增加的成本之间进行博弈之后，最终会选择加强生产管理，提高产品质量和降低缺陷产品召回的

---

〔1〕 按1990年我国社会消费品零售总额计算，其40%即2900亿元为伪劣产品的销售额，而1990年全国查出假冒伪劣产品价值约为30亿元，违法行为受追究的概率不到1.4%，罚没款约3亿元，仅占查处产品价值的10%。参见周林彬：《法律经济学论纲》，北京大学出版社1998年版，第336页。

〔2〕 叶必丰、刘铁：“西方行政法治理论演进的经济学基础”，载《法商研究》2000年第5期。

可能性，从而提高经营者自身的信用，[1] 提升企业的品牌效益，赢得市场和消费者，达到制度促使企业降低社会成本的目的。

（2）缺陷产品召回制度有利于降低经营者的成本。从表面上看，缺陷产品的召回制度对经营者而言意味着生产成本的提高。据有关数据显示，缺陷食品召回所引起的经营者的损失，平均占经营者公司财产的1.5%～3%，[2] 短期来看，可能造成经营者赔偿成本的提高（大部分经营者会将其内化为生产成本），产生品牌危机，还可能造成一定程度的股价动荡；然而，由生产者主动召回缺陷产品，可以避免缺陷产品致人损害之后的高额的惩罚性损害赔偿（民事责任）以及行政罚款（行政责任）甚或刑事责任，长期来看，有利于防止企业失信所导致的其他恶果。

（3）缺陷产品召回制度有利于降低消费者的搜寻成本和交易双方之间的交易成本。缺陷产品召回制度有利于维护经营者的信用，只有消费者在主观上确信经营者不会对自己诈骗和失信，不会使自己的人身和财产遭受损失时，消费者才会放心消费，从而降低消费者的搜寻成本和经营者与消费者之间的交易成本，顺利实现平等交易。反之，如果大量的缺陷产品充斥市场，消费者的安全权得不到充分的保障，就会导致交易双方相互猜疑，出现“低度均衡”现象，其结果是交易成本升高，经济效益降低，严重时甚至会使经营者退出市场，市场经济体制遭到破坏。

2. 提高社会总体福利。缺陷产品召回制度是一项产品质量法律制度，同时也是一项产业政策。厂商实施召回制度要付出很高的代价，容易造成厂商短期内的成本激增，对于一些中小企业而言，由于资金周转困难，甚至会导致破产，所以可以借此通过企业破产兼并重组等优化产业结构，达到产权分割和重组的目的，提高产业技术水平，促进整个行业的发展水平。

3. 维护社会公平。由于信息不对称的广泛存在，经营者对其产品进行召回以承担和控制风险的能力远远大于消费者，由最有能力承担和控制风险的人来承担和控制风险，是符合经济学的效率要求的。经营者和消费者法律地位虽然平等，但无论是从经济实力、信息能力上看还是从诉讼能力及影响立法的能力上看，消费者均明显处于弱者地位。缺陷产品召回制度最大限度地提高了地位不利人即消费者的期望，从而实现了实质的正义与公平。

随着我国进出口贸易的发展，涉外产品责任案件有增无减，令人遗憾的是，

---

〔1〕“信用”的经济学解释：信任（信用）是在重复博弈中，当事人谋求长期利益最大化的手段。（Kreps，1986；Gibbons，Robert，2000）转引自张维迎：《产权、政府与信誉》，三联书店2001年版，第47页。

〔2〕程言清、黄祖辉：“美国食品召回制度及我国食品安全的启示”，载《经济纵横》2003年第1期。

由于国内外产品质量法律制度的不同规定，在类似的产品责任案件中，国内外消费者所享有的地位、得到的救济却截然不同。从“三菱帕杰罗事件”到“武汉消费者怒砸德国大奔事件”再到“东芝公司事件”：给美国人美金、给中国人补丁，经营者对中国消费者的答复几乎如出一辙：“中国没有缺陷产品召回制度”、“中国没有相关法律”。当我们检讨为何中国消费者不能得到和国外消费者一样的赔偿待遇时，我们所看到的是我国产品质量法律制度的局限，而缺陷产品召回制度的确立能够从根本上改变我国消费者在诉讼上的不利局面，从而维护国内外消费者地位的实质公平。

■ 第二节 缺陷汽车产品召回管理规定

随着我国人民社会生活水平的日益提高和我国汽车制造商生产能力的不断增强，我国汽车保有量迅速上升，汽车大量进入到消费者的家庭中。与此同时，由于设计、制造等方面的原因致使在某一批次、型号或类别的汽车产品中普遍存在的具有同一性的危及人身、财产安全的不合理危险所造成的威胁正在加大。据公安部门提供的统计资料，2003 年我国在因交通事故死亡人数总体下降的情况下，因车辆机械故障造成的交通事故死亡人数反而有所上升，达到 4527 人，比 2002 年增加了 377 人，增幅达 9.1%。为了应对这种严峻的形势，同时落实国务院在 2003 年 9 月做出的关于“对有缺陷的汽车，要实行召回制”的指示，酝酿已久的《缺陷汽车产品召回管理规定》（以下简称《汽车召回规定》）在 2004 年 3 月 15 日正式公布，并于 2004 年 10 月 1 日起实施。

一、立法宗旨、适用范围和判断汽车缺陷的原则

《汽车召回规定》第 1 条规定：“为加强对缺陷汽车产品召回事项的管理，消除缺陷汽车产品对使用者及公众人身、财产安全造成的危险，维护公共安全、公众利益和社会经济秩序，根据《产品质量法》等法律制定本规定。”从上述《汽车召回规定》的立法宗旨中我们可以看到，缺陷汽车召回管理规定侧重于行政管理层面，而非民事责任的承担。在行政责任方面，缺陷产品管理制度侧重于消除危险，而不是损害赔偿。其更关注的是公共安全和公共利益及社会秩序。

《汽车召回规定》的法律基础是《产品质量法》。我国《宪法》、《民法通则》、《产品质量法》等诸多法律法规，都有保障消费者人身和财产安全的相关规定。其中，《产品质量法》规定，生产者应当对其生产的产品质量负责，而产品质量的基本要求就是“不存在危及人身、财产安全的不合理危险，有保障人体健康和人身、财产安全的国家标准、行业标准的，应当符合该标准”。这些规定不仅使得《宪法》、《民法通则》规定的人身权有了具体的保障，反映出国家

对消费者人身和财产安全的高度重视，而且也为制定关于缺陷产品的相关法规奠定了良好的法律基础。

《汽车召回规定》第2条是关于其适用范围的规定："凡在中华人民共和国境内从事汽车产品生产、进口、销售、租赁、修理活动的，适用本规定。"《汽车召回规定》适用于有关汽车产品的各项活动，包括生产、进口、销售、租赁、修理活动的各个环节。对于汽车产品，《汽车召回规定》第5条作了明确的解释："本规定所称汽车产品，指按照国家标准规定，用于载运人员、货物，由动力驱动或者被牵引的道路车辆。"

需要说明的是，《汽车召回规定》第4条2款规定："国家根据经济发展需要和汽车产业管理要求，按照汽车产品种类分步骤实施缺陷汽车产品召回制度。"因此在2004年《汽车召回规定》实施时，暂时将汽车的范围限定在M1类车辆（包括驾驶员座位在内，座位数不超过9座的载客车辆）。而自2006年8月1日起，《汽车召回规定》的实施范围再一次调整为全部载客车辆。据有关统计，2005年在全国发生的47起特大交通事故中，营运客车肇事29起，造成480人死亡。造成群死群伤特大交通事故原因之一是车辆总体构成不合理，整车安全技术性能较差。事故频发、问题突出是M2、M3类车辆被纳入召回管理范围的一个重要原因。我国客车行业总体现状具有进入市场门槛低，整车技术含量偏低，企业规模小、产量低，零部件基础薄弱，以团体购买、营运为主，各厂总体水平参差不齐等特点。将《汽车召回规定》实施范围扩大后，这一状况可望逐步趋向改善。它将直接促进M2、M3类车辆的生产企业提升制造水平和管理水平，提高产品质量。目前，国家质检总局正在对N类等其他车辆及汽车零部件的召回管理进行可行性研究。重点是了解相关行业的基本状况，研究其生产和产品特点、使用环境、技术和服务水平等。在时机成熟时再逐步将这些车辆产品纳入召回管理范围。

判断汽车产品缺陷召回的原则是：①经检验机构检验安全性能存在不符合有关汽车安全的技术法规和国家标准的；②因设计、制造上的缺陷已给车主或他人造成人身、财产损害的；③虽未造成车主或他人人身、财产损害，但经检测、实验和论证，在特定条件下缺陷仍可能引发人身或财产损害的。

二、重要概念的界定

由于《汽车召回规定》涉及一些重要的概念和范畴，对之没有明确的认识将导致对《汽车召回规定》认识不足，因此，其第5条对此予以明确规定：

（1）缺陷，指由于设计、制造等方面的原因而在某一批次、型号或类别的汽车产品中普遍存在的具有同一性的危及人身、财产安全的不合理危险，或者不符合有关汽车安全的国家标准的情形。[1]

(2) 制造商，指在中国境内注册，制造、组装汽车产品并以其名义颁发产品合格证的企业，以及将制造、组装的汽车产品已经销售到中国境内的外国企业。

(3) 进口商，指从境外进口汽车产品到中国境内的企业。进口商视同为汽车产品制造商。

(4) 销售商，指销售汽车产品，并收取货款、开具发票的企业。

(5) 租赁商，指提供汽车产品为他人使用，收取租金的自然人、法人或其他组织。

(6) 修理商，指为汽车产品提供维护、修理服务的企业和个人。[2]

(7) 车主，指不以转售为目的，依法享有汽车产品所有权或者使用权的自然人、法人或其他组织。

(8) 召回，指按照《汽车召回规定》要求的程序，由缺陷汽车产品制造商（包括进口商，下同）选择修理、更换、收回等方式消除其产品可能引起人身伤害、财产损失的缺陷的过程。

三、缺陷汽车召回的管理

国家质量监督检验检疫总局（以下称主管部门）负责全国缺陷汽车召回的组织和管理工作。国家发展改革委员会、商务部、海关总署等国务院有关部门在各自职责范围内，配合主管部门开展缺陷汽车召回的有关管理工作。各省、自治区、直辖市质量技术监督部门和各直属检验检疫机构（以下简称地方管理机构）负责组织本行政区域内缺陷汽车召回的监督工作。

主管部门会同国务院有关部门组织建立缺陷汽车产品信息系统，负责收集、分析与处理有关缺陷的信息。经营者应当向主管部门及其设立的信息系统报告与汽车产品缺陷有关的信息。主管部门应当聘请专家组成专家委员会，并由专家委员会实施对汽车产品缺陷的调查和认定。根据专家委员会的建议，主管部门可以委托国家认可的汽车产品质量检验机构，实施有关汽车产品缺陷的技术检测。专家委员会对主管部门负责。主管部门应当对制造商进行的召回过程加以监督，并根据工作需要部署地方管理机构进行有关召回的监督工作。

制造商或者主管部门对已经确认的汽车产品存在缺陷的信息及实施召回的有关信息，应当在主管部门指定的媒体上向社会公布。缺陷汽车产品信息系统

[1] 《汽车召回规定》对缺陷的界定与《产品质量法》不同，它强调同一性和普遍性，个别的不合理危险不在召回的范围之内。

[2] 《汽车召回规定》将制造商、进口商、销售商、租赁商、修理商，统称为经营者。

和指定的媒体发布缺陷汽车产品召回信息，应当客观、公正、完整。

从事缺陷汽车召回管理的主管部门及地方机构和专家委员会、检验机构及其工作人员，在调查、认定、检验等过程中应当遵守公正、客观、公平、合法的原则，保守相关企业的技术秘密及相关缺陷调查、检验的秘密；未经主管部门同意，不得擅自泄露相关信息。

四、制造商的召回义务、召回期限和召回方式

《汽车召回规定》第3、4条规定了制造商的召回义务："汽车产品的制造商（进口商）对其生产（进口）的缺陷汽车产品依本规定履行召回义务，并承担消除缺陷的费用和必要的运输费；汽车产品的销售商、租赁商、修理商应当协助制造商履行召回义务。""售出的汽车产品存在本规定所称缺陷时，制造商应按照本规定中主动召回或指令召回程序的要求，组织实施缺陷汽车产品的召回。国家鼓励汽车产品制造商参照本办法规定，对缺陷以外的其他汽车产品质量等问题，开展召回活动。"

缺陷汽车产品召回的期限，整车为自交付第一个车主之日起，至汽车制造商明示的安全使用期止；汽车制造商未明示安全使用期的，或明示的安全使用期不满10年的，自销售商将汽车产品交付第一个车主之日起10年止。汽车产品安全性零部件中的易损件，明示的使用期限为其召回时限；汽车轮胎的召回期限为自交付第一个车主之日起3年止。

缺陷汽车产品召回按照制造商主动召回和主管部门指令召回两种程序的规定进行：

1. 主动召回。制造商自行发现，或者通过企业内部的信息系统，或者通过销售商、修理商和车主等相关各方关于其汽车产品缺陷的报告和投诉，或者通过主管部门的有关通知等方式获知缺陷存在，可以将召回计划在主管部门备案后，按照本规定中主动召回程序的规定，实施缺陷汽车产品召回。

2. 指令召回。制造商获知缺陷存在而未采取主动召回行动的，或者制造商故意隐瞒产品缺陷的，或者以不当方式处理产品缺陷的，主管部门应当要求制造商按照指令召回程序的规定进行缺陷汽车产品召回。

五、经营者及相关各方的义务

制造商应按照国家标准《道路车辆识别代号》（GB/T 16735－16738）中的规定，在每辆出厂车辆上标注永久性车辆识别代码（VIN）；应当建立、保存车辆及车主信息的有关记录档案。对上述资料应当随时在主管部门指定的机构备案。制造商应当建立收集产品质量问题、分析产品缺陷的管理制度，保存有关记录。制造商应当建立汽车产品技术服务信息通报制度，载明有关车辆故障排除方法，车辆维护、维修方法，服务于车主、销售商、租赁商、修理商。通报内容应当向主管部门指定机构备案。制造商应当配合主管部门对其产品可能存在的缺陷进行的调查，提供调查所需的有关资料，协助进行必要的技术检测。制造商应当向主管部门报告其汽车产品存在的缺陷；不得以不当方式处理其汽车产品缺陷。制造商应当向车主、销售商、租赁商提供《汽车召回规定》中附件3和附件4规定的文件，便于其发现汽车产品存在缺陷后提出报告。

销售商、租赁商、修理商应当向制造商和主管部门报告所发现的汽车产品可能存在的缺陷的相关信息，配合主管部门进行的相关调查，提供调查需要的有关资料，并配合制造商进行缺陷汽车产品的召回。

车主有权向主管部门、有关经营者投诉或反映汽车产品存在的缺陷，并可向主管部门提出开展缺陷产品召回的相关调查的建议。车主应当积极配合制造商进行缺陷汽车产品召回。

任何单位和个人，均有权向主管部门和地方管理机构报告汽车产品可能存在的缺陷。

主管部门针对汽车产品可能存在的缺陷进行调查时，有关单位和个人应当予以配合。

■ 第三节 缺陷产品召回制度的完善

一、确立惩罚性赔偿制度

（一）加大经营者的违法责任

《汽车召回规定》第40~43条罚则中规定，经营者（包括制造商、销售商、进口商、租赁商、修理商等）不承担规定的相应义务的，将视具体情节处以责令改正、警告、通报批评、1000元以上5000元以下罚款等处罚，对于故意隐瞒、规避监督、召回后未改好再次造成损害的最高可处以10 000元以上30 000元以下罚款。我们看到罚则中的最高处罚只有30 000元，这也许仅仅是汽车厂家一辆汽车的利润。另外，《缺陷食品召回管理规定》、《药品召回管理办法》、《医疗器械召回管理办法》、《儿童玩具召回管理规定》，都不约而同地规定了最高30 000元的处罚。在召回带来的巨大损失[1]与最高只有30 000元的处罚之间，以营利为企业宗旨的理智的“经济人”，选择不召回是其明智之举。“从经济学或财富的最大限度化角度来看，法律的基本功能就是改变刺激。”[2] 当前

---

〔1〕 以日本三菱汽车案为例，三菱帕杰罗召回的花费是1000万美元，而三菱公司召回的净亏损为700亿日元。

〔2〕 [美] 理查德·A.波斯纳：《法律的经济分析》，蒋兆康译，中国大百科全书出版社1997年版，第75页。

的召回立法没有起到改变激励的目的，其立法本意是否能够实现，自然会遭到人们的质疑。

而发达国家的相关规定却是相对严格的，如美国于2000年10月11日通过并颁布的新《交通安全法》作了严厉的规定。例如，对制造商民事责任罚款由92.5万美元上升到1500万美元；对隐瞒不报并继续生产的已造成人身伤亡的车辆制造商追究刑事责任，最高刑期也由5年增至15年。[1] 日本相关法律规定：当国土交通局发现某一车型存在安全隐患需要召回时，有权命令汽车制造商确实做到对其产品进行回收，相应的处罚金额以2亿日元为上限。可以看到，只有进一步加大对违法违规厂商的处罚力度，才能真正发挥缺陷产品召回制度的功能，避免立法者立法成本及执法者执法成本高昂，经营者守法成本高而违法成本低的"法律低效"现象的再次发生，实现法律的高效运作。

（二）确立惩罚性损害赔偿制度

惩罚性损害赔偿也称示范性赔偿，还可称报复性赔偿，是指侵权行为人恶意实施其行为，或对行为有重大过失时，以对行为人实施惩罚和追求一般抑制效果为目的，法院判令支付通常赔偿金的同时，还可以判令行为人支付高于受害人实际损害的赔偿金。[2] 我国产品质量立法没有明确规定惩罚性损害赔偿，仅在《消费者权益保护法》第49条规定了对欺诈性经营行为给予消费者损失的双倍赔偿。事实上，双倍赔偿对惩罚不法经营者以弥补消费者的损失是远远不够的。如果没有惩罚性损害赔偿制度，缺陷产品召回制度也将不能充分发挥立法者预想的功能。

如果经营者不实施召回，而产品导致损害的，其将承担高额的惩罚性损害赔偿，根据英美法国家的判例，惩罚性损害赔偿常常是经营者收益的几十倍、几百倍甚至上千倍。在没有惩罚性损害赔偿制度的前提下，经营者不必担心消费者索赔带来的高额风险，采取不召回的措施还可以避免召回成本支出，因此在这种情况下，不实施召回是其理性选择。而在有惩罚性损害赔偿制度的前提下，经营者实施召回措施，可以避免高额的惩罚性损害赔偿，所以，实施召回是其理性选择。

在有惩罚性损害赔偿制度的前提下，经营者为避免因缺陷产品而承担的高额惩罚性损害赔偿，会积极采取先进的生产工艺提高产品质量，这些都在一定程度上提高了消费者从产品中所获得的满足感，使消费者的收益增加。如果经营者实施召回，消费者只需承担较小的损失，而如果经营者不实施召回，消费

---

〔1〕 梁宇："汽车召回制度初探"，载《汽车工业研究》2003年第6期。

〔2〕 W. Page Keeton, etc., *Products Liability and Safety: Case and Materials*, Foundation Presss, 1996, p. 7.

者将遭受较大的人身或财产损失。因此，无论是否建立惩罚性损害赔偿制度，经营者召回产品均能提高消费者剩余，但值得注意的事，由于惩罚性损害赔偿制度能够对生产者产生改进生产工艺，提高产品质量的激励，因此在有惩罚性损害赔偿制度的情况下，消费者能够取得更高的消费者剩余。

在没有惩罚性损害赔偿制度的情况下，经营者因不会遭受巨额的赔偿而将会选择逃避召回，而消费者预期经营者不会召回，自然会尽量减少购买商品，由此就会导致“低度均衡”，这样的结果对消费者及经营者而言都是不利的。如果有了惩罚性损害赔偿，消费者预期经营者不召回将会被判决支付惩罚性损害赔偿，就会信任经营者，从而购买其产品；而经营者预期不召回就会被判支付高额赔偿，而召回则可避免高额赔偿，就会选择召回；这样就会出现消费者和经营者相互信任的结果，这个结果对双方及社会而言都是有利的。

从以上的分析可以得出结论：增设惩罚性损害赔偿制度可以提高经营者实施召回的激励，保障召回制度真正发挥立法者预想的功能，并能够在最大程度上保障消费者的合法权益。因此，我国应在产品责任法律制度中确立惩罚性损害赔制度。可喜的是，2009 年 6 月 1 日起实施的《食品安全法》第 96 条第 2 款规定：“生产不符合食品安全标准的食品或者销售明知是不符合食品安全标准的食品，消费者除要求赔偿损失外，还可以向生产者或者销售者要求支付价款 10 倍的赔偿金。”10 倍的赔偿金规定是对我国惩罚性赔偿制度的重大突破，相信该制度将在未来不断地得以完善。

二、建立一般产品召回的管理制度

在强化对汽车、玩具、食品、药品、医疗器械等特殊产品实行召回管理制度的同时，对涉及人身安全的各种有缺陷的消费类产品进行召回管理也是发达国家的通行做法。如美国通过《消费类产品安全法》、欧盟通过《通用产品安全指令》，对一万五千多种产品的安全进行管理，其中对缺陷产品进行召回是产品安全管理最重要的手段之一。我国正在成为世界最主要的产品生产和制造中心。随着产品种类的增多、产量的增大、销售范围的扩大，一些因产品设计或制造原因造成的安全性缺陷对消费者和全社会可能造成的损害也在增大。同时，我国正在成为全球重要的消费市场。一些跨国公司的召回行动往往涉及全球范围，但因为我国相关法律的缺位，我国消费者的合法权益可能就得不到相应的保护，利益受到了损害。为了进一步保护消费安全，维护消费者权益，提高产品质量，提高我国企业的全球竞争力，我国有必要参照国际惯例，尽快制定一般产品的召回管理法律法规。

目前，国家质检总局正在加紧研究国外的相关法律法规和管理模式，了解我国某些行业的生产、销售、服务等行业状况，收集有关产品的安全标准、投诉和召回信息，在充分调研的基础上，起草了《缺陷产品召回管理条例（草案）》，制定相关管理程序和实施办法，努力尽早在更大范围内将危害消费者生命和财产安全的各类缺陷产品纳入召回管理之列。2009 年 4 月，国务院法制办公室决定，将国家质量监督检验检疫总局报送国务院审议的《缺陷产品召回管理条例（送审稿）》及其说明全文公布，征求社会各界意见，以便进一步研究、修改后报请国务院常务会议审议。

三、增加更人性化的程序设计

应该说，我国《汽车召回规定》在程序设计上是充分借鉴了美国等发达国家的立法经验的，对召回程序作了较为科学和系统的规定，但是其还有一些尚待完善之处。

1. 启动召回程序的前提是产品缺陷应具有同一性，而不能是个别性的，即产品缺陷是系统的。如美日等国把缺陷分为偶然性缺陷和系统性缺陷，产品在生产车间会出现不合格的情况，在消费市场消费者也有可能买到有缺点的商品，或者在使用一段时间后发现产品问题，这些情况都属于偶然性缺陷，属于私法调整的范围，一般通过民法方面的私法诉讼方式加以解决；而有的商品的缺陷却是共性的、必然的，由于它们所带来的危害不局限于某个特定的消费者个人而涉及为数众多的不特定消费者群体，所要这种缺陷属系统性缺陷，属于公法调整的范围，由政府主管部门建立和实行缺陷产品行政管理制度。系统性缺陷是《汽车召回规定》的一个关键问题。然而，虽然其规定了何为缺陷，但是怎样的缺陷以及缺陷比例多大才能称之为“系统性缺陷”？

2001 年 8 月，凡世通出具报告称，每 4000 只凡世通轮胎中有 1 只会出现突然开裂现象，四千分之一的缺陷比例却导致福特被迫召回 1 万多辆“探险家”运动车。《汽车召回规定》显然注意到了该问题，并回避了“系统性缺陷”的表述，而是在第 5 条第 2 款中规定：“本规定所称缺陷，是指由于设计、制造等方面的原因而在某一批次、型号或类别的汽车产品中普遍存在的具有同一性的危及人身、财产安全的不合理危险，或者不符合有关汽车安全的国家标准的情形。”如此，凡世通的缺陷显然不是系统性缺陷。但是，问题并未得到实质性的解决，普遍存在的比例是多少？如何认定重大安全隐患？一般的、综合性的、隐性的故障如何判断？是否召回？在其他相关的召回立法中，同样没有从根本上解决这些问题，这必将对法规的有效实施带来隐患。

2. 《汽车召回规定》没有注意对缺陷进行分级。我们认为需要根据缺陷使消费者受到的危害程度，概括性地设立不同的召回等级，并建议设立以下几个等级：①一级召回——针对那些有极大可能引起死亡或严重伤害、疾病的产品所进行的召回；②二级召回——针对那些可能引起死亡或严重伤害、疾病，或者很大可能引起中度伤害、疾病的产品所进行的召回；③三级召回——针对那些可能引起死亡或者严重伤害、疾病可能性极小、引起中度伤害、疾病的可能性也不大或者不可能引起伤害和疾病，只是违反相关法律规定的产品召回。如根据我国《产品质量法》规定产品或者其包装的标识上必须有中文标明的产品名称、生产厂名和厂址，但该产品上却没有标明的产品，即可以实施三级召回。根据不同的召回等级作出不同的程序规定，这样召回程序才能更科学，更具有人性化。我们可喜地看到，在食品召回、玩具召回、药品召回、医疗器械召回规定中，对召回的级别都给予了明确的关注，这是值得肯定的。

四、明确主管部门的分工

在召回缺陷产品的过程中，政府有关部门应该发挥非常大的作用。这是因为在产品销售和售后服务质量问题处理管理环节上，消费者与企业之间存在很大程度的信息和地位不对称，企业有可能隐瞒产品的较大缺陷或将性质严重的系统性缺陷作为一般的产品质量瑕疵进行处理，甚至还可能以所谓“优惠服务”等名目，将本应由其负担的费用和成本转嫁到消费者头上。为此，政府部门必须适时介入，因为在政府部门监督管理下完成的召回行为，不仅可以最大程度地消除数量庞大的缺陷产品所存在的安全隐患，帮助制造商最大程度地减少产品责任赔偿费用，而且还直接减少了全社会解决缺陷产品危害问题的管理成本，避免和减少为数众多、复杂持久的司法诉讼、保险赔偿费用等经济发展的社会成本。

缺陷产品召回的特性使其被纳入到公法调整的范畴，在召回制度比较成熟的许多国家，政府管理由于具有主动性强、覆盖面广、监督力度大、社会成本低等不可替代的优势而成为介入缺陷产品召回制度的第三方，我国也不例外。根据《汽车召回规定》，国务院质量监督检验检疫部门为管理缺陷汽车召回的行政主管部门；各省、自治区、直辖市质量技术监督部门和各省属检验检疫部门根据主管部门的工作部署和要求开展与缺陷汽车召回的有关监督管理工作。

然而，我国由于历史原因出现了政府部门职权重叠交叉的现象，在缺陷产品的管理上存在着很多管理部门。仅以汽车缺陷产品的管理为例，处理车辆质量纠纷的就有民间机构中国消费者协会、质检机构国家质量监督检验检疫总局、中国车检中心和天津、北京两个承接任务的国家试验基地；此外，海关总署、原外经贸部、公安部、国家工商局都可以对汽车召回事件的发展进行控制，但没有一个部门可以负起全责。同样，对于食品、儿童玩具、医疗器械及其他产品的召回都存在类似的问题。因此，当前中国缺陷产品管理上的困窘不仅来自立法的空白和执法的盲区，也来自不确定的职能管理部门和没有独立公正的监督机构。因此，对政府职能部门而言，实行缺陷产品召回制度不应是简单的权力分配，而是明确职能，建立执行部门的权威性，增加透明的监督机制。

借鉴其他国家的立法和实践经验，如美国虽然有很多机构（多达17个产品安全管理机构），但它们之间分工明确，根据行业的不同，由多个行政机关分别对缺陷产品及其召回享有管理权，在一类产品上往往是由一个独立的机构管辖，它们之间权能并不重叠，且相互监督。我国缺陷产品召回制度尚处于起步阶段，但在不久的将来，行政机构的专业化分工应当是一个必然的走向。我们认为，可由国家质量监督检验检疫总局负责一般产品的管理，类似于美国FDA的国家食品药品监督管理局负责对食品、药品、保健品和化妆品的质量安全管理；汽车管理则应考虑组建新的质量管理机构，如由交通部下设一个公路交通安全管理局负责。

建立并实施缺陷产品召回法律制度是一项十分复杂的系统工程，除了科学、稳定而又具有一定前瞻性的立法之外，还要求做好前期技术准备，建立和完善各项管理制度，组建缺陷产品召回管理机构，建立专家系统，完善技术检测程序，完善企业自我质量管理和控制，建立客户登记备案跟踪制度、召回的信息汇报和反馈制度等，只有将召回的立法和管理有效结合起来，才能真正发挥召回法律制度的功能。

■ 第四节　召回程序

召回作为一项有效的公共管理措施，已越来越受到相关政府管理部门及立法机关的重视。国家质检总局、国家食品药品监督管理局、上海市食品药品监督管理局等出台了一系列的规定、办法，目前主要有《汽车召回规定》、《上海市缺陷食品召回管理规定（试行）》（以下简称《食品召回管理规定》）、《药品召回管理办法》、《儿童玩具召回管理规定》、《医疗器械召回管理办法（征求意见稿）》、《缺陷产品召回管理条例（草案）》，这些办法和规定都对召回的程序作出了较为细致和明确的规定，主要包括厂商报告、调查和确认——制定召回计划——实施召回——保存记录。本节以《汽车召回规定》为主介绍我国立法对召回程序的规定。

一、缺陷的报告、调查和确认

汽车、儿童玩具、食品、医疗器械召回的管理规定或办法中首先规定了缺陷的报告、调查和确认程序。《汽车召回规定》第四章第20～24条规定：制造商确认其汽车产品存在缺陷，应当在5个工作日内以书面形式向主管部门报告；制造商在提交上述报告的同时，应当在10个工作日内以有效方式通知销售商停止销售所涉及的缺陷汽车产品，并将报告内容通告销售商。境外制造商还应在

10个工作日内以有效方式通知进口商停止进口缺陷汽车产品，并将报告内容报送商务部并通告进口商。销售商、租赁商、修理商发现其经营的汽车产品可能存在缺陷，或者接到车主提出的汽车产品可能存在缺陷的投诉，应当及时向制造商和主管部门报告。车主发现汽车产品可能存在缺陷，可通过有效方式向销售商或主管部门投诉或报告。其他单位和个人发现汽车产品可能存在缺陷可向主管部门报告。

主管部门接到制造商关于汽车产品存在缺陷并符合规定内容和格式的报告后，按照缺陷汽车产品主动召回程序处理。

主管部门根据其指定的信息系统提供的分析、处理报告及其建议，认为必要时，可将相关缺陷的信息以书面形式通知制造商，并要求制造商在指定的时间内确认其产品是否存在缺陷及是否需要进行召回。制造商在接到主管部门发出的通知，并确认汽车产品存在缺陷后，应当在5个工作日内依书面报告格式向主管部门提交报告，并按照缺陷汽车产品主动召回程序实施召回。制造商能够证明其产品不需召回的，应向主管部门提供详实的论证报告，主管部门应当继续跟踪调查。

制造商在第23条所称论证报告中不能提供充分的证明材料或其提供的证明材料不足以证明其汽车产品不存在缺陷，又不主动实施召回的，主管部门应当组织专家委员会进行调查和鉴定，制造商可以派代表说明情况；主管部门认为必要时，可委托国家认可的汽车质量检验机构对相关汽车产品进行检验。主管部门根据专家委员会意见和检测结果确认其产品存在缺陷的，应当书面通知制造商实施主动召回，有关缺陷鉴定、检验等费用由制造商承担。如制造商仍拒绝主动召回，主管部门应责令制造商实施指令召回程序。

《食品召回管理规定》第二章“食品安全危害调查和评估”、《儿童玩具召回管理规定》第四章“缺陷的调查和确认”、《药品召回管理办法》第二章“药品安全隐患的调查与评估”、《医疗器械召回管理办法（征求意见稿）》第二章“医疗器械安全隐患的调查与评估”都规定了类似的报告、调查和确认程序。

二、缺陷产品主动召回程序

缺陷产品的召回分为主动召回和指令召回，以下我们介绍制造商的主动召回程序。《汽车召回规定》第五章第25～29条规定了制造商的主动召回程序。

制造商确认其生产且已售出的汽车产品存在缺陷决定实施主动召回的，应当按召回报告、确认程序的要求向主管部门报告，并应当及时制定包括以下基本内容的召回计划，提交主管部门备案：①有效停止缺陷汽车产品继续生产的措施；②有效通知销售商停止批发和零售缺陷汽车产品的措施；③有效通知相关车主有关缺陷的具体内容和处理缺陷的时间、地点和方法等；④客观公正地预测召回效果。境外制造商还应提交有效通知进口商停止缺陷汽车产品进口的措施。

制造商在向主管部门备案同时，应当立即将其汽车产品存在的缺陷、可能造成的损害及其预防措施、召回计划等，以有效方式通知有关进口商、销售商、租赁商、修理商和车主，并通知销售商停止销售有关汽车产品，进口商停止进口有关汽车产品。制造商须设置热线电话，解答各方询问，并在主管部门指定的网站上公布缺陷情况供公众查询。

制造商在提交报告之日起 1 个月内，制定召回通知书，向主管部门备案，同时告知销售商、租赁商、修理商和车主，并开始实施召回计划。

制造商按计划完成缺陷汽车产品召回后，应在 1 个月内向主管部门提交召回总结报告。主管部门应当对制造商采取的主动召回行动进行监督，对召回效果进行评估，并提出处理意见。

主管部门认为制造商所进行的召回未能取得预期效果，可通知制造商再次进行召回，或依法采取其他补救措施。

《食品召回管理规定》第三章第 1 节、《儿童玩具召回管理规定》第四章第 1 节、《药品召回管理办法》第三章、《医疗器械召回管理办法（征求意见稿）》第三章都对主动召回程序作出了类似的规定。

三、缺陷产品指令召回程序

《汽车召回规定》第六章第 30 ~ 39 条规定了缺陷汽车产品指令召回程序。

主管部门经调查、检验、鉴定确认汽车产品存在缺陷，而制造商又拒不召回的，应当及时向制造商发出指令召回通知书。国家认证认可监督管理部门责令认证机构暂停或收回汽车产品强制性认证证书。对境外生产的汽车产品，主管部门会同商务部和海关总署发布对缺陷汽车产品暂停进口的公告，海关停止办理缺陷汽车产品的进口报关手续。在缺陷汽车产品暂停进口公告发布前，已经运往我国尚在途中的，或业已到达我国尚未办结海关手续的缺陷汽车产品，应由进口商按海关有关规定办理退运手续。主管部门根据缺陷的严重程度和消除缺陷的紧急程度，决定是否需要立即通报公众有关汽车产品存在的缺陷和避免发生损害的紧急处理方法及其他相关信息。

制造商应当在接到主管部门指令召回的通知书之日起 5 个工作日内，通知销售商停止销售该缺陷汽车产品，在 10 个工作日内向销售商、车主发出关于主管部门通知该汽车存在缺陷的信息。境外制造商还应在 5 个工作日内通知进口商停止进口该缺陷汽车产品。制造商对主管部门的决定等具体行政行为有异议的，可依法申请行政复议或提起行政诉讼。在行政复议和行政诉讼期间，主管部门通知中关于制造商进行召回的内容暂不实施，但制造商仍须履行前述义务。

制造商接到主管部门关于缺陷汽车产品指令召回通知书之日起 10 个工作日内，应当向主管部门提交符合《汽车召回规定》第 25 条要求的有关文件。

主管部门应当在收到该缺陷汽车产品召回计划后 5 个工作日内将审查结果通知制造商。主管部门批准召回计划的，制造商应当在接到批准通知之日起 1 个月内，依据批准的召回计划制定缺陷汽车产品召回通知书，向销售商、租赁商、修理商和车主发出该召回通知书，并报主管部门备案。召回通知书应当在主管部门指定的报刊上连续刊登 3 期，召回期间在主管部门指定网站上持续发布。主管部门未批准召回计划的，制造商应按主管部门提出的意见进行修改，并在接到通知之日起 10 个工作日内再次向主管部门递交修改后的召回计划，直至主管部门批准为止。

制造商应在发出召回通知书之日起，开始实施召回，并在召回计划时限内完成。制造商有合理原因未能在此期限内完成召回的，应向主管部门提出延长期限的申请，主管部门可根据制造商申请适当延长召回期限。

制造商应自发出召回通知书之日起，每 3 个月向主管部门提交符合规定要求的召回阶段性进展情况的报告；主管部门可根据召回的实际效果，决定制造商是否应采取更为有效的召回措施。

对每一辆完成召回的缺陷汽车，制造商应保存符合《汽车召回规定》要求的召回记录单。召回记录单一式两份，一份交车主保存，一份由制造商保存。

制造商按计划完成召回后，应在 1 个月内向主管部门提交召回总结报告。

主管部门应对制造商提交的召回总结报告进行审查，并在 15 个工作日内书面通知制造商审查结论。审查结论应向社会公布。主管部门认为制造商所进行的召回未能取得预期的效果，可责令制造商采取补救措施，再次进行召回。如制造商对审查结论有异议，可依法申请行政复议或提起行政诉讼。在行政复议或行政诉讼期间，主管部门的决定暂不执行。

主管部门应及时公布制造商在中国境内进行的缺陷汽车召回、召回效果、审查结论等有关信息，通过指定网站公布，为查询者提供有关资料。主管部门应向商务部和海关总署通报进口缺陷汽车的召回情况。

《食品召回管理规定》第三章第二节、《儿童玩具召回管理规定》第四章第一节、《药品召回管理办法》第四章、《医疗器械召回管理办法（征求意见稿）》第四章都对责令召回程序作出了类似的规定。

第十一章　技术性贸易措施的国际管制法律制度

技术性贸易措施的国际管制法律制度是指为保障国际贸易的健康发展，对技术性贸易措施所产生的贸易影响予以规制，以防止其对国际贸易造成不必要的障碍所制定的一系列国际法律规范的总称。技术性贸易措施包括技术法规、标准和合格评定程序三大部分。就国际贸易而言，技术性贸易措施对贸易具有限制作用，极易为贸易保护主义所利用，成为技术性贸易壁垒，有必要对技术性贸易措施予以法律规制。

技术性贸易措施的国际管制法律制度主要体现在以 WTO《技术性贸易壁垒协定》和《实施卫生与植物卫生措施协定》为核心的一系列 WTO 协定之中。在经济全球化的背景之下，我国的质检法制建设不仅要立足于国内，还要面向国际市场；不仅要注重对人类、动植物生命健康的保护和市场秩序的维护，还要保障和促进我国进出口贸易的健康发展。从这个意义上讲，遵守 WTO 规则，在 WTO 规则框架之下建构我国的技术性贸易措施体系应当成为我国质量监督检验检疫法制建设的重要内容。本章主要就技术性贸易措施的定义、WTO 对技术性贸易措施的管制规范进行分析，并对如何按照 WTO 的相关规定，推进我国技术性贸易措施的制度化问题进行探讨。

■　第一节　技术性贸易措施概述

一、技术性贸易措施的定义

所谓技术性贸易措施，是指一国以维护国家安全，保护人类健康和安全，保护动植物的生命和健康，保护环境，防止欺诈以及保证产品质量等为由采取的、对国际贸易产生影响的强制性和非强制性的技术性措施。

技术性贸易措施有广义和狭义之分。狭义的技术性贸易措施指的是 WTO

《技术性贸易壁垒协定》所规范的技术性贸易措施，包括技术法规、标准和合格评定程序。广义的技术性贸易措施泛指所有影响国际贸易的技术性措施，除WTO《技术性贸易壁垒协定》外，还包括WTO《实施卫生与植物卫生措施协定》、《与贸易有关的知识产权协定》、《服务贸易总协定》等协定规定的对贸易有影响的技术性措施。本章所指技术性贸易措施主要是指WTO《技术性贸易壁垒协定》和《实施卫生与植物卫生协定》所规范的技术性贸易措施。

准确理解技术性贸易措施的概念，需要注意其与技术性贸易壁垒的区别，不能将二者混为一谈。[1] 所谓技术性贸易壁垒是指违反WTO规则，在情形相同的国家之间构成任意或不合理歧视，或构成对国际贸易变相限制的技术性贸易措施。简言之，技术性贸易壁垒是违反WTO规则的技术性贸易措施。

二、国际贸易中技术性贸易措施的发展及其规制

技术性贸易措施在当代得到了迅速发展。对此，我们可以从以下两个方面加以理解：一方面，技术性贸易措施是人类追求健康、保护环境、提高生活质量的客观需求。随着经济的发展和人们生活水平的提高，人们对产品的质量、环境等提出了更高的要求，由于在产品质量等问题上存在着信息不对称的现象，单纯依靠市场的“无形之手”无法解决此类问题，因此需要政府采取必要的措施加以规制。现代科技的发展为这种政府规制提供了条件和可能性。为满足人们对健康、安全以及产品质量等方面的要求，各国制定了大量有关产品质量监督检验检疫的技术性措施，并且日趋严格。另一方面，从国际贸易的角度看，这些政府的规制措施在客观上会对产品贸易造成影响，成为产品进入一国市场必须遵守的条件。由于各国在技术水平、经济以及社会文化等方面存在差异，各国采取的技术性贸易措施也千差万别，其对国际贸易的阻碍作用日渐明显起来。同时，技术性贸易措施受到国际贸易保护主义的青睐，成为当今推行贸易保护的主要手段。

随着国际贸易领域《关税和贸易总协定》的建立以及随后的多边贸易谈判，关税作为贸易保护主义的手段得到有效抑制，各国开始逐渐将关注点转向非关税壁垒方面。其中，技术性贸易措施由于具有形式上的合法性、内容上的技术性和复杂性以及保护目的的隐蔽性等特点而成为各国保护贸易的理想工具。在这样的背景下，在进入20世纪70年代以来，技术性贸易壁垒得到了很大发展，其对国际贸易的影响受到国际社会的广泛关注。

---

〔1〕 国内在对技术性贸易措施和技术性贸易壁垒两个概念的界定和使用上存在多种观点。参见何鹰：《对外贸易中的技术性贸易措施法律问题研究》，法律出版社2006年版，第2～4页；罗小明、王岚：“技术性贸易壁垒内涵辨正”，载《现代财经》2007年第11期。

1970 年，关贸总协定专门成立工作组就非关税壁垒给国际贸易造成的影响进行评估，并得出结论认为技术壁垒是各成员方出口商所面临的最大的非关税措施。之后在东京回合的贸易谈判中，限制技术性贸易壁垒成为主要的议题，并最终达成了关于技术性贸易壁垒的诸边协定。在乌拉圭回合谈判中，技术性贸易壁垒的协定被重新修订，并作为乌拉圭回合谈判所达成的一揽子协定之一，适用于世界贸易组织的全体成员，这就是《技术性贸易壁垒协定》。

在诸多技术性贸易措施之中，卫生检验检疫措施由于直接关涉人类的健康和动植物生命和安全，长期被作为例外措施没有得到有效的国际规制。关贸总协定和东京回合达成的《技术性贸易壁垒协定》对卫生检验检疫措施的约束力不够，要求也不具体。为此，在乌拉圭回合的谈判中，许多国家提议制定专门针对动植物检疫的协定，以便对动植物检验检疫提出更为具体和严格的要求，并最终达成了《实施卫生与植物卫生措施协定》。

《技术性贸易壁垒协定》既适用于工业品也适用于农业品，但其中的卫生与植物卫生措施则受《实施卫生与植物卫生措施协定》的调整，二者互相协调，共同构建起 WTO 关于技术性贸易措施管制法律制度的总体框架。

总之，从国际贸易的角度审视，技术性贸易措施具有两重性：一方面它有利于纠正市场的无效性，保护国内环境和人类及动植物健康，促进贸易的健康发展；另一方面又会对国际贸易造成阻碍。WTO 对技术性贸易壁垒措施的规制也体现出对这两方面因素的综合平衡与协调，即 WTO 一方面承认技术性贸易措施在 WTO 体制中的合法性，允许各国采取必要的措施保证产品质量，保护人类、动植物的生命健康以及保护环境，或者防止欺诈行为等，同时又强调这些措施的实施方式不得构成在情形相同国家之间进行任意或不合理歧视的手段，或者构成对国际贸易的变相限制。遵循这样一个基本思路，WTO 的《技术性贸易壁垒协定》和《实施卫生与植物卫生措施协定》通过一系列具体规定对各国技术性贸易措施加以约束，这些规定成为各国技术性贸易措施必须遵守的国际法规范。

■ 第二节　WTO《技术性贸易壁垒协定》的主要内容

为了防止技术性贸易壁垒对国际贸易的阻碍，WTO《技术性贸易壁垒协定》要求各国在制定、采用和实施技术性贸易措施时需要遵守最小贸易原则、非歧视原则、协调原则、透明度原则等基本原则，并将技术性贸易措施划分为技术法规、标准和合格评定程序三种类型，分别提出了具体的要求。

一、关于技术法规

技术法规是指规定强制执行的产品特性或其相关工艺和生产方法，包括适用的管理规定在内的文件。该文件还可包括专门关于适用于产品、工艺或生产方法的专门术语、符号、包装、标志或标签要求。

实践中判断是否构成WTO《技术性贸易壁垒协定》下的技术法规，需要考虑以下三个要素：就技术法规的构成看，根据对WTO争端解决实践的分析，其大致包括以下三个要素：①技术法规必须适用于可识别的一种或一类产品，但产品不一定要在文件中指明。在“欧共体影响石棉及含有石棉产品措施案”中，上述机构指出，技术法规必须可以适用于一种可识别的产品或一组产品，但并没有要求技术法规必须适用于法规所列举和指定的“特定产品”。尽管TBT协议对产品普遍适用，但TBT协议文本并没有暗示产品需要在技术法规中被指定或者被直接确定，而只需通过规定一定“特性”使其具有可识别性即可。在“欧共体沙丁鱼贸易名称案”中，上述机构更进一步指出，“可识别”不等于已经指明。②技术法规必须规定产品的一项或多项技术特征，这些特征可以用肯定形式，也可以用否定形式作出。除产品特征外，技术法规还包括有关产品的工艺和生产方法方面的要求，当然，技术法规所涵盖的生产工艺和方法是指能够对产品特性产生影响，“与产品特性有关的工艺和生产方法”。③技术法规关于产品特性的要求是强制性的。

具体而言，WTO对技术法规的要求涵盖中央政府和地方政府两个层面。

1. 对中央政府制定、采用和实施的技术法规的要求。这些要求集中规定在《技术性贸易壁垒协定》第2条，主要包括以下几点：

(1) 遵守国民待遇和最惠国待遇这两项多边贸易体制的核心原则。各成员应保证在技术法规方面，给予源自任何成员领土进口的产品不低于其给予本国同类产品或来自任何其他国家同类产品的待遇。

(2) 防止对国际贸易造成不必要的障碍。技术法规对贸易的限制不得超过为实现合法目标所必需的限度，同时考虑合法目标未能实现可能造成的风险。其中，合法目标包括国家安全要求、防止欺诈行为、保护人身健康或安全、保护动物或植物的生命或健康以及保护环境五个方面。而在评估合法目标未实现所可能造成的风险时，则应当考虑可获得的科学和技术信息、有关的加工技术或产品的预期最终用途等相关因素。同时，《技术性贸易壁垒协定》为防止技术法规造成不必要的贸易障碍，还作出了一系列具体规定。例如，各成员应按照产品的性能而不是按照其设计或描述特征来制定技术法规；当与某技术法规采用有关的情况、目标已不复存在或发生改变可以采用对贸易限制较少的方式加以处理时，就不应再维持该技术法规；等等。

(3) 国际协调。各成员在制定技术法规时，应使用相关国际标准作为其技术法规的基础，除非这些国际标准基于气候、地理或技术等方面的原因对达到技术法规所追求的合法目标无效或不适当。对于出于合法目标并依照有关国际标准制定、采用和实施的技术法规，应当推定其未对国际贸易造成不必要的障碍。鉴于国际标准的重要性，各成员应在其力所能及的范围内充分参与有关国际标准化机构的工作，以便在尽可能广泛的基础上协调技术法规。此外，各成员还应积极考虑将其他成员的技术法规作为等效法规加以接受。

(4) 透明度要求。如果拟采用的技术法规没有相关国际标准，或者技术法规的技术内容与国际标准不一致，并且该技术法规可能对其他成员的贸易有重大影响，那么，各成员应承担如下义务：①在早期适当阶段，提前发布拟采用的技术法规，并通过秘书处通知其他成员。在紧急情况下，可适用简便程序。②迅速公布已采用的所有技术法规。③除紧急情况外，应在技术法规的公布和生效之间留出合理时间间隔，使出口成员，特别是发展中国家成员的生产者有时间调整其产品和生产方法，以适应进口成员的要求。

2. 对地方政府和非政府机构制定、采用和实施技术法规的要求。这些要求集中在《技术性贸易壁垒协定》第3条，主要包括：

(1) 各成员应采取合理措施，保证地方政府和非政府机构遵守《技术性贸易壁垒协定》第2条有关中央政府制定、采用和实施技术法规的规定，但通知义务除外。

(2) 各成员就采用技术法规而向WTO进行的通报，应包括地方政府制定和采取的技术法规。

(3) 各成员不得要求或鼓励其地方政府机构或非政府机构以与《技术性贸易壁垒协定》规定不一致的方式行事。

(4) 各成员对中央政府以及地方政府和非政府机构在制定、采用和实施技术法规方面遵守WTO规定负全责。各成员应制定和实施积极措施和机制，支持中央政府机构以外的机构遵守有关规定。

二、关于标准

所谓标准，是指经公认机构批准的、规定非强制执行的、供通用或重复使用的产品或相关工艺和生产方法的规则、指南或特性的文件。该文件还可包括或专门关于适用于产品、工艺或生产方法的专门术语、符号、包装、标志或标签要求。

标准和技术法规都是关于产品、相关工艺和生产方法的技术性文件。二者的区别在于标准是自愿采用的，而技术法规则具有强制性。之所以作这样的区别，是因为从贸易的角度考察，技术性法规作为强制性文件，是进入一国市场必需遵守的技术性规范，对贸易的影响是直接的；而标准作为自愿性措施，其对贸易的影响主要是通过市场体现出来的，具有间接性。

虽然在表面上，标准作为自愿性技术措施，对产品的生产和进口不具有法律拘束力。但实际上，标准是产品设计、制造的技术基础，各种产品都被普遍要求符合一定的标准，从而使得不符合一定标准的产品在市场上无法销售。各国之间标准的差异对国际贸易造成影响，同时在标准的制定和实施过程中，还常常存在着有意无意地将国外产品置于不利竞争地位的现象。有鉴于此，《技术性贸易壁垒协定》将标准也作为技术性贸易措施的种类之一，将之纳入其规制的范围。一方面，该协定附件3 中列明了《制定、采用和实施标准的良好行为规范》（以下简称《良好行为规范》）；另一方面，该协定将遵守关于标准的《良好行为规范》作为政府需要履行的条约义务加以规定，要求各成员采取合理措施来保证其地方政府和非政府标准化机构以及它们参加的区域标准化组织接受并遵守标准《良好行为规范》。成员不得采取直接或间接要求或鼓励标准化机构以与《良好行为规范》不一致的方式行事的措施。各成员有义务保证相关标准化机构遵守《良好行为规范》的规定，而无论标准化机构是否已经接受《良好行为规范》。可见，《技术性贸易壁垒协定》实际上是通过规定成员义务的方式，赋予了遵守标准《良好行为规范》的强制效力。

《良好行为规范》对标准的要求与 WTO 对技术法规的要求大体相当，主要包括：

1. 国民待遇和最惠国待遇。标准化机构给予源自 WTO 任何其他成员领土产品的待遇不得低于给予本国同类产品和源自任何其他国家同类产品的待遇。

2. 防止标准对贸易造成不必要的障碍。标准化机构应保证不制定、不采用或不实施在目的或效果上给国际贸易制造不必要障碍的标准。只要适当，标准化机构应按产品性能而不是设计或描述特性来制定产品要求方面的标准。

3. 以国际标准为基础。标准化机构应使用国际标准作为其制定标准的基础，除非此类国际标准是无效或不适当的，如由于保护程度不足，或者由于气候、地理因素或技术问题造成的无效或不适当等。为在尽可能广泛的基础上协调标准，标准化机构应以适当方式，在力所能及的范围内，充分参与有关国际标准化机构的工作，并尽力避免与其他标准化机构的工作发生重复或重叠。

4. 标准的透明度要求：①标准化机构应至少每 6 个月公布一次工作计划，并通知设在日内瓦的 ISO/IEC 信息中心。工作计划应包括标准化机构的名称和地址、正在制定的标准及前一时期已采用的标准。②在采用一个标准之前，标准化机构应给予至少 60 天的时间供 WTO 任一成员领土内的利害关系方就标准草案提出意见。但在紧急情况下，上述期限可以缩短。③标准一经采用，即应迅速予以公布。

三、关于合格评定程序

“合格评定程序”是乌拉圭回合《技术性贸易壁垒协定》首次引入的新概念。根据该协定附件1的定义，合格评定程序指任何直接或间接用以确定是否满足技术法规或标准中的相关要求的程序，包括抽样、检验和检查、评估、验证和合格保证以及注册、认可、批准等。

“合格评定程序”源于国际标准化组织（ISO）/国际电工委员会（IEC）指南2（ISO/IEC Guide 2）的“合格评定”概念，但二者存在差异。相较于“合格评定”概念，合格评定程序具有以下特点：①合格评定程序涵盖产品、过程，但不涉及服务领域；②合格评定程序不仅评定标准的符合性，还评定技术法规的符合性；③合格评定程序指的是用来规范合格评定活动的一套程序性规则。[1]

按照《技术性贸易壁垒协定》给出的合格评定程序定义，可将合格评定程序分成以下四个层次：①检验程序（包括取样、检测、检验、符合性验证等）。它直接检查产品特性或与其有关的工艺和生产方法与技术法规、标准要求的符合性，属于直接确定是否满足技术法规或标准有关要求的“直接的合格评定程序”。②认证，包括产品认证和体系认证两大类。其中，产品认证又可以分为安全认证和合格认证等，体系认证又可以分为质量管理体系认证、环境管理体系认证、职业安全和健康体系认证以及信息安全体系认证等。③认可。世贸组织鼓励成员国通过相互认可协议（MRAs）来减少多重复测试和认证，以便利国际贸易。④注册批准。[2]

在国际贸易中，除了技术法规和标准外，合格评定程序也是技术性贸易壁垒的重要形式。对于合格评定程序，《技术性贸易壁垒协定》分别从中央政府机构的合格评定程序、中央政府对合格评定程序的承认、地方政府机构的合格评定程序以及国际或区域合格评定体系等几个方面提出了具体的要求。

1. 中央政府机构的合格评定程序。

（1）原则性规定。合格评定程序的制定、采用和实施应遵守国民待遇和最惠国待遇原则，在可比的情况下以不低于给予本国同类产品的供应商或源自任何其他国家同类产品的供应商的条件，使源自其他成员领土内产品的供应商获得准入；进口产品供应商有权根据相关规则获得合格评定，包括在设备现场进行合格评定并能得到该合格评定体系的标志；合格评定程序的制定、采用或实施在目的和效果上不应对国际贸易制造不必要的障碍，尤其是合格评定程序或

〔1〕林伟等：“合格评定程序及其理解”，载《检验检疫科学》2002年第5期。

〔2〕林伟等：“合格评定程序及其理解”，载《检验检疫科学》2002年第5期。

其实施方式不得比给予进口成员对产品符合适用的技术法规或标准所必需的足够信任更为严格，同时考虑不符合技术法规或标准可能造成的风险。

（2）具体要求。在实施上述原则性规定时，各成员应保证合格评定程序尽可能迅速地进行和完成，并在顺序上给予源自其他成员领土内的产品不低于本国同类产品的待遇；公布每一合格评定程序的标准处理时限，告知申请人预期的处理时限；主管机构在收到申请后应迅速审查文件是否齐全，并以准确和完整的方式通知申请人所有不足之处；主管机构应及时、准确、完整地向申请人传达评定结果，以便申请人采取必要的纠正措施；即使在申请存在不足之处时，主管机构也应当应申请人的申请尽可能继续进行合格评定，并及时通知申请人程序进展情况；对信息的要求仅限于合格评定和确定费用所必需的限度，并注意对信息的保密；在费用收取方面，对进口产品进行合格评定所收取的任何费用应在考虑因申请人与评定机构所在地不同而产生的通讯、运输及其他费用等基础上公平确定；合格评定程序所用设施设备的设置地点及样品的提取应不致给申请人或其代理人造成不必要的不便；对于已经进行了符合性确认的产品，如果发生规格方面的改变，再进行合格评定时，仅限于确定对该产品仍符合有关技术法规或标准是否有足够的信任所必需的限度；建立合格评定的救济程序，审查有关实施合格评定程序的投诉。

（3）以国际标准为基础。中央政府机构应使用国际机构发布的相关指南或建议作为其合格评定程序的基础，除非此类指南、建议不适合。为在尽可能广泛的基础上协调合格评定程序，各成员应在力所能及的范围内充分参与有关国际标准化机构制定合格评定指南和建议的工作。

（4）如果合格评定程序不是依据国际标准制定，并且可能对其他成员的贸易产生重大影响时，各成员应保证该合格评定程序的透明度，履行相应的通知义务：①在早期适当阶段在出版物上发布拟采用的合格评定程序的通知，并通过秘书处通知其他成员；②迅速公布已采用的所有合格评定程序，或以可使其他各成员中的利害关系方知晓的其他方式提供；③除紧急情况外，各成员应在合格评定程序的公布和生效之间留出合理的时间间隔，使出口成员，特别是发展中国家成员的生产者有时间调整其产品和生产方法来适应进口成员的要求。

2. 中央政府机构对合格评定的承认。

（1）各成员方应尽可能接受其他成员合格评定程序的结果，即使这些程序不同于它们自己的程序，只要它们确信同自己的程序相比，其他成员的合格评定程序同样可以保证产品符合有关技术法规或标准。

（2）鼓励各成员就达成相互承认合格评定程序结果的协议进行谈判。

（3）鼓励各成员以不低于给予自己领土内或任何其他国家领土内合格评定

机构的条件，允许其他成员领土内的合格评定机构参加其合格评定程序。

3. 关于地方政府机构的合格评定程序。各成员须采取合理措施确保地方政府机构符合有关中央政府的合格评定程序以及承认其他成员合格评定的规定，但对外通报的义务除外。各成员应对地方政府的合格评定程序进行通报，其他成员可通过成员中央政府要求其提供地方政府合格评定程序的信息，并对地方政府的合格评定程序提出意见和进行讨论。各成员不得采取措施要求或鼓励地方政府机构在其领土内采取与《技术性贸易壁垒协定》规定不一致的方式行事。各成员对遵守《技术性贸易壁垒协定》有关规定负有全责。各成员应制定和实施积极的措施和机制，支持中央政府机构以外的机构遵守有关规定。

4. 关于非政府机构的合格评定程序。各成员应采取合理措施，保证其领土内实施合格评定程序的非政府机构遵守《技术性贸易壁垒协定》的规定。各成员不得采取具有直接或间接要求或鼓励非政府机构以与《技术性贸易壁垒协定》规定不一致的方式行事的效果的措施。只有在非政府机构遵守《技术性贸易壁垒协定》规定的情况下，各成员中央政府机构方可依靠这些非政府机构实施的合格评定程序。

5. 关于国际性和区域性合格评定体系。各成员应制定和采用国际合格评定体系并作为该体系成员或参与该体系。各成员应采取合理措施，保证其加入或参与的国际和区域合格评定体系的团体遵守《技术性贸易壁垒协定》规定。只有在国际或区域合格评定体系遵守《技术性贸易壁垒协定》规定的情况下，各成员中央政府机构方可依靠这些体系。

■ 第三节　WTO《实施卫生与植物卫生措施协定》的主要内容

卫生与植物卫生措施（Sanitary and Phytosanitary Measures）是《实施卫生与植物卫生措施协定》所界定的概念，指的是成员方为保证人类健康安全以及动植物的生命健康而采取的措施，包括以下四种：①保护动物或植物的生命或健康免受虫害、病害、带病有机体或致病有机体的传入、定居或传播所产生的风险；②保护人类或动物的生命或健康免受食品、饮料或饲料中的添加剂、污染物、毒素或致病有机体所产生的风险；③保护人类的生命或健康免受动物、植物或动植物产品携带的病害或虫害的传入、定居或传播所产生的风险；④防止或控制成员领土内因虫害的传入、定居或传播所产生的其他损害。

卫生与植物卫生措施在形式上包括所有相关的法律、法令、法规、要求和程序，特别包括：最终产品标准；工序和生产方法；检验、检查、认证和批准程序；检疫处理，包括与动物或植物有关的或与在运输过程中为维持动植物生存所需物质有关的要求；有关统计方法、抽样程序和风险评估方法的规定；以及与粮食安全直接有关的包装和标签要求。

WTO《实施卫生与植物卫生措施协定》适用于所有可能直接或间接影响国际贸易的卫生与植物卫生措施，以下分五个方面对《实施卫生与植物卫生措施协定》的具体内容进行论述。

一、成员方实施卫生与植物卫生措施的基本权利和义务

《实施卫生与植物卫生措施协定》第2条对成员方实施卫生与植物卫生措施的权利和义务作出了规定，即各成员有权采取为保护人类、动物或植物的生命或健康所必需的卫生与植物卫生措施，同时在这类措施的制定和适用方面必须遵守以下义务：①任何卫生与植物卫生措施仅在为保护人类、动物或植物的生命或健康所必需的限度内实施；②实施卫生与植物卫生措施应以科学原理为根据，如无充分的科学证据则不再维持；③实施卫生与植物卫生措施不应在情形相同或相似的成员之间，包括在成员自己领土和其他成员的领土之间构成任意或不合理的歧视；④卫生与植物卫生措施的实施方式不得构成对国际贸易的变相限制。

在“日本影响农产品措施案”中，WTO争端解决上诉机构对于“卫生与植物卫生措施如无充分的科学证据则不再维持”进行了解释，其指出“充分”一词是表达关系的概念，它要求在两元素之间，即在卫生与植物卫生措施同科学证据之间存在一种合理或客观的联系，否则该项卫生与植物卫生措施不应再维持；而对于一项卫生与植物卫生措施与科学证据之间是否存在合理的关系则需要根据案件的具体情况，结合争议措施的性质以及科学证据的质量和数量等因素进行综合分析确定。

二、实施卫生与植物卫生措施的国际协调

根据《实施卫生与植物卫生措施协定》附件1的界定，“协调”是指不同成员制定、承认和实施共同的卫生与植物卫生措施。这里的“协调”包括两个方面的含义：①实现各国实施卫生与植物卫生措施的统一；②促进各国实施卫生与植物卫生措施的互认，即不同国家实施的卫生与植物卫生措施的等效适用。前者以国际标准为基础，后者以双方或多方协议为依托。相关内容规定在《实施卫生与植物卫生措施协定》第3、4条之中。

1. 以国际标准为基础的协调。

（1）为在尽可能广泛的基础上协调卫生与植物卫生措施，各成员的卫生与植物卫生措施应根据现有的国际标准、指南或建议制定，除非另有规定。符合国际标准、指南或建议的卫生与植物卫生措施被视为为保护人类、动物或植物

的生命或健康所必需的措施，并被视为与 WTO 的相关规定相一致。

（2）如存在科学理由，或依据成员方所确定的适当的保护水平，各成员可采用或维持比基于国际标准制定的措施所可能达到的保护水平更高的卫生与植物卫生措施。[1]

（3）各成员应在力所能及的范围内充分参与有关国际组织及其附属机构，特别是食品法典委员会、世界动物卫生组织以及在《国际植物保护公约》范围内运作的有关国际和区域组织，以促进在这些组织中制定和定期审议有关卫生与植物卫生措施所有方面的标准、指南和建议。

（4）卫生与植物卫生措施委员会应制定程序，监控国际协调进程，并在这方面与有关国际组织协同努力。

以国际标准为基础对各国卫生与植物卫生措施进行协调的关键是对国际标准的确定。由于 WTO 本身并不制定相关的国际标准，为此，哪些国际标准可用作协调各国卫生与植物卫生措施的根据就成为实践中需要认真解决的问题。与《技术性贸易壁垒协定》对国际标准的模糊规定不同，《实施卫生与植物卫生措施协定》就国际标准作出了明确的规定：

（1）粮食安全方面的国际标准指的是食品法典委员会制定的与食品添加剂、兽药和除虫剂残余物、污染物、分析和抽样方法有关的标准、指南和建议以及卫生惯例、守则和指南。食品法典委员会（Codex Alimentarius Commission，简称 CAC）是联合国粮农组织和世界卫生组织联合成立的国际组织，其主要任务是通过制定推荐的食品标准及食品加工规范，协调各国的食品标准立法并指导其建立食品安全体系。食品法典委员会汇集国际已经采用的食品标准，以统一的“食品法典”的形式体现出来，其中包括食品中农药残留、食品中兽药残留、特殊营养与膳食，以及水果、蔬菜、果汁、谷物、豆类、油脂、鱼、肉、糖、乳等诸多方面的国际标准。

（2）动物健康和寄生虫病方面的国际标准指的是世界动物卫生组织主持制定的标准、指南和建议。世界动物卫生组织（Office International Epizooties，简称 OIE）成立于 1924 年，主要研究制定国际动物卫生法规，制定各种动物疾病的诊断、预防和控制方法，为全球动物卫生工作制定并提供标准化和规范化的技术资料。世界动物卫生组织制定的标准化文件包括《陆生动物卫生法典》、《哺乳动物、禽、蜜蜂疾病诊断试验和疫苗标准手册》、《水生动物卫生法典》以

〔1〕 就本项规定而言，存在科学理由的情况是指一成员根据《实施卫生与植物卫生措施协定》的有关规定对现有科学信息进行审查和评估，确定有关国际标准、指南或建议不足以实现适当的动植物卫生保护水平。

及《水生动物疾病诊断手册》等。

（3）植物健康方面的国际标准指的是在《国际植物保护公约》（The International Plant Protection Convention，简称 IPPC）秘书处主持下与在《国际植物保护公约》范围内运作的区域组织合作制定的国际标准、指南和建议。《国际植物保护公约》为联合国粮农组织 1951 年大会所通过，其主要宗旨是采取共同而有效的行动，提高控制手段以防止植物和植物产品病虫害的传播和蔓延。《国际植物保护公约》组织先后制定了诸如《与国际贸易有关的植物检疫原则》、《有害生物风险分析准则》、《外来生物防治物的输入和释放行为守则》、《检疫性有害生物的风险分析》等大量关于植物检疫措施的国际标准。

（4）上述三个组织没有涵盖的其他事项的国际标准是指经卫生与植物卫生措施委员会确认的、成员资格向所有 WTO 成员开放的其他国际组织公布的有关标准、指南和建议。

2. 等效适用。

（1）如出口成员客观地向进口成员证明其卫生与植物卫生措施达到进口成员适当的卫生与植物卫生保护水平，则进口成员应将出口成员的措施作为等效措施予以接受，即使这些措施不同于进口成员自己的措施，或不同于从事相同产品贸易的其他成员使用的措施。

（2）各成员应进行磋商，以便就承认具体卫生与植物卫生措施的等效性问题达成双边和多边协定。

三、风险评估和适当的卫生与植物卫生保护水平的确定

（一）风险评估

所谓“风险评估”是指根据可能适用的卫生与植物卫生措施评价虫害或病害在进口成员领土内传入、定居或传播的可能性以及评价相关潜在的生物学后果和经济后果；或评价食品、饮料或饲料中存在的添加剂、污染物、毒素或致病有机体对人类或动物的健康所产生的潜在不利影响。

《实施卫生与植物卫生措施协定》要求各成员应保证其卫生与植物卫生措施的制定以对人类、动植物的生命或健康所进行的、适合有关情况的风险评估为基础，同时考虑有关国际组织制定的风险评估技术。在进行风险评估时，各成员应考虑可获得的科学证据；有关工序和生产方法；有关检查、抽样和检验方法；特定病害或虫害的流行；病虫害非疫区的存在；有关生态条件；以及检疫和其他处理方法。此外风险评估还应考虑有关经济因素，包括由于虫害或病害的传入、定居或传播造成生产或销售损失的潜在损害；在进口成员领土内控制或根除病虫害的费用；以及采用替代方法控制风险的相对成本效益等。

风险评估是一国制定卫生与植物卫生措施的关键，也是实践中判断具体卫

生与植物卫生措施是否符合《实施卫生与植物卫生措施协定》规定的焦点。实践中风险评估涉及的问题主要包括：

1. 关于风险评估的分类。根据《实施卫生与植物卫生措施协定》附件1关于风险评估的界定，风险评估可以分为两种类型：①对源于病虫害风险的评估；②对源于食品、饮料或饲料的风险的评估。后者需要评估食品、饮料、饲料对人类或动物健康是否具有潜在不利影响。而前者除了评估病虫害传入、定居或传播的可能性外，还需要评价相关潜在的生物学后果和经济后果。

在“澳大利亚影响鲑鱼进口措施案”中，WTO争端解决上诉机构将这类风险评估细化为三项要求：①确定成员国想阻止传入、定居或传播的病害为何种病害，以及与这些病害的传入、定居和传播相关的潜在生物学后果和经济后果；②评价传入、定居或传播的病害的可能性及其相关的潜在生物学后果和经济后果；③按照可应用的卫生与植物卫生措施，评价病害传入、定居和传播的可能性。

2. 关于风险评估需要考虑的因素。对于如何确定风险评估所要考虑的科学证据、有关工序和生产方法等诸多因素，在“欧共体影响肉类及肉制品措施案”中，WTO争端解决上诉机构指出，不能将国内无法通过经验或实验室方法进行定量分析的事项排除在风险评估范围之外。风险评估中所要评价的风险不仅仅是根据严格控制的条件在科学实验操作中才能查明的风险，也包括人类社会实际存在的风险。《实施卫生与植物卫生措施协定》对风险评估中应考虑因素的列举不是封闭性的。可见，上述机构对风险评估需要考虑的因素进行了非常宽泛的解释，为在进行风险评估时，考虑包括诸如消费者关注、文化或道德偏好以及社会价值判断等所谓“科学”以外的因素打开了方便之门。

3. 关于卫生与植物卫生措施需以风险评估为“基础”（Based On）。在“欧共体影响肉类及肉制品措施案”中，WTO争端解决上诉机构认为，卫生与植物卫生措施需以风险评估为基础是一种实质性要求，即要求在措施和风险评估之间存在一种合理关系。风险评估没有要求必须体现主流科学观点，也可以是持不同意见科学家的观点，因为分歧本身就是科学不确定性的一种形式。

在大多数情况下，政府倾向于以主流科学意见作为其采取措施的依据，而在另一些情况下，政府则以来自有资格的和受尊重的渠道的分歧意见为依据。这本身并不一定表示卫生与植物卫生措施与风险评估之间缺乏合理的关系，尤其是当有关风险威胁到生命，并对公共健康和安全构成明确的即将来临的威胁时，确定合理关系的存在与否只能在适当考虑到所有潜在不利影响的问题后，逐案进行分析。此外，对于以风险评估为基础并不意味着采用措施的成员方必须自己进行风险评估，而仅仅是要求卫生与植物卫生措施应以适合有关情况的风险评估为基础。一成员采取的卫生与植物卫生措施可能依据另一成员或国际组织所进行的风险评估而获得正当性。

4. 例外规定。由于卫生与植物卫生措施直接关涉到人类及动植物的健康，为此《实施卫生与植物卫生措施协定》允许成员在特定的情形下，即使没有充分的科学证据，也可以采取临时性的措施。在“日本影响农产品措施案”中，WTO 争端解决上诉机构指出，采取和维持一项临时性卫生与植物卫生措施需要满足四项要求。这四项要求分为两个层面：

(1) 成员方对临时采取卫生检疫措施的采取，成员需要：①在相关科学信息不充分的情况下实施；②在可获得的有关信息的基础之上被采用。

(2) 临时性措施的维持。一项临时性措施将不再维持，除非采用这一临时措施的成员：①寻求获得进行更客观的风险评估所必需的补充信息；②在合理期限内对措施进行相应的审查。这四项要求在性质上明显是合在一起的（Cumulative)，对于决定是否与《实施卫生与植物卫生措施协定》的要求一致具有同等重要性。

当以上四项要求的其中一项不被满足时，即被认为不符合《实施卫生与植物卫生措施协定》的规定。可见，《实施卫生与植物卫生措施协定》允许成员方政府在没有得到充分的科学信息时采取临时性的预防措施，但如果有足够的信息进行客观的风险评估，则临时性措施就是不合理的，它应该被建立在风险评估基础之上的措施所取代。

（二）适当的卫生与植物卫生保护水平

所谓“适当的卫生与植物卫生保护水平”是指制定卫生与植物卫生措施的成员所认为的适当的保护水平，也被称为“可接受的风险水平”。

在进行风险评估，并发现“确定的风险”存在后，成员需要采取适当的措施将风险降低到可接受的水平。其中，成员所设定的卫生与植物卫生保护水平的“适当性”，成为决定卫生与植物卫生措施是否符合《实施卫生与植物卫生措施协定》的又一关键。对于“适当的卫生与植物卫生保护水平”，《实施卫生与植物卫生措施协定》以尽可能减少对贸易的消极影响为目标，要求成员在设定“适当的卫生与植物卫生保护水平”时遵守“一致性”要求和“必要限度”要求。

1. 关于“一致性”要求。为保证在运用适当的卫生与植物卫生保护水平概念上的一致性，每一成员应避免其认为的适当的保护水平在不同情况下存在任意或不合理的差异，以防此类差异造成对国际贸易的歧视或变相限制。各成员应在卫生与植物卫生措施委员会中进行合作，制定指南，以推动“一致性”规定的实际实施，委员会在制定指南时应考虑所有有关因素，包括人们自愿承受人身健康风险的例外特性。

在“欧共体影响肉类及肉制品措施案”中，WTO 争端解决上述机构在认定存在违反上述“一致性”规定的情形时主要从三个方面进行考察，要求必须证明下列三个不同因素的存在：①实施措施的成员针对多个情形，采取了不同的卫生与植物卫生保护水平；②这些保护水平在对不同情形的处理中存在着任意或不合理的差异；③这些任意或不合理的差异造成对贸易的歧视或变相障碍。这三个因素在性质上具有累积性，三个因素都必须被证明存在。仅有第一个和第二个因素是不充分的，任意或不合理的差异仅说明这些差异可能对国际贸易造成歧视或变相限制，还需对这些措施进行检查和评价，以确定是否构成第三个因素。

2. 关于“必要限度”要求。在制定或维持卫生与植物卫生措施以实现适当的卫生与植物卫生保护水平时，各成员应保证此类措施对贸易的限制不超过为达到适当的卫生与植物卫生保护水平所要求的限度，同时考虑其技术和经济可行性。

在“澳大利亚影响鲑鱼进口措施案”以及“日本影响农产品措施案”中，WTO 争端解决机构提出了“三点测试”方法（Three - pronged Test），即一成员要证明对方成员所采取的卫生与植物卫生措施违反了必要限度的规定，它必须证明存在另外一项卫生与植物卫生措施：①考虑经济和技术的可行性可以合理获得；②能达到成员国适当的卫生与植物检疫保护水平；③对贸易的限制明显小于原来的措施。这三个要素相互联系，必须同时得到满足。如果其中任何一个得不到满足，也就是说如果考虑技术和经济的可行性没有可以获得的替代性措施，或者如果替代措施不能达到成员适当的卫生或植物检疫保护水平，或者如果不是明显具有更小的贸易限制，那么都会认定成员所采取的卫生与植物卫生措施符合“必要限度”的要求。

四、卫生与植物卫生措施的透明度

各成员方制定、实施的卫生与植物卫生措施应具有透明度，应按规定通报其卫生与植物卫生措施的变动情况及有关信息。《实施卫生与植物卫生措施协定》附件 2 具体规定了各国为保证其措施的透明度所应遵守的规则和程序，主要是要求各成员及时公布所有有关卫生与植物卫生措施的法律和法规，使其他成员方能及时了解相关内容。

除紧急情况外，各成员应将拟议的卫生与植物卫生措施法规在公布和生效之间留出一段合理的时间间隔，以便让出口成员，尤其是发展中国家成员的生产商有足够的时间调整其产品和生产方法，以适应进口成员的要求等。此外，为保证卫生与植物卫生措施的透明度，各成员要在国家主管动植物检疫措施的政府部门设立通报咨询机构，并按照规定通知其他成员。

五、关于控制、检查和批准程序

《实施卫生与植物卫生措施协定》附件3对成员检查和保证实施卫生与植物卫生措施的程序作出了具体规定，主要包括：

（1）程序的实施和完成不应受到不适当的迟延，且对进口产品实施的方式不应严于国内同类产品。

（2）公布每一程序的标准处理期限，告知申请人预期的处理期限；主管机构在接到申请后迅速审查文件是否齐全，并通知申请人所有不足之处；主管机构应及时、准确、完整地向申请人传达程序的结果，以便申请人采取必要的纠正措施；即使在申请存在不足之处时，如申请人提出请求，主管机构也应尽可能继续进行该程序；此外，主管机构还应依申请，将程序的进展情况通知申请人，并对任何迟延作出说明。

（3）有关信息的要求仅限于控制、检查和批准程序所必需的程度，包括批准使用添加剂或为确定食品、饮料或饲料中污染物的允许量所必需的限度。

（4）对于在控制、检查和批准过程中产生的或提供的有关进口产品的信息，应注意保密。

（5）控制、检查和批准产品单个样品的任何要求仅限于合理和必要的限度。

（6）对进口产品实施上述程序而征收的任何费用应当公平，且不高于服务的实际费用。

（7）程序中所用设备的设置地点和进口产品样品的选择应使用与国内产品相同的标准，以便将申请人、进口商、出口商或其代理人的不便减少到最低程度。

（8）对于根据适用的法规进行控制和检查而改变产品规格的情形，对改变规格的产品所实施的程序仅限于为确定是否有足够的信心相信该产品仍符合有关规定所必需的限度。

（9）建立适当救济程序，审议有关投诉，当投诉合理时采取纠正措施。

如进口成员实行批准使用食品添加剂或制定食品、饮料或饲料中污染物允许量的制度，以禁止或限制未获批准的产品进入其国内市场，则进口成员应考虑使用有关国际标准作为市场准入的依据。

■ 第四节 我国技术性贸易措施的制度化

WTO《技术性贸易壁垒协定》和《实施卫生与植物卫生措施协定》对技术性贸易措施的管制性规定为各国技术性贸易措施的制定、采取和实施提供了法律依据。按照 WTO 的要求，推进我国技术性贸易措施的法律制度化，构建符合 WTO 要求的技术性贸易措施体系既是我国履行入世承诺义务的需要，也是在当今经济全球化背景下质量监督检验检疫法制建设的新任务。

一、关于我国的技术法规

技术法规作为强制执行的技术性规范，对贸易具有直接性影响，建立和完善我国的技术法规体系是构建我国技术性贸易措施法律制度的首要任务。目前，我国技术法规存在的问题主要体现在两个方面：①大量强制性规范是以强制性标准的形式体现出来的；②技术法规之间缺乏系统性，完整的技术法规体系尚未建立。解决上述问题，则需要做好以下几项工作：

1. 需要厘清技术法规与强制性标准的关系。在我国，强制性标准是指为保障人体健康与人身、财产安全需要而强制执行的标准。按照 WTO 关于技术法规的定义，强制性标准属于技术法规的范畴。实践中，我国政府也是将强制性标准作为技术法规来向 WTO 进行通报的。然而，从严格意义上讲，强制性标准并不等同于技术法规。二者的区别在于：①就制定程序而言，强制性标准采取的依然是标准制定程序，尽管我国目前的标准制定程序体现了很强的政府干预色彩，但其与技术法规应有的制定程序之间依然有着性质上的区别；②就内容而言，强制性技术标准本身仅仅提出技术要求，但没有包括执行机构、执行程序和补救措施等管理内容，这容易造成实际执行上的困难。因此，需将我国现行的强制性标准按照技术法规的要求进行调整和转化。[1]

2. 关于技术法规体系的完善。《技术性贸易壁垒协定》所指的“技术法规”不同于一般法律意义上的“法规”，它涵盖了涉及技术内容的各效力等级的法律规范。也就是说，技术法规作为规定产品特性及相关工艺和生产方法的技术性法律规范，是一个综合性的概念，它包括法律、行政法规、部门规章、地方法规以及地方规章等多种形式。实践中，我国的技术法规散见于《产品质量法》等多部法律之中，并通过大量行政法规和行政规章的形式表现出来。这些技术法规之间缺乏必要的协调，不同程度地存在着交叉、重复甚至相互冲突的现象。因此，需要以我国的立法体制为基础，按照法律、法规和规章的层次顺序，建立内在统一和协调的技术法规层级体系。

3. 在技术法规的制定、采取和实施中需要遵守《技术性贸易壁垒协定》的具体规定。例如，必须将技术法规限定在符合国家安全要求、防止欺诈行为、保护人类健康或安全、保护动植物生命健康以及保护环境等五个方面；技术法

[1] 关于我国强制性标准的调整方案，参见何鹰：《对外贸易中的技术性贸易措施法律问题研究》，法律出版社 2006 年版，第 163 ~169 页。

规应建立在科学的基础之上；如果采取技术法规的情况或目标已不复存在，或者发生变化且能采取贸易限制程度较低的方式加以处理，则不应继续维持该技术法规，等等。

二、关于我国的标准法律制度

1. 在标准概念的使用上，我国所使用的“标准”概念与《技术性贸易壁垒协定》所指的“标准”存在差异。在我国，标准指的是为在一定的范围内获得最佳秩序，经协商一致制定，并由公认机构批准，共同使用和重复使用的一种规范性文件，[1] 具体包括强制性标准和推荐性标准两种，而只有其中的推荐性标准与《技术性贸易壁垒协定》对标准的界定相符。

对于我国在标准的概念使用上与《技术性贸易壁垒协定》存在的差异性问题，早在我国加入世贸组织的谈判过程中，就已经为其他成员所关注。对此，中国表示将按照《技术性贸易壁垒协定》项下的含义使用“技术法规”和“标准”的表述。应该说，解决该问题的最佳办法是修改我国《标准化法》，对标准作出与《技术性贸易壁垒协定》相一致的界定，但是这势必会给我国目前整个标准体系带来根本性变化，需要进行大量的工作。

2. 我国的标准体系包括国家标准、行业标准、地方标准和企业标准四种类型。除企业标准外，我国的标准制定采取的是一种政府主导型模式，即从标准的立项到标准的制定主要依靠政府部门来完成，而标准作为一种以市场为导向、自愿执行的文件，更多是需要发挥企业、行业协会的作用。将企业、行业协会确立为我国标准制定和修订的主体，发挥其在标准化工作中的积极作用是完善我国标准法律制度的重要内容。

3. WTO 强调了国际标准的重要性，并将其作为国内标准、技术法规和合格评定程序协调的基础。就标准而言，我国对国际标准的采用主要包括等同采用和修改采用两种。等同采用是指与国际标准在技术内容和文本结构上相同，或者与国际标准在技术内容上相同，只存在少量编辑性修改。修改采用是指与国际标准之间存在技术性差异，并清楚地标明这些差异以及解释其产生的原因，允许包含编辑性修改。我国在对国际标准的采用上应当尽可能等同采用国际标准，由于基本气候、地理因素或者基本技术问题等原因而对国际标准进行修改时，应当将与国际标准的差异控制在合理的、必要的并且是最小的范围之内。此外，我国的标准应当尽可能采用一个国际标准。尽管我国《标准化法》明确规定国家鼓励积极采用国际标准，但是受经济发展和技术水平的影响，我国在国际标准的采用方面与发达国家相比还存在着不小的差距。今后需要进一步提

---

[1] 沈同、邢造宇主编：《标准化理论与实践》，中国计量出版社 2005 年版，第 7 页。

高国际标准的采标率，并将国际标准的采用作为完善我国标准法律制度的重要一环。

三、关于我国的合格评定程序法律制度

我国合格评定工作自1981年建立第一个产品质量认证机构以来获得了很大的发展，并在对外贸易中发挥了重要作用。在中国入世谈判中，有关合格评定的问题作为重要问题之一备受关注。对于我国合格评定程序的关注主要集中在两个方面：①我国对进口产品和本国产品的合格评定活动不是由同一个政府实体实施，这种情况可能造成对进口产品的不利待遇；②我国的认证制度内外有别。原国家质量技术监督局负责国内产品的安全认证，原国家出入境检验检疫局负责对进口商品的安全质量许可。两个制度覆盖的产品大部分交叉，评价依据的标准和技术规则也大部分相同，但两个制度的收费结构和标准存在较大差异，两个标志独立存在、互不认可，这有违《技术性贸易壁垒协定》合格评定程序的国民待遇原则。有鉴于此，我国首先对管理体制进行了调整，在2001年将国家出入境检验检疫局和国家质量技术监督局合并为中华人民共和国国家质量监督检验检疫总局，由国家质量监督检验检疫总局负责中国所有与合格评定有关的政策和程序。其次，我国于2002年对《进出口商品检验法》进行了全面修改，初步建立起符合WTO规范的进出口商品检验法律制度。

1．完善了法定检验制度。这表现在：①明确了法定检验的内涵，将法定检验由原来检验商品的规格、数量、重量等，修改为“确定列入目录的进出口商品是否符合国家技术规范的强制性要求的合格评定活动。合格评定程序包括：抽样、检验和检查；评估、验证和合格保证；注册、认可和批准以及各项的组合”。②将法定检验的目的由原来的“根据对外贸易发展需要”修改为“保护人类健康和安全、保护动物或者植物的生命和健康、保护环境、防止欺诈行为、维护国家安全”。③将进行法定检验的依据修改为“按照国家技术规范的强制性要求进行检验”，并删除了按照外贸合同约定标准检验的条款。

2．统一了认证制度。对进出口商品认证同国内产品认证实施统一的管理制度，即强制性认证制度。随后我国又公布了《强制性产品认证管理规定》，对强制性产品认证制度作出了详细规定。国家对强制性产品认证公布统一的《中华人民共和国实施强制性产品认证的产品目录》，确定统一适用的国家标准、技术规则和实施程序，制定和发布统一的标志，规定统一的收费标准。

四、关于我国的检疫法律制度

所谓检疫是指有关部门为防止疫情传播所采取的管理措施。检疫通常包括卫生检疫和动植物检疫两方面的内容。其中，卫生检疫是针对人类的传染病进行检疫，动植物检疫则是针对动物传染病、寄生虫病和植物危险性病、虫、杂草以及其他有害生物进行的检疫。WTO 的《实施卫生与植物卫生措施协定》实际上涵盖了卫生检疫和动植物检疫的内容。

为了适应《实施卫生与植物卫生措施协定》的要求，我国对卫生检疫措施规范进行了相应的修订和完善。如 2001 年 9 月，国家质检总局公布了《出入境检验检疫风险预警及快速反应管理规定》，开始启动我国出入境检验检疫风险预警及快速反应机制建设。然而总的来看，我国的检疫法律制度仍有待进一步完善，以动植物检疫为例，我国现行的《进出境动植物检疫法》未规定依据何种标准实施动植物检疫措施，也未规定可基于适当的保护水平而维持动植物检疫措施，不能适应现实发展的需要。因此，应适时修订我国的检疫法律，对风险评估、预警原则等重要问题作出明确规定。

下编

质检法的特别管制

第十二章 食品安全法律制度

国以民为本，民以食为天，食以安为先，安以法为准。食品安全是民族生存的基础，国家繁荣昌盛的保障，食品安全不仅关系人民群众的身体健康和生命安全，而且也关系我国的经济发展和社会稳定，关系着我国能否实现构建社会主义和谐社会的宏伟目标。

■ 第一节　食品安全法律制度概述

一、食品安全的概念

（一）食品

食品是人类赖以生存和繁衍的物质基础，人们每天必须摄取一定数量的食物来维持自己的生命与健康，保证身体的正常生长、发育和人们从事各类活动。我国唐朝孙思邈在《千金食治》中写道：“安身之本，必资于食，不知食宜者，不足以存生也。”这是对民以食为天的精辟说明。据统计，一个70岁的人在一生中从饮食中摄取大约75吨水、17.5吨碳水化合物、2.5吨蛋白质、1.3吨脂类，合计高达96.3吨。

对于什么是食品，无论是立法还是理论都有不同的理解，在《食品卫生法》中，食品是指各种供人食用或者饮用的成品和原料以及按照传统既是食品又是药品的物品，但是不包括以治疗为目的的物品。《食品生产加工企业质量安全监督管理实施细则（试行）》第3条规定：“本细则所称食品是指经过加工、制作并用于销售的供人们食用或者饮用的制品。”而《食品工业基本术语》对食品的定义是：“可供人类食用或饮用的物质，包括加工食品、半成品和未加工食品，不包括烟草或只作药品用的物质。”

但也有人认为：“应当将食品界定为用于人食用或饮用的经过加工、半加工或者未经过加工的物质，并包括饮料、口香糖和已用于制作、制备或处理食品的物质，但不包括化妆品、烟草或只作为药品使用的物质。”[1] 广义的食品概念还涉及：所有生产食品的原料、食品原料种植、养殖过程接触的物质和环境、食品的添加物质、所有直接或间接接触食品的包装材料、设施以及影响食品原有品质的环境。人们对食品涵义的理解虽然各不相同，但都是从不同的角度共同揭示了食品的内涵，有利于人们对食品内涵的理解。

《食品安全法》沿用了《食品卫生法》对食品的定义，并在第99条第1款规定：“食品，指各种供人食用或者饮用的成品和原料以及按照传统既是食品又是药品的物品，但是不包括以治疗为目的的物品。”这样食品不仅包括经过加工制作的能够直接食用的各种食品，也包括按照传统既是食品又是药品的物品，但是不包括以治疗为目的的物品，使食品与药品严格区分开来。

食品是否包括可以直接食用的农产品，人们可能有不同理解。有的学者认为，《食品安全法》对食品的定义没有规定可以直接食用的初级农产品是食品，因此，可以直接食用的初级农产品不应由《食品安全法》调整，而应该由《农产品质量安全法》调整。但是，我们认为，虽然从字面上看《食品安全法》没有包括可以直接食用的初级农产品，但从食品安全的角度来看，《食品安全法》调整的食品也应当包括可以直接食用的初级农产品。

（二）食品安全

1. 古代人们对食品安全的理解。人类对食品安全的认识，是一个漫长的社会实践过程，它是随着人类认识自然、改造自然能力的不断增强而不断深化。不仅在不同国家对食品安全的概念有不同的理解，即使是在同一个国家不同时期，人们对食品安全的概念也有不同的理解。正因为如此，有的学者指出：“关于食品安全的严格定义，国内外有较多看法，存在不小的差异，至今尚无一个明确而统一的定义。”[2]

在人类文明社会早期，由于缺乏科学知识以及人类认识自然能力的局限性，对食品安全的认识只能以长期的生活实践为基础，形成了一些禁忌性的规定，但这些禁忌性规定并非法律，而是人类长期生活实践经验的总结。早在2500年前的春秋时期，孔子曾给他的学生讲授其总结出的“五不食原则”：“食饐而餲，鱼馁而肉败不食，色恶不食，臭恶不食，失饪不食，不时不食。”[3] 孔子所说

---

〔1〕 王艳林主编：《食品安全法概论》，中国计量出版社2005年版，第16页。

〔2〕 周应恒等：《现代食品安全与管理》，经济管理出版社2008年版，第1页。另外可参见金征宇、彭池方：《食品安全》，浙江大学出版社2008年版，第7页；丘礼平主编：《食品安全概论》，化学工业出版社2008年版，第3页。

〔3〕 参见《论语·乡党第十》。

的食品安全，是指食品质量安全，是一种经验性的认识，是人类长期生活实践经验的总结，不可能将食品安全上升到科学的高度，更不可能成为法律。与此同时，由于人们的宗教信仰不同，也产生了对某些食品的禁忌性规定，在《旧约全书·利未记》中明确规定禁止食用猪肉、任何腐食动物的肉或死禽肉等。

随着社会生产力发展水平的提高，人们生产的食物除了供给自己以外开始有了剩余，食品贸易于是应运而生。这一时期人们开始关注食品安全，但不是食品质量安全，而是食品数量安全，严禁食品销售缺斤短两。因此，古撒玛利亚（Samarians）法律规定，如果旅店店主没有向顾客提供足够数量的啤酒将会受到砍手的处罚。[1] 由于处罚严厉，人们在销售食品时不敢轻易缺斤短两。但后来人们发现在食品中掺假掺杂也可以获取更多的利润，个别利益熏心的食品经营者开始掺假掺杂以牟取暴利。德奥弗拉斯特（Theophrastus，公元前370～公元前285年）写过一本植物学的专著——《植物调查》（*Enquiry into Plants*）。在这本著作里，作者讨论了如何在食品中使用人工防腐剂、调味剂以及食品掺假行为等。公元400年罗马民法规定，销售掺假食品者将被驱逐出境或沦为奴隶。[2] 由于对销售掺假食品者的处罚力度加大，掺假食品大为减少。但是，道高一尺，魔高一丈。食品经营者发现销售过期变质的食品，不易被人们发现。这样社会上出现了变质的食品，危害人们的身体健康，于是国家又通过法律的方式规制销售变质食品的行为。据《唐律疏议》第18卷记载："脯肉有毒，曾经病人，有余者速焚之，违者杖九十；若故与人食并出卖，令人病者，徒一年，以故致死者绞；即人自食致死者，从过失杀人法。盗而食者，不坐。"[3]

总之，古代虽然没有专门的食品安全法，但并不等于说没有任何有关食品安全的规定。这些有关食品安全的规定主要集中体现在以下几方面：有关销售食品计量的规定，即保证不缺斤短两；有关食品掺假的规定，即不得在食品中掺假掺杂；遵守宗教信仰的规定，即信仰宗教的人士必须遵守宗教信仰的规定，不得食用某些食品；有关于食品质量安全的规定。因此，这一时期人们对食品安全概念的理解，经历了从单一的数量安全，到禁售掺假掺杂食品，再到要求食品质量安全的过程。

2．近现代人们对食品安全的理解。据有关史料记载，人类起端仅有10万人，果腹并不难。到了近代社会，由于人口数量的急剧增加，农业生产方式落后，水灾、旱灾、风灾等各种自然灾害频繁发生，严重影响农业生产，人们生

〔1〕 See Patrica A. Curtis, *Guide to Food Law and Regulations*, Blackwell Publishing Professional, 2005, p. 25.

〔2〕 See Patrica A. Curtis, *Guide to Food Law and Regulations*, Blackwell Publishing Professional, 2005, p. 25.

〔3〕 参见《唐律疏议》第18卷第263条。

产的食物已经满足不了人们的需求，导致人类历史上的大饥荒，饥饿就像幽灵一样困扰着人类的发展。此时，人们已将食品安全的重点放在数量安全或供给安全方面，而将质量安全放在次要地位。1945 年 10 月 16 日，联合国粮食与农业组织（Food and Agriculture Organization of the United Nations，简称 FAO）在华盛顿成立，其主要目标是让世界摆脱饥饿，实现粮食供需安全。

但直到 1974 年 11 月，联合国粮农组织在世界粮食大会上通过《世界粮食安全国际约定》，才第一次提出了“食物安全”的概念。其定义为：“保证任何人、在任何时候都能得到为了生存和健康所需要的足够的粮食。”同时还提出了一个粮食安全系数，即世界粮食结转库存（期末库存）至少相当于当年粮食消费量的 17% ~18%，在 17% 以上为安全，低于 17% 为不安全，低于 14% 为粮食紧急状态。最初的粮食安全的概念主要讲的是数量要求，即必须有足够的物质保证，体现出对粮食的自然属性的重视。由于 1970 年经历了第二次世界大战以后 30 年来最严重的粮食危机，所以 1974 年 11 月的世界粮食大会通过的《消除饥饿与营养不良世界宣言》与《世界粮食安全国际约定》，一致认为消灭饥饿是国际大家庭中每个国家，特别是发达国家和有援助能力的其他国家的共同目标，保证世界粮食安全是一项国际性的责任。

然而，随着世界经济和社会的发展以及科技的进步，人人能够“获得足够、安全和富有营养的食物”又成为了人们奋斗的目标。粮食与食物安全的概念也随着人民生活水平的提高发生了变化。1983 年联合国粮农组织又将食物安全的最终目标确定为，“确保所有人在任何时候都有能力获得他们所需要的基本食物”。时任联合国粮农组织总干事的爱德华·萨乌马对“确保所有人在任何时候既买得到又买得起他们所需要的基本食品”解释时说，这个概念包括四项具体要求：①确保生产足够多的食品（Availability of Food），即为适应人口增长和饮食结构变化提供持续有保障的食品供应的能力；②最大限度地稳定食品供应（Sustainability of Food Supply），即确保市场食品价格稳定并处于合理水平之下，使消费者能够承担得起；③确保所有人都能获得满足基本营养需求的食品（Accessibility to Food），这包括两个方面的含义，其一是有足够的食品供应以满足消费者需求，其二是消费者有足够的购买力，能够买得起自己所需的食品；④食品质量安全（Food Safety/Quality and Preference），即消费者所购买和消费的食品是安全的、高质量的，并符合其消费偏好。也就是说为确保粮食安全，既要发展生产，提高粮食供应量，又要建立起稳定的粮食供应机制，同时还要不断增加收入，提高购买力。这一论述使粮食安全的概念更加丰富，目标更加明确。

1996 年 11 月世界粮食首脑会议通过的《世界粮食安全罗马宣言》和《世界粮食首脑会议行动计划》，对世界食物安全的表述是：“只有当所有人在任何时候都能够在物质上和经济上获得足够、安全和富有营养的食物，来满足其积极和健康生活的膳食需要和食物喜好时，才实现了食物安全”。[1] 可见经过二十余年的发展，“食物安全”的概念已经发生了很大变化。

实际上，联合国粮农组织最初提出食品安全保障（Food Security）的概念时，已经涵盖了食物供需平衡和营养平衡及食品质量安全（Food Safety）。但由于当时全世界正面临着严重的粮食危机，我国粮食也长期短缺，就将“Food Security”翻译为“粮食安全”。[2] 可是在20世纪80年代我国及其他国家的温饱问题得到解决以后，“粮食安全”一词已经不能全面表达“食品安全”的内涵，尤其是环境污染、食品污染以及重大食品安全事件频繁发生，“食品安全”（Food Safety）成为当今世界关注的热点。

如前所述，关于食品安全的概念，不仅有关国际组织有不同的认识，学术界也有不同的看法。世界粮农组织（WFO）对食品安全的定义是：“为每个人在任何时候都能得到安全的和富有营养的食物，以维持一种健康、活跃的生活。”世界银行对食品安全的定义为：“所有人在任何时候都能获得足够的食品，保证正常的生活。”国际食品卫生法典委员会将食品安全定义为：“食品安全是指消费者在摄入食品时，食品中不含有害物质，不存在引起急性中毒、不良反应或潜在疾病的危险性；或者是指食品中不应包含有可能损害或威胁人体健康的有毒、有害物质或因素，从而导致消费者急性或慢性中毒或感染疾病，或产生危及消费者及其后代健康的隐患。”世界卫生组织（WHO）从食品卫生的角度，将食品安全定义为：“确保食品消费对人类健康没有直接或潜在的不良影响”；从食品质量安全的角度考虑，又将食品安全界定为“对食品按其原定用途进行制作、食用时不会使消费者健康受到损害的一种担保”。

在学术界，人们对食品安全的概念也有不同的理解，概括起来有狭义与广义之分。广义的食品安全是指食品数量安全、食品质量安全、食品来源可持续性安全和食品卫生安全。狭义的食品安全仅指食品质量安全或食品卫生安全。

（1）食品数量安全，亦称食品安全保障，是指一个单位范畴（国家、地区或家庭）能够生产或提供维持其基本生存所需的膳食需要，从数量上反映居民食品消费需求的能力。它通过这一单位范畴的食品获取能力来反映，以发展生产、保障供给为特征。强调食品数量安全是人类的基本生存权利。食品数量安全问题在任何时候都是各国，特别是发展中国家所需要解决的首要问题，事关

---

〔1〕任丽梅：“构建我国食品安全保障网”，载《前进论坛》2003年第6期。

〔2〕由于当时世界正面临着严重的粮食危机，所以当时将“Food”翻译成为“粮食”，但《牛津高阶英汉双解词典》对“Food”的解释为：“① any substance that people or animals eat or drink or plants take in to maintain life and growth; ②specific kind of food.”

国家之存亡，没有哪一个国家不重视食品数量安全，特别是像中国这样的人口大国，食品数量安全尤其重要。令人鼓舞的是经过世界各国多年坚持不懈的努力，目前，全球食品数量安全问题从总体上基本得以解决，食品供给已不再是主要矛盾，虽然不同地区与不同人群之间仍然存在不同程度的食品数量安全问题。

（2）食品质量安全，是指一个单位范畴（国家、地区或家庭）从生产或提供的食品中获得营养充足、卫生安全的食品消费以满足其正常生理需要，即维持生存生长或保证从疾病、体力劳动等各种活动引起的疲乏中恢复正常的能力。食品质量安全状态就是一个国家或地区的食品中各种危害物对消费者健康的影响程度。它以确保食品卫生、营养结构合理为特征。强调食品质量安全是人类维持健康生活的权利。[1] 随着食品数量供应得到保障，维护食品质量安全的要求日益变得迫切，全世界面临着控制食品安全的严峻考验。

（3）食品来源的可持续性安全。从发展的角度要求食物的获取注重对生态环境的良好保护和资源利用的可持续性，即确保食物来源的可持续性。食品是人类的生存基础，它能否可持续获取关系人类未来的生存和发展。每一个国家都必须保护好环境，合理利用自然资源，切实保障食品的可持续获取，使食品供给既能满足当代人的需求，又不对满足后代人的需求产生威胁。可见，食品的可持续获得是食品数量安全的内容之一，已经成为食品安全的重要内容。

（4）食品卫生安全，即指为防止食品在生产、收获、加工、运输、贮藏、销售等各个环节被有害物质（包括物理、化学、微生物等方面）污染，使食品有益于人体健康，所采取的各项措施。食品卫生安全主要是防止在食品中出现威胁人类健康的有毒有害因素，保护人类健康，提供有益健康的食品。

2006年2月27日我国国务院制定的《国家重大食品安全事故应急预案》将食品安全定义为："食品中不应包含有可能损害或威胁人体健康的有毒、有害物质或不安全因素，不可导致消费者急性、慢性中毒或感染疾病，不能产生危及消费者及其后代健康的隐患。"[2] 可见在该预案中，食品安全主要是指食品质量卫生安全。它既包括生产安全，也包括经营安全；既包括结果安全，也包括过程安全；既包括现实安全，也包括未来安全。但该预案对食品安全的定义不包括食品可持续性安全，尽管该预案在附则部分指出，"食品安全的范围：包括食品数量安全、食品质量安全、食品卫生安全。"[3] 而《食品安全法》第99条

[1] 李哲敏："食品安全内涵及评价指标体系研究"，载《北京农业职业学院学报》2004年第1期。
[2] 参见2006年2月27日国务院发布的《国家重大食品安全事故应急预案》附则部分。
[3] 参见2006年2月27日国务院发布的《国家重大食品安全事故应急预案》附则部分。

第2款规定："食品安全，指食品无毒、无害，符合应当有的营养要求，对人体健康不造成任何急性、亚急性或者慢性危害。"

通过上述分析可知，从食品安全的概念提出到现在的三十多年来，社会经济发生了巨大变化，人们对"食品安全"概念的认识也不断深化。从最初将食品安全简单地理解为数量安全，到现在对食品安全概念的综合理解，尽管人们并没有取得一致的认识，但食品安全的内涵包括了几个大的方面：①从数量的角度，要求人们既能买得到、又买得起需要的基本食物；②从质量的角度，要求食物的营养全面、结构合理、卫生健康；③从发展的角度，要求食物的获取注重生态环境的保护和资源利用的可持续性。

但在本章中，我们仅从法律意义来理解食品安全的概念，即食品安全，是指食品不仅应当无毒、无害，符合应当有的营养要求，对人体健康不造成任何急性、亚急性或者慢性危害，且不存在任何掺假掺杂物质或非法添加任何物质。这一食品安全的概念包含以下含义：

（1）食品应当无毒无害。"无毒无害"是指正常人在正常食用情况下摄入可食状态的食品，不会造成对人体的危害。无毒无害不是绝对的，允许食品中含有少量的有毒有害物质，但是不得超过国家食品安全标准规定的有毒有害物质的限量。这是由食品的特性所决定的，因为食品是一种"经验产品"甚至是"后经验产品"，对于一种食品，消费者只有购买并食用之后才能对其效用做出比较准确的评价，有时由于残留的剂量比较小和潜伏期的存在，消费者在食用后仍不能立即对该食品的效用做出准确的评价，有的要等到几十年后才知晓结果。因此，食品不能含有任何对人体造成任何危害的成分，必须保证不致人患急、慢性疾病或者潜在性危害。但在判定食品是否为无毒无害时，应排除某些过敏体质的人食用某种食品或因其他原因而产生的毒副作用。

（2）食品符合应当具有的营养要求。营养要求不但应包括人体代谢所需的蛋白质、脂肪、碳水化合物、维生素、矿物质等营养素的含量，还应包括该食品的消化吸收率和对人体维持正常的生理的调节作用。如超保质期限的奶粉，溶解度降低，消化吸收率低，易引起婴儿腹泻，即属不符合应当有的营养要求。

（3）对人体健康不造成任何急性、亚急性或者慢性危害。

（4）不存在任何掺假掺杂物质或非法添加任何添加剂。即使这些掺假掺杂物品与添加剂对人体健康没有任何危害，只要是法律没有规定允许添加，都属于非法的，该添加行为都要受到法律处罚。

二、食品污染

食品污染，是指食品从原料种植、生长到收获、捕捞、屠宰、加工、贮存、运输、销售到食用前的各个环节受到有毒有害物质的侵袭，造成食品安全性、营养性或感官性状发生改变，并含有（或人为添加）对人体健康产生急性或慢性危害的物质。食品污染按外来污染物的性质可分为生物性污染、化学性污染和放射性污染三大类。

（一）生物性污染

生物性污染是指食品在加工、运输、贮藏、销售过程中被有害的细菌、病毒、寄生虫和真菌等污染。生物性污染主要有：微生物污染、植物自身污染、昆虫污染等。

1. 食品微生物污染。食品微生物污染，是指食品在加工、运输、贮藏、销售过程中被细菌与细菌毒素、霉菌与霉菌毒素和病毒微生物及其毒素污染。食品微生物污染主要包括细菌及细菌毒素污染和霉菌及霉菌毒素污染。因此，了解微生物污染源及污染途径，对于维护人体健康，加强食品安全监管具有非常重要的意义。一般说来，污染食品的微生物来源可分为土壤、空气、水、操作人员、动植物、加工设备、包装材料等方面。

（1）土壤。土壤中含有大量的可被微生物利用的碳源和氮源，具有一定的保水性、通气性，有利于微生物的生长繁殖。土壤中细菌和放线菌占有比例最大，其次是真菌、藻类和原生动物。

（2）空气。空气中虽然不具备微生物生长繁殖所需的营养物质和充足的水分条件，而且经常受到日光紫外线照射，不是微生物生长繁殖的场所。但是，空气中确实含有一定数量的微生物，主要为霉菌、放线菌的孢子和细菌的芽孢及酵母。它们来自于土壤、水、人和动植物体表的脱落物和呼吸道、消化道的排泄物，随风飘扬而悬浮在大气中。

（3）水。水有淡水与咸水之分，但都生存着相应的微生物。由于不同水域中的有机物和无机物种类和含量、温度、酸碱度、含盐量、含氧量及不同深度光照度等的差异，因而各种水域中的微生物种类和数量差异比较大。一般来说，水中有机物含量越多，微生物的数量也就越大.

（4）人及动物体。从事食品生产加工的人员，如果他们的身体、衣帽不经常清洗，不保持清洁，就会有大量的微生物附着其上，通过皮肤、毛发、衣帽与食品接触而造成污染。在食品的加工、运输、贮藏及销售过程中，如果被鼠、蝇、蟑螂等直接或间接接触，同样会造成食品的微生物污染。试验证明，每只苍蝇带有数百万个细菌，80%的苍蝇肠道中带有痢疾杆菌，鼠类粪便中带有沙门氏菌、钩端螺旋体等病原微生物。当人或动物感染了病原微生物后，体内会存在有不同数量的病原微生物，它们可以通过直接接触或通过呼吸道和消化道向体外排出而污染食品。

（5）加工机械及设备。食品加工机械设备本身没有微生物所需的营养物质，不会污染食品。但在食品加工生产结束时，如果没有及时对机械设备进行彻底灭菌，使原本粘附在加工机械设备上的少量微生物得以在其上大量生长繁殖，那么加工机械及设备则会成为微生物的污染源。

（6）食品包装材料。食品包装材料如果没有经过严格的处理也会带有微生物。一次性包装材料通常比多次使用的包装材料所带有的微生物数量要少。

2．植物自身污染。植物自身污染是指可导致食物中毒的食用植物污染，主要有三种：①将天然含有对人体有毒有害成分的植物或其加工制品当作食品食用，如桐油、毒蘑菇、大麻油等；②将加工过程中未能破坏或除去有毒有害成分的植物当作食品，如木薯、苦杏仁等；③在一定生产条件下，产生了大量的有毒有害成分的可食的植物性食品，如发芽的马铃薯等。

3．昆虫污染。污染食品的昆虫主要包括粮食中的甲虫、螨类、蛾类以及动物食品和发酵食品中的蝇、蛆等。

污染食品的寄生虫主要有绦虫、旋毛虫、中华枝睾吸虫和蛔虫等。污染源主要是病人、病畜和水生物。污染物一般是通过病人或病畜的粪便污染水源或土壤，然后再使家畜、鱼类和蔬菜受到感染或污染。

粮食和各种食品的贮存条件不良，容易滋生各种仓储害虫。例如粮食中的甲虫类、蛾类和螨类；鱼、肉、酱或咸菜中的蝇蛆以及咸鱼中的干酪蝇幼虫等。枣、栗、饼干、点心等含糖较多的食品特别容易受到侵害。昆虫污染可使大量食品遭到破坏，但尚未发现受昆虫污染的食品对人体健康造成显著的危害。

（二）化学性污染

化学性污染，是指农用化学物质、食品添加剂、食品包装容器与材料和工业废弃物的污染，汞、镉、铅、砷、氰化物、有机磷、有机氯、亚硝酸盐和亚硝胺及其他有机或无机化合物等所造成的污染，以及食品在烘烤、熏、腌、腊制中使用高温烹调不当产生的致癌物质、食品加工机械管道等造成的污染。化学性食物中毒的发病率仅次于细菌性食物中毒，最常见的是因农药、化肥、鼠药、亚硝酸盐及镉、铅、砷等有毒化学物质大量混入食品所致。这类食物中毒的症状比较严重。

食品的化学污染来源广、品种多、成分复杂，主要包括以下六类：①无机污染物质。污染水体的无机污染物质有酸、碱和一些无机盐类。酸碱污染不仅使水体的 pH 值发生变化，妨碍水体的自净作用，还会腐蚀船舶和水下建筑物，影响渔业。②无机有毒物质。污染水体的无机有毒物质主要是重金属等有潜在的长期影响的物质，主要有汞、镉、铅、砷等元素。③有机有毒物质。污染水体的有机有毒物质主要是各种有机农药、多环芳烃、芳香烃等。它们大多是人工合成的物质，化学性质很稳定，很难被生物所分解。④需氧污染物质。生活污水和某些工业废水中所含的碳水化合物、蛋白质、脂肪和酚、醇等有机物质可在微生物的作用下进行分解。在分解过程中，这些有机物质需要大量氧气，故称之为需氧污染物质。⑤植物营养物质。其主要是指生活与工业污水中的含氮、磷等植物营养物质，以及农田排水中残余的氮和磷。⑥油类污染物质。其主要是指石油对水体的污染，尤其海洋采油和油轮事故污染最甚。上述物质危害最严重的是化学农药、有害金属、多环芳烃类如苯并（a）芘、N－亚硝基化合物等污染物。

化学性污染物对人体的危害有急性危害、慢性危害和远期危害三种。急性危害时表现为集体性食物中毒，污染物有农药、金属铅、铜、砷、汞等。慢性危害主要发生在砷、汞、镉等金属的长期摄食的情况下。远期危害主要表现为致畸、致癌、致突变的“三致”后果。

造成化学性污染的原因有以下几种：①农业用化学物质的广泛应用和使用不当。②使用不合卫生要求的食品添加剂。③使用质量不合卫生要求的包装容器，造成容器上的可溶性有害物质在接触食品时进入食品，如陶瓷中的铅、聚氯乙烯塑料中的氯乙烯单体都有可能转移进入食品；又如包装蜡纸上的石蜡可能含有苯并（a）芘，彩色油墨和印刷纸张中可能含有多氯联苯，它们都特别容易向富含油脂的食物中移溶。④工业的不合理排放所造成的环境污染也会通过食物链危害人体健康。

（三）放射性污染

放射性污染，是指由于人类活动造成物料、人体、场所、环境介质表面或者内部出现超过国家标准的放射性物质或者射线。食品的放射性污染，是指食品吸附或吸收外来的（人为的）放射性核素，使其放射性高于自然本色。放射性核素通过食物链可以进行生物富集作用。放射性污染通过食品污染而进入人体内，可以导致血液学改变，组织病变，甚至致癌、致畸等，威胁人体健康。值得注意的是，通过食品进入人体的放射性物质一般多为小剂量的，虽不如大剂量剧烈，但同样可引起血液学变化（如白细胞下降，中性粒细胞和血小板减少，骨髓细胞、网织细胞明显增多等）、性机能减退、生育能力障碍以及发生肿瘤和缩短寿命等。另外，进入机体的放射性核素还可参与同族化学性质近似元素的代谢，如锶90和铯137可分别参与体内钙和钾的代谢。这种参与机体代谢的放射性污染称为结构性污染，它比一般机械附着在食品表面核素的卫生学意义更大。

食品中的放射性物质既有来自地壳中的放射性物质，称为天然本底。也有来自核武器试验或和平利用放射能所产生的放射性物质，即人为的放射性污染。食品可以吸附或吸收外来的放射线核素，主要以半衰期较长的^{139}Cs和^{90}Co最具卫生学意义。据统计，天然本底放射性核素已经超过40种，它们分布于空气、土壤与水体中，也参与外环境与生物体间的物质交换过程。因此，动植物体内均有不同程度的放射性核素存在。

人为的放射性污染主要来自核爆炸的沉降尘、核工业与其他工农业生产活动、医学与其他科学实验中使用核素后的废弃物（水、气、渣）污染、意外事故泄漏等。核爆炸试验、核爆炸裂变产物中具有卫生学意义的核素一般产量大、半衰期较长，摄入量较高，或者虽然产量小但在体内排出期长，如锶89、锶90、铯137、碘131等。核试验后，这些放射性物质能较长时期存在于土壤和动植物组织中。核工业和其他工农业、医学和科学实验中使用放射性核素处理不当时，均可通过“三废”排放，污染环境进而污染食品。意外泄漏事故和地下核试验冒顶等造成环境及食物的污染，也是食品的放射性污染途径之一。这种情况可使食品中有大量放射性核素存在。

因此，必须加强食品质量安全监管，防止有害因素进入食品而引起食物中毒和其他食源性疾病。

三、食品安全立法概述

（一）部分发达国家食品安全立法概述

1．美国。美国是全世界最重视食品安全监管的国家之一，有关调整食品安全的法律法规也比较健全。美国以《食品质量保护法》、《联邦食品、药品和化妆品法》、《公共卫生服务法》等法律法规构成了完整的食品监管法律体系。这些法律法规覆盖了所有食品及相关产品，并且为食品安全监管提供了具体的安全标准和监管程序。美国负责食品安全管理的机构有三个：食品和药品管理局（FDA）、美国农业部（USDA）和美国国家环境保护机构（EPA）。如果食品不符合安全标准，不允许其上市销售。另外，值得注意的是，美国对食品安全监管执法力度大，从事食品生产、加工与销售的企业，基本上不存在无照经营的现象，掺假的现象也极为少见。

2．德国。德国既是世界上四大食品出口国之一，也是食品进口大国。早在1879年，德国就制定了《食品法》，并以该法为核心构建了德国食品安全法律体系。目前实行的《食品法》包罗万象，所列条款多达几十万个，涉及全部食品产业链，包括植物保护、动物健康、善待动物的饲养方式、食品标签标识等。为了保证食品安全，德国对食品生产和流通的每一个环节都进行严格的检查和监督。无论是屠宰场还是食品加工厂，无论是商店还是食品在转运过程中，食品必须处在冷冻状态，不新鲜的肉绝对不允许上市出售。为了保证国家制定的《食品法》得到实施，国家设立了覆盖全国的食品检查机构，联邦政府、每个州和各地方政府都设有负责检查食品质量的卫生部门。

3. 日本。日本也是世界上食品安全监管法律体系比较健全的国家之一。日本以《食品卫生法》为基本法，建立起食品安全监管法律体系。该法经过全面修正，对所有食品都有极为详细地规定，如所有食品和添加剂必须在洁净卫生状态下进行采集、生产、加工、使用、烹调、储藏、搬运和陈列。自日本出现了疯牛病例后，日本政府决定成立由科学家和专家组成的独立委员会——食品安全委员会，并由政府任命担当大臣，委员会将对食品安全性进行评价，下设常设事务局，同时还提出了全面改正《食品卫生法》、确保食品安全的"改革宣言"。该宣言强调《食品卫生法》的目的要从确保食品卫生改为确保食品安全，必须明确规定国家和地方政府在食品安全方面应负的责任。

（二）中国食品安全立法概述

1. 我国食品安全法律控制体系的历史发展。我国的食品安全立法经历从无到有，逐步完善的发展过程。大致分为三个阶段。第一阶段（20 世纪 50 年代～60 年代）是食品卫生立法的起始阶段，陆续颁布了一批零散的卫生标准和管理办法，使食品卫生法规从无到有发展起来；第二阶段（20 世纪 70 年代～80 年代）是食品安全立法的发展阶段，1979 年国务院正式颁布了《食品卫生管理条例》，推动了全国食品卫生工作的展开；第三阶段（20 世纪 80 年代至今），是食品卫生法制逐步完善的时期，其标志就是 1995 年的《食品卫生法》与 2009 年的《食品安全法》。

2. 现行的食品安全法律控制体系。经过几十年的努力，我国目前已经初步形成了一个以国家制定的《食品安全法》、《产品质量法》和《农产品质量安全法》为核心，以国务院及部门、行业和地方制定颁发的法规及规章制度为主体的食品公共安全监管法律体系。据初步统计，国家各部委以上机关发布的有关食品安全方面的法律法规及各种规范性文件共 850 余件，其中基本法律法规 110 件、专项法律法规近 700 件、相关的法律法规 50 余件。它们是食品安全保障的坚固盾牌，构成我国食品安全法的有机统一体。

《食品安全法》的宗旨是保证食品安全，保障公众身体健康和生命安全。调整食品、食品添加剂、食品容器、包装材料和食品用工具、设备、洗涤剂、消毒剂的生产经营及食品生产经营场所、设施和有关环境监管等过程中产生的法律关系，也包括职工食堂、食品摊贩等，但《食品安全法》不调整种植业、养殖业等农业活动，因此《食品安全法》并未对食品安全从田间到餐桌的全过程进行监管。

《产品质量法》只调整经过加工、制作的食品，而不调整没有经过加工、制作的初级农产品，如农、林、牧、渔等过程的初级农产品。因此，《产品质量法》也不可能对食品安全从田间到餐桌的全过程进行监管。

《农产品质量安全法》恰好弥补了《食品安全法》和《产品质量法》的不足。它调整的范围包括三个方面：①调整的产品是农产品，所谓农产品是指来源于农业的初级产品，即在农业活动中获得的植物、动物、微生物及其产品，当然包括种植业、养殖业等农业活动获得的产品；②既调整农产品的生产者和销售者，也调整农产品质量安全管理者和相应的检测技术机构和人员等；③调整农业生产管理的各个环节，既包括产地环境、农业投入品的科学合理使用、农产品生产和产后处理的标准化管理，也包括农产品的包装、标识、标志和市场准入管理。

■　第二节　食品安全标准制度

一、食品安全标准的概念

食品安全标准是指为了保证食品安全，保障公众健康，对食品生产、加工、流通和消费全过程中影响食品安全和质量的各种要素以及各关键环节进行控制和管理所规定的统一技术要求。其内容主要涉及：食品、食品相关产品中危害人体健康物质的限量规定；食品添加剂的品种、使用范围、用量；专供婴幼儿的主辅食品的营养成分要求；对食品安全、营养有关的标签、标识、说明书的要求；食品生产经营过程的卫生要求；与食品安全有关的质量要求；食品检验方法与规程等。

根据《食品安全法》第三章与《食品安全法实施条例》第三章的规定，食品安全标准有国家标准、地方标准与企业标准。食品安全国家标准由国务院卫生行政部门负责制定、公布，国务院标准化行政部门提供国家标准编号。食品中农药残留、兽药残留的限量规定及其检验方法与规程由国务院卫生行政部门、国务院农业行政部门制定。屠宰畜、禽的检验规程由国务院有关主管部门会同国务院卫生行政部门制定。

有关产品国家标准涉及食品安全国家标准规定内容的，应当与食品安全国家标准相一致。没有食品安全国家标准的，可以制定食品安全地方标准。食品安全地方标准由省、自治区、直辖市人民政府卫生行政部门负责组织制定。制定食品安全地方标准时，应当参照执行《食品安全法》有关食品安全国家标准制定的规定，并报国务院卫生行政部门备案。企业生产的食品没有食品安全国家标准或者地方标准的，应当制定企业标准，作为组织生产的依据。国家鼓励食品生产企业制定严于食品安全国家标准或者地方标准的企业标准。企业标准应当报省级卫生行政部门备案，在本企业内部适用。这样企业在以下两种情况下可以制定企业标准：①企业生产的食品没有食品安全国家标准或食品安全地方标准，应当制定食品安全企业标准，以保障人民的身体健康；②已有食品安全国家标准或食品安全地方标准，国家鼓励企业制定严于食品安全国家标准或食品安全地方标准的食品安全企业标准。

二、食品安全标准的内容

食品安全标准是强制性标准，食品生产经营企业必须严格执行。食品安全标准的内容包括：

1. 食品、食品相关产品中的致病性微生物、农药残留、兽药残留、重金属、污染物质以及其他危害人体健康物质的限量规定。因为人体摄入致病性微生物、农药残留、兽药残留、重金属、污染物质以及其他危害人体健康物质会危害人体健康，因此必须测定一个保障人体健康允许的最大值，规定食品中各种危害物质的限量。

（1）致病性微生物。微生物（Microorganism/Microbe）是一些肉眼看不见的微小生物的总称。微生物最大的特点不但在于其体积微小，而且在结构上亦相当简单。由于微生物体积极之微小，故相对面积较大、物质吸收快、转化快。微生物在生长与繁殖上亦是很迅速的，而且适应性强。从寒冷的冰川到极酷热的温泉，从极高的山顶到极深的海底，微生物都能够生存。根据不同的标准可以对微生物做不同的分类，按照微生物对人类和动物有无致病性，可以将微生物分为致病性微生物与非致病性微生物。致病性微生物包括细菌、病毒、真菌等，也称为病原微生物。一般来说，多数微生物对人体是无害的。人体的外表面（如皮肤）和内表面（如肠道）生活着很多正常、有益的菌群。它们占据这些表面并产生天然的抗生素，抑制有害菌的着落与生长；它们也协助吸收或亲自制造一些人体必需的营养物质，如维生素和氨基酸。这些菌群的失调（如抗生素的滥用）可以导致感染的发生或营养的缺失。

（2）农药残留。农药残留问题是随着农药在农业生产中广泛使用而产生的。农药使用后一个时期内没有被分解而残留于生物体内的微量农药等物质，即农药残留，包括微量农药原体、有毒代谢物、降解物和杂物。农药残留对健康的危害：①食用食品一次大量摄入农药可引起急性中毒，最常见的是有机磷农药急性中毒；②若长期食用农药残留超标的农副产品，可导致人体慢性蓄积性中毒，这类危害比急性中毒涉及的面更广，导致人群产生许多慢性病，甚至影响下一代。

（3）兽药残留。兽药残留是兽药在动物源食品中的残留，根据联合国粮农组织（FAO）和世界卫生组织（WHO）食品中兽药残留联合立法委员会的定义，兽药残留是指动物产品的任何可食部分所含兽药的母体化合物及/或其代谢物，以及与兽药有关的杂质。食用兽药残留的动物性食品，主要产生慢性损害，但当兽药残留量大而一次大量进食时，也可能发生急性中毒。影响食品安全的兽药主要有：抗生素类药物；磺胺类药物；激素类药物及其他兽药。

（4）重金属。对什么是重金属，目前尚没有严格的统一定义。有人认为，密度在5以上的金属统称为重金属，如金、银、铜、铅、锌、镍、钴、镉、铬和汞等45种。也有认为密度在4以上的金属是重金属，有60种。大多数金属都是重金属，其化学性质一般较为稳定。尽管锰、铜、锌等重金属是生命活动所需要的微量元素，但任何东西一旦超过正常的量，它必然给人体造成不良影响。重金属进入人体的途径主要有三种，分别是吃的食物、水和大气。人体内的重金属含量如果超标，容易造成慢性中毒。

2. 食品添加剂的品种、使用范围、用量。食品添加剂是为改善食品品质和色、香、味以及防腐、保鲜和加工工艺的需要而加入食品中的人工合成或天然物质。食品添加剂是食品生产加工中不可缺少的基础原料，但是1932年日本科学家用与O－氨基偶氮甲苯有类似构造的猩红色素喂养动物时发现，喂食动物的肝癌发病率几乎是100%，由此最早发现了食品添加剂的毒副作用，因此必须制定标准严格限定其品种、使用范围和限量。目前《食品添加剂使用卫生标准》（GB 2760－2007）规定了23类食品添加剂：酸度调节剂、抗结剂、消泡剂、抗氧化剂、漂白剂、膨松剂、胶姆糖基础剂、着色剂、护色剂、乳化剂、酶制剂、增味剂、面粉处理剂、被膜剂、水分保持剂、营养强化剂、防腐剂、稳定与凝固剂、甜味剂、增稠剂、食品用香料、食品工业用加工助剂和其他类别。

3. 专供婴幼儿和其他特定人群的主辅食品的营养成分要求。婴幼儿与其他特定人群对主辅食品具有特别要求，对于某些营养成分既不能过多，也不能过少，否则会导致营养不良，也可能引起中毒等。因此，婴幼儿和其他特定人群主辅食品的营养成分不仅关系到食品的营养，而且关系到他们的身体健康和生命安全，因此他们对主辅食品的营养成分有特殊要求，需要制定标准。

4. 对与食品安全、营养有关的标签、标识、说明书的要求。食品的标签、标识和说明书具有指导、引导消费者购买、食用食品的作用，许多内容都直接或间接关系到消费者食用时的安全，这些内容的标示应该真实准确、通俗易懂、科学合法，需要制定标准统一的要求。

5. 食品生产经营过程的卫生要求。食品的生产经营过程是保证食品安全的重要环节，其中的每一个流程都有一定的卫生要求，对保护消费者身体健康、预防疾病，具有重要意义，都需要制定标准统一的要求。

6. 与食品安全有关的质量要求。与食品安全有关的质量要求，主要包括食品的营养要求；食品的物理或化学要求，如酸、碱等指标；食品的感觉要求，如味道、颜色等，这些也属于食品安全标准的内容。

7. 食品检验方法与规程。食品检验方法是指对食品进行检测的具体方式或方法，食品检验规程是指对食品进行检测的具体操作流程或程序。采用不同的检验方法或规程会得到不同的检验结果，所以要对食品检测或试验的原理、类别、抽样、取样、操作、精度要求、仪器、设备、检测或试验条件、方法、步骤、数据计算、结果分析、合格标准等检验方法或规程作出统一规定。

8. 其他需要制定为食品安全标准的内容。食品安全问题是关系到人民健康和国计民生的重大问题。如何解决食品安全问题，保护人民身体健康，已成为世界各国政府当前的一项重要战略举措。加强食品安全标准工作，建立和完善食品安全标准体系，是有效实施这一战略举措的重要技术支撑。

■ 第三节 食品生产加工与流通法律制度

一、食品生产加工企业法律制度

食品生产加工企业是指有固定的厂房（场所）、加工设备和设施，按照一定的工艺流程，加工、制作、分装用于销售的食品的单位和个人（含个体工商户）。这里的食品是指经过加工、制作并用于销售的供人们食用或者饮用的制品，不包括可以食用的初级农业产品。

由于食品生产加工企业的产品，即食品与人们的生命健康密切相关，因此，食品生产加工企业除了具备《公司法》或企业法的一般要求，并取得卫生许可证之外，还必须具备和持续满足保证食品质量安全的环境条件和相应的卫生要求：①具有与生产经营的食品品种、数量相适应的食品原料处理和食品加工、包装、贮存等场所，保持该场所环境整洁，并与有毒、有害场所以及其他污染源保持规定的距离；②具有与生产经营的食品品种、数量相适应的生产经营设备或者设施，有相应的消毒、更衣、盥洗、采光、照明、通风、防腐、防尘、防蝇、防鼠、防虫、洗涤以及处理废水、存放垃圾和废弃物的设备或者设施；③有食品安全专业技术人员、管理人员和保证食品安全的规章制度；④具有合理的设备布局和工艺流程，防止待加工食品与直接入口食品、原料与成品交叉污染，避免食品接触有毒物、不洁物；⑤餐具、饮具和盛放直接入口食品的容器，使用前应当洗净、消毒，炊具、用具用后应当洗净，保持清洁；⑥贮存、运输和装卸食品的容器、工具和设备应当安全、无害，保持清洁，防止食品污染，并符合保证食品安全所需的温度等特殊要求，不得将食品与有毒、有害物品一同运输；⑦直接入口的食品应当有小包装或者使用无毒、清洁的包装材料、餐具；⑧食品生产经营人员应当保持个人卫生，生产经营食品时，应当将手洗净，穿戴清洁的工作衣、帽；销售无包装的直接入口食品时，应当使用无毒、清洁的售货工具；⑨用水应当符合国家规定的生活饮用水卫生标准；⑩使用的洗涤剂、消毒剂应当对人体安全、无害；⑪法律、法规规定的其他要求。

食品生产加工企业禁止生产经营下列食品：①用非食品原料生产的食品或者添加食品添加剂以外的化学物质和其他可能危害人体健康物质的食品，或者用回收食品作为原料生产的食品；②致病性微生物、农药残留、兽药残留、重金属、污染物质以及其他危害人体健康的物质含量超过食品安全标准限量的食品；③营养成分不符合食品安全标准的专供婴幼儿和其他特定人群的主辅食品；④腐败变质、油脂酸败、霉变生虫、污秽不洁、混有异物、掺假掺杂或者感官性状异常的食品；⑤病死、毒死或者死因不明的禽、畜、兽、水产动物肉类及其制品；⑥未经动物卫生监督机构检疫或者检疫不合格的肉类，或者未经检验或者检验不合格的肉类制品；⑦被包装材料、容器、运输工具等污染的食品；⑧超过保质期的食品；⑨无标签的预包装食品；⑩国家为防病等特殊需要明令禁止生产经营的食品；其他不符合食品安全标准或者要求的食品。

二、食品销售法律制度

食品销售是整个食品链中不可或缺的重要环节之一。食品不同于工业产品的特殊性，决定了食品销售链前端生产环节和加工环节以及食品异地生产、加工等诸多因素，对食品在流通消费领域的质量安全影响因素增多。如果食品安全隐患没有在生产加工阶段消除，“问题食品”将进入流通领域，人们食用问题食品将会影响人们的身体健康。因此，严格控制与管理流通环节的食品安全，对于确保人类健康、社会稳定和经济发展具有重要的意义。

改革开放后，我国食品流通市场全面开放，食品市场日益繁荣。随之而来的由于食品流通渠道增多而造成的食品安全事故、经营秩序混乱以及各种假冒伪劣食品等问题时有出现，不仅严重扰乱了正常的市场竞争秩序，而且威胁着广大消费者的身心健康。特别是2004年安徽阜阳“劣质奶粉事件”，直接导致《国务院关于进一步加强食品安全工作的决定》（国发［2004］23号）的出台，该办法要求进一步加强食品流通、消费领域的监管，积极推进经销企业落实进货检查验收、索证索票、购销台账和质量承诺制度，以及市场开办者质量责任制，继续推行“厂场挂钩”、“场地挂钩”等有效办法。该决定还明确规定，商务部要做好流通领域食品安全的行业管理工作。尽管各个食品监管部门加大了食品质量安全监管力度，食品安全状况趋于好转，但面临的形势依然严峻。毒韭菜、瘦肉精、注水肉、陈化粮、苏丹红、孔雀石绿、红心蛋等食品安全事件屡有发生，且大多在流通环节被发现，这些质量不合格食品通过各种渠道流入市场，极大地损害了消费者的权益，成为影响人民身体健康的严重隐患。因此，加强流通领域的食品质量安全监管仍然是我国食品质量安全监管工作的重要内容。

（一）对食品流通市场经营者的法律要求

食品流通市场是指从事食品交易活动的批发市场和零售市场。前者主要是指蔬菜、水果、肉禽蛋、水产品、副食品、茶叶等食品综合批发市场和专业批发市场；后者主要是指集贸市场、食杂店、便利店、超市、仓储会员店、百货店、专业店等有食品零售的经营场所。

为了真正实现“从田间到餐桌”的食品质量安全，除了从食品生产加工等源头控制外，还需要从市场监管入手，严格市场准入监管，反向引导生产环节提高食品质量，只有这样，才能最终实现对食品“从农田到餐桌”的质量安全。因此，食品流通市场是食品从生产加工到消费的关键环节，必须严格依法加强监管，提高食品流通领域相关企业或个人“食品安全第一责任人”的意识，把好食品进货关和销售关，真正保证上市食品的安全。根据我国现行法律法规，对食品市场经营者的要求主要是：

1. 食品批发市场和零售市场应当配备与食品市场规模和食品经营品种、数量相适应的设施设备和专职食品卫生安全质量监督管理人员，督促经营者执行进货检查制度、索证索票制度等与保障食品安全有关的制度，协助执法部门履行食品质量监管职能。食品批发市场和零售市场应当配置与食品市场规模相适应的检验设施，对本市场内经营的食品进行抽查、检测，并按有关规定送检，特别是对市场内经营的蔬菜、水果、肉类等食品，及时进行抽检，并将检验结果进行公示。食品批发市场和零售市场应负责对进入本场经营者的资格审查，核验、登记场内经营业户的营业执照、税务登记证和各类经营许可证，并负责清退被工商行政管理部门依法吊销营业执照的经营者。

2. 食品批发市场和零售市场应当配合行政监督管理部门督促市场内经营者合法经营，督促市场内经营者销售检验、检测合格的食品。食品批发市场和零售市场应当组织有关食品经营业户定期进行健康检查；配合有关行政执法部门执行临时控制措施。食品批发市场和零售市场应当与进场经营业户签订食品安全协议，明确双方责任，就其在市场内销售的食品安全向顾客作出承诺，督促经营者不出售假冒伪劣食品。经营肉、菜食品等特殊商品的市场应与生产厂家（产地）签订挂钩协议，保证上市食品质量。

3. 食品批发市场和零售市场应当在市场显著位置设立警示牌，对抽查检测情况和经营户的诚信经营情况进行公布，特别是对市场内经营业户的不良记录定期予以公布。加强对经营者教育和管理，组织进场经营者参与“诚信经营示范户”、“文明市场”、“消费者满意商场（店）”创建活动。

（二）对食品经销商的法律要求

经销商是指从事食品批发、零售、现场制作销售等活动的组织或个人。食品销售企业，是指从事食品交易活动的批发、零售、现场制作销售等活动的单位或个人，包括集贸市场、超市、百货店、仓储式会员店、便利店、食杂店、个体工商户等。

食品销售企业销售的食品应当符合国家标准、行业标准或者地方标准中涉及人体健康和人身安全的强制性标准，即符合安全标准。不符合安全标准的食品，不得加工和销售。为了能在食品质量事故发生时及时追溯，食品销售企业还必须建立进货检查检验制度，索取所有进货物的检验、检疫、检测合格的证明，并建立台账。一般说来，食品经营者必须持证持照、亮证亮照经营，并落实如下责任：

1．在进货时，查验供货单位资质，索取供货单位营业执照、许可证复印件等；查验食品质量，索取食品质量合格证明、检验检疫报告、销售凭证及其它相关标识等，并存档备查。同时，还要查验食品的外观质量、包装标识，保证入市食品供货商资格合法，进货渠道正常，食品质量合格。对无证、无票、手续不全或无法证实是合法来源的食品予以退回，不予进货。

2．在购进食品时，建立进货台账，如实记录进货时间、商品名称、规格、数量、商品来源、索证种类等内容。在批发店、批发市场销售食品时，建立销售台账，如实记录销售时间、商品名称、规格、数量、单价、销售去向等内容。做到账目清楚，并妥善保存，接受国家监管机构的检查。

3．在销售重要食品时，应主动向购买方出具由工商部门监制的《商品销售信誉卡》，明确所售食品的质量和售后服务保证。做好上柜食品尤其是易变质食品的经常性清查，发现质量不合格和超过保质期的食品，应立即撤下柜台，停止销售。对消费者投诉并查实存在严重质量问题、影响人身和财产安全的食品，应立即查阅销货台账，去信、去电或通过媒体通告形式，召回所售食品，并及时进行封存、销毁或退回生产厂家，并做好善后工作。

食品经销商在经营活动中禁止下列行为：①销售注水或者注入其他物质的畜禽和畜禽产品；②销售注水或者注入其他物质的水果、蔬菜、畜禽和畜禽产品或者非定点屠宰厂生产、加工的畜禽产品；③加工、销售无法追溯来源的动物及其产品；④收购不符合安全标准的产品。

（三）食品流通市场法律制度

1．安全标准法律制度。安全标准法律制度是指进入流通市场的食品必须符合国家规定的食品质量安全的强制性标准的一项法律制度。不符合标准的食品，任何食品批发市场和零售市场都不得允许其进入本市场，任何食品经营者不得经销该食品的一项法律制度。

目前食品安全标准应当包括下列内容：①食品、食品相关产品中的致病性微生物、农药残留、兽药残留、重金属、污染物质以及其他危害人体健康物质的限量规定；②食品添加剂的品种、使用范围、用量；③专供婴幼儿和其他特定人群的主辅食品的营养成分要求；④对与食品安全、营养有关的标签、标识、说明书的要求；⑤食品生产经营过程的卫生要求；⑥与食品安全有关的质量要求；⑦食品检验方法与规程；⑧其他需要制定为食品安全标准的内容。

国家制定食品安全标准，应当以保障公众身体健康为宗旨，做到科学合理、安全可靠。只有在没有食品安全国家标准的情况下，才可以制定食品安全地方标准。食品标准都是强制性标准，在市场销售的食品必须符合强制性安全标准。任何食品批发市场和零售市场都不得限制符合安全标准的合格食品进入市场销售，同时也不得允许不符合食品安全标准的食品在本市场销售，否则应当承担相应的法律责任。按照《食品生产加工企业质量安全监督管理办法》规定，小麦粉、大米、食用植物油、酱油、食醋等重要食品，须经检验合格并加印（贴）食品质量安全市场准入标志（即"QS"质量标志）后，方可出厂上市销售。市场经营者应对所经销的上述重要食品进行进货检查，有"QS"认证标志的方准销售。2007 年 5 月 1 日生效的《流通领域食品安全管理办法》还规定，食品批发市场和零售市场应当取得营业执照等国家法律法规要求的经营食品的相关证照，其食品经营环境应当符合国家食品安全卫生的相关法律法规和标准。食品批发市场和零售市场应当设立负责食品安全的管理部门或配备食品安全管理人员，监控本市场的食品安全状况。

2. 协议准入制度。协议准入制度是指食品批发市场和零售市场应当与进入本市场的食品经销商签订食品安全保证协议，明确食品经营的安全责任的一项法律制度。实施购销挂钩协议准入管理制度，可以推动市场、超市及场内食品经营户以协议方式与优质农产品生产基地、食品质量合格的生产厂家和管理规范的批发市场、大型批发商建立购销挂钩关系，明确供货主体和供货产品的质量责任，建立优质食品进入市场的快速通道，凭购销协议及有关票据进入挂钩市场、超市。

但是，由于我国各地发展不平衡，现行法规仅规定，国家鼓励食品批发市场和零售市场与食品生产基地、食品加工厂"场地挂钩"、"场厂挂钩"，建立直供关系，并没有强制要求所有的食品批发市场和零售市场都要实行协议准入制度，而是授权地方根据自己的实际情况作出具体规定。如果地方政府有特别规定的，应当执行地方政府的规定。如北京市政府规定，农副产品批发市场必须与定点屠宰厂、定点水产品养殖场、蔬菜生产基地挂钩，零售市场必须经营定点屠宰厂、定点水产品养殖场、蔬菜生产基地的食品。食品市场的举办者应当对未经检验、检测的农产品进行检测，不得经营未检测或检测不合格的食品。

3. 经销商档案管理制度。经销商档案管理制度是指食品批发市场和零售市场应当建立经销商管理档案，如实动态记录经销商身份信息、联系方式、经营产品和信用记录等基本信息的一项法律制度。经销商退出市场后，其档案应至少保存2年。禁止伪造经销商档案。

4. 索证索票制度。索证索票制度是指索取证明供货单位主体资格合法的证件和证明食品质量合格的票证的一项法律制度。前者如营业执照、生产（经营）许可证、卫生许可证等；后者如食品质量合格证明、检验（检疫）证明、销售票据、有关质量认证标志和专利证明等。食品批发市场和零售市场应当对入市经营的食品实行索证索票，依法查验食品供货者及食品安全的有效证明文件，留存相关票证文件的复印件备查。索证索票制度是实施溯源制度的基础。

5. 购销台账制度。购销台账制度是指食品批发市场和零售市场应当建立或要求经销商建立购销台账制度，如实记录每种食品的生产者、品名、进货时间、产地来源、规格、质量等级、数量等内容；从事批发业务的，还要记录销售的对象、联系方式、时间、规格、数量等内容。建立食品购销台账的主要目是把好食品质量市场准入关，确保市场食品质量安全，一旦发现食品安全问题，可以迅速作出反应，查找根源，追回问题食品，尽量减少损害。

6. 不合格食品退市制度。不合格食品退市制度是指对有关行政主管部门公布的不合格食品，市场应当立即停止销售，并记录在案的一项法律制度。不合格食品退市方式有两种：①根据经营者与食品批发市场和零售市场开办者签订的《食品质量安全保障协议》，由经营者自行退市或者由开办者要求退市；②依法强制退出，即工商行政管理部门或者相关职能部门对检查、抽查中发现的影响或危及群众健康安全的不合格食品，按照法律法规规定责令该食品退出市场，并对这些不合格的食品依法查处，查清进货来源，已销售的要追查并组织及时回收。

■　第四节　农产品质量安全法律制度

一、农产品与农产品质量安全

（一）农产品

人们每天消费的食物，绝大多数是直接来源于农业的初级产品和以农产品为原料加工、制作的食品。前者如蔬菜、水果、水产品等，后者如面包、罐头等。因此，农产品的质量安全直接关系人民群众的日常生活和生命安全，关系社会和谐稳定和民族发展，党中央、国务院历来高度重视。但是何为农产品，人们从不同角度或为满足不同的需要，有不同的理解。《现代汉语词典》对农产品的解释是："农业生产的物品，如稻米、小麦、高粱、棉花、烟叶、柑蔗等。"[1]《中国大百科（农业）》将农产品解释为：广义的农产品包括农作物、畜产品、水产品和林产品；狭义的农产品则仅指农作物和畜产品。这些定义显然是来自于自然科学，能够满足人们科学研究的需要。

制定《农产品质量安全法》的目的在于保障农产品质量安全，维护公众健康，促进农业和农村经济发展，所以《农产品质量安全法》中的农产品只能是法律意义上的农产品，不同于自然科学上的农产品，它是指"来源于农业的初级产品，即在农业活动中获得的植物、动物、微生物及其产品"。所谓"农业活动"，既包括传统的种植、养殖、采摘、捕捞等农业活动，也包括涉及农业、生物工程等现代农业活动。"植物、动物、微生物及其产品"，是广义的农产品概念，包括在农业活动中直接获得的未经加工的以及经过分拣、去皮、剥壳、粉碎、清洗、切割、冷冻、打蜡、分级、包装等粗加工，但未改变其基本自然性状和化学性质的初加工产品，区别于经过加工已基本不能辨认其原有形态的"食品"或"产品"。

农产品与工业产品比较具有以下两个不同的特点：

（1）农产品具有生物活性（鲜活、易腐、难储藏）和规格不易统一的特点，而工业产品却可以根据不同的需求，按照一定的规格生产。

（2）农产品生产从农田到餐桌，要经过农业产地环境、农业投入品使用、收获屠宰捕捞、储藏运输、保鲜、包装等多个环节，供应链条长、生产环境复杂、污染源多，这一特点决定了农产品的监管方式具有特殊性，农产品质量安全监管难度大。工业产品生产环节、供应链条比较少，监管难度相对小。

（二）*农产品质量安全*

农产品质量安全是指农产品质量符合保障人的健康、安全的要求。农产品质量既包括涉及人体健康、安全的质量要求，也包括涉及产品的营养成分、口感、色香味等非安全性的一般质量指标。在我国，农产品质量标准分为推荐性和强制性两类标准。凡是涉及消费者生命安全和身体健康的农产品质量指标都是强制性标准，即农产品质量安全标准，需要由法律规范，实行强制监管。市场上销售的农产品必须符合农产品质量安全标准，禁止生产、销售不符合国家规定的农产品质量安全标准的农产品。符合这种标准的农产品通常称为无公害农产品，等同于其他国家的安全农产品。

---

[1] 参见《现代汉语词典》（2002 年增补本），商务出版社 2002 年版，第 934 页。

无公害农产品是指使用安全的农药、兽药、饲料和饲料添加剂、化肥等农业投入品，按照规定的技术要求生产的农产品，产地环境、生产过程、产品质量符合国家有关标准和规范的要求，经认证合格获得认证证书并允许使用无公害农产品标志的未经加工或初加工的食用农产品。换言之，是指使用安全的投入品，按照规定的技术规范生产，产地环境、产品质量符合国家强制性标准并使用特有标志的安全农产品。

至于农产品的非安全性的质量指标，是指主要应通过政策的指引、扶持和政府部门的指导、帮助，以及优质优价、优胜劣汰的市场机制，来引导、促使生产者提高农产品质量，满足消费者的特殊需求的质量指标。在实践中绿色食品、有机农产品等已成为我国优质农产品的代名词，得到了国内外的认可，在农民增收、农业增效和促进农产品出口方面发挥了重要作用。因此，《农产品质量安全法》规定，国家鼓励、支持生产优质农产品，农产品质量符合国家规定的有关优质农产品标准的，生产者可以申请使用相应的农产品质量标志。

所谓绿色食品，是指无污染的安全、优质、营养类食品。绿色食品在生产、加工过程中按照绿色食品的标准，禁用或限制使用化学合成的农药、肥料、添加剂等生产资料及其他有害于人体健康和生态环境的物质，并实施从土地到餐桌的全程质量控制。绿色食品是国家为了提高农产品质量和市场竞争力而推出来的农业精品品牌，以初级农产品为基础，加工农产品为主体，其产品质量安全完全达到发达国家水平。国家从四个环节对绿色食品进行监管，即产地环境监测、生产过程监管、产品质量检测、包装标识监管。绿色食品以保护农业生态环境、增进消费者健康为基本理念，不以赢利为目的，采取国家鼓励和市场调节相结合的发展机制。

所谓有机农产品，是指来自有机农业生产体系，根据有机农业生产要求和相应标准生产加工，并且通过合法的有机食品认证机构认证的农副产品及其加工品。有机食品按照有机农业生产标准，在生产中不使用人工合成的肥料、农药、生长调节剂和畜禽饲料添加剂等物质，不采用基因工程获得的生物及其产物，遵循自然规律和生态学原理，采取一系列可持续发展的农业技术，协调种植业和养殖业的关系，促进生态平衡、物种的多样性和资源的可持续利用。可见，有机农产品是有机农业的产物。

有机农业产生于20世纪20年代的德国和瑞士。随着现代农业带来的环境污染、生态失衡、土质恶化和食品质量下降等负面影响日益加剧，发达国家纷纷通过有关立法，推行有机农业。1972年，国际有机农业运动联盟在法国成立，极大地推动了世界有机农业的发展。20世纪90年代，我国政府和一些民间组织开始推行有机农业，开展有机农产品认证，推动我国有机农产品的发展。有机农产品是以保持农业可持续发展，保护生态环境和生物多样性，维护人和自然的和谐为目的而产生的，其质量安全达到国际同类产品水平。有机农产品主要服务于出口贸易和高端市场。

总之，无公害农产品是保障农产品质量安全的最低要求，是农产品消费安全的“底线”。绿色食品是我国农产品的精品，满足了部分消费者的特殊需求。有机农产品是我国今后农业发展的方向，主要服务于出口贸易和高端市场。这样我国农产品质量就可以满足不同层次的消费水平，符合我国生产力的发展水平。

二、农产品质量安全标准

农产品质量安全标准是指以科学、技术、经验的综合成果为基础，以保障农产品质量安全，维护人体健康为目的，依照有关法律、行政法规或规章制定和发布的，关于农产品质量安全的强制性技术规范。可见，农产品质量安全标准是为保障人们身体健康而对农产品有害物质残留量设定的基本要求。因此，农产品质量安全标准是判断农产品质量安全的根据，是农产品生产者和经营者进行产品自控的准绳，是各级政府主管部门开展农产品产地认定、产品认证、例行监测和市场监督抽查的法律依据，是各级政府履行农产品质量安全监管职能的基础。可以说，没有农产品质量安全标准，就无所谓农产品质量安全；没有农产品质量安全标准，就无所谓农产品质量安全监督管理。

目前，我国农产品质量安全标准已初具规模，按照适用范围划分，可分为国家标准、行业标准、地方标准和企业标准四类。按照法律约束力划分，可分为强制性标准和非强制性标准两种，其中强制性标准是由国家权力机关或政府有关部门制定，以法律、行政法规或行政规章的形式颁布的，具有法律强制力。农产品的生产者、销售企业、批发市场、农贸市场、配送中心和超市等，必须按照强制性农产品质量标准的要求组织生产和销售，确保生产和销售过程中农产品的各项参数达到农产品质量安全标准的要求。非强制性标准是指推荐性标准，农产品的生产者可自愿使用。

《农产品质量安全法》第 11 条规定：“农产品质量安全标准是强制性的技术规范。”这充分说明我国农产品质量安全标准属于强制性标准的范畴。

三、农产品产地法律制度

（一）农产品产地分类监管

农产品产地是指植物、动物、微生物及其产品生产的相关区域。它是农产品生产的基础，农产品产地的生产环境质量和条件，对生产出来的农产品质量有着直接、重大的影响。因为农产品产地的土壤、水体和大气环境中如果存在的有毒有害物质过量，会被动植物在生产过程中吸收而积累在体内，造成农产品中有毒有害物质超标。一旦公众食用这些有毒有害的农产品，将会影响其身体健康，甚至影响其子孙后代的身体健康。所以，为了保障农产品质量，维护公众身体健康，必须加强农产品生产源头监管，即农产品产地监管，确保农产品产地的土壤、水体和大气环境质量等符合生产安全农产品的要求，即确保农产品产地安全。

根据我国农业生产的实际，国家将农产品产地分为农产品禁止生产区和农产品非禁止生产区，并实行分类监管。《农产品质量安全法》第 15 条第 1 款规定："县级以上地方人民政府农业行政主管部门按照保障农产品质量安全的要求，根据农产品品种特性和生产区域大气、土壤、水体中有毒有害物质状况等因素，认为不适宜特定农产品生产的，提出禁止生产的区域，报本级人民政府批准后公布。具体办法由国务院农业行政主管部门商国务院环境保护行政主管部门制定。"但是，鉴于农产品产地的划定直接关系到农民和广大消费者的切身利益，关系到农业发展和社会稳定，提出和批准农产品禁止生产区域必须十分慎重，县级人民政府不宜直接批准公布农产品禁止生产区。所以，2006 年 9 月 30 日公布的《农产品产地安全管理办法》第 9 条明确规定：符合本法第 8 条规定的情形的，由县级以上地方人民政府农业行政主管部门提出划定禁止生产区的建议，报省级农业行政主管部门。省级农业行政主管部门应当组织专家论证，并附具下列材料报本级人民政府批准后公布。①产地安全监测结果和农产品检测结果；②产地安全监测评价报告，包括产地污染原因分析、产地与农产品污染的相关性分析、评价方法与结论等；③专家论证报告；④农业生产结构调整及相关处理措施的建议。

由此可见，农产品禁止生产区是指由于人为或者自然的原因，致使农产品产地有毒有害物质超过产地安全相关标准，并导致所生产的农产品中有毒有害物质超过标准，经省级人民政府批准后，为禁止生产农产品的区域。有毒有害物质是指威胁人体健康和生命安全的物质，主要包括有毒有害重金属阳离子、非金属阴离子和有机污染物。对于禁止农产品生产区，县级人民政府农业行政主管部门应当设置标示牌，载明禁止生产区地点、四至范围、面积、禁止生产的农产品种类、主要污染物种类、批准单位、立牌日期等。

应当指出，农产品禁止生产区域是指限制特定农产品生产的区域，即在该区域内禁止生产食用农产品，但不禁止生产非食用农产品（《农产品产地安全管理办法》第 8 条）。因此，不能简单地把"农产品禁止生产区"理解为"不宜农用区"。

农产品禁止生产区划定后不是一成不变的。如果该区的土壤、水体和大气环境质量等状况改善并符合生产质量安全农产品要求的，县级以上地方人民政府农业行政主管部门应当及时提出调整建议，报省级农业行政主管部门。省级农业行政主管部门应当组织专家论证，并附具产地安全监测结果和农产品检测结果、产地安全监测评价报告、专家论证报告、农业生产结构调整及相关处理措施的建议等，报省级人民政府批准后公布，并逐级上报农业部备案。禁止生产区调整的，应当变更标示牌内容或者撤除标示牌。

（二）农产品产地的保护

农产品产地的土壤、水体和大气环境质量等是否含有过量的有毒有害物质直接影响农产品质量安全，因此，禁止任何单位和个人向农产品产地排放或者倾倒废气、废水、固体废物或者其他有毒有害物质。禁止在农产品产地堆放、贮存、处置工业固体废物。在农产品产地周围堆放、贮存、处置工业固体废物的，应当采取有效措施，防止对农产品产地安全造成危害。任何单位和个人提供或者使用农业用水和用作肥料的城镇垃圾、污泥等固体废物，应当经过无害化处理并符合国家有关标准。农产品生产者应当合理使用肥料、农药、兽药、饲料和饲料添加剂、农用薄膜等农业投入品。禁止使用国家明令禁止、淘汰的或者未经许可的农业投入品。农产品生产者应当及时清除、回收农用薄膜、农业投入品包装物等，防止污染农产品产地环境。

为防止农产品产地被污染，县级以上农业行政主管部门还应采取以下保护措施：

（1）应当推广清洁生产技术和方法，发展生态农业。

（2）应当制定农产品产地污染防治与保护规划，并纳入本地农业和农村经济发展规划。

（3）应当采取生物、化学、工程等措施，对农产品禁止生产区和有毒有害物质不符合产地安全标准的其他农产品生产区域进行修复和治理。

（4）应当采取措施，加强产地污染修复和治理的科学研究、技术推广、宣传培训工作。

（5）应当对农业建设项目的环境影响评价文件依法进行审核。经审核同意后，方能报有关部门审批。对已经建成的企业或者项目污染农产品产地的，当地人民政府农业行政主管部门应当报请本级人民政府采取措施，减少或消除污染危害。

四、农产品追溯制度

（一）农产品追溯制度的概念

追溯的本意是指逆流而上，向江河发源处走，比喻探究事物的由来。农产品追溯制度是指在任何一个环节出现农产品安全质量问题，都可以依据该农产品的有关记录或标识向上一个环节追溯，甚至追溯农产品的生产者或原材料的供应者，并要求相关责任人承担法律责任或者准确地采取有效措施防止类似农产品安全事故发生的一种法律制度。这项制度的主要目的是：通过农产品追溯增强消费者对农产品消费的信任度，追究农产品质量安全责任人的法律责任，或者便于有关部门准确地采取有效措施防止类似农产品安全事故的发生，以保护农产品消费者的合法利益。

农产品质量既包括涉及人们的健康、安全的质量要求，也包括涉及产品的营养成分、口感、色香味等非安全性质量指标。目前我国农产品质量不仅非安全质量指标难以满足人们的要求，而且安全质量指标也令人担忧，是目前四大社会问题［人口、资源、环境和食品安全（主要是农产品质量）］之一，必须由法律加以规范。因此，《农产品质量安全法》明确规定农产品质量必须符合保障人的健康、安全的要求，并引入农产品质量安全追溯制度。虽然《农产品质量安全法》没有专门提出“追溯制度”的概念，但从整个法律条文看，追溯制度是《农产品质量安全法》的基本制度。因为如果没有追溯制度，农产品质量安全出了问题不就能查清农产品的来源，无法查清责任。要保证农产品质量安全，追溯制度就是它的灵魂与核心。追溯制度使农产品从生产到消费各个环节，有了安全保障，无论哪个环节出现了问题都可以向上一个环节进行追溯，从而实现了农产品从农田到餐桌的全程监管。

（二）美国农产品追溯制度的主要内容

事实上，在西方国家早已实施了农产品追溯制度。2001 年“9·11”事件发生后，美国为了防止生物袭击，于 2002 年通过了《公共卫生安全和生物反恐法案》，将食品安全提高到国家安全战略高度，提出“实行从农场到餐桌的风险管理”，对食品安全实行强制性管理，要求企业必须建立产品可追溯制度，使之成为农产品追溯制度最健全的国家之一。该法案明确规定了企业建立食品安全可追溯制度的实施期限，即大企业（500 名雇员以上）在法规公布 12 个月后必须实施、中小型企业（11～499 名雇员）在法规公布 18 个月后必须实施、小型企业（10 名雇员以下）在法规公布 24 个月后必须实施，也就是说到 2006 年年底所有与食品生产有关的企业必须建立产品质量可追溯制度。美国农产品追溯制度可分为三类，即农业生产环节追溯制度、包装加工环节追溯制度和运输销售过程追溯制度。美国农产品追溯制度是一个完整的链条，在任何一个生产环节出了问题，可追溯上一个环节。

农产品生产环节追溯制度是指所有生产过程，从种子处理、土壤消毒、栽培方式、灌溉、施肥、使用农药到收获采摘都要记录，能够追溯具体的生产基地、品种、生产时间，即使其是跨国生产基地。

农产品包装加工环节追溯制度，是指法律要求所有农产品供应商（非运输企业）必须完整记录有关农产品包装加工环节的信息，并建立追溯制度。农产品包装加工环节追溯制度分为前追溯制度和后追溯制度。前追溯制度主要记录的内容有：企业的名称及其所拥有的信息（国内或国外的）；产品名称、产品出产日期；产品商标、产品类型、产品品种特性、产品等级等；产品生产者、主要生产过程、产品包装者；生产区域信息；单位包装数量或重量。后追溯制度主要记录的内容有：产品接受者企业名称及其所拥有的信息（国内或国外的）；描述产品交割的类型，包括产品商标名称、产品品种特性等；产品交割日期；谁生产、生产工艺如何、谁包装以及带有产品识别的条码信息等；产品单位包装数量（重量）；外包装损坏程度；产品的保存期；产品的保质期；产品运输企业名称以及与运输企业相关的产品后追溯信息。

农产品运输销售过程追溯制度，主要是指运输、销售过程主要实行食品供应追溯制度（Traceability）和HACCP认证制度。其主要内容：①运输企业主要是承接供应商给出的有关产品信息并转给批发、零售商。②批发商除将产品供应商提供的信息输入电脑外，还要对产品进行分类标识，建立本企业的条形码信息。③零售商同样需要了解以上信息，同时建立零售企业条形码，记录产品的产地、属性；产品集装箱号码；产品包装类型、包装容器；产品种类、产品形式；产品品种；产品质量；是否有有机认证、HACCP认证等。④实行召回制度，如果在消费环节出了问题，企业有责任将产品召回。

（三）我国农产品追溯制度的主要内容

1. 农产品生产记录制度。在我国，农产品生产者主要是指农户、农民专业合作经济组织和农产品生产企业，它们对农产品生产环节发生的农产品质量安全事故承担责任。因此，《农产品质量安全法》第四章对农产品生产监管作了明确具体的规定。对农产品生产全过程进行监管是保证农产品质量安全的关键，其中建立农产品生产记录是实现农产品追溯的依据。但是因为我国农产品的生产者除了农产品生产企业和农民专业合作经济组织外，还有农民个人等，要求他们都必须建立农产品生产记录是不切实际的。所以，《农产品质量安全法》仅要求农产品生产企业和农民专业合作经济组织对其生产的农产品建立记录，对于其他农产品生产者，国家鼓励他们建立农产品生产记录。这里的农民专业合作经济组织，是指在家庭联产承包责任制基础之上，同类农产品的生产经营者、同类农业生产经营服务的提供者和利用者，自愿联合、民主管理的互助性经济组织。

关于农产品生产记录的内容，《农产品质量安全法》第24条作了明确规定，其内容为：使用农业投入品的名称、来源、用法、用量和使用、停用的日期；动物疫病、植物病虫草害的发生和防治情况；收获、屠宰或者捕捞的日期。农产品生产企业和农民专业合作经济组织必须如实记载上述事项，并应当保存2

年。禁止伪造农产品生产记录。

农产品生产企业或农民专业合作经济组织应当建立农产品生产记录，而未建立的，或者伪造农产品生产记录的，或者没有按照规定保存农产品生产记录的，县级以上人民政府农业行政主管部门，应当以行政命令的方式责令违法行为人在一定期限内改正。对于在规定期限内不改正的，可以处以2000元以下罚款。

2. 农产品包装和标识制度。建立农产品包装和标识制度，是实施农产品质量安全追溯制度，建立农产品质量安全责任追究制度的前提，是防止农产品在运输、销售或购买时被污染和损害的关键措施，是培育农产品品牌，提高我国农产品市场竞争力的必由之路。同时，对农产品进行包装和标识，也有利于消费者识别农产品质量状况，了解要购买的农产品的有关信息，增强消费者对农产品信任度。当销售的农产品不符合农产品质量安全标准或发生农产品质量事故时，也有利于农产品质量安全监管部门追究农产品生产者的法律责任。

（1）农产品包装。农产品包装是指为了在农产品运输、储存、销售等流通过程中保护农产品，而实施装箱、装盒、装袋、包裹、捆扎等。农产品生产企业、农民专业合作经济组织以及从事农产品收购的单位或者个人，对用于销售的下列农产品必须包装：获得无公害农产品、绿色食品、有机农产品等认证的农产品，但鲜活畜、禽、水产品除外；省级以上人民政府农业行政主管部门规定的其他需要包装销售的农产品。符合规定包装的农产品拆包后直接向消费者销售的，可以不再另行包装。农产品包装应当符合农产品储藏、运输、销售及保障安全的要求，便于拆卸和搬运。包装农产品的材料和使用的保鲜剂、防腐剂、添加剂[1]等物质必须符合国家强制性技术规范要求。包装农产品应当防止机械损伤和二次污染。

（2）农产品标识。农产品标识是指用于识别农产品或其特征、特性所作的各种表示的统称，其作用是表明农产品有关信息，帮助消费者了解农产品的质量状况，指导农产品消费。农产品的标识可以用文字、符号、标志、标记、数字、图案等方法表示。《农产品质量安全法》第28条规定："农产品生产企业、农民专业合作经济组织以及从事农产品收购的单位或者个人销售的农产品，按照规定应当包装或者附加标识的，须经包装或者附加标识后方可销售。包装物或者标识上应当按照规定标明产品的品名、产地、生产者、生产日期、保质期、产品质量等级等内容；使用添加剂的，还应当按照规定标明添加剂的名称。具体办法由国务院

---

〔1〕《农产品包装和标识管理办法》第17条规定，"保鲜剂：是指保持农产品新鲜品质，减少流通损失，延长贮存时间的人工合成化学物质或者天然物质"；"防腐剂：是指防止农产品腐烂变质的人工合成化学物质或者天然物质；添加剂：是指为改善农产品品质和色、香、味以及加工性能加入的人工合成化学物质或者天然物质"。

农业行政主管部门制定。”

应当指出，对于不同农产品的生产日期，《农产品包装和标识管理办法》作了不同的规定：植物产品是指收获日期；畜禽产品是指屠宰或者产出日期；水产品是指起捕日期；其他产品是指包装或者销售时的日期。未包装的农产品，应当采取附加标签、标识牌、标识带、说明书等形式标明农产品的品名、生产地、生产者或者销售者名称等内容。农产品标识所用文字应当使用规范的中文。标识标注的内容应当准确、清晰、显著。

农产品标识主要包括以下几类：

（1）质量标志。质量标志是国家主管部门或组织，按照法律规定的标准和程序确认，并颁发给农产品的生产者，用以表明其生产的产品质量达到相应的水平的证明标志。质量标志既是农产品质量的证明，也是农产品生产者质量管理水平上档次的象征。合法的产品质量标志可帮助消费者了解产品质量状况，便于选购、使用产品。销售获得无公害农产品、绿色食品、有机农产品等质量标志使用权的农产品，应当标注相应标志和发证机构。禁止冒用无公害农产品、绿色食品、有机农产品等质量标志。

（2）无公害农产品标志。无公害农产品标志是指获得该标志的农产品使用该标志进行食用农产品上市时，不得被检出超标的农药残留物。从事无公害农产品生产的单位或者个人，应当严格按规定使用农业投入品；禁止使用国家禁用、淘汰的农业投入品。

（3）绿色食品标志。绿色食品标志是指获得该标志的食品，只允许有限制地使用农药、化肥、激素（生长调节剂）、食品添加剂、防腐剂等人工合成的化学物质，由省级绿色食品管理机构审核实施。畜禽及其产品、属于农业转基因生物的农产品，还应当按照有关规定进行标识。

3. 违章处罚。县级以上人民政府农业行政主管部门，对于使用的农产品包装材料不符合强制性技术规范要求的，农产品包装过程中使用的保鲜剂、防腐剂、添加剂等材料不符合强制性技术规范要求的，应当包装的农产品未经包装销售的，冒用无公害农产品、绿色食品等质量标志的，农产品未按照规定标识的，可以按照《农产品质量安全法》第48、49、51、52条的规定处理、处罚。

■ 第五节 食品监管法律制度

一、我国食品安全监管的现状

我国的食品安全监管坚持按照一个监管环节由一个部门监管的原则，采取以分段监管为主、品种监管为辅的“多机构模式”，其中直接负责食品质量安全监管的部门和机构有：农业部、卫生部、商务部、国家工商总局、国家质检总局、国家食品药品监督管理局、国家认证认可委员会和标准化委员会。

1. 农业部。农业部是国务院主管农村经济和综合管理种植业、畜牧业、渔业、农垦、乡镇企业、饲料工业及农业机械化的职能部门。其在食品安全方面的主要职能是对作为食品原料的初级农产品生产环节进行监管，也就是负责农产品种植、养殖环节的监管，全面实施无公害食品行动计划；完善农产品质量安全检测体系建设，推进安全优质农产品标准化生产基地建设；组织对种植业产品农药残留、畜禽产品、水产品药物残留超标行为的监测和集中整治，查处禁用限用农药、化学药物的使用；负责定点屠宰场（厂、点）的检验检疫及其监督；起草动植物防疫和检疫的法律法规草案，制定有关标准；协同有关部门对食品安全事故调查处理等。

《农产品质量安全法》第3条规定："县级以上人民政府农业行政主管部门负责农产品质量安全的监督管理工作；县级以上人民政府有关部门按照职责分工，负责农产品质量安全的有关工作。"据此，县级以上农业部门是农产品质量安全的主管部门。具体来说，国务院农业行政主管部门负责农产品质量安全风险评估，并根据评估结果采取相应措施；国务院农业行政主管部门和省级人民政府农业行政主管部门应当按照职责权限，发布有关农产品质量安全状况的信息；县级以上地方人民政府农业行政主管部门负责提出或调整禁止特定农产品生产的区域，报本级人民政府批准后公布，并采取措施，推进保障农产品质量安全的标准化生产综合示范区、示范农场、养殖小区和无规定动植物疫病区的建设；国务院农业行政主管部门和省级人民政府农业行政主管部门应当定期对可能危及农产品质量安全的农药、兽药、饲料和饲料添加剂、化肥等农业投入品进行监督抽查，并公布抽查结果；县级以上人民政府农业行政主管部门在农产品质量安全监督检查中，对经检验发现的不符合农产品质量安全标准的农产品，有权查封、扣押。

县级以上人民政府有关部门应当按照职责分工，负责农产品质量安全的有关工作。所谓有关部门是指质检部门、工商部门、卫生部门、食品药品监管部门、环保部门等。它们根据各自的职责分工，负责农产品质量安全的有关工作。如质检部门负责农产品检验；工商部门负责食品流通领域的安全监管工作；卫生部门负责食品生产经营企业卫生许可及相关的日常监管工作；食品药品监管部门负责查处重大农产品质量安全事故；环保部门负责对农产品产地排放或倾倒废水、废气、固体废物或者其他有毒有害物质的处罚。

2. 卫生部。卫生部是《食品安全法》的主要执行部门，主要负责全国的食品卫生工作，保证人民健康，防止传染病的传播，组织和承担制定国家营养与食品安全标准、检验方法及有关技术规范，开展各种食品及原料的检验、鉴定，营养、安全、功能评价及技术仲裁工作。各地卫生部门主要负责餐饮业、食堂等食品使用、消费环节食品安全的监管；负责发放卫生许可证，做好日常卫生监督工作；负责散装食品的卫生监督检查和食品添加剂的卫生监督；推行食品卫生监督量化分级管理制度；开展对食物中毒和其他食源性事故的紧急医疗救援和调查处理，会同有关部门组织医学专家对食品安全事故进行分析和鉴定，并采取有效控制措施，依法查处违反《食品安全法》的行为；及时将卫生许可证的发放、吊销、注销等情况通报质检和工商部门等，以便相关食品监管部门查处食品安全事件。

3. 商务部。商务部负责全国流通领域食品安全、畜禽加工业的行业指导和管理，组织指导“三绿工程”，负责“菜篮子”产品流通的行业指导和管理与生猪屠宰的行业管理工作等。县级以上地方商务主管部门负责本行政区域内流通领域食品安全的行业管理，负责指导、督促市场建立保障食品流通安全的管理制度。实施以培育绿色市场为重点的“三绿工程”，组织开展对生猪定点屠宰和其它畜禽集中屠宰的监督管理，严防注水肉、病害肉上市，加强肉品市场监管；联合工商、公安等部门打击私屠滥宰的违法行为，依法取缔私宰窝点，及时将有关案件移送其他部门。

4. 国家工商总局。国家工商行政管理总局是国务院主管市场监督管理和有关行政执法直属机构，负责食品流通环节的质量监管，严厉查处销售不合格食品及其他质量违法行为，配合有关部门查处流通领域内的食品安全案件；主管食品生产经营企业及个体工商户的登记注册工作，负责食品生产经营者主体资格的市场准入审查，取缔无照生产经营食品行为，推进和落实食品进货检查验收、索证索票、建立购销台账和质量承诺及市场开办者质量责任制度；落实市场巡查制度，开展对食品流通领域的执法检查和抽检，对违法食品广告、虚假宣传、商标侵权和假冒商品、不正当竞争等行为进行查处；配合有关部门查处流通领域内的食品安全案件；及时将食品生产经营企业或个体工商户营业执照发放、吊销、注销等情况通报质检、卫生部门等，以便相关食品监管部门根据各自的职责权限对食品质量安全进行监管。

5. 国家质检总局。国家质量监督检验检疫总局是国务院主管全国质量、计量、出入境商品检验、出入境卫生检疫、出入境动植物检疫和认证认可、标准化等工作，并行使行政执法职能的直属机构，负责和领导全国食品生产加工环节的质量卫生监管，组织起草有关食品质量监督检验检疫方面的法律、法规草案，研究拟定食品质量监督检验检疫工作的方针政策，制定和发布有关规章、制度；组织实施与食品质量监督检验检疫相关法律、法规，指导、监督质量监督检验检疫的行政执法工作；负责全国与质量监督检验检疫有关的技术法规工作。

各地质检部门负责本辖区食品生产加工环节的食品安全监管；实施食品生产企业的生产许可准入，严格审查和发放生产许可证；组织制定、审批、发布食品地方标准和备案企业标准；开展食品质量安全监督检查、计量监督、标识检查等工作；依法组织查处生产、制造不合格食品及其他质量违法行为，协助相关部门对重大、特大食品案件进行查处；及时将生产许可证发放、吊销、注销等情况通报卫生、工商相关等部门。

6. 国家认证认可监督管理委员会。国家认证认可监督管理委员会是由国务院组建并授权履行行政管理职能，统一管理、监督和综合协调全国认证认可工作的主管机构。其主要职能是：研究起草并贯彻执行国家认证认可、安全质量许可、卫生注册和合格评定方面的法律、法规和规章，制定、发布并组织实施认证认可和合格评定的监督管理制度、规定；研究拟定国家实施强制性认证与安全质量许可制度的产品目录，制定并发布认证标志（标识）、合格评定程序和技术规则，组织实施强制性认证与安全质量许可工作；负责进出口食品和化妆品生产、加工单位卫生注册登记的评审和注册等工作，办理注册通报和向国外推荐事宜；依法监督和规范认证市场，监督管理自愿性认证、认证咨询与培训等中介服务和技术评价行为等。

7. 标准化委员会。中国国家标准化管理委员会是国务院授权的履行行政管理职能，统一管理全国标准化工作的主管机构。其主要职责是：参与起草、修订国家标准化法律、法规的工作；拟定和贯彻执行国家标准化工作的方针、政策；拟定全国标准化管理规章，制定相关制度；组织实施标准化法律、法规和规章、制度；负责制定国家标准化事业发展规划；负责组织、协调和编制国家标准（含国家标准样品）的制定、修订计划；负责组织国家标准的制定、修订工作，负责国家标准的统一审查、批准、编号和发布等。

二、我国食品安全监管体制的主要弊端及其对策

尽管国务院已明确食品安全监管遵照“分段管理为主、品种管理为辅”的原则，但由于涉及众多管理部门，彼此理解不一，导致了职责不清，有的越位，有的缺位，有的抢权，有的推责，各自为政的现象依然存在，而且城乡执法力量不平衡，不同部门执法宽严不一。这些都给食品安全工作留下了巨大隐患，既加大了搞好食品安全工作的难度，也增加了国家治理食品污染的成本。我国食品安全监管体制和法律法规主要存在如下弊端：

1. 多头监管弊端多。目前我国食品安全监管体制采取以分段监管为主、品种监管为辅的多机构监管模式。具体来说食品安全监管的部门竟有十个之多，它们分别担负着“从田间到餐桌”不同环节的食品安全监管职责。由于监管部门多，法律对其职责分工交叉或规定不明确，既可能出现执法盲区，也可能出现多个部门重复执法，一旦出现食品安全问题，就会出现相互推卸责任并难以追究责任的尴尬情况。2004年9月国务院《关于进一步加强食品安全工作的决定》、2004年底《关于进一步明确食品安全监管部门职责分工有关问题的通知》、2009年的《食品安全法》等这些法律与文件对监管职能划分的规定就是不同的。

2. 食品安全监管机关行使职权越位与缺位并存。所谓的越位是明知道本不应该由食品监管机关管理的行为，却行使了监管权，比如食品安全认证（即QS）并不应当由政府食品安全监管机关管理，但其却行使了。所谓缺位是指食品安全监管部门应该对食品生产、流通等环节进行监管而却没有尽职尽责等。

3. 监管法律体系不健全。经过几十年的努力，我国已经初步形成了一个由法律、法规及规章组成的食品安全监管法律体系。食品安全监管法律体系应该是一个由法律、行政法规、地方法规、行政规章、规范性文件等组成的多层次相互和谐的法律体系，既应与国际接轨，又符合我国国情。但是就我国目前立法来看，还不能满足这一要求。

4. 食品安全标准制定工作滞后或缺失。食品安全监管的主要依据是食品安全标准，而我国食品安全标准目前由国家标准、行业标准、地方标准、企业标准4级构成。由于食品安全标准是由各个部门制定的，缺乏协调，由此造成了食品安全标准之间既有交叉重复，又有空白点，甚至出现同一产品存在相互矛盾的两个标准。因此，《食品安全法》规定由国务院卫生行政部门负责对现行的食用农产品质量安全标准、食品卫生标准、食品质量标准和有关食品的行业标准中强制执行的标准予以整合，统一公布为食品安全国家标准。

5. 违法责任设计不科学和执法力度不够。虽然我国以《食品安全法》、《农产品质量安全法》、《产品质量法》等法律为核心，初步建立起食品安全监管法律体系，加之2004年“安徽省阜阳市劣质奶粉事件”发生后，国务院每年都要发布加强食品安全监管的规范性文件。但我国食品安全事件仍然屡禁不止，尤其是2008年“三聚氰胺事件”的发生，其主要原因就在于我国现有法律、法规对违法责任制度化设计不科学，处罚度普遍较低，威慑力不够，导致违法犯罪行为的收益大大高于成本，制假售假的现象屡见不鲜也就不足为奇了。

第十三章 药品管理法律制度

药品是一种涉及人民生命健康的特殊商品，它用于预防、治疗、诊断人们的疾病，有目的地调节人体生理机能，并规定有适应症或者功能主治、用量和用法的物质。药品的这种特殊性决定了必须要用法律的形式对其研制、生产、流通、使用全过程进行监管。药品管理法是调整药品监管，保证药品质量，保障人体用药安全的法律规范的总称。

■ 第一节 药品管理法律制度概述

一、药品的概念及其特征

《药品管理法》第102条规定："药品，是指用于预防、治疗、诊断人的疾病，有目的地调节人的生理机能并规定有适应症或者功能主治、用法和用量的物质，包括中药材、中药饮片、中成药、化学原料药及其制剂、抗生素、生化药品、放射性药品、血清、疫苗、血液制品和诊断药品等。"

药品作为商品的一种，具有一般商品的共同属性，但由于药品直接关系到社会上每个人的生命健康和人类的共同利益，所以药品又是一种特殊的商品。正是其特殊性，决定了必须对药品依法进行管理。药品的特殊性主要表现在：

（1）药品的种类复杂。据不完全统计世界上的药品有2万余种，我国生产的中药制剂5100多种，西药制剂4000余种，二者近10 000种，中药材5000余种（常用的500余种）。涉及的种类之多，其复杂程度就可想而知。

（2）药品作用的双重性。药品是用来治病救人的，或者进一步提高人的个体抵抗疾病的能力。但是，多数药品又有不同程度的毒副作用，因此对人体具有一定的伤害性。加上人体生理功能的复杂性和多样性，同一种药品用于不同群体可能出现差异很大的效果。因此，加强对药品的监督管理就显得尤为重要，使药品尽可能发挥治病救人，强身健体的功能，减缩其可能带来的潜在危害。

(3) 药品质量要求的严格性。国家对药品质量有严格的要求，药品生产企业生产的药品，其质量必须符合质量标准要求，否则，不得进入流通渠道。因此，进入流通渠道的药品，必须是合格产品，绝对不允许不合格的药品流入市场，只有这样才能保证药品疗效。

(4) 药品鉴定的专业性和科学性。药品质量的优劣、真假，一般普通消费者很难辨别，只有由专业的技术人员和专门的部门，按照法定的标准，运用专门的仪器设备才能够作出科学准确的鉴定和评价。药品的这一特征要求国家药品监管部门应当认真履行监管职责，对市场上流通的药品，定期或不定期进行检查，确保人民生命健康。

(5) 药品使用的专用性。由于药品直接作用于人体，必须对症下药，患什么病，用什么药，谨慎使用，对于处方药物这点尤为重要。人们只能在医师的指导下，甚至还要在药医学专业人士的监护下才能合理用药，达到防病治病和保护健康的目的。滥用药物容易造成中毒或产生药源性疾病。药品的这一特征要求国家药品监管部门加强对处方药品与非处方药品的管理，要求药品零售企业，必须严格按照国家规定售药，否则应当承担一定的法律责任。

二、新中国药品管理立法

药品的特殊性要求世界各国必须加强药品管理立法，强化对药品的管理监督，使药品监督和管理步入法制化轨道。但要了解药品管理立法的发展，尤其是《药品生产质量管理规范》(Good Manufacture Practice，简称 GMP) 在各国的实践和推广，就不得不提 1961 年的“反应停”事件。“反应停”是一种曾用于治疗妊娠反应的药物——沙利度胺，又称“反应停”。该药品在市场上出售后造成了成千上万例畸形胎儿的出现，死亡率高达 50% 以上。当时“反应停”已经在市场上流通了 6 年，但未经严格的临床试验，同时生产“反应停”的前联邦德国格仑南苏制药厂隐瞒了已收到的有关该药毒性反应的一百多例报告。这次灾难波及世界各地，受害者超过 15 000 人。

这场灾难虽没有波及美国，但是在美国社会激起了公众对药品监督和药品法规的普遍重视，促使美国国会于 1963 年对原《食品、药品和化妆品法案》进行了一次大的修改。其中要求制药企业做到：“①对其出厂的药品提供两种证明材料，不仅要证明药品是有效的，还要证明药品是安全的；②要求制药企业向 FDA 报告药品的不良反应；③要求制药企业实施药品生产质量管理规范 (GMP)。”这一法律修正对其他国家加强制药企业的安全监管产生了深远的影响，它是世界药品生产管理法制化、规范化的起点。

新中国成立初期，为了配合禁止鸦片烟毒工作和解决旧中国遗留的伪劣假冒药品充斥市场的现象，在1950年11月经政务院批准，卫生部颁布了《麻醉药品管理暂行条例》，这是新中国药品管理的第一个行政法规。1963年经国务院批准，卫生部、化工部、商业部联合发文，公布了我国药品管理的第一个综合性法规《关于药政管理的若干规定（草案）》，对当时的药品生产经营使用和进出口管理起到了巨大的作用。

随着社会主义经济建设的不断深入发展和人民生活水平的日益提高，为加强药品的监督管理，保证药品质量，增进药品疗效，保障人民用药安全，维护公民身体健康，第六届全国人大常委会第七次会议于1984年9月20日通过了《药品管理法》，1985年7月1日开始施行。这是建国以来我国第一部药品管理法律，将药品质量与安全用国家法律的形式确定下来，首次以法律形式确立了我国的药品生产管理的制度，从而加强国家和人民的监督，为人体用药的合理有效提供了法律保证。在《药品管理法》颁布后的十几年里，我国政治、经济和社会生活发生了深刻的变化，在药品管理方面出现了许多新情况和新问题，也发生了一些新的违法犯罪行为，原来的《药品管理法》中有些规定已经不符合现实情况，难以完全适应形势需要和人体用药日益多样化的需要，必须进行修改。2001年2月28日第九届全国人大常委会第二十次会议审议并通过了经过修改的《药品管理法》，并自2001年12月1日起施行。

目前我国已形成由法律、行政法规、部门规章及文件组成的有中国特色的药品监督管理法律体系。主要有《药品管理法》（2001年2月28日），《产品质量法》（2000年7月8日），《医疗用毒性药品管理办法》（1988年12月27日），《放射性药品管理办法》（1989年1月13日），《药品管理法实施条例》（2002年8月4日），《中医药条例》（2003年4月7日），《麻醉药品精神药品管理条例》（2005年8月3日），《易制毒化学品管理条例》（2005年8月26日）等。国务院各部门制定的规章主要有：《处方药与非处方药分类管理办法（试行）》（1999年6月18日），《医疗机构药事管理暂行规定》（2002年1月21日），《药品进口管理办法》（2003年8月18日），《药品生产监督管理办法》（2004年8月5日），《互联网药品信息服务管理办法》（2004年7月8日），《麻醉药品、精神药品处方管理规定》（2005年11月14日），《药品说明书和标签管理规定》（2006年3月15日），《药品注册管理办法》（2007年7月10日）等。

■　第二节　药品生产企业法律制度

一、开办药品生产企业所需具备的条件

药品生产企业是指生产药品的专营企业或兼营企业。药品是一种特殊商品，

药品质量关系到人民身体健康，关系到构建和谐社会。为了强化国家对药品生产的监督管理，确保药品安全有效，药品生产企业除了必须符合公司法或企业法的规定，履行报批程序外，还必须具备设立药品生产企业的条件。对此，《药品管理法》第8条作出了明确规定：

1. 具有依法经过资格认定的药学技术人员、工程技术人员及相应的技术工人。由于药品质量关系到人民身体健康，药品生产行业技术性要求较高，药品生产企业从业人员的素质高低，对药品生产质量起着决定性的作用。因此，设立药品生产企业，首先必须具有依法经过资格认定的药学技术人员，工程技术人员及相应的技术工人，以保证药品生产质量。

所谓“依法经过资格认定”，是指国家正式大专院校毕业及经过国家有关部门考试考核合格后发给“执业药师”或专业技术职务证书的药学技术人员、工程技术人员和技术工人。除此之外，国家还对担任药品生产企业的厂长、经理作出了特别规定，他们应当具备国家规定的学历和从事有关的药品生产所需要的专业技术知识。

2. 具有与其药品生产相适应的厂房、设施和卫生环境。大多数药品都是口服药品，而且药品生产又是一个十分复杂的过程，从原料进厂到成品合格出厂，要涉及许多环节和管理，在软件建设和硬件改造方面都必须全面兼顾。如果其中任何一个环节疏忽，都有可能导致药品质量不符合国家标准规定的要求和指标，非但不能治病反而会加重病情或导致新病的出现。因此，必须在药品生产过程中，进行全过程的管理和控制，保证药品质量。

我国在1998年修订的《药品生产质量管理规范》第三章对药品生产企业的“厂房与设施”作了具体、细致的规定，如厂房、厂址选择、厂区及厂房的设计应符合工艺要求及空气净化级别、合理布局，与药品直接接触的干燥空气、压缩空气和惰性气体应经过净化处理，对有特殊要求的仪器、仪表应安放在专门的仪器室等等。

3. 具有能对所生产药品进行质量管理和质量检验的机构、人员以及必要的仪器设备。设立药品生产企业非同一般企业，关系到人民身体健康，对其质量控制能力作出特别要求是理所当然的。因此，设立药品生产企业必须具有能对所生产药品进行质量管理和质量检验的机构、人员以及必要的仪器设备。药品生产企业内部质量管理和质量检验是保证药品质量的重要环节，必须建立起能够对药品进行检验和监管的机构，购买相应的设备，对自身在药品生产过程中出现的质量问题进行管理和检验，将对社会造成的危害消灭在萌芽之中。

所谓药品生产企业的质量管理，是以确定和达到药品质量所必须的全部职能和活动作为对象进行的管理。能够对自己生产的药品进行质量管理和质量检验是国家对药品生产企业生产药品的最基本的要求，其目的在于防止事故，尽一切可能将差错消灭在药品制造完成以前。药品生产企业必须对生产药品的原辅材料、中间产品、环境状况、空气洁净度等级、水质情况等都要进行测试和监控，同时药品出厂前必须进行质量检验，符合法定标准后方可出厂销售。为此，有关人员必须具有相应要求的素质，必须经过培训、考核，合格者方可上岗工作，同时还需要配备必要的测试仪器及设备，并符合《中华人民共和国计量法》的有关规定。

4. 具有保证药品质量的规章制度。企业的内部规章是员工安全、规范生产的摹本，是企业内部直接约束员工生产行为的“小法律”。药品生产企业更应当建立和健全保证药品生产质量的规章制度，确保从原材料的采购到生产、检验等各个环节，都有严格的质量管理和操作规范。对没有制定能够保证药品质量安全规章制度的，药品监督部门不得批准其开办药品生产企业。

这些规章制度主要有：有关技术标准、产品标准和卫生标准的各项规章制度，如工艺规程、验证规程；管理标准，如物料管理、留样管理；各项卫生要求等管理制度，并且做到实施标准时都要有相应的原始记录和凭证，同时要加强日常监督检查，以求实效。但从我国药品生产企业的实际来看，在管理方面存在着较多的问题，例如基础管理薄弱，规章制度不健全，执行不力，监督检查不够，往往流于形式；再加上部分生产企业不重视管理，致使管理中能产生的效益大量流失，对此应引起有关部门的重视。

除了具备上述四个条件外，开办药品生产的企业还必须经企业所在地省、自治区、直辖市人民政府药品监督管理部门批准并发给《药品生产许可证》，并凭《药品生产许可证》到工商行政管理部门办理登记注册，取得药品生产企业法人资格，才可以从事药品生产活动。无《药品生产许可证》，工商行政管理部门不得办理登记注册，企业不得生产药品。可见《药品生产许可证》是药品生产企业到工商行政管理部门办理登记注册必备的法律文件，是药品生产企业有权生产药品的法律凭证，是对药品生产企业生产能力、生产条件的要求和认可，是药品安全、有效，质量可控的法定证明文件。

至于如何申领《药品生产许可证》，《药品管理法实施条例》第3条作了具体规定，即申办人应当向拟办企业所在地省、自治区、直辖市人民政府药品监督管理部门提出申请。省、自治区、直辖市人民政府药品监督管理部门应当自收到申请之日起30个工作日内，按照国家发布的药品行业发展规划和产业政策进行审查，并作出是否同意筹建的决定。申办人完成拟办企业筹建后，应当向原审批部门申请验收。原审批部门应当自收到申请之日起30个工作日内，依据《药品管理法》第8条规定的开办条件组织验收；验收合格的，发给《药品生产许可证》。《药品生产许可证》有效期为5年，有效期届满，需要继续生产药品的，持证企业应当在许可证有效期届满前6个月，按照国务院药品监督管理部门的规定申请换发《药品生产许可证》。药品生产企业终止生产药品或者关闭的，《药品生产许可证》由原发证部门缴销。

二、药品生产企业经营管理法律制度

1. 执行统一的药品生产标准。药品必须按照国家药品标准和国务院药品监督管理部门批准的生产工艺进行生产，但中药饮片除外。我国的国家药品标准是指国务院药品监督管理部门颁布的《药典》和药品标准。由于药品是涉及人体健康和人身安全的特殊商品，药品的生产应当有统一的标准，并且该标准应当成为必须执行的强制性标准，是国家对药品质量规格及检验方法所作的技术性规定，是药品生产、供应、使用、检验和管理部门共同遵循的法定依据。

但是在修改《药品管理法》之前，我国的药品标准执行的是双重标准，即国家标准和地方标准（省、自治区、直辖市药品标准）。这样导致了同一药品品种在不同地区有不同的药品标准，甚至有些地方政府为了地方利益，降低地方标准审批生产药品，造成药品生产质量低下、严重损害了患者的合法权利。同时由于药品标准的不统一，使药品检验难以准确把握标准，加大了药品检验的难度，从而给整个药品生产的质量控制工作以及药品监督管理工作增加了难度，也给不法分子以可乘之机。因此，取消药品地方标准，明确药品生产必须统一按照国家药品标准是非常必要的。

对于中药饮片的炮制标准，《药品管理法》规定，有国家药品标准的，必须按照国家药品标准炮制；国家药品标准没有规定的，必须按照省、自治区、直辖市人民政府药品监督管理部门制定的炮制规范炮制。为什么法律规定对中药饮片的生产标准国家未制定统一标准的要按照省级政府制定的标准管理呢？有的学者是这样做说明的："为了促进中药现代化建设，促进中药与国际接轨，法律严格规定了中药饮片的炮制必须执行国家标准，同时中药饮片是具有中国传统医药特色的药品，法律应当考虑到中药饮片的地区特点不同、地方用药习惯多样和炮制方法不一的实际情况，进行适当的变通，允许一些尚未收入国家药品标准的中药饮片按照省级药品监督管理部门制定的炮制规范进行生产。"[1]同时为了确保国家药品管理规范的统一，《药品管理法》规定，省级药品监督管理部门制定的炮制规范需报国务院药品监督管理部门备案。

2. 不得擅自改变生产工艺。生产工艺，是指"药品生产的工艺流程等对药品生产质量直接发生影响、由国务院药品监督管理部门在药品审批时一并审批

---

〔1〕 田侃主编：《中国药事法》，东南大学出版社2004年版，第84页。

的医药品基本生产工艺，不是指药品生产的所有工艺操作细节”。[1] 在药品生产的全过程中，生产工艺的合理性和可行性直接影响所生产药品的质量以及生产效率。因此，生产工艺是药品生产质量控制的重要问题之一，药品监督管理部门为了保障人民用药安全，必须严格掌握每个药品生产企业、每个药品品种的生产工艺规程，以便全面进行监管。

众所周知，药品生产工艺是企业自行设计确定的，并且在国务院药品监督管理部门审批药品时一并审批的，否则不得作为药品生产企业的工艺流程来执行。如果药品生产企业想要改变影响药品质量的生产工艺，必须报原批准部门审核批准。然而在实践中，仍有少数药品生产企业对此认识不足，认为只要生产工艺规程的调整合理、有利于药品生产就可以了，不需要报送监督管理部门审核批准。药品生产企业随意调整监督管理部门已批准的药品生产工艺规程，致使生产药品的质量受到影响的案件时有发生。

3. 保持药品生产记录完整准确。药品生产记录是药品生产管理的基础性资料。药品的生产过程直接决定药品的质量，药品生产记录只有完整准确记载，才能真实反映药品生产全过程的实际情况，使药品生产的各个环节有效地受到监督和控制。生产记录的完整准确是药品生产企业客观记录生产实际情况，同时也是企业保证药品生产质量、保护自身合法利益不受损害的重要措施。建立准确完整的药品生产记录，真实地反映药品生产全过程的实际情况，“有利于企业加强对药品生产质量的控制，也有利于药品监督管理部门对药品生产质量实施监督；在发生药品质量争议时，还可以为处理争议提供证据”。[2]

因此，《药品生产质量管理规范》规定，药品生产企业应有生产管理、质量管理的各项制度和记录，如生产工艺规程、岗位操作法或标准操作规程，批生产记录，批检验记录等等，并对各项记录的内容作了具体列举规定。对记录的保存和管理也作了具体规定，如第 68 条规定：“批生产记录应字迹清晰、内容真实、数据完整，并由操作人员及复核人签名。记录应保持整洁，不得撕毁和任意涂改；更改时，在更改处签名，并使原数据仍可辨认。批生产记录应按批号归档，保存至药品有效期后 1 年。未规定有效期的药品，其批生产记录至少保存 3 年”。

4. 药品生产的原料、辅料必须符合药用要求。生产药品所需的原料、辅料，必须符合药用要求。生产药品所需的原料有广义与狭义之分。广义的药品生产原料，是指形成药品的主要有效成分和制剂处方中包含的各种初始物料。

---

〔1〕 卞耀武主编：《中华人民共和国药品管理法释义》，法律出版社 2001 年版，第 55 页。
〔2〕 卞耀武主编：《中华人民共和国药品管理法释义》，法律出版社 2001 年版，第 56 页。

狭义的药品生产原料，是指该药品发挥治疗作用的有效成分或活性成分。辅料是指生产药品和调配处方时所用的赋形剂和附加剂。可见生产药品所需的原料、辅料都是直接组成药品的物料部分。它们经过加工、处理等一系列的生产过程，成为药品成品，对药品本身的治疗作用以及药品质量均起着决定性的作用。它们与直接用于包装、存放药品的材料和器物不同，后者本身不直接组成药品本身，属于药品包装的管理范畴。

因此，生产药品需要的原料和辅料必须符合药用的要求，也就是必须符合国家药品标准、生物制品规程或其他有关行业标准。对此《药品生产质量管理规范》、《新药审批办法》等一系列药品监督管理法规、文件都有具体规定。

5. 履行药品自检的义务。药品质量检验是药品质量管理的重要环节，药品生产企业必须对其生产的药品进行质量检验；不符合国家药品标准或者不按照省、自治区、直辖市人民政府药品监督管理部门制定的中药饮片炮制规范炮制的，不得出厂。因此，药品生产企业必须设立检验机构，负责生产全过程的质量管理与检验，并有与其生产规模、品种、检验要求相适应的场所、仪器、设备。

值得注意的是，药品生产企业对药品质量进行检验时，除中药饮片的炮制外，药品必须按照国家药品标准对其生产的药品进行质量检验，对于中药饮片的检验，有国家标准必须采用国家标准，没有国家标准的采用省、自治区、直辖市人民政府药品监督管理部门制定、修订的炮制规范对其进行检验。这是因为修改前的《药品管理法》只规定药品生产企业生产的药品出厂前必须履行质量检验的义务，确保所生产的药品符合标准，但是没有明确规定质量检验的依据，造成药品检验标准不统一，不利于保证药品的适用性、安全性和有效性。因此，新修订的《药品管理法》要求药品生产企业必须按照全国统一的药品检验标准对其药品进行检验，但是考虑到中药饮片的特殊性，没有规定其必须采用国家标准。

6. 药品委托加工监管。药品的委托加工是指已经合法取得国家药品批准文号的企业，委托其他药品生产企业进行药品代加工，药品批准文号不变的法律行为。药品的委托加工有以下几个特征：

（1）委托加工的药品批准文号仍属委托方所有，而不是转让给受托加工的药品生产企业。因此，接受委托加工药品的企业只负责按照委托方的要求生产药品，该药品生产的有关对外的责任仍由药品批准文号的拥有者即委托方承担。

（2）委托加工的药品应是生产工艺成熟、质量稳定、疗效可靠、市场需要的，由中国药典或国家药品监督管理局颁发的正式标准及中国生物制品规程收载的制剂品种。受托加工的企业在加工药品时，不得低于原质量标准，产品处方、生产工艺、包装规格、标签、使用说明书、批准文号应与原药品保持一致。委托加工药品的包装及标签上应标明委托双方的单位名称、生产地点等。但原料药、血液制品、菌疫苗制品不允许委托加工；特殊药品的异地生产和委托加工按国家有关规定办理。

（3）鉴于药品的特殊性及药品生产的复杂性，国家对药品委托加工进行严格的安全监管，药品委托加工也就多了一层行政审批程序，这是对关系公共利益的加工合同标的的安全监管，是对合同自由的限制。《药品管理法》第13条规定："经国务院药品监督管理部门或者国务院药品监督管理部门授权的省、自治区、直辖市人民政府药品监督管理部门批准，药品生产企业可以接受委托生产药品。"

（4）在药品委托加工中，接受委托加工的企业之义务是依照关于药品生产的法律法规的规定进行加工，加工出来的劳动成果，即药品必须交给委托人，由委托人负责销售，受托方不得销售。[1] 因此，药品委托加工应当符合《民法通则》及《合同法》关于加工承揽合同的一般法律规定。

三、药包材管理法律制度

（一）药包材的概念

药包材是指直接接触药品的包装材料和容器，它是药品不可分割的一部分，伴随着药品生产、流通以及使用的全过程，包括药用玻璃、金属、药用明胶制品、橡胶、塑料（容器、片材、膜）及其复合片（膜）等5大类60多个品种。药包材分为三大类：I类药包材指直接接触药品且直接使用的药品包装用材料、容器；II类药包材指直接接触药品，但便于清洗，在实际使用过程中，经清洗后需要并可以消毒灭菌的药品包装用材料、容器；III类药包材包括I、II类以外其他可能直接影响药品质量的药品包装用材料、容器。

2000年10月以前，我国对药包材采取的是许可证管理制度，亦即有关部门要求生产企业必须获得《药品包装材料生产许可证》后才可生产药包材；2000年10月，原国家药品监督管理局颁布《药品包装用材料容器管理办法（暂行）》，变原有的管理方式为注册式——对每个品种进行认证、注册，并重新制定了行业标准。该办法对药品包装的硬件条件要求得更严格，尤其增加了生产医药包材产品，需同时具备与所包装药品生产条件相同的洁净度条件的要求，并规定生产I类产品药包材的须经原国家药品监督管理局的批准注册，并发给《药包材注册证书》。

---

〔1〕参见《关于药品异地生产和委托加工有关规定的通知》（国家药品监督管理局1999年10月8日发布并施行）。

（二）药品包装的管理

《药品管理法》第六章、《药品管理法实施条例》第六章等都对药品包装作了详细的规定。其主要内容如下：

1. 药包材须经药品监督管理部门注册并获得《药包材注册证书》后方可生产，未经注册的药包材不得生产、销售、经营和使用。《药包材注册证书》有效期为5年，期满前6个月按规定申请换发。申请药包材注册应具备下列基本条件：①申请单位须具有企业法人营业执照；②申请注册的药包材应符合我国药品包装需要及发展方向，国家已明令淘汰或限期淘汰的产品不予注册；③具备生产该产品的合理工艺、设备、洁净度要求、检验仪器、人员、管理制度等质量保证必备条件；④生产Ⅰ类药包材产品，须同时具备与所包装药品生产相同的洁净度条件，并经国家药品监督管理局或省、自治区、直辖市药品监督管理部门指定的检测机构检查合格。

2. 直接接触药品的包装材料和容器，必须符合药用要求。药品包装分为内包装与外包装。内包装是指直接接触药品的包装材料和容器（如安瓿、注射剂瓶、片剂或胶囊剂泡罩包装铝箔等）。它是药品不可分割的一部分，伴随药品生产、流通及使用的全过程。尤其是药品制剂，一些剂型本身就是依附包装而存在的（如胶囊剂、气雾剂、水针剂等），因此，内包装必须具备下列条件：必须符合用药要求，即必须无毒无害，与药品不发生化学作用，保证用药安全；必须符合保障人体健康、安全的标准；必须经国务院药品监督管理部门批准注册；必须由药品监督管理部门在审批药品时一并审批。药品外包装是指内包装以外的包装。外包装应根据药品的特性选用不易破损的包装，以保证药品运输、储藏、使用的安全。

3. 药品生产企业不得使用未经批准的直接接触药品的包装材料和容器。这是药品生产企业的一项法定义务，不得违反，否则要承担相应的责任。如果采购了不合格的直接接触药品的包装材料和容器，药品监督管理部门责令其停止使用。如果使用未经批准的直接接触药品的药包材包装药品的，按照《药品管理法》第49条的规定，该药品将按劣药论处。

4. 药品包装必须适合药品质量的要求，方便储存、运输和医疗使用。药品包装自药品生产出厂、储存、运输，到药品使用完毕，在药品有效期内，发挥着保护药品质量、方便医疗使用的功能。因此，选择药品包装，必须根据药品的特性要求和药包材的材质、配方及生产工艺，选择对光、热、冻、放射、氧、水蒸气等因素屏蔽阻隔性能优良、自身稳定性好、不与药品发生作用或互相迁移的包装材料和容器。一般说来，药品包装必须符合国家强制性标准，保证正常情况下药品运输安全。发运的中药材也必须有包装，确保中药材在储运过程中的质量。在每件包装上，必须注明品名、产地、日期、调出单位，并附有质量合格的标志。

5. 药品包装必须按照规定印有或者贴有标签并附有说明书。标签或者说明书上必须注明药品的通用名称、成份、规格、生产企业、批准文号、产品批号、生产日期、有效期、适应症或者功能主治、用法、用量、禁忌、不良反应和注意事项。麻醉药品、精神药品、医疗用毒性药品、放射性药品、外用药品和非处方药的标签，必须印有规定的标志。

（三）关于拆零药品的包装问题

拆零药品是零售企业销售的最小包装单元。为了方便群众用上方便、安全的拆零药品，《药品经营质量管理规范》及其实施细则中要求拆零药品应集中存放于拆零专柜，并保留原包装的标签，经营企业质量管理制度中应当包括拆零药品的管理制度。但是，目前基层药品零售企业拆零药品的销售管理中尚存在一些问题，值得监管部门关注并及时予以纠正。

1. 拆零药袋不规范。拆零药袋首先应符合药品包装材料的规定，并在药袋上注明销售单位、品名、规格、用法、用量、生产批号及有效期等内容。但是由于缺乏统一的规范要求，许多零售药店使用的拆零药袋均不能完整地标注上述内容，有的药店拆零药袋上甚至什么都不写；包装材料更是五花八门，有牛皮纸袋、白纸袋、塑料袋，有的药店甚至使用一次性注射器包装袋充当药袋。包装材料和标识的不规范，给拆零药品的销售使用造成了极大的安全隐患。

2. 未建立拆零记录。根据有关规定，拆零药品必须建立拆零记录，以便及时掌握拆零药品的进货来源及销售去向，确保拆零药品的安全使用。而目前很多零售药店并未建立拆零记录，一旦拆零药品出现质量问题，很难及时查明药品的“身份”。统一规范拆零药袋，药品监管部门应统一拆零药袋的包装材料和标示内容，并在药袋上标明药监部门的举报电话，方便群众投诉和咨询。

（四）药品包装存在的问题和安全隐患

长期以来，人们在考察药品的安全特性时，往往更多地考虑传统意义上的药物（活性成分）的安全因素——药物自身的安全问题，主要是药物毒理学方面有关特性以及不良反应（严重不良反应和非预期不良反应、副作用）等，而对可能影响到药品质量的另一个因素——药物制剂的包装材料，却很少关注。据有关方面统计，从市场上自动召回的药品中，有70%～80%是由于药品包装的问题引起的，其中绝大部分是包装上印刷信息的不准确或不完整。主要包括：①药品名称标示不规范。同一通用名的药品由于不同生产厂家有多种不同的商品名；有的生产企业为了突出自己的产品，在包装上显著标示其商品名，通用名却用较小的字体标示。②药品生产批号标示不规范。目前，药品的生产批号的表示方法尚未有统一的规定，国产药品多用6位数字表示，即表示年、月、日，占抽查药品的68%，但也有不少用7~9位数字表示的；进口或合资企业的药品，有用数字加英文字母表示的，其含义不得而知。③有效期标示不规范。《药品说明书和标签管理规定》要求有效期表述形式应为“有效期至×年×月”，但进口药品则多用“Exd”即失效期表示，两种表示方法意义不同。④有效期标注不规范。有效期是保证药品质量的重要标记，医院很多药品是需要拆零调配，外包装拆开后，就无法知道有效期到什么时候，时间稍长消费者就不敢再用，造成不必要的浪费，也给安全用药带来隐患。⑤药品包装规格剂量标注不规范。目前，药品的包装规格和剂量标注没有统一的规定。⑥药品标签设计不规范。例如，同一生产企业生产的不同药品，无论外包装和内包装的标签设计从图案、颜色、字体都非常相似。⑦药品的用法用量标示不规范。有些生产企业生产的药品的用法用量仍然只标示单位含量。

为了进一步规范药品的包装和标示，保证药品质量，确保患者用药安全，针对上述存在的问题，我们提出以下建议：①包装材料，尤其是直接接触药品的包装材料对保证药品稳定性起决定作用，因而材料的适用性将直接影响用药的安全性。不适宜的材料可引起活性药物成分的迁移、吸着、吸附，甚至发生化学反应，导致药品失效，有时还会产生严重的毒副作用。因此，在为任何药品选择容器材料之前必须检验证实其适用于预期用途，必须充分评价其对药品稳定性的影响，评定在长期的贮藏过程中，在不同环境条件下如温度、湿度、光线等，容器材料对药品的保护效果。②包装过程中可能将污染物或异物引入最终产品，包装环境亦将影响药物的稳定性，这两种情况均可能导致患者用药的不安全。因此，这个环节不容忽视。③规范药品批号的标示，国产药品的生产批号应有统一的规定。④统一规定药品有效期必须标注在内包装上。⑤药品的商品名、通用名、规格、剂量应统一规定标注在包装盒的同一面；在同一面或另一面标注用法、用量、生产批号、有效期、生产厂家，用法、用量要严格按照规定的要求使用通俗易懂的文字。⑥同一生产企业生产的不同药品，包装图案、颜色、字体应有明显的区别。⑦药品说明书应放在最小包装里，不能成叠放置，以确保医务人员和患者能够获得正确使用药品的信息。⑧修改《药品管理法》有关条款并制定专门的《药品包装及标签法》。《药品管理法》中已对标签、说明书内容作出了具体要求，但随着处方药和非处方药分类管理制度的推行，相关法律条款有必要作相应调整，同时制定专门的《药品包装及标签法》，以加强对药品包装的监督管理。处方药的标示物内容至少应包括品名、剂型、用法和用量、适应症、生产批号、批准文号、注册商标、禁忌症、不良反应、注意事项、生产商地址及电话、包装商等，而且要求注明特定警告如“注意：国家法律禁止无处方调配”。如果标签过小，不足以容纳此项警告，则须在其外容器上注明。如果标签无足够的地方写出全部必要说明，必须提醒用户详查说明书。非处方药不需医生处方，患者可自行购买使用。因此，其标示物内容更应具有可读性且须真实、可靠、清楚、明了。除了基本项目之外，必须在规定的位置印有非处方药专用标识，最好要求采用防伪条形码和采用防随意开启标识并对标签上品名字体大小作出具体要求。

为提高非处方药包装的可靠性和有助于保证其安全有效性，有关部门有权制定非处方药保险包装的统一要求。所谓保险包装，是指内有一个或多个指示物或障碍物的药品包装，若缺损或失落能适当地给顾客提供已发生破损的明显证据。一个保险包装可以是能提供目视其中包装完整性的密闭容器、第二容器、封闭系统或任何联合系统。这些保险装置被设计成在生产、分装和销售陈列期间，以适当方法搬运，保证药品不致受损坏的模式。另外，法律中应加入对标签违规药品处罚的条款，以便从法律上保证标示物的科学性，确保用药的安全性。

■　第三节　药品经营企业法律制度

药品经营企业包括药品批发企业和药品零售企业。前者是指组织药品供应，专门向药品零售企业和医疗机构销售药品的药品经营企业。根据药品批发企业的开办条件和处方药、非处方药分类管理的原则，除非处方药外，药品批发企业不得直接面向病患者销售处方药和非处方药。后者是指以满足消费者为中心，从事药品零售经营业务活动的药品经营企业，包括药品零售商店、药品零售连锁企业和仅能销售非处方药品的超市、宾馆的药品专柜等。药品零售企业直接面向病患者销售药品，是提供药品服务的药品流通的终端环节。

一、开办药品经营企业的审批

无论是药品批发企业还是药品零售企业，其经营条件、经营行为对药品质量、合理用药及人们用药的安全、有效性都具有重要影响。因此，为了保证药品经营质量、保证人们用药安全，政府必须依据法律规定的条件对药品经营企业的开办进行事前审查批准，并对其日常经营行为进行必要的规范和监管。

药品批发企业是药品流通的一个重要环节，其经营条件、经营行为，如人员素质、管理制度、购药渠道、购药记录、仓储养护等等，直接对药品的质量和人们的用药安全构成影响。因此，开办药品批发企业必须经企业所在地省、自治区、直辖市人民政府药品监督管理部门批准并发给《药品经营许可证》，对此《药品管理法实施条例》第 11 条明确规定：“开办药品批发企业，申办人应当向拟办企业所在地省、自治区、直辖市人民政府药品监督管理部门提出申请。省、自治区、直辖市人民政府药品监督管理部门应当自收到申请之日起30个工作日内，依据国务院药品监督管理部门规定的设置标准作出是否同意筹建的决定。申办人完成拟办企业筹建后，应当向原审批部门申请验收。原审批部门应当自收到申请之日起30个工作日内，依据《药品管理法》第15条规定的开办条件组织验收；符合条件的，发给《药品经营许可证》。申办人凭《药品经营许可证》到工商行政管理部门依法办理登记注册。"

药品零售企业直接面向病患者销售药品、提供药品服务，是药品流通的终端环节，其人员素质、管理制度、购药渠道、贮藏条件、销售登记、用药咨询等等，对药品质量和安全合理用药具有非常重大的影响。因此，开办药品零售企业必须经过药品监督管理部门批准并发给《药品经营许可证》。

但是，由于我国人口众多，地域广阔，分布不均匀，决定了药品零售企业数量多、分布广泛，省、自治区、直辖市人民政府药品监督管理部门不宜作为药品零售企业的审批部门，所以《药品管理法实施条例》第12条规定："开办药品零售企业，申办人应当向拟办企业所在地设区的市级药品监督管理机构或者省、自治区、直辖市人民政府药品监督管理部门直接设置的县级药品监督管理机构提出申请。受理申请的药品监督管理机构应当自收到申请之日起30个工作日内，依据国务院药品监督管理部门的规定，结合当地常住人口数量、地域、交通状况和实际需要进行审查，作出是否同意筹建的决定。申办人完成拟办企业筹建后，应当向原审批机构申请验收。原审批机构应当自收到申请之日起15个工作日内，依据《药品管理法》第15条规定的开办条件组织验收；符合条件的，发给《药品经营许可证》。申办人凭《药品经营许可证》到工商行政管理部门依法办理登记注册。"

由此可见，药品批发企业与开办药品零售企业的批准机关是不同的，这样的规定既符合我国的国情，也符合我国药品经营企业和药品零售企业的实际。

二、开办药品经营企业必须具备的条件

《药品管理法》第15条规定，开办药品经营企业必须具备以下条件：

1. 具有依法经过资格认定的药学技术人员。这是对开办药品经营企业的人员的要求。因为药学技术人员素质和水平的高低直接影响药品经营企业，特别是药品零售企业的药品质量和药品服务水平。因此，为了确保人民生命健康，对开办药品经营企业的药学技术人员的素质应当有较高的要求。

所谓"依法经过资格认定的药学技术人员"，是指国家正式大专院校毕业及经过国家有关部门考试考核合格后发给"执业药师"或专业技术职务证书的药学技术人员。对此，1989年《药品管理法实施办法》第36条曾作了如下具体规定：药品批发企业设置质量检验机构，由中药士、药剂士以上的技术人员负责；药品零售企业应当配备中药士、药剂士以上的技术人员，或者应当配备经县级以上卫生行政部门审查登记的专职药工人员；新招聘和调入的从事药品调剂、收购、保管、销售的非药学技术人员，须经过本企业的药学知识培训，未经过培训的不得单独工作。

但是，我国实行处方药和非处方药分类管理制度。国家根据非处方药品的安全性，又将非处方药分为甲类非处方药和乙类非处方药。所以，国家对药品零售企业的药学技术人员的要求是不同的。一般说来，经营处方药、甲类非处方药的药品零售企业，应当配备执业药师或者其他依法经资格认定的药学技术人员。经营乙类非处方药的药品零售企业，应当配备经设区的市级药品监督管理机构或者省、自治区、直辖市人民政府药品监督管理部门直接设置的县级药品监督管理机构组织考核合格的业务人员。

2．具有与所经营药品相适应的营业场所、设备、仓储设施、卫生环境。这是对开办药品经营企业的硬件条件要求。开办药品经营企业必须具有能够正常开展药品经营活动并保证药品经营质量的硬件设施，没有与其所经营药品相适应的营业场所、设备、仓储设施、卫生环境，药品监督管理部门不得发给《药品经营许可证》。一般说来，药品经营企业的营业场所、设备、仓储设施和卫生环境应当符合下列要求：药品的存放和保管必须符合各类药品的理化性能要求；应有防尘、防潮、防污染、防虫蛀、防鼠咬、防霉变的措施；需要避光、低温贮藏的药品，应当有适宜的专库（柜）保存；药品经营企业兼营非药品的，必须另设兼营商品专柜，不得与药品混放。

3．具有与所经营药品相适应的质量管理机构或者人员。具有与所经营药品相适应的质量管理机构或者人员是保证药品经营质量必要的组织条件。对于经营规模较大的药品经营企业，应当设置专门的质量管理机构并配备数量足够、素质符合工作要求的人员；对于规模较小，特别是规模很小的药品零售企业、门店，虽然不要求设置专门的质量管理机构，但也应该配备专职或兼职的质量管理人员。

4．具有保证所经营药品质量的规章制度。具有保证所经营药品质量的规章制度是开办药品经营企业并保证药品经营质量必要的条件之一。所谓具有保证所经营药品质量的规章制度，主要是指：业务经营质量管理制度；首营药品质量审核制度；药品质量验收、仓储保管、养护及出库复核制度；特殊药品和贵重药品管理制度；有效期药品管理制度；不合格药品管理制度；退货药品管理制度；药品质量事故报告制度；质量信息管理制度；质量否决权制度，等等。[1]

药品经营企业获得《药品经营许可证》，到工商行政管理部门依法办理登记注册后，才可以在核定的经营范围内从事药品经营活动。未经批准，药品批发企业不得从事药品零售业务；药品零售单位不得从事药品批发业务。

三、药品经营企业内部管理法律制度

1. 对药品经营企业设施与设备的特别要求。由于药品是用于预防、治疗、诊断人的疾病，有目的地调节人的生理机能的特殊商品，其质量优劣直接关系人民生命健康。药品除了本身的质量外，还对其储存的条件和设施有特别要求。因此，《药品经营质量管理规范》及其实施细则分别对药品批发企业与药品零售企业作了不同的规定。

药品批发和零售连锁企业应根据所经营药品的储存要求，设置不同温度、湿度条件的仓库：冷库温度为2℃～10℃；阴凉库温度不高于20℃；常温库温度为0℃～30℃；各库房相对湿度应保持在45%～75%之间。药品检验室应有用于仪器分析、化学分析、滴定液标定的专门场所，并有用于易燃易爆、有毒等环境下操作的安全设施和温度、湿度调控的设备。药品检验室的面积，大型企业不小于150平方米；中型企业不小于100平方米；小型企业不小于50平方米。检验室应开展化学测定、仪器分析（大中型企业还应增加卫生学检查、效价测定）等检测项目，并配备与企业规模和经营品种相适应的仪器设备。

药品零售企业和零售连锁门店应有与其经营规模相适应的营业场所和药品仓库，并且环境整洁、无污染物，并应与其营业场所、仓库、办公生活等区域分开。企业营业场所和药品仓库应配置以下设备：便于药品陈列展示的设备；特殊管理药品的保管设备；符合药品特性要求的常温、阴凉和冷藏保管的设备；必要的药品检验、验收、养护的设备；检验和调节温、湿度的设备；保持药品与地面之间有一定距离的设备；药品防尘、防潮、防污染和防虫、防鼠、防霉变等设备；经营中药饮片所需的调配处方和临方炮制的设备。

2. 进货法律制度。进货是指药品经营企业为了销售而购买药品。药品经营企业进货时，首先应当将药品质量的好坏放在第一位，而不是选择药品或供货单位的条件，并确保所购进的药品符合国家规定的质量要求。所谓符合国家规定的质量要求，是指所购进的药品符合下列要求：①合法企业所生产或经营的药品。②具有法定的质量标准。③除国家未规定的以外，应有法定的批准文号和生产批号；进口药品应有符合规定的、加盖了供货单位质量检验机构原印章的《进口药品注册证》和《进口药品检验报告书》复印件。④包装和标识符合

[1] 参见《药品经营质量管理规范实施细则》第8条。

有关规定和储运要求。⑤中药材应标明产地。

对首营企业应进行包括资格和质量保证能力的审核。审核由业务部门会同质量管理机构共同进行。除审核有关资料外，必要时应实地考察。经审核批准后，方可从首营企业进货。药品经营企业对首营品种（含新规格、新剂型、新包装等）应进行合法性和质量基本情况的审核，审核合格后方可经营。企业编制购货计划时应以药品质量作为重要依据，并有质量管理机构人员参加。

签订进货合同时应明确质量条款。工商间购销合同的质量条款主要是：药品质量符合质量标准和有关质量要求；药品附产品合格证；药品包装符合有关规定和货物运输要求。商商间购销合同的质量条款主要是：药品质量符合质量标准和有关质量要求；药品附产品合格证；购入进口药品，供应方应提供符合规定的证书和文件；药品包装符合有关规定和货物运输要求。购进药品应有合法票据，并按规定建立购进记录，做到票、账、货相符。购货记录按规定保存。企业每年应对进货情况进行质量评审。

为了保证进货质量，在购进药品时应按照以下程序进货：确定供货企业的法定资格及质量信誉；审核所购入药品的合法性和质量可靠性；对与本企业进行业务联系的供货单位销售人员，进行合法资格的验证；对首营品种，填写"首次经营药品审批表"，并经企业质量管理机构和企业主管领导的审核批准；签订有明确质量条款的购货合同；购货合同中质量条款的执行。购进特殊管理的药品，应严格按照国家有关管理规定进行。

另外，进货应当索取所购进药品的检验合格报告单和质量标准，必要时应对药品和企业质量保证体系进行调查，签订质量保证协议；直接进口药品应有口岸药检所检验报告书，非直接进口药品应有供货方提供的口岸药检所检验报告书复印件，并加盖该单位红色印章。

药品零售连锁门店不得独立购进药品。在接收企业配送中心药品配送时，可简化验收程序，但验收人员应按送货凭证对照实物，进行品名、规格、批号、生产厂商以及数量的核对，并在凭证上签字。送货凭证应按零售企业购进记录的要求保存。

3．验收与检验法律制度。购进药品验收与检验是指严格按照法律规定的药品质量标准与合同约定的质量条款，对购进的药品进行检验合格后收下。药品验收与检验是药品经营企业保证所售药品质量的一个重要环节，必须依法进行。药品验收与检验包括药品外观的形状检查和药品内外包装及标识的检查。对包装、标识验收检查时主要检查以下内容：

（1）每件包装中，应有药品合格证。药品合格证书是药品生产企业出具的用于证明出厂的药品是经过药品质量检验并符合国家规定的法律文件。没有合格证书的药品，药品经营企业有权拒绝收货。

(2) 药品包装的标签和所附说明书上，有生产企业的名称、地址，有药品的品名、规格、批准文号、产品批号、生产日期、有效期等；标签或说明书上还应有药品的成分、适应症或功能主治、用法、用量、禁忌、不良反应、注意事项以及贮藏条件等。

(3) 特殊管理药品、外用药品包装的标签或说明书上有规定的标识和警示说明。处方药和非处方药按分类管理要求，标签、说明书上有相应的警示语或忠告语；非处方药的包装有国家规定的专有标识。

(4) 进口药品，其包装的标签应以中文注明药品的名称、主要成分以及注册证号，并有中文说明书。进口药品应有符合规定的《进口药品注册证》和《进口药品检验报告书》复印件；进口预防性生物制品、血液制品应有《生物制品进口批件》复印件；进口药材应有《进口药材批件》复印件。以上批准文件应加盖供货单位质量检验机构或质量管理机构原印章。

(5) 中药材和中药饮片应有包装，并附有质量合格的标志。每件包装上，中药材标明品名、产地、供货单位；中药饮片标明品名、生产企业、生产日期等。实施文号管理的中药材和中药饮片，在包装上还应标明批准文号。

对于销售后退回的药品，验收人员应当按照进货验收的规定验收，必要时应抽样送检验部门检验。

4. 储存与养护法律制度。药品批发企业应按规定的储存要求专库、分类存放。储存中应遵守以下几点：①药品按温、湿度要求储存于相应的库中。②在库药品均应实行色标管理。③搬运和堆垛应严格遵守药品外包装图式标志的要求，规范操作；怕压药品应控制堆放高度，定期翻垛。④药品与仓间地面、墙、顶、散热器之间应有相应的间距或隔离措施。⑤药品应按批号集中堆放，有效期的药品应分类相对集中存放；按批号及效期远近依次或分开堆码并有明显标志。⑥药品与非药品、内用药与外用药、处方药与非处方药之间应分开存放；易串味的药品、中药材、中药饮片以及危险品等应与其他药品分开存放。⑦麻醉药品、一类精神药品、医疗用毒性药品、放射性药品应当专库或专柜存放，双人双锁保管，专账记录。

陈列与储存药品时，药品零售企业应按药品的剂型或用途以及储存要求分类陈列和储存：①药品与非药品、内服药与外用药应分开存放，易串味的药品与一般药品应分开存放；②药品应根据其温、湿度要求，按照规定的储存条件存放；③处方药与非处方药应分柜摆放；④特殊管理的药品应按照国家的有关规定存放；⑤危险品不应陈列，如因需要必须陈列时，只能陈列代用品或空包装，危险品的储存应按国家有关规定管理和存放；⑥拆零药品应集中存放于拆零专柜，并保留原包装的标签；⑦中药饮片装斗前应做质量复核，不得错斗、串斗，防止混药，饮片斗前应写正名正字。

5．药品购销记录法律制度。药品经营企业购销药品，必须有真实完整的购销记录。根据《药品管理法》与《药品经营质量管理规范》的规定，药品经营企业购进药品应有合法票据，并按规定建立购进记录，购货记录必须记载：购进日期、购货单位、药品名称（通用名称）、剂型、规格、购进价格、生产批号、有效期、批准文号、生产厂商和经办人、负责人签名及国家药品监督管理局规定的其他内容。药品购货记录必须保存至超过药品有效期1年，但不得少于3年。药品零售企业药品购货记录保存至超过有效期1年，但不得少于2年。

药品经营企业销售药品应开具合法单据并按规定建立销售记录，做到票、账、货相符。销售票据和记录应按规定保存。销售记录必须记载：销售日期、销售单位、药品名称（通用名称）、剂型、规格、销售价格、生产批号、有效期、批准文号、生产厂商和经办人、负责人签名及国家药品监督管理局规定的其他内容。药品销售记录必须保存至超过药品有效期1年，但不得少于3年。药品零售企业药品销售记录保存不得少于2年。

除此之外，对质量查询、投诉、抽查和销售过程中发现的质量问题要查明原因，分清责任，采取有效的处理措施，并做好记录。已售出的药品如发现质量问题，应向有关管理部门报告，并及时追回药品和做好记录。因此，药品经营企业应当建立用户投诉档案。有关药品的所有书面和口头投诉的处理方法都应制定书面的处理程序，每一投诉应有书面记录，保存在用户投诉档案内。书面记录内容应包括：药品名称、规格、批号，投诉人姓名，投诉的内容和性质以及对投诉的答复。如果进行调查，书面记录应包括调查结果及采取的措施；如果不进行调查，则应有认为不必进行调查的原因以及对此做出决定的负责人签字。

6．药品销售法律制度。药品批发企业应依据有关法律、法规和规章，将药品销售给具有合法资格的单位，开具合法票据，并按规定建立销售记录，做到票、账、货相符。销售票据和记录应按规定保存。销售人员应正确介绍药品，即以国家药品监督管理部门批准的药品使用说明书为准，进行介绍，不得虚假夸大和误导用户。销售特殊管理的药品应严格按照国家有关规定执行。因特殊需要从其他商业企业直调的药品，本企业应保证药品质量，并及时做好有关记录。

药品零售企业销售药品时应当严格遵守有关法律、法规和制度，正确介绍药品的性能、用途、禁忌及注意事项，不得作虚假夸大其疗效的宣传。药品拆零销售使用的工具、包装袋应清洁和卫生，出售时应在药袋上写明药品名称、规格、服法、用量、有效期等内容。处方要经执业药师或具有药师以上（含药师和中药师）职称的人员审核后方可调配和销售。对处方所列药品不得擅自更改或代用。对有配伍禁忌或超剂量的处方，应当拒绝调配、销售，必要时，需经原处方医生更正或重新签字方可调配和销售。审核、调配或销售人员均应在处方上签字或盖章，处方按有关规定保存备查。销售特殊管理的药品，应严格按照国家有关规定，凭盖有医疗单位公章的医生处方限量供应，销售及复核人员均应在处方上签字或盖章，处方保存2年。

四、处方药与非处方药监管法律制度

（一）处方药与非处方药分类监管的意义

药品是一种特殊商品，是用于预防、治疗、诊断人的疾病，有目的地调节人的生理机能并规定有适应症、用法和用量的物质。因此，在药品研制、生产、销售、使用的各个环节，各级政府监管部门都必须严格依法进行监管。同时为了维护药品使用者的健康，防止因药品使用者对药品的适应症、用法和用量的不了解而滥用药物危及其身体健康，药品使用者获得和使用某些药品也不是任意的，而是根据药品安全有效、使用方便的原则，依其品种、规格、适应症、剂量及给药途径不同，分别按处方药和非处方药进行管理。处方药必须凭执业医师或执业助理医师处方才可调配、购买和使用，非处方药不需要凭执业医师或执业助理医师处方即可自行判断、购买和使用。

药品分类监管起源于美国。1951年，美国国会通过了由一位药师参议员提出的对《食品、药品和化妆品法》的修正案，即《杜哈姆修正案》，规定了处方药与非处方药的分类标准，创建了药品按处方药与非处方药分类管理的法律制度。此后，日本、英国、德国和加拿大分别通过了有关法律，相继建立了药品的分类管理体制，中国的香港、澳门和台湾地区也实行了药品分类管理制度。对于处方药的使用与购买必须凭执业医师和执业助理医师处方，没有处方，药品零售企业不得出售处方药品。对于非处方药品，药品消费者可以自行判断、购买和使用。

中国大陆对药品实行分类管理比较晚，即从1996年开始，1999年6月18日国家药品监督管理局公布了《处方药与非处方药分类管理办法（试行）》，并于2000年1月1日起施行，此时药品分类管理才真正有法可依。对药品实行分类管理的核心目的就是，一方面有效地加强对处方药的监督管理，防止消费者因自我行为不当导致滥用药物和危及自身健康；另一方面，规范对非处方药的管理，引导消费者科学、合理地进行自我保健。改变我国现有药品自由销售的状况，保障人民用药安全有效。具体来说，将药品分为处方药和非处方药进行管理具有如下重大意义：

1. 有利于保障人民安全用药、有效用药。因为药品是特殊的商品，是用于预防、治疗、诊断人的疾病，有目的地调节人的生理机能并规定有适应症、用法和用量的物质。但是，多数药品又有不同程度的毒副作用，使用不合理不仅不能治病救人，反而可能给消费者带来许多不良反应，甚至危及生命，有的还会产生机体耐药性或耐受性而导致以后治疗的困难，另外也造成药品资源的浪费，将药品分为处方药和非处方药进行管理就可以解决这些问题。

2. 有利于促进医药卫生事业健康发展，推动医药卫生制度改革，增强人们自我保健、自我药疗的意识。因为建立并完善处方药与非处方药分类管理制度，能够加快医药卫生事业健康发展，完善药品监督管理体制，保障人们安全用药、有效用药，推动医疗卫生改革、医疗保险制度改革，增强人们自我保健、自我药疗意识，降低国家和个人医药费用支出。同时也能满足人们对医疗保健消费的不同需求，合理配置社会医疗卫生资源与药品资源，实现我国“人人享有初级卫生保健”的总体目标。

3. 有利于逐步与国际上通行的药品管理模式接轨，有利于国际间合理用药的学术交流，提高用药水平。20世纪50年代~60年代，西方发达国家为了加强安全用药、有效用药，减少药品的毒副作用，将药品分为处方药和非处方药，并制定了相应的法规。随着这些国家对药品分类管理法规和监管的日趋完善，世界医药工业和卫生保健事业地不断发展，目前各国都认识到实行药品分类管理对人们用药安全有效具有十分重要的作用。世界卫生组织也向发展中国家推荐这一管理模式，并在1989年建议各国将这一管理制度作为药品立法议题。因此，我国实行药品分类管理，有利于国际间合理用药的学术交流，提高我国用药水平。

对处方药与非处方药进行分类管理，是根据药品的安全性、有效性原则，依其品种、规格、适应症、剂量及给药途径等的不同所作的分类。药品分类管理制度是一项涉及药品监督管理、医疗卫生体制、医疗保险制度、广告管理和价格管理的系统工程。目前我国很多政策与药品分类管理制度尚不配套，药品分类管理制度存在诸多缺陷，诸如医疗体制改革进程缓慢，零售药店缺乏处方来源，药品分类管理的配套措施不完善；非处方药遴选速度较慢，非处方药品种、数量较少；处方药转换为非处方药的工作进展较慢，并且还有一些药品具有处方药和非处方药的双重身份；执业药师数量不足、分布不合理等。因此，药品分类管理制度的实施仍然存在一些困难。

（二）处方药管理

处方药（英语缩写为R，或Rx），是指为了保证用药安全，由国家卫生行政部门规定或审定的，需凭医师或其他有处方权的医疗专业人员开写处方出售，并在医师、药师或其他医疗专业人员监督或指导下方可购买、调配和使用的药品。根据药品毒副作用的大小或用药的特别要求，处方药又分为特殊管理的处方药和一般管理的处方药。特殊管理的处方药包括麻醉药品、精神药品、放射性药品、医疗用毒性药品、列入兴奋剂目录和易制毒化学品目录的药品等。

《处方药与非处方药分类管理条例（意见稿）》第9条规定："符合下列条件之一的，应当确定为处方药：①具有依赖性潜力或者易导致滥用的；②因药物的毒性或者其他潜在风险，患者自行使用不安全的；③用药方法有特殊要求，必须在医药卫生专业人员指导下使用的；④注射剂、上市不满5年的由新活性成分组成的新药；⑤其他不适合按非处方药管理的。"

一般说来，处方药大多属于以下几种情况：①上市的新药，对其活性或副作用还要进一步观察；②可产生依赖性的某些药物，例如吗啡类镇痛药及某些催眠安定药物等；③药物本身毒性较大，例如抗癌药物等；④用于治疗某些疾病所需的特殊药品，如心脑血管疾病的药物，须经医师确诊后开出处方并在医师指导下使用。

处方药的最大特点是必须凭执业医师或执业助理医师处方销售、购买和使用，以保证用药安全。因此，执业药师或药师必须认真对医师处方进行审核、签字后依据处方正确调配、销售药品，不得擅自更改或代用。对有配伍禁忌或超剂量的处方，应当拒绝调配、销售，必要时，经处方医师更正或重新签字，方可调配、销售。零售药店对处方必须留存2年以上备查。处方药不得采用开架自选销售方式。处方药、非处方药应当分柜摆放。

另外国家也对处方药宣传作了特别规定，即处方药只准在专业性医药报刊进行广告宣传，不准在大众传播媒介进行广告宣传。除乙类非处方药可以采用附赠同品种药品的方式进行促销外，无论处方药还是非处方药均不得采用有奖销售、附赠药品或礼品销售等销售方式，暂不允许采用网上销售方式。

（三）非处方药管理

非处方药（Over The Counter，简称OTC），是指为方便公众用药，在保证用药安全的前提下，经国家卫生行政部门规定或审定后，不需要凭执业医师和执业助理医师处方，消费者即可自行判断、购买和使用的药品。它们都是在临床使用多年，经过科学评价，被实践证明由消费者自我使用比处方药更安全的药品。

非处方药是消费者依据自己所掌握的医药知识，并借助阅读药品标识物，对小伤小病自我诊疗和选择应用的药品。在美国称之为"可在柜台上买到的药物"。这一称谓已约定俗成，为世界各国所认知，其特点是安全、有效、方便、经济，经过精心严密地研究和系统全面地测试，得到了消费者的广泛认可。这些药物大都用于多发病、常见病的自行诊治，如感冒、咳嗽、消化不良、头痛、发热等。根据非处方药的安全性不同，非处方药又分为甲类非处方药和乙类非处方药。前者是指应当在药师的指导下购买和使用的非处方药。后者是指可由消费者自行选择、购买和使用的非处方药。乙类非处方药除可在药店出售外，还可在超市、宾馆、百货商店等处销售。[1] 如阿司匹林片、对乙酰氨基酚片等，中成药如午时茶颗粒、清凉油等。

一般说来，非处方药应当符合下列条件[2]：

1. 药品成分毒性低，无依赖性。药品成分毒性低，即高度安全性是非处方药的首要条件，目的是保证在无医药从业人员的监护下，病人能自行安全使用。非处方药一般用于治疗不严重的"小毛小病"，必须保证治疗过程中病人承担极小的治疗风险，在正常用法和常规剂量时，不产生或很少产生不良反应；或虽有某些不良反应，用药者可自行觉察，可以耐受，而且为一过性的，停药后可迅速自行消退；此外用药前后不需要进行特殊试验如皮肤过敏试验；不易引起药物依赖性。

2. 适应症或者功能主治适于自我判断，病症不严重，疗效易于观察。非处方药是在没有医生或其他医务工作者指导的情况下，使用者仅凭说明书就可以使用的药品。所以，非处方药只能用于治疗那些症状轻微的疾病，而且药物作用针对性强，适应症明确，疗效必须确切，能迅速起效，不会掩盖其他病情。

3. 用药方法无特殊要求，可以自我使用。非常处方药应以口服、外用、吸入等便于普通人自行掌握的剂型为主，经常、反复应用不会引起疗效降低，治疗期间也不需要经常调整剂量，更不需要进行特殊监护。若要分剂量应用，需简单明了，易于掌握。使用方便是非处方药吸引广大消费者乐于采用的重要因素之一，也是保证用药安全、有效，使患者坚持治疗的必要条件。因此，非处方药的标识物，即包装说明书、标签等必须用大众能够理解的方式作详细说明，除了清楚列出适应症、用法、用量之外，还必须指明可能发生的药物不良反应、处理方法和注意事项，对可能造成不良后果的问题要以醒目的文字提出警示，只有这样才能保证使用者的安全，有效进行自我治疗。

4. 具有良好的安全性记录。我国上市的中、西药品有上万种，哪些能作为非处方药，不是由药品生产企业或经营企业自行决定的，而是由国家药品监督管理部门组织有关部门和专家根据"应用安全、疗效确切、质量稳定、使用方便"的遴选原则遴选出来的，并由国家药品监督管理局予以公布。遴选出来的

---

〔1〕 参见2000年1月1日实施的《处方药与非处方药流通管理暂行规定》的相关规定。

〔2〕 参见《处方药与非处方药分类管理条例（意见稿）》第10条与其他有关规定。

非处方药都经过长期临床应用，毒副作用小，具有良好的安全性记录。

5. 不享受政府医疗补贴。非处方药在各国现行的药品管理法规中均明文规定，属于不予报销或不享受政府医疗补贴的药品，我国也不例外，同样规定非处方药不属于医保范畴，不予报销。因而价格成了非处方药品能否在药品市场中立足的关键因素之一。患者在选择非处方药物时有充分的自主权，在同类非处方药物竞争激烈的情况下，合理的价格也是吸引消费者的必要手段。

购买使用非处方药时，一般公众都是按照药品标签及使用说明自我判断，自行使用。因此，国家对非处方药的标签及使用说明作了严格规定。

非处方药品说明书应当包含药品安全性、有效性的重要科学数据、结论和信息，用以指导安全、合理使用药品；说明书对疾病名称、药学专业名词、药品名称、临床检验名称和结果的表述，应当采用国家统一颁布或规范的专用词汇；度量衡单位应当符合国家标准的规定。药品说明书应当列出全部活性成份或者组方中的全部中药药味。注射剂和非处方药还应当列出所用的全部辅料名称。

药品处方中含有可能引起严重不良反应的成份或者辅料的，应当予以说明。药品说明书的具体格式、内容和书写要求由国家食品药品监督管理局制定并发布。

第十四章　特种产品及设备安全法律制度

特种产品是指涉及人们生命健康的一些特殊产品，如盐、烟草等。特种设备，是指涉及人们生命安全、危险性较大的锅炉、压力容器（含气瓶，下同）、压力管道、电梯、起重机械、客运索道、大型游乐设施。特种产品及设备法律制度，是质检法的重要组成部分。本章仅就盐业监管法律制度、烟草专卖法律制度、核能法律制度与特种设备安全法律制度进行论述。

■　第一节　盐业监管法律制度

一、盐业监管法律制度概述

盐业监管法律制度是指国家在调整盐产品生产加工、储运、购销活动中发生的社会关系的法律规范的总和。盐产品是指氯化钠（NaCl）含量为50%以上的产品，包括食盐、工业用盐和其他用盐。食盐是指直接食用和制作食品所用的盐（《食盐专营办法》第2条）。所以食盐仅包括供人直接食用的盐和食品、副食品、果菜加工腌制用盐，不包括畜牧、渔业和饲料生产用盐。工业用盐是指用于生产纯碱、烧碱的原料盐和制革、染料、肥皂、冶金、制冰冷藏、陶瓷、玻璃、医药等行业生产、加工产品用盐。其他用盐是指食盐、工业用盐以外的用盐。

自建国以来，我国盐业管理体制历分、合、裁、并、收、放，改弦更张，时有变革。频繁的变化中有利有弊，既有成功的经验，又有深刻的教训。

2003年我国政府机构经历了新一波的改革和调整，盐业管理机构也随之发生了一些变化。在中央层面上，盐业管理的职能由原来的国家经贸委经济运行局盐业管理办公室划转到了国家发展与改革委员会工业司。中国盐业总公司承担盐业生产经营职能，但也保留有一些行政性的职能，如对发放食盐定点生产许可证、批发许可证和运输许可证提出建议；在盐业管理机构的领导下，组织实施国家加碘盐项目工程和参与国家碘盐基金的管理；参与对国家碘盐基金投资项目进行初步审查和在建项目的审查等等。中国盐业总公司在制定每年的食盐调拨计划这一行政行为中仍然具有决定性作用。

从地方层面上看，到目前为止，全国大部分地区盐政管理和经营队伍是一套机构两块牌子。这种体制直接负责食盐计划安排、生产、调运和除两碱工业用盐以外的其他工业用盐的销售。此外，盐政执法（包括执法队伍和执法费用支出）也由各地盐务部门即盐业公司承担。各地盐务局是盐业管理政策的制定者、盐政执法者、生产企业的上级主管，但同时又是盐产品的经营者，既当裁判员，又当运动员。

现行的盐业管理体制的弊端是显而易见的，因此近年来要求改革我国盐业管理体制的呼声日渐高涨，一些地方也开始了管理体制创新的试点，可以想见在不久的将来，我国的盐业管理体制将迎来又一次的重构和调整。

目前我国有关盐业监管方面的立法十分落后，仅有国务院分别于1990年和1996年颁布的《盐业管理条例》和《食盐专营办法》两部行政法规，2006年国家发展与改革委员发布的《食盐专营许可证管理办法》等部门规章，以及一些为数不多的地方法规，高位阶层面的立法仍然处于空白状态。这不仅与我国目前的盐业发展现状不相适应，而且也与我国经济立法领域的活跃状态不成比例。

整体来看，盐业监管法律的内容主要包括三个方面：盐业生产监管法律制度、盐业储运监管法律制度和盐业购销监管法律制度。我国实行的是食盐专卖制度，因而盐业的购销制度主要是围绕食盐专营而建立起来的。

二、盐业生产监管制度

盐业生产监管制度是调整盐产品生产加工及其管理活动中所产生的经济关系的法律规范。它主要包括盐业生产的准入制度、盐业生产的组织制度以及盐业生产的质量管理制度。

（一）盐业生产准入制度

1. 制盐企业或者非制盐企业开发盐资源的审批权归省级盐业行政主管部门。我国盐资源属于国家所有，国家对盐资源实行保护，并有计划地开发利用。国家鼓励发展盐业生产，对盐的生产经营实行计划管理。国家发展与改革委员会是国务院盐业行政主管部门，主管全国盐业工作。省及省级以下人民政府盐业行政主管部门，由省、自治区、直辖市人民政府确定，主管本行政区域内的盐业工作。

国家对盐资源开发实行国家专营制度，不允许私营企业和个人开发盐资源。对设立盐资源开发企业和制盐企业（含非制盐企业开发盐资源）实行国家审批制度，其审批机关是省级人民政府。盐资源开发企业和制盐企业的设立申请人，必须向省级盐业行政主管部门提出书面申请。省级盐业行政主管部门应当在接到申请之日起30日内进行初审，对符合法律规定条件的，报省、自治区、直辖市人民政府批准，对不符合法律规定的条件的，要向申请人书面说明不予批准的理由。申请人获得批准文件后，按照有关规定向企业所在地工商行政管理机关申请，领营业执照，方可开始经营。开采矿盐还必须按照《矿产资源法》的有关规定，领取采矿许可证。矿盐的具体范围，由地质矿产部会同轻工业部确定。

2. 食盐定点生产企业的审批权归国务院发展与改革委员会。食盐是人类生存必不可少的物质，食盐质量安全与否直接关系着人们的身体健康。因此，《食盐专营办法》第5条规定："国家对食盐实行定点生产制度。非食盐定点生产企业不得生产食盐。食盐定点生产企业由省、自治区、直辖市人民政府盐业主管机构提出，报国务院盐业主管机构审批。"据此，只有国家发展与改革委员会享有食盐定点生产企业的审批权，其他任何单位和部门都无权审批食盐定点生产企业。

对于食盐定点生产企业的设立申请，由省、自治区、直辖市人民政府盐业主管机构提出，报国家发展与改革委员会审批。国家发展与改革委员会根据食盐资源状况和国家核定的食盐产量，按照合理布局、保证质量的要求，确定食盐定点生产企业，并颁发食盐定点生产企业证书。食盐定点生产企业凭《食盐定点生产企业证书》向当地工商行政管理机关办理相关工商登记手续。

食盐定点生产企业证书有效期限为3年。食盐定点生产企业在证书有效期限内发生变更，须经省级盐业主管机构签署意见后，报国家发展与改革委员会审批。证书期满后继续经营者，需重新申领。各省盐业主管机构于食盐定点生产企业证书有效期满前当年的7月10～31日，集中受理生产企业申请食盐定点生产企业证书文件，并按照国家发展与改革委员会《食盐专营许可证管理办法》第8条所规定的条件和原则进行初审汇总。国家发展与改革委员会于当年8月1～10日集中受理各省盐业主管机构的申请文件，并自接到申领文件之日起，组织专家按照《食盐专营许可证管理办法》、《食盐定点生产企业质量管理技术规范》规定的国家标准，对申领食盐定点生产企业证书的企业进行评审验收。根据评审结果，在10个工作日内确定食盐定点生产企业名单，并颁发食盐定点生产企业证书。经审核不符合条件的，不予发证，并向申请人说明理由。

（二）盐业生产企业设立的条件

《盐业管理条例》第7、8条规定：国家"鼓励化工企业和其他有关全民所有制企业、集体所有制企业自筹资金投资办盐场或者与现有制盐企业联合经营"，"私营企业和个人不得开发盐资源"。由此可见，目前我国只允许全民所有制企业和集体所有制企业从事盐资源开发和盐业生产，对于私营企业和个人来说，这还是个禁区。在实践中，从事盐资源开发和盐业生产的企业已经冲破《盐业管理条例》的限制，股份制企业已经参与盐资源开发和盐业生产，但我们认为这些必须是国家控股的股份制企业，国家控制的股份制企业和国家参股的股份制企业不宜从事盐资源开发和盐业生产。

全民所有制企业和集体所有制企业有权从事盐资源开发和盐业生产，但并非所有全民所有制企业和集体所有制企业都具备从事盐业生产加工的条件，尤其是从事食盐定点生产加工的条件。因为我国对食盐实行定点生产制度，非食盐定点生产企业不得生产食盐。而且对食盐实行定点生产企业的设立条件作出严格规定，除了食盐定点生产企业由省、自治区、直辖市人民政府盐业主管机构提出，报国务院盐业主管机构审批外，食盐定点生产企业还应当具备下列条件：

（1）依法登记注册成立的公司。

（2）遵守国家的食盐法规、法令，按照国家计划组织生产和销售。

（3）结合行业结构调整需要，具备合理的生产规模。

（4）达到《食盐定点生产企业质量管理技术规范》国家标准要求。

（5）食用盐质量达到 GB 5461 国家标准；调味盐、强化营养盐等多品种食盐达到行业质量标准；其它食盐品种质量应符合国家有关规定。并提请国家盐行业产品专业检测机构对产品进行抽样、检测，出具当年的检验报告。

（6）符合食盐生产合理布局和产销基本平衡的原则。

（7）按规定报送食盐生产、销售统计报表。

除此以外，如果省级人民政府对食盐定点生产企业所具备的生产加工厂房和设备以及相适应的质量检测手段等有特别规定的，还应当符合该规定。

（三）盐业生产质量监管

制盐企业必须按照国家下达的生产计划组织生产或加工，食盐年度生产计划由国务院计划行政主管部门下达，国务院盐业主管机构组织实施。。

盐业生产企业在生产加工过程中，应加强企业内部盐产品的质量管理，严格按照国家有关规定，做好质量监督检测工作，对于不符合质量和卫生标准的产品坚决不允许销售。盐业生产企业在生产加工过程中必须加强原料监管和包装监管。

1. 盐业生产原料监管。《盐业管理条例》第 17 条规定："禁止利用盐土、硝土和工业废渣、废液加工制盐。但以盐为原料的碱厂综合利用资源加工制盐不在此限。"所谓盐土是指含水溶性盐类较多的低产土壤，表面有盐霜或盐结皮；pH 值一般不超过 8.5。盐土中常见的水溶性盐类有钠、钾、钙、镁的氯化物、硫酸盐、碳酸盐和碳酸氢盐等。硝土是硫酸盐类矿物，常用于轻、化工工业领域，主要包括芒硝、无水芒硝和钙芒硝等。

基于确保食盐卫生，维护公众健康的考虑，严禁利用井矿盐卤水晒制、熬制食盐。对于违反规定，利用井矿盐卤水晒制、熬制食盐的，由盐业主管机构责令停止生产，没收违法生产的盐产品、违法所得和生产工具，可以并处违法生产的盐产品价值 3 倍以下的罚款。同时，国家为了消除碘缺乏危害，鼓励和支持加碘食盐的生产。碘盐存放超过规定的保存期或者保管不善，含碘量未达到规定标准的，须由碘盐生产加工企业进行补碘。除此以外，食盐定点生产企业在食盐中添加其他任何营养强化剂或药物，均须经省级卫生行政主管部门和同级盐业行政主管部门批准，未经批准，不得擅自在食盐中添加任何添加剂。

2. 食盐出厂包装监管。1994 年 8 月 23 日，国务院颁布了《食盐加碘消除碘缺乏危害管理条例》，对于加碘食盐的出厂包装作出了明确规定。碘盐出厂前必须予以包装。碘盐的包装应当有明显标识，并附有加工企业名称、地址、加碘量、批号、生产日期和保管方法等说明。食盐包装袋、防伪碘盐标志由省盐业行政主管部门统一管理。未经省盐业行政主管部门批准，任何单位和个人不得生产、印制、购销食盐包装袋和防伪碘盐标志。

三、盐业储运监管制度

我国盐的生产经营实行计划管理，生产纳入国家统一计划，无论是国有盐场还是集体盐场，所生产的盐都必须交盐业公司销售，私营企业和个人禁止办盐场，盐价也由国家物价主管部门统一制定。

盐业计划管理由国务发展与改革委员制定，由中国盐业总公司负责实施。中国盐业总公司及各地的盐务管理局（或盐业公司）代表政府行使盐政管理职能，享有盐政执法权，负责研究和提出有关政策、法规，实施盐政管理，对盐的生产、销售、运输进行监管；同时它又作为一个企业，负责盐的经营与流通，享有制盐企业的经营权，盐销往哪里，销售给谁，都由它决定。

作为生产企业的盐场没有经营自主权，不能销售，不能结算，只负责生产。盐场按照国家计划进行生产，之后的运输与销售由盐业公司全权负责。有的虽然实行盐碱直供，但盐场只能按计划调拨，企业间不能直接结算，必须到盐业公司结算。

1. 食盐的储存。省、自治区、直辖市人民政府盐业主管机构应当根据实际情况，确定本地区食盐定点生产企业、食盐批发企业的合理库存量，并报国务院盐业主管机构备案。用盐企业必须按盐业管理部门规定的渠道、结算价格和计划去采购。食盐定点生产企业和食盐批发企业应当按照省、自治区、直辖市人民政府盐业主管机构的要求，保持食盐的合理库存。

2. 食盐的运输。托运或者自运食盐的单位和个人，应当持有国务院盐业主管机构或者其授权的省、自治区、直辖市人民政府盐业主管机构核发的食盐准运证。食盐准运证由国家发展与改革委员会按照国家食盐计划统一发放至各有关省级盐业主管机构。"签证单位"是国家发改委，"开证单位"是各有关省级盐业主管机构。

3. 运输管理。食盐准运证签证机关应按照国家食盐计划签发。开证机关应按照实际情况填写，并将食盐准运证存根妥善保存，以备检查，保存期为1年。食盐准运证须随货同行，一车一证、一票（单）一证、一次有效。如不能在准运证有效期限内完成运输，应及时到开证机关更换准运证。食盐作为国家重点运输物资，运输企业应当保障运输。

四、食盐购销监管法律制度

我国对食盐的分配调拨实行指令性计划管理。食盐年度分配调拨计划，由国务院计划行政主管部门下达，国务院盐业主管机构组织实施。食盐批发企业必须取得《食盐批发许可证》，未取得《食盐批发许可证》的企业不得经营食盐批发业务。《食盐批发许可证》由省、自治区、直辖市人民政府盐业主管机构颁发，并报国务院盐业主管机构备案。根据《食盐专营办法》第12条的规定，取得《食盐批发许可证》的企业必须具备以下条件：①有与其经营规模相适应的注册资本；②有固定的经营场所；③有符合国家规定的仓储设施；④符合本地区食盐批发企业合理布局的要求。特别值得注意的是，食盐批发企业应当按照国家计划购进食盐，并按照规定的销售范围销售食盐。

食盐零售企业和受委托代销食盐的个体工商户、代购代销店以及食品加工用盐的单位，应当从当地取得食盐批发许可证的企业购进食盐。食盐零售企业和受委托代销食盐的个体工商户、代购代销店，严禁将下列产品作为食盐销售：液体盐（含天然卤水）；工业用盐、农业用盐；利用井矿盐卤水晒制、熬制的盐产品；不符合国家食盐标准或者行业标准的盐产品；其他非食用盐产品。

■ 第二节 烟草专卖法律制度

一、烟草专卖法律制度概述

（一）烟草专卖的概念及法律特征

烟草专卖是指国家对烟草专卖品的生产、销售和进出口业务实行垄断经营、统一管理的法律制度。我国《烟草专卖法》第3条规定："国家对烟草专卖品的生产、销售、进出口依法实行专卖管理，并实行烟草专卖许可证制度。"我国的烟草专卖制度具有以下法律特征：

1. 主体特殊性。根据《烟草专卖法》和《烟草专卖法实施条例》的规定，烟草专卖的主体为国家，由国家烟草专卖行政主管部门即国家烟草专卖局和地方各级烟草专卖局代表国家行使烟草专卖职权，国家烟草专卖局对全国烟草行业进行管理。目前，中国烟草行业实行统一领导、垂直管理、专卖专营的管理体制，国家烟草专卖局对全国烟草行业的“人、财、物、产、供、销、内、外、贸”进行集中统一管理，地方各级烟草专卖行政主管部门受上一级烟草专卖行政主管部门和本级人民政府的双重领导，以上一级烟草专卖行政主管部门的领导为主。

2. 国家垄断性。烟草专卖具有典型的国家垄断性，其垄断地位是由国家法律和行政法规直接规定的，烟草专卖品的生产、销售和进出口等全部业务由国家进行垄断经营和直接控制，烟草专卖实行严格的许可证管理制度，烟草专卖品的生产计划由国家烟草专卖行政主管部门下达，烟草专卖品的价格由国家烟草专卖行政主管部门决定，从而排除了一切市场竞争因素。

3. 适用范围的广泛性。我国烟草专卖制度不仅适用于卷烟、雪茄烟、烟丝、复烤烟叶这些烟草制品的生产、销售和进出口业务，还适用于所有与烟草制品生产有关的原料、附属品和加工机械，即烟叶、卷烟纸、滤嘴棒、烟用丝束、烟草专用机械的生产和销售；不仅适用于烟草专卖品成品的生产、销售和进出口业务，还适用于烟叶的种植、收购、调拨等烟草制品原料的生产和销售环节，甚至于烟草专卖品的运输也需要实行许可证管理制度。由此可见，烟草专卖制度涵盖的范围是相当广泛的，是国家对烟草从种植、收购、生产到销售、运输、对外贸易等各个环节进行的全面的直接控制和垄断经营，这在我国实行国家垄断的各个行业中也是相当具有代表性的。

（二）我国烟草专卖立法

在我国古代，专卖即称“榷酤”，榷，是指一个人通过不准他人并行的独木桥，是“专”的意思；酤，即卖。作为一种制度，专卖最早由我国封建社会官营工商业制度发展而来，当时称之为禁榷制度，实行禁榷的商品由政府垄断，限制或禁止私人经营，西汉时封建王朝就对酒、盐、铁实行专卖，所得收入归政府所有，作为中央财政上缴国库。专卖可以分为完全专卖和不完全专卖、国家专卖和地方专卖。所谓完全专卖，即是在全国范围内，对某种商品的生产经营各个环节均实行专卖管理；不完全专卖，是对生产经营的部分环节，主要是销售环节实行专卖管理。地方专卖是相对国家专卖而言，也可以称之为不完全专卖，即地方政府根据本地区情况，决定对某种商品实行专卖。

我国实行烟草专卖制度的历史尚晚，其雏形产生于北洋军阀政府时期。

1927 年国民党政府成立后颁布了我国第一部烟草专卖法规《烟草公卖暂行条例》，并沿用前期机构烟酒公卖局对烟酒实施专卖。新中国成立后，自 20 世纪 80 年代初期开始，对烟草行业开始实行统一领导、垂直管理、专卖专营的管理体制。1982 年 1 月，中国烟草总公司成立；1983 年 9 月，国务院发布《烟草专卖条例》，正式确立了国家烟草专卖制度；1984 年 1 月，国家烟草专卖局成立；1991 年 6 月，全国人大常委会通过了《烟草专卖法》；1997 年 7 月，国务院发布《烟草专卖法实施条例》；国家烟草专卖行政主管部门制定的部门规章，如《烟草专卖许可证管理办法》、《烟草专卖品准运证管理办法》等；我国批准加入的国际条约，如 2005 年 8 月 28 日第十届全国人民代表大会常务委员会第十七次会议决定批准了世界卫生组织《烟草控制框架公约》等，我国政府以鲜明的态度向国际社会显示了加快控烟步伐、建立更健康社会的坚定决心。

上述法律、法规的颁布实施，进一步巩固和完善了我国的国家烟草专卖体制。目前全国烟草行业有 33 家省级烟草专卖局和烟草公司、16 家工业公司、57 家卷烟工业企业、1000 多家商业企业，以及烟叶、卷烟销售、烟机、物资、进出口等全国性专业公司和其他一些企事业单位。

将烟草专卖制度用法律的形式确立下来并以国家强制力保障其实施，是由烟草这种商品的特殊性质及烟草专卖制度的重要现实意义所决定的：

1. 以国家立法来强化烟草专卖管理，巩固烟草专卖制度。烟草制品是一种对人体健康有一定危害的特殊商品，不能随便生产、任意流通，国家应对其生产和经营实行严格的管理和监督。[1] 我国是烟草生产和消费大国，更加需要通过国家立法的形式对烟草的生产和流通进行直接的严格控制，强化对烟草专卖的管理，巩固烟草专卖制度。

2. 提高烟草制品质量，减少烟草制品对消费者的损害。烟草制品虽然对人体健康有着严重的危害，但是在目前用强制措施让人们在短时间内戒烟也是不可能实现的。因此，国家通过立法的形式将烟草专卖纳入国家垄断经营的范围，一方面对烟草制品的生产数量进行严格的总量控制，并全面掌握烟草制品的流通流域，防止假烟、劣烟流入市场；另一方面国家利用先进的技术手段和科研实力不断提高烟草制品的质量，降低焦油和其他有害成分的含量。同时，国家在《烟草专卖法》第 18 条明确规定，“卷烟、雪茄烟应当在包装上标明焦油含量级和‘吸烟有害健康’”；第 19 条规定，“禁止在广播电台、电视台、报刊播放、刊登烟草制品广告”；《烟草专卖法》第 5 条规定，“禁止或者限制在公共交

---

〔1〕 国家烟草专卖局：《关于〈中华人民共和国烟草专卖法（草案）〉的说明》（于 1990 年 6 月 20 日提交第七届全国人民代表大会常务委员会第十四次会议审议）。

通工具和公共场所吸烟，劝阻青少年吸烟，禁止中小学生吸烟”。同时通过一系列正面宣传的形式使广大群众认识到烟草的危害性，劝导自觉戒烟，从而在最大限度上减少烟草制品对消费者的损害。

3. 保障国家财政收入的稳定增长。烟草专卖制度的实行使国家税收得到了极大的充实，从1982年烟草专卖制度开始实行到1989年的8年间，烟草行业累计实现税利1241亿元，比实行专卖制度前8年，即1974～1981年的375.5亿元增长了2.3倍；[1] 从1991年实施《烟草专卖法》到2003年的13年间，烟草行业累计实现税利近11 000亿元，仅2003年1年就实现税利高达1600亿元。[2] 为了保证国家财政收入的持续稳定增长，防止国家财源的流失，需要国家立法对烟草专卖制度予以保障。

二、烟草专卖许可证

根据《烟草专卖法》及其实施条例的规定，烟草专卖品是指卷烟、雪茄烟、烟丝、复烤烟叶、烟叶、卷烟纸、滤嘴棒、烟用丝束、烟草专用机械。其中，卷烟、雪茄烟、烟丝、复烤烟叶统称烟草制品；烟叶、卷烟纸、滤嘴棒、烟用丝束、烟草专用机械简称五种烟草专卖品。

我国对烟草专卖实行严格的许可证管理制度。根据《烟草专卖法》、《烟草专卖法实施条例》和《烟草专卖许可证管理办法》的规定，从事烟草专卖品的生产、批发、零售业务，以及经营烟草专卖品进出口业务和经营外国烟草制品购销业务的单位和个人，必须申请领取烟草专卖许可证。

1. 烟草专卖许可证的种类。在我国，烟草专卖许可证分为以下四类：

（1）烟草专卖生产企业许可证。从事卷烟、雪茄烟、烟丝、复烤烟叶、卷烟纸、滤嘴棒、烟用丝束、烟草专用机械生产业务的企业，必须申请烟草专卖生产企业许可证。

（2）烟草专卖批发企业许可证。烟草专卖批发企业许可证包括烟草制品批发企业许可证（含委托批发）和五种烟草专卖品经营企业许可证。

（3）烟草专卖零售许可证。从事烟草专卖品零售业务的企业或个人，必须申请烟草专卖零售许可证。

（4）特种烟草专卖经营企业许可证。经营烟草专卖品进出口业务、外国烟草制品批发、零售业务，在海关监管区内经营免税的外国烟草制品购销业务，经营罚没国外烟草专卖品批发、零售业务的企业，必须申请特种烟草专卖经营

---

〔1〕 国家烟草专卖局：《关于〈中华人民共和国烟草专卖法（草案）〉的说明》（于1990年6月20日提交第七届全国人民代表大会常务委员会第十四次会议审议）。

〔2〕 唐翔宇：“论我国烟草专卖制度及其改革”，载《湖南行政学院学报》2006年第2期。

企业许可证。

虽然以上四种烟草专卖许可证各自所要求的条件略有不同，但都必须具备以下条件：①有与所经营业务相适应的资金；②有固定的经营场所和必要的专业人员；③申请烟草生产企业许可证，要有生产烟草专卖品所需要的技术、设备条件；④符合国家烟草行业的产业政策要求和合理布局要求；⑤国务院烟草专卖行政主管部门规定的其他条件。

2. 烟草专卖许可证的审核发放。烟草专卖许可证由烟草专卖行政主管部门即国家烟草专卖局和地方各级烟草专卖行政主管部门负责审核和发放，具体规定如下：

（1）申请领取烟草专卖生产企业许可证的，应当向省、自治区、直辖市（以下简称省级）烟草专卖行政主管部门提出申请，省级烟草专卖行政主管部门应当在企业提交申请之日起30日内审查并签署意见，报国家烟草专卖局审批。国家烟草专卖局经审查不符合条件的，不予发证，但应当向申请人说明理由。

（2）烟草制品批发企业许可证和五种烟草专卖品经营企业许可证由省级（含省级）以上烟草专卖行政主管部门审核发放。申请领取烟草制品批发企业许可证，进行跨省、自治区、直辖市经营的，应当向企业所在地省级烟草专卖行政主管部门提出申请，由省级烟草专卖行政主管部门审查并签署意见，报国家烟草专卖局审批发证；在省、自治区、直辖市内经营的，应当向企业所在地烟草专卖行政主管部门提出申请，由企业所在地烟草专卖行政主管部门审查并签署意见，报省级烟草专卖行政主管部门审批发证。

申请领取五种烟草专卖品经营企业许可证的，向企业所在地省级烟草专卖行政主管部门提出申请，由省级烟草专卖行政主管部门审查并签署意见，报国家烟草专卖局审批发证。

（3）申请领取烟草专卖零售许可证的企业或个人，应当向当地县级烟草专卖行政主管部门或受上一级烟草专卖行政主管部门委托的县级工商行政管理部门提出申请，经审查符合规定的，由县级烟草专卖行政主管部门或受上一级烟草专卖行政主管部门委托的县级工商行政管理部门，在其提交申请之日起30日内审批发证。经审查不符合条件的，不予发证，但应当在上述期限内向申请人说明理由。

（4）申请领取特种烟专卖品经营企业许可证，经营外国烟草制品批发业务、烟草专卖品进出口业务、罚没国外烟草专卖品批发业务的，应当向企业所在地省级烟草专卖行政主管部门提出申请，由省级烟草专卖行政主管部门审查并签署意见，报国家烟草专卖局审批发证。

申请领取特种烟草专卖经营企业许可证，经营外国烟草制品零售业务及在海关监管区域内经营免税的国外烟草制品零售业务和罚没国外烟草制品零售业务的，应当向企业所在地烟草专卖行政主管部门提出申请，由企业所在地烟草专卖行政主管部门审查并签署意见，报省级烟草专卖行政主管部门审批发证。

3. 烟草专卖许可证的监管。烟草专卖许可证的有效期限最长为5年，根据实际需要决定，期满后可按规定重新申领。烟草专卖许可证实行年检制度，由烟草专卖行政主管部门负责具体实施。

各级烟草专卖行政主管部门负责对领有烟草专卖许可证的企业和个人依法进行监督、检查，具体由发证机关定期或者不定期地对取得烟草专卖许可证的企业、个人进行检查，经检查不符合《烟草专卖法》及其实施条例规定条件的，烟草专卖许可证的发证机关可以责令暂停烟草专卖业务、进行整顿，直至取消其从事烟草专卖业务的资格。对严重违反烟草专卖法律、法规和规章的行为，烟草专卖行政主管部门可以给予责令改正、没收违法所得以及罚款等行政处罚。

三、烟叶的种植、收购和调拨

《烟草专卖法》第7条的规定："本法所称烟叶是指生产烟草制品所需的烤烟和名晾晒烟，名晾晒烟的名录由国务院烟草专卖行政主管部门规定。"据此规定，未列入名晾晒烟名录的其他晾晒烟不属于《烟草专卖法》规定的烟叶，不受国家烟草专卖制度的管理，可以在集市贸易市场自由出售。

1. 烟叶的种植。烟叶种植规划由国家烟草专卖局会同有关省、自治区、直辖市人民政府按照合理布局的要求，依据国家计划，根据良种化、区域化、规范化的原则制定。烟草公司或者其委托单位在与烟叶种植者签订的烟叶收购合同中应当约定烟叶种植面积。烟草种植应当因地制宜地培育和推广优良品种。优良品种经全国或者省级烟草品种审定委员会审定批准后，由当地烟草公司组织供应。

2. 烟叶的收购。烟叶由烟草公司或者其委托单位按照国家规定的统一计划、统一价格、统一标准进行统一收购。所谓统一计划，是指烟叶收购计划由县级以上地方人民政府计划部门根据国务院计划部门下达的计划下达，其他单位和个人不得变更。所谓统一价格，是指烟叶收购价格由国务院物价主管部门会同国务院烟草专卖行政主管部门按照分等定价的原则制定。

烟草公司及其委托单位对烟叶种植者按照烟叶收购合同约定的种植面积生产的烟叶，应当按照国家规定的标准分等定价，全部收购，不得压级压价。地方烟草专卖行政主管部门组织同级有关部门和烟叶生产者的代表组成烟叶评级小组，协调烟叶收购等级评定工作。所谓统一收购，是指烟叶由烟草公司或其委托单位依法统一收购。烟草公司或其委托单位根据需要，可以在国家下达烟叶收购计划的地区设立烟叶收购站（点）收购烟叶。设立烟叶收购站（点），应当经省级烟草专卖行政主管部门批准。未经批准，任何单位和个人不得收购烟叶。

3. 烟叶的调拨。国家储备、出口烟叶的计划和烟叶调拨计划，由国务院计划部门下达。省、自治区、直辖市之间的烟叶、复烤烟叶的调拨计划由国务院计划部门下达，省、自治区、直辖市辖区内的烟叶、复烤烟叶的调拨计划由省、自治区、直辖市计划部门下达，其他单位和个人不得变更。烟叶、复烤烟叶的调拨必须签订合同。

四、烟草专卖品的生产、销售和运输

1. 烟草制品的生产和销售。

(1) 烟草制品的生产。烟草制品生产企业在取得烟草专卖生产企业许可证后，须经工商行政管理部门核准登记，方可从事烟草制品的生产。

烟草制品生产企业必须严格执行国家下达的生产计划。省、自治区、直辖市的卷烟、雪茄烟年度总产量计划由国务院计划部门下达。烟草制品生产企业的卷烟、雪茄烟年度总产量计划，由省级烟草专卖行政主管部门根据国务院计划部门下达的计划，结合市场销售情况下达，地方人民政府不得向烟草制品生产企业下达超产任务。烟草制品生产企业根据市场销售情况，需要超过年度总产量计划生产卷烟、雪茄烟，必须经国务院烟草专卖行政主管部门批准。烟草制品生产企业为扩大生产能力进行基本建设或者技术改造的，也必须经国务院烟草专卖行政主管部门批准。

全国烟草总公司根据国务院计划部门下达的年度总产量计划向省级烟草公司下达分等级、分种类的卷烟产量指标。省级烟草公司根据全国烟草总公司下达的分等级、分种类的卷烟产量指标，结合市场销售情况，向烟草制品生产企业下达分等级、分种类的卷烟产量指标。烟草制品生产企业可以根据市场销售情况，在该企业的年度总产量计划的范围内，对分等级、分种类的卷烟产量指标适当调整。

卷烟、雪茄烟和有包装的烟丝，应当使用注册商标；申请注册商标，应当持国务院烟草专卖行政主管部门的批准生产文件，依照《商标法》的规定申请注册，未经核准注册的，不得生产。

(2) 烟草制品的销售。取得烟草专卖批发企业许可证的企业，须经工商行政管理部门核准登记，方可在许可证规定的经营范围和地域范围内经营烟草制品批发业务。取得烟草专卖零售许可证的企业或者个人，应当在当地的烟草专卖批发企业进货，任何单位或者个人不得销售非法生产的烟草制品。烟草专卖生产企业和烟草专卖批发企业，不得向无烟草专卖零售许可证的单位或者个人提供烟草制品。

国务院烟草专卖行政主管部门会同国务院物价主管部门按卷烟等级选定部分牌号的卷烟作为代表品。代表品的价格由国务院物价主管部门会同国务院烟草专卖行政主管部门制定。卷烟的非代表品、雪茄烟和烟丝的价格由国务院烟草专卖行政主管部门或者由国务院烟草专卖行政主管部门授权省、自治区、直辖市烟草专卖行政主管部门制定，报国务院物价主管部门或者省、自治区、直辖市人民政府物价主管部门备案。

国家制定卷烟、雪茄烟的焦油含量级标准。卷烟、雪茄烟应当在包装上标明焦油含量级和“吸烟有害健康”。禁止在广播电台、电视台、报刊播放、刊登烟草制品广告。烟草制品商标标识必须由省级工商行政管理部门指定的企业印制；非指定的企业不得印制烟草制品商标标识。

2. 卷烟纸、滤嘴棒、烟用丝束、烟草专用机械的生产和销售。生产卷烟纸、滤嘴棒、烟用丝束、烟草专用机械的企业，应当按照国务院烟草专卖行政主管部门的计划以及与烟草制品生产企业签订的订货合同组织生产。烟草专卖批发企业和烟草制品生产企业只能从取得烟草专卖生产企业许可证、特种烟草专卖经营企业许可证的企业购买卷烟纸、滤嘴棒、烟用丝束和烟草专用机械。卷烟纸、滤嘴棒、烟用丝束、烟草专用机械的生产企业不得将其产品销售给无烟草专卖生产企业许可证的单位或者个人。淘汰报废、非法拼装的烟草专用机械，残次的卷烟纸、滤嘴棒、烟用丝束及下脚料，由当地烟草专卖行政主管部门监督处理，不得以任何方式销售。烟草专用机械的购进、出售、转让，必须经国务院烟草专卖行政主管部门批准。

3. 烟草专卖品的运输。托运或者自运烟草专卖品必须持有烟草专卖行政主管部门或者烟草专卖行政主管部门授权的机构签发的准运证；无准运证的，承运人不得承运。

跨省、自治区、直辖市运输进口的烟草专卖品、国产烟草专用机械和烟用丝束、滤嘴棒以及分切的进口卷烟纸，应当凭国务院烟草专卖行政主管部门或其授权的机构签发的烟草专卖品准运证办理托运或者自运；跨省、自治区、直辖市运输除国产烟草专用机械、烟用丝束、滤嘴棒以及分切的进口卷烟纸以外的其他国产烟草专卖品，应当凭国务院烟草专卖行政主管部门或者省级烟草专卖行政主管部门签发的烟草专卖品准运证办理托运或者自运；运输依法没收的走私烟草专卖品，应当凭国务院烟草专卖行政主管部门签发的烟草专卖品准运证办理托运或者自运；在省、自治区、直辖市内跨市、县运输烟草专卖品，应当凭省级烟草专卖行政主管部门或其授权的机构签发的烟草专卖品准运证办理托运或者自运。

海关监管的烟草制品的转关运输，按照国家有关海关转关运输的规定办理运输手续。邮寄、异地携带烟叶、烟草制品的以及个人进入中国境内携带烟草制品的，不得超过国务院有关主管部门规定的限量。

五、进出口贸易和对外经济技术合作

国务院烟草专卖行政主管部门根据国务院规定，管理烟草行业的进出口贸易和对外经济技术合作。设立外商投资的烟草专卖生产企业，应当报经国务院烟草专卖行政主管部门审查同意后，方可按照国家有关规定批准立项。进口烟草专卖品只能由取得特种烟草专卖经营企业许可证的企业经营。其进口烟草专卖品的计划应当报国务院烟草专卖行政主管部门审查批准，并按照国务院烟草专卖行政主管部门的规定，向其报送进货、销售、库存的计划和报表。

免税进口的烟草制品应当存放在海关指定的保税仓库内，并由国务院烟草专卖行政主管部门指定的地方烟草专卖行政主管部门与海关共同加锁管理。海关凭国务院烟草专卖行政主管部门批准的免税进口计划分批核销免税进口外国烟草制品的数量。在海关监管区内经营免税的卷烟、雪茄烟的，只能零售，并应当在卷烟、雪茄烟的小包、条包上标注国务院烟草专卖行政主管部门规定的专门标志。专供出口的卷烟、雪茄烟，应当在小包、条包上标注“专供出口”中文字样。

六、烟草的危害及其法律规制

（一）烟草的危害

吸烟有害健康，妇孺皆知。但吸烟对身体健康危害程度有多大？恐怕并不是每个人都能够说得清楚。科学研究证明，烟草的危害主要来源于烟雾中的化学成份。烟草中含有的化学成份高达四千七百多种，其中主要有一氧化碳、尼古丁、焦油、苯丙比、放射性物质、刺激性化合物及砷、汞、锡、镍等多种重金属元素，它们具有很强的刺激作用和致病作用。吸烟所致的疾病主要有：肺癌、支气管炎、肺气肿、肺心病、缺血性心脏病和其它血管疾病、胃和十二指肠溃疡等。吸烟不仅损害吸烟者的身体健康，而且吸烟者吐出的烟雾污染空气，造成不吸烟者被动吸烟（是指不吸烟而被动吸入吸烟者吐出的烟雾），并危害其身体健康。

据报道，肺癌死亡人数的90%为吸烟者，吸烟量越多，肺癌死亡率越高。胃和十二指肠溃疡患病率，吸烟者为不吸烟者的两倍。世界卫生组织的一份调查资料显示，有90%的肺癌，75%的肺气肿，25%的冠心病是由于吸烟引起的。2001年8月，美洲心脏基金会和美洲心脏病学会联合发表的反烟草斗争框架协议——《巴拿马声明》指出，吸烟将成为人类死亡的主要原因之一。世界心脏联合会主席马里奥·马拉纳奥曾预言，在不远的将来，吸烟对人的危害将超过吸毒、艾滋病和其它疾病，成为导致死亡和丧失劳动能力的主要原因。“1998

年，中国预防医学院、中国医学科学院、英国牛津大学和美国康奈尔大学的研究人员在中国进行大规模吸烟与死亡关系的调查，如‘100万人吸烟与死亡回顾研究’和‘中国25万吸烟与死亡前瞻性研究’。结果表明，中国每天有2000人因吸烟而致病死亡。如果不该变目前吸烟的状况，到2050年，中国每天将有8000人死于吸烟引起的疾病，每年将达300万。"[1]

另外，吸烟对青少年的身体影响更大。因为青少年正处在生长发育的突增时期，身体的各种组织和器官尚待发育和完善，精神系统、内分泌功能、免疫功能都不稳定，对外界有害物质的抵抗力、适应力都很差，很容易罹患多种疾病。香烟燃烧时，烟雾中的多种有害物质，如尼古丁、烟焦油、苯并芘、一氧化碳等，对青少年机体的损害更为严重，吸烟年龄越小，损害越大，不仅易患感冒、支气管炎、肺炎，还可能患与成年人一样的肺气肿、肺心病、慢性支气管炎和支气管扩张等疾病。青少年吸烟除了易患各种与烟有关的疾病外，还会影响机体和智力的发育。体检表明，吸烟学生的身高、胸围、肺活量都比不吸烟的同年龄学生低。据长期观察证实，吸烟学生的灵活性、耐力、运动成绩、学习成绩和组织纪律性都比不吸烟的学生差。吸烟对于中枢神经系统与大脑的学习和记忆能力所产生的影响也很大。

由此可见，吸烟对于人体健康危害极大。世界卫生组织认为，当今对人类危害最大的就是烟草，并把吸烟定为“公害”。

（二）烟草控制的法律规制

烟草控制的法律规制是指通过消除或减少人群消费烟草制品和接触烟草烟雾，旨在促进其健康的一系列减少烟草供应、需求和危害的法律措施。

我国是世界上烟草生产和消费量最大的国家，分别占到全球总量的1/3以上。烟草行业一直都是国家的利税大户，并与国家财政税收同步增长。据统计，中国烟草业共实现工商税利2000年1050亿，2001年1150亿，2002年1400亿，2003年1600亿，2004年2000亿。[2]“烟草业已连续16年居全国各行业创利税之首。"[3] 烟草业带来巨额财政收入的同时，烟草消费也严重危害人们的身体健康。尤其值得注意的是，在我国，竟然将敬烟送烟认为是一种社交礼仪。在这样的条件下完全禁烟既不符合我国的实际，也不利于经济的发展。当然，这不是说我国对烟草消费不加任何控制，事实上党和国家早已意识到烟草的危害，十分重视对烟草消费的控制，自20世纪70年代末开展控烟活动以来，多次下发

---

〔1〕张田勘：“烟草在中国为何难禁?”，载《世界科学》2005年第8期。

〔2〕张田勘：“烟草在中国为何难禁?”，载《记者观察》2005年第6期。

〔3〕刘茂松、曹虹剑：“我国卷烟消费税改革面临的问题及建议”，载《湖南师范大学社会科学学报》2004年第1期。

文件，宣传吸烟的危害性，提出控制烟草消费的对策，同时也通过立法巩固控制烟草消费的成果，并加大控制烟草消费的力度。

目前涉及控制吸烟的法律主要有：1991 年颁布的《烟草专卖法》；1991 年颁布、2006 年修订的《未成年人保护法》；1994 年颁布的《广告法》、1999 年第九届全国人民代表大会常务委员会第十次会议通过《预防未成年人犯罪法》；等等。涉及控制吸烟的法规或规章主要有：1981 年原国家教委颁布的《中学生守则》（2004 年修订）；1987 年中央爱委会、卫生部等部委联合发出《关于在儿童活动场所积极开展不吸烟活动的通知》；1988 年原国家教委制定的《中学生日常行为规范》；1991 年全国爱卫会等 11 个部委联合发出《关于在公共场所和公共交通工具上深入开展不吸烟的活动的通知》；1997 年全国爱卫会会同有关部门联合颁布了《关于在公共交通工具及其等候室禁止吸烟的规定》；等等。这些控制烟草消费的法律、法规和规章的主要内容有：

1. 设置无烟区。国家禁止在公共交通工具、影剧院、中小学、幼儿园、托儿所的教室、寝室、活动室和其他未成年人集中活动的室内吸烟。正在制定的《公共场所卫生管理条例》规定："营运出租车、公共电汽车、封闭式空调列车、飞机等交通工具以及吸烟区以外的候车（机、船）场所禁止吸烟。"有不少地区或单位也明确规定禁止在车间、办公室吸烟。随着社会经济的发展，禁烟区将会逐步扩大。

2. 限制烟草广告。《广告法》规定，禁止利用广播、电视、电影、报纸、期刊发布烟草广告，禁止在各类等候室、影剧院、会议厅堂、体育比赛场馆等公共场所设置烟草广告。违反本法规定的，由广告监督管理机关责令负有责任的广告主、广告经营者、广告发布者停止发布，没收广告费用，可以并处广告费用 1 倍以上 5 倍以下的罚款。《烟草专卖法》也作出了类似规定。与此同时，全国各地也积极开展创建无烟草广告城市、无烟医院、无烟学校、无烟单位、无吸烟家庭和控烟先进单位的评选活动，积极营造保护健康、远离烟草的环境，取得了可喜的成绩。北京、上海、珠海等 10 个城市率先成为无烟草广告城市。

3. 控制烟草销售渠道和对象。除了《烟草专卖法》对烟草专卖做作了明确具体规定，严格控制烟草的销售渠道外，其他有关立法也规定，任何单位和个人不得设置自动售烟机，禁止向未成年人销售香烟；严厉打击香烟走私行为；禁止中小学生吸烟等。2005 年 8 月 28 日，十届全国人大常委会表决通过批准世界卫生组织《烟草控制框架公约》，同时声明在中华人民共和国境内禁止使用自动售烟机。

4. 标注警示语。《烟草专卖法》规定："国家加强对烟草专卖品的科学研究和技术开发，提高烟草制品的质量、降低焦油和其他有害成分的含量。"并且规定国家制定卷烟、雪茄烟的焦油含量及标准，并在香烟包装上标明焦油含量级和“吸烟有害健康”的警语。世界卫生组织告诫，烟盒上的警示语要明确，且至少要占据烟盒表面的30%。我国在签署《烟草控制框架公约》时也承诺今后警示语至少要占据烟盒表面的30%。

5. 加强宣传。国家积极宣传吸烟的危害性，加强控烟管理，尤其是充分利用每年5月31日世界无烟日，[1] 开展各种类型的宣传活动，取得了令人注目的成果。1990年2月，中国吸烟与健康协会成立，对宣传吸烟的危害性也起到极大的推动作用。

6. 制定控烟计划。2005年2月4日，卫生部发布《全国健康教育与健康促进工作规划纲要》(2005～2010) 提出控制烟草危害与成瘾行为的目标：到2010年，90%的中小学校、90%的医院，要成为无烟场所。此外，继续开展创建“无烟草广告城市”工作，到2010年，“无烟草广告城市”占地市级以上城市总数的30%。

(三)《烟草控制框架公约》

为了减少烟草危害，世界卫生大会于1996年提议进行《烟草控制框架公约》(以下简称《公约》) 的谈判，并于2003年5月在日内瓦召开的第56届世界卫生大会获得一致通过，2005年2月27日《公约》在最早批准的40个国家生效。我国已经于2003年11月10日正式签署了该公约，并于2005年8月28日批准了《公约》。

《公约》共11个部分，其中第三部分减少烟草需求的措施与第四部分减少烟草供应的措施是整个公约的技术核心部分，其主要内容是：

(1) 明确指出，吸烟会引起上瘾，吸烟和被动吸烟会导致死亡、疾病和丧失机能，并且对目前吸烟儿童和青少年日益增多、烟草广告和促销手段产生影响表示警惕。

(2) 采取价格、税收等手段进行烟草控制。烟草价格和税收是减少烟草需求的重要经济手段。缔约各国通过价格和税收措施以减少烟草消费，逐步限制免税销售烟草制品，以便实现禁止吸烟。

(3) 要求各缔约国至少应该以法律形式禁止误导性的烟草广告，禁止或限制烟草商赞助的国际活动和烟草促销活动，镇压烟草走私，禁止向未成年人出售香烟，禁止烟草制品的包装、标签使用虚假、误导或其他欺骗性方式推销产品。其中包括不得使用“低烟碱”、“淡味”、“柔和”等旨在使人产生某烟制品比其他烟草制品危害小的印象的词语。烟草制品的每一单位包装等外部包装应

---

[1] 世界卫生组织决定自从1989年起，将每年5月31日定为“世界无烟日”，即不吸烟、不卖烟。

带有国家有关当局批准的健康警语和信息；健康警语和信息应巨大、明确、醒目和清晰，以占包装主要可见部分的50%或更多为宜，但不应少于包装主要可见部分30%。

(4) 各缔约国应利用现有一切交流工具，促进和提高公众对烟控问题的认识。提高民众对烟控问题的认识，确保各国烟控计划成功执行。为此，应制定和执行关于烟草危害的综合性教育和公众意识规划，确保公众了解烟草危害和无烟生产和生活的好处，以及依法获得与公约目标有关的关于烟草业不利的健康、经济、环境后果的信息。

(5) 采取措施减少烟草供应，严厉打击走私、非法制造和伪造等形式的烟草非法贸易，禁止向未成年人售烟等。

■ 第三节 核法律制度

一、核法律制度概述

面对传统能源的逐渐枯竭和全球环境的不断恶化，核能作为一种重要而洁净的新型能源已为世人所公认，核能的进一步开发与和平利用是解决人类能源危机最有希望的途径之一。我国对核能与核技术的开发利用始于20世纪50年代。经过多年的不懈努力，核能与核技术已在我国国防、医疗、能源、工业、农业、科研等领域得到广泛利用，这对维护我国国防安全，促进国民经济和社会发展，增强我国的综合国力，起到了十分积极的作用。

但是，随着核能和平利用的发展，核安全日益引起人们的广泛关注，人类在和平利用核能时一旦发生核事件或核事故，将会对人体、财产和环境等造成巨大损害，包括生命丧失、人身伤害、财产损害、相关经济损失、环境的重大污染等等。因此和平利用核能的安全性问题已经成为人类共同关注的重大问题，而核能的和平安全利用除了依靠科学技术的不断进步外，通过相关核能立法进行规制是必不可少的。虽然核能立法在法律领域是一个崭新的领域，但实践已经证明一个拥有开发核能技术的国家，如果没有完善的核能法律法规来规范的话，那后果是不堪设想的。中国作为一个拥有核设施的大国，这种新的能源利用模式必将成为我国传统能源的一个重要补充，而我国在核能相关方面的立法还很滞后，因此对核能利用的法律制度进行研究具有重要的理论和实践意义。核能与核技术可应用于军事领域和民用领域，我们在此仅讨论民用领域的核能与核技术法律问题。

我国的核安全立法的渊源体现在四个方面：法律、行政法规、部门规章和国际条约与国际惯例。目前，我国在核立法中坚持“预防为主、防治结合、严格管理、安全第一”的原则，以2003年《放射性污染防治法》为核立法的基本法，以1987年《核材料管理条例》、1986年《民用核设施安全监督管理条例》、2005年修订的《放射性同位素与射线装置安全和防护条例》和1993年《核电厂核事故应急管理条例》四大法规为主体，以部门规章及国际公约与国际惯例为补充，初步建立起了核安全法律体系。但我国核安全立法体系仍然存在以下问题：

1. 法律渊源体系结构不合理。从上述渊源情形来看，核能安全的整个立法体系杂乱并且枝节横生，严格地讲根本未形成体系结构。整个立法体系以部门规章为主，并且现有的法律大多是陈旧的，无法满足新的核能开发与利用的要求。尽管有《放射性污染防治法》作为新法支撑着整个体系，但是《放射性污染防治法》本身也是多从管理层面对核能利用进行调整，在技术方面的法律多集中在20世纪90年代初的部门规章中，这样对于核能领域新技术的运用是不利的。

2. 监督管理职能分配不足。监督管理职能的分配不足主要体现在《放射性污染防治法》中职能分配过于分散的问题上。国家环保总局、卫生、公安部门等众多部门都想在管理上分得一杯羹，而这样潜在的危险是有利益时争着管，一旦发生核污染，就会出现相互推诿的情况，责任追究无法实现。例如对核设施安全的许可由隶属于国家环保部的核安全局审管；对放射工作的许可证则仍按照《放射性同位素与射线装置放射防护条例》的规定由卫生、公安部门审管；对贮存、处置放射性固体废物的许可由国务院环境保护行政主管部门审管。因而同是有关放射性的许可登记却涉及多个部门的管理，这样不利于对整个放射环境的统一监督管理。

国际上通用的实践做法则是按照“一件事由一个部门负责”的原则，由一个独立于放射源设计者、制造者、供应者、使用者和许可证持有者的国家统一机构来审管，例如保加利亚在部长会议之下设立了和平利用核能委员会，统一领导和贯彻国家的核能政策。因此我国可由核安全局作为全国统一审管机构，负责对相关放射性活动的许可登记，以加强对放射环境的统一监督管理。

3. 对于奖励制度不够重视。法律的功能中奖励与惩罚是并存的，但是现实运用中往往会出现只重惩罚、忽视奖励的情况，在整个核能安全立法中也不例外。对于责任以及惩罚的规定，在每一部核能法规中都有体现；对于奖励，《核材料管理条例》第18条、《民用核设施安全监督管理条例》第20条、《放射性污染防治法》第4、7条都作出了规定，但都是原则性的规定，不具有操作性，相对于有关法律责任规定而言，实在不足以形成奖励制度，不过是流于形式的做法而已。核能立法本身就是科技和法律的结合，对待科技不能靠惩罚来推动其前进和发展，而是应该给予奖励机制足够的重视，因此在我国核能立法体系的基本法中建立相应的奖励制度是必要的。

二、放射性污染防治法律制度

近年来，我国在核能与核技术开发利用过程中的安全问题和放射性污染防治问题，也越来越突出，主要表现在：①我国已有多座核设施，有些核设施已经进入退役阶段，如果监管不严或者处置不当，其遗留的放射性物质将对环境和公众健康构成威胁；正在运行的核设施，也存在着潜在危险，一旦发生泄漏或者发生安全事故产生放射性污染，将危及周边广大范围内的生态环境安全和公众健康。②我国现有放射源五万多枚，由于用户多而分散、有的单位管理不善等原因，近年来因放射源使用不当或者丢失导致的放射性污染事故不断发生，造成严重后果。③在铀（钍）矿和伴生放射性矿开发利用过程中，由于对放射性污染防治重视不够，缺乏对放射性污染防治的专项管理制度，乱堆、乱放放射性废矿渣的情况时有发生，由此造成的放射性污染事故威胁着环境安全和公众健康。④我国已产生了不少放射性废物，虽然国家有放射性废物处置政策，但是，由于缺乏强制性的法律制度和措施，致使对放射性废物的处置监管不力，在一定程度上对环境和公众健康构成了威胁。

因此，2003 年 6 月 28 日全国人大常委会通过了《放射性污染防治法》，国务院 2005 年 9 月 14 日颁布了修订后的《放射性同位素与射线装置安全和防护条例》。尤其是前者，首次明确了放射性污染的防治和管理范围，规定国家对放射性污染实行统一管理，特别是强调和规定了核设施退役后各项工作的监管内容，对保障人们健康和国家环境安全有十分重要的意义。

1.《放射性污染防治法》的基本原则。认真总结我国五十多年来放射性污染防治的实践经验，借鉴国外防治放射性污染的成功经验，适应新形势下环境保护和核产业发展的需要，强化对放射性污染的防治，保障人体健康，促进核能、核技术的安全利用和经济社会的可持续发展。《放射性污染防治法》坚持了以下原则：预防为主、防治结合、严格管理、安全第一；既要防治放射性污染，又要促进核能、核技术开发利用；从实际出发，建立严格的放射性污染防治法律制度；明确法律责任，从严查处违法行为。

2. 关于核设施的污染防治。核设施的潜在危害较大，一旦发生放射性污染事故，后果比较严重。为了加强对核设施的污染防治，预防和避免放射性污染事故的发生，《放射性污染防治法》确立了以下管理制度：①核设施营运单位应当在取得核设施建造、运行许可证件和办理选址、装料、退役等审批手续后，方可进行核设施的选址、建造、装料、运行、退役等活动。②核设施营运单位在申请领取核设施建造、运行许可证件和办理选址、退役审批手续前，应当编制环境影响报告书，报国务院环境保护行政主管部门审查批准；未经批准的，有关部门不得颁发有关许可证件和批准文件。③与核设施相配套的放射性污染防治设施的建设，应当执行建设项目“三同时”制度。④在核动力厂等重要核设施的外围地区划定规划限制区，尽量减少放射性污染造成的损失。⑤对核设施周围环境中所含的放射性核素的种类、浓度及核设施的流出物中的放射性核素总量，实行国家监督性监测和核设施营运单位自行监测相结合的监测制度。⑥要求核设施营运单位和有关部门按照国务院的有关规定做好核事故应急工作。

此外，为了保证核设施退役后污染防治工作正常进行，《放射性污染防治法》第27条规定：“核设施的退役费用和放射性废物处置费用应当预提，列入投资概算或者生产成本。核设施的退役费用和放射性废物处置费用的提取和管理办法，由国务院财政部门、价格主管部门会同国务院环境保护行政主管部门、核设施主管部门规定。”

3. 关于核技术利用的污染防治。目前，我国的核技术已经在医疗卫生、教学科研和工农业等领域广泛利用，尤其是放射性同位素和射线装置应用最为广泛。为了加强对放射性同位素和射线装置的污染防治，《放射性污染防治法》作了以下规定：①生产、销售、使用放射性同位素和射线装置的单位，应当按照国务院的规定申请领取许可证、办理登记手续。②有关单位应当在申请领取许可证件前编制环境影响报告书（表），报省级人民政府环境保护行政主管部门批准。③配套的放射防护设施，应当严格执行建设项目的“三同时”制度。④生产、使用放射性同位素和射线装置的单位应当按照规定收集、包装、贮存放射性废物；生产放射源的单位应当回收和利用废旧放射源；使用放射源的单位应当将废旧放射源交回生产单位或者送交放射性废物贮存、处置单位。对核技术利用的污染防治由国务院环境保护行政主管部门归口管理。

由于我国放射源类型多、数量大，为了进一步加强对放射源的管理，防止放射源的丢失、被盗，减少污染事故的发生，《放射性污染防治法》确立了放射性同位素备案制度，具体办法由国务院规定在《放射性同位素与射线装置安全和防护条例》中，同时也强化了有关单位的管护责任，并规定有关单位应当建立相应的安全管理保卫制度，指定专人负责，落实安全责任制，制定必要的事故应急措施，并明确规定了相应的法律责任。《放射性同位素与射线装置安全和防护条例》对放射性同位素，包括放射源和非密封放射性物质的监管也作了详尽规定。

4. 关于铀（钍）矿和伴生放射性矿开发利用的污染防治。针对铀（钍）矿和伴生放射性矿开发利用过程中对放射性污染防治重视不够和放射性污染事故时有发生等问题，《放射性污染防治法》主要作了以下规定：①开发利用或者关闭铀（钍）矿的单位，应当在申请领取采矿许可证或者办理退役审批手续前编制环境影响报告书，报国务院环境保护行政主管部门审查批准；开发利用伴生放射性矿的单位，应当在申请领取采矿许可证前编制环境影响报告书，报省级以上人民政府环境保护行政主管部门审查批准。②开发利用单位应当按照建设项目“三同时”制度的要求，建设配套的放射性污染防治设施，对铀（钍）矿的流出物和周围的环境进行监测并定期报告。③对铀（钍）矿和伴生放射性矿开采过程中产生的尾矿应当按照要求建造尾矿库贮存、处置。

为了保证铀（钍）矿退役后污染防治工作的顺利进行，《放射性污染防治法》第38条还规定：“铀（钍）矿开发利用单位应当制定铀（钍）矿退役计划。铀矿退役费用由国家财政预算安排。”

5. 关于放射性废物的管理。放射性废物的处理和处置是放射性污染防治的重要环节。

为了保证放射性废物及时得到处置，防止其对环境和公众健康构成威胁，《放射性污染防治法》主要作了以下规定：①明确规定核设施营运单位、核技术利用单位以及铀（钍）矿和伴生放射性矿开发利用单位，应当合理选择和利用原材料，采用先进的生产工艺和设备，尽量减少放射性废物的产生量。②规定放射性废气、废液排放单位应当向有关环境保护行政主管部门申请放射性核素的排放量，并定期报告排放计量结果。③向环境排放放射性废气、废液，应当符合国家放射性污染防治标准。产生放射性废液的单位，应当对不符合国家放射性污染防治标准的放射性废液进行处理或者妥善贮存，对符合国家放射性污染防治标准的放射性废液按照规定方式排放。④对高、中、低水平和α放射性固体废物实行分类处置。⑤产生放射性固体废物的单位，应当按照规定将其产生的放射性固体废物进行处理后，送交废物处置单位进行处置并承担处置费用；对于不按照规定处置的，有关环境保护行政主管部门指定有处置能力的单位代为处置，所需费用由产生放射性固体废物的单位承担。⑥专门从事放射性固体废物贮存、处置的单位，应当向国务院环境保护行政主管部门申请经营许可证，并按照经营许可证的规定从事放射性废物贮存和处置的经营活动。

6. 关于境外放射性废物流入我国的管理。放射性废物和被放射性污染的物品是一种特殊的有毒有害物质，需要长期、严格、科学地管理控制并投入相当的资源，才可能使危害和风险降到可以接受的水平。即便如此，仍然存在着一定的潜在风险。境外放射性废物和被放射性污染的物品输入我国，必将增加我国人民和环境的额外的负担和风险。所以，我国早在1995年10月发布的《固体废物污染环境防治法》就明文规定禁止中国境外的固体废物进境倾倒、堆放、处置，禁止进口不能用作原料的固体废物和禁止经中华人民共和国过境转移危险废物。1995年11月，国务院办公厅《关于坚决控制境外废物向我国转移的紧急通知》（国办发［1995］54号）重申“决不允许把我国作为发达国家和地区倾倒、堆放有害废物的场所”。

因此，为了保护人类健康、保护环境、保护后代、不给后代留下过度的负担等，《放射性污染防治法》明令禁止放射性废物和被放射性污染的物品进入我国境内或者经我国境内转移。但我国出口产品产生的放射性废物和被放射性污染的物品，根据有关规定必须返回国内处理、处置的除外。

三、核设施与核材料保护法律制度

核设施与核材料保护法律制度，是指调整有关核设施选址、设计、建造、运行和退役与调整有关核材料安全及合法利用，防止被盗、破坏、丢失、非法转让和非法使用，保护国家和人民群众的安全，促进核能事业的发展的法律规范的总称。

“核设施，是指核动力厂（核电厂、核热电厂、核供汽供热厂等）和其他反应堆（研究堆、实验堆、临界装置等）；核燃料生产、加工、贮存和后处理设施；放射性废物的处理和处置设施等”。[1] 核材料，是指“铀－235，含铀－235的材料和制品；铀－233，含铀－233的材料和制品；钚－239，含钚－239的材料和制品；氚、含氚的材料和制品；锂－6，含锂－6的材料和制品；其他需要管制的核材料”。[2]

核材料与核设施的安全保护，对于核材料储存、运输与核设施的安全运行非常重要，受到世界各国的重视。美国“9·11”事件以后，各国更加注重核材料与核设施的安全。我国政府一贯重视核材料与核设施的实物保护，一方面加强有关人员的培训，一方面加强核材料与核设施实物保护立法。我国有关核设施与核材料保护的法律渊源，除了《放射性污染防治法》外，主要有《核材料管理条例》及其实施细则、《民用核设施安全监督管理条例》、《核电厂核事故应急管理条例》、《核设施放射卫生防护管理规定》及《核安全公约》与《核材料实物保护公约》等。但其主要内容是许可证制度。

许可证制度是不同于登记制度的一种有效的监管制度，前者比后者要求更

〔1〕参见《放射性污染防治法》第62条、《核设施放射卫生防护管理规定》第35条。《核安全公约》第2条（i）项规定，“核设施”对每一缔约方而言，系指在其管辖下的任何陆基民用核动力厂，包括设在同一场址并与该核动力厂的运行直接有关的设施，如贮存、装卸和处理放射性材料的设施。当按照批准的程序永久地从堆芯卸出所有核燃料元件和安全贮存以及其退役计划经监管机构同意后，该厂即不再为核设施。

〔2〕参见《核材料管制条例》第2条。《核材料实物保护公约》第1条（a）项规定：“核材料”是指钚，但同位素钚－238含量超过80%者除外；铀－233；同位素235或233浓缩的铀；含有天然存在但非矿砂或矿渣形式的同位素混合物的铀；任何含有上述一种或多种成分的材料。

严格，且登记是许可证制度中的应有之义。国家对核设施和核材料实行许可证管理制度，其意义具体表现在：①有利于加强对核设施和核材料的监督管理。监管部门通过发放许可证和进行登记，能够有效地掌握所辖地区的核设施、核材料及放射状况，便于监督管理。②有利于贯彻“预防为主、防治结合、严格管理、安全第一”的原则，防止污染事故的发生。核与辐射具有危险性，要求从事核与辐射的工作人员、机构、单位具有一定的专业技术资格和资质。许可证制度既有对活动主体的限制，也有对活动范围、内容的限制，从而实现了对核设施和核材料的有效控制，确保核设施的建造、运行和退役安全，确保核材料使用、储运符合国家利益及法律的规定，保证国家和人民群众的安全，保证在必要时国家可以征收。

（一）核设施安全许可证制度

为了保证核设施安全，国家对核设施的选址、建造、装料、调试、运行和退役的全过程，都严格实行安全审查。对此，《放射性污染防治法》第 19 条规定：“核设施营运单位在进行核设施建造、装料、运行、退役等活动前，必须按照国务院有关核设施安全监督管理的规定，申请领取核设施建造、运行许可证和办理装料、退役等审批手续。核设施营运单位领取有关许可证或者批准文件后，方可进行相应的建造、装料、运行、退役等活动。”

因此，核设施营运单位在进行核设施建造、装料、运行、退役等活动前，必须按照国家有关核设施安全监督管理的规定，向国家环保总局提交从事相关活动的申请、初步或者最终安全分析报告、相应阶段的环境影响报告书及其他相关文件，取得相应的安全许可证或批准文件。国家环保总局组织审评，确定核设施安全许可证或批准文件的申请者提交的资料是否符合国家核安全法规的要求，是否有足够的安全措施保障厂区人员、公众和环境免遭过量辐射，以决定是否发放有关许可证件或批准文件。核设施安全许可证包括核设施建造许可证、核设施运行许可证、核设施操纵员执照和其他需要批准的文件。

1. 建造许可证。在核设施建造前，核设施营运单位必须申请核设施建设许可证。申请核设施建设许可证需提交的资料包括：核设施建造申请书、初步安全分析报告以及可行性研究报告的批准书、环境影响报告批准书以及设计和建造阶段的质量保证大纲等资料。取得建造许可证后，核设施营运单位方可开始动工建造。

2. 首次装料批准文件。在开始装载核燃料（投料）进行启动调试前，核设施营运单位必须申请允许装料（或投料）、调试的批准文件。需提交的资料包括最终安全分析报告、此阶段环境影响报告批准书、调试大纲、操纵人员合格证明、应急计划、拥有核材料许可证的证明、调试阶段质量保证大纲等。取得批准后，核设施营运单位方可开始装料、调试。

3. 运行许可证。在核设施运行前，营运单位必须申请核设施运行许可证。申请核设施运行许可证需提交的资料包括：经修订的最终安全分析报告、此阶段环境影响报告批准书、装料后调试报告和试运行报告、运行阶段质量保证大纲等。取得许可证后，营运单位方可在运行许可证规定的条件下运行。

4. 退役批准书。核设施退役前，必须提出申请，经审查批准后方可进行。申请批准需提交的资料包括退役报告、退役环境影响报告批准书、退役阶段质量保证大纲。核设施营运单位在取得退役批准书后，开始退役活动；在取得最终退役批准书后，最终退役。

5. 核设施操纵员执照。核设施操纵员执照分《操纵员执照》和《高级操纵员执照》两种。持《操纵员执照》的人员方可担任操纵核设施控制系统的工作；持《高级操纵员执照》的人员方可担任操纵或者指导他人操纵核设施控制系统的工作。具备下列条件的，方可取得《操纵员执照》：身体健康，无职业禁忌症；具有中专以上文化程度或同等学力，核动力厂操纵人员应具有大专以上文化程度或同等学力；经过运行操作培训，并经考核合格。具备下列条件的，方可取得《高级操纵员执照》：①身体健康、无职业禁忌症；②具有大专以上文化程度或同等学力；③经运行操作培训，并经考核合格；④担任操纵员2年以上，成绩优秀者。

第十四章

（二）核材料安全许可证制度

为了防止核材料被盗、丢失、非法转让和使用，国防科工委对核材料的生产和使用实施许可证制度，建立了核材料衡算与控制系统，保证了核材料的基本安全。这不仅是我国全面履行所承担的核不扩散的义务，而且也树立了负责任的大国形象。

1. 必须申请许可证的条件。凡是持有核材料数量达到下列限额的单位必须申请核材料许可证：累计的调入量或生产量大于或等于0.01有效公斤的铀、含铀材料和制品（以铀的有效公斤量计）；任何量的钚-239、含钚-239的材料和制品；累计的调入量或生产量大于或等于3.7×10的13次方贝可（1000永）的氚、含氚材料和制品（以氚量计）；累计的调入量或生产量大于或等于1公斤的浓缩锂、含浓缩锂材料和制品（以锂-6量计）；其他需要管制的核材料。

2. 申请许可证的程序。核材料许可证的申请单位向核材料管制办公室提交许可证申请书以及申请单位的上级领导部门的审核批准文件；核材料管制办公室向国家核安全局或国防科学技术工业委员会报送审查意见、核材料许可证申请文件及相关支持性资料；国家核安全局组织技术审核组进行文件审查和现场核查；技术审核组完成审核评价报告，提交国家核安全局；国家核安全局根据审核评价报告，作出核准审批决定，书面通知核材料管制办公室；核材料管制办公室颁发核材料许可证。

3. 首次申请提交的基本文件和支持性文件。基本文件包括：核材料许可证申请报告；核材料账目与衡算管理实施计划；核材料实物保护与保密实施计划。支持性文件包括：核材料管制机构与职责规定；核材料衡算与控制管理规程；与核材料衡算管理有关的设计资料；核材料调入、调出管理规程；核材料实物盘存管理规程；核材料测量系统说明与管理规程；核材料测量的质量控制规程；核材料衡算管理程序的管理制度；核电厂核材料实物保护与保密管理规定；核材料实物保护系统（包括实体屏障、出入口控制、警卫保护、技术防范、通讯联络系统、事故应急计划和反应力量等）的说明以及分项管理规定；核材料运输保卫规程；消防系统说明；核材料突发事件处置预案。应该注意的是，各类设施提交的支持性文件根据设施特点有所不同。

4. 换证申请提交的基本文件和支持性文件。基本文件包括：核材料许可证申请报告；核材料账目与衡算管理实施计划；核材料实物保护与保密实施计划。支持性文件包括：对前一次检查中所发现问题的整改完成情况；申请单位持证期间的自查报告（包括衡算和实物保护两方面）。

四、核损害救济制度

《放射性污染防治法》明确了单位为防治责任主体，并规定了较为详细的法律责任，包括行政责任、民事责任和刑事责任。其中还规定了放射性固体废物的行政代处置制度，《放射性污染防治法》第56条规定：“产生放射性固体废物的单位，不按照本法第45条的规定对其产生的放射性固体废物进行处置的，由审批该单位立项环境影响评价文件的环境保护行政主管部门责令停止违法行为，限期改正；逾期不改正的，指定有处置能力的单位代为处置，所需费用由产生放射性固体废物的单位承担，可以并处20万元以下罚款；构成犯罪的，依法追究刑事责任。”

《放射性污染防治法》第59条规定：“因放射性污染造成他人损害的，应当依法承担民事责任。”这就是我们通常意义上的核损害责任。核损害责任是指在核电站及其他核设施发生核事故的情况下由该核电站或核设施的业主对核损害受害者承担的民事赔偿责任。由于该损害赔偿数额巨大，核电站或核设施的营运人往往通过投保来解决。相对于投保人（核电站或核设施的营运人）和保险人而言，核损害受害者为第三方，故核损害责任也称第三方核责任。在20世纪60年代国际社会通过了两项国际公约，即《巴黎公约》和《维也纳公约》，确立了处理有关第三方核责任的基本原则。

在中国建设核电站进行设备采购及项目建设过程中，外商多次提出有关第三方核责任问题。在研究、借鉴核损害责任国际公约的基础上，国务院通过批复对核损害责任问题作出明确规定，即国务院《关于处理第三方核责任问题给核工业部、国家核安全局、国务院核电领导小组的批复》（国函［1986］44号文）。该文件成为我国处理第三方核责任问题的基本法律依据。该文件中包括了以下主要内容：

1. 营运人为责任主体。在中华人民共和国境内，经政府指定，经营核电站的单位，或者从事核电站核材料的供应、处理、运输，而拥有其他核设施的单位，为该核电站或者核设施的营运人。营运人依法取得法人资格，并对核损害承担责任。

2. 绝对责任原则。经政府指定的核电站的营运人对在核电站现场内发生核事故所造成的核损害，或者核设施的核材料于其他人接管之前，以及在接管其他人的核材料之后，在中华人民共和国境内发生核事故所造成的核损害，该营运人对核损害承担绝对责任；其他人不承担任何责任。

3. 有限责任原则。有限包括数额的限制和索赔诉讼时效的限制。营运人对每次核损害的赔偿额只负有限责任，对全体受害人的最高赔偿额合计为1800万元。核事故的受害人，有权在受害人已知或者应知核事故所造成的核损害之日起的3年内，要求有关营运人予以赔偿；但是，这种要求必须在核事故发生之日起的10年内提出，逾期赔偿要求权即告丧失。在中国境内发生核事故所引起的诉讼适用中国法律，并由对该核事故发生地有管辖权的人民法院受理。

4. 政府的支持。对于一次核事故所造成的核损害，营运人对全体受害人的最高赔偿额合计为人民币1800万元。对核损害的应赔总额如果超过前述规定的最高赔偿额，中华人民共和国政府将提供必要的、有限的财政补偿，其最高限额为人民币3亿元。

5. 追索权。如果核损害是由致害人故意的作为或者不作为所造成的，有关营运人只对该致害人有追索权。

6. 责任豁免。对直接由于武装冲突、敌对行动、暴乱或者由于特大自然灾害所引起的核事故造成的核损害，任何营运人都不承担责任。

该文件所确定的原则与核损害责任国际公约确立的基础原则完全一致，这表明中国核损害责任立法从一开始即注意国内法规与国际法接轨。

从国际核责任法律制度的发展来看，自1986年切尔诺贝利核电站事故发生后，国际社会对核损害赔偿法律问题更加关注，在国际原子能机构主持下对《维也纳公约》进行了修改，于1997年签订了《关于修订维也纳公约议定书》和《核损害补充赔偿公约》，建立了政府和国际互助的机制。

中国核工业界、法律界对核责任法律制度的完善一直在积极地做工作，即使有些方面的法律规定暂时未能发布，但已经开展了一些调查、研讨和起草法律规定草案等工作。中国参加了国际原子能机构核损害责任常务委员会关于修改核损害责任的《维也纳公约》，参加了《核损害补充赔偿公约》的会议的讨论，跟踪了公约修改的过程，对国际责任机制的发展有了一定的了解；通过举办中美核责任研讨会对双边核责任法律及操作初步进行了沟通，组织研究核责任有关问题，为下一步开展核立法做了理论和实践铺垫。

■　第四节　特种设备安全法律制度

一、特种设备的概念

为了适应一些特殊部门的特殊要求，人们制造出了一些特种设备，这些设备有的方便了人们的生产，有的方便了人们的生活。但特种设备在带给我们方便的同时，也对我们的生命财产形成了潜在的威胁。要减少这种威胁，充分发挥特种设备的效用，我们需要制定统一的规则来加以规范。2003 年 3 月 11 日国务院公布的《特种设备安全监察条例》（2009 年最新修订，并已经于 2009 年 5 月 1 日起施行）就是为了加强对特种设备的安全监察，防止和减少事故，保障人民群众生命和财产安全，促进经济发展而制定的。

根据《特种设备安全监察条例》的规定：特种设备是指涉及生命安全、危险性较大的锅炉、压力容器（含气瓶）、压力管道、电梯、起重机械、客运索道、大型游乐设施和场（厂）内专用机动车辆，同时也包括其附属的安全附件、安全保护装置和与安全保护装置相关的设施。但有关军事装备、核设施、航空航天器、铁路机车、海上设施和船舶以及矿山井下使用的特种设备、民用机场专用设备的安全监察不适用《特种设备安全监察条例》。房屋建筑工地和市政工程工地用起重机械、场（厂）内专用机动车辆的安装、使用的监督管理，由建设行政主管部门依照有关法律、法规的规定执行。

作为特种设备的锅炉、压力容器、压力管道、电梯、起重机械、客运索道、大型游乐设施和场（厂）内专用机动车辆具有其特定涵义：

（1）锅炉是指利用各种燃料、电或者其他能源，将所盛装的液体加热到一定的参数，并对外输出热能的设备。其范围规定为容积大于或者等于 30L 的承压蒸汽锅炉；出口水压大于或者等于 0.1MPa（表压），且额定功率大于或者等于 0.1MW 的承压热水锅炉；有机热载体锅炉。

（2）压力容器是指盛装气体或者液体，承载一定压力的密闭设备。其范围规定为最高工作压力大于或者等于 0.1MPa（表压），且压力与容积的乘积大于或者等于 2.5Mpa · L 的气体、液化气体和最高工作温度高于或者等于标准沸点的液体的固定式容器和移动式容器；盛装公称工作压力大于或者等于0.2MPa（表压），且压力与容积的乘积大于或者等于1.0Mpa·L的气体、液化气体和标准沸点等于或者低于60℃液体的气瓶；氧舱等。

（3）压力管道是指利用一定的压力，用于输送气体或者液体的管状设备。其范围规定为最高工作压力大于或者等于0.1MPa（表压）的气体、液化气体、蒸汽介质或者可燃、易爆、有毒、有腐蚀性、最高工作温度高于或者等于标准沸点的液体介质，且公称直径大于25mm的管道。

（4）电梯是指动力驱动，利用沿刚性导轨运行的箱体或者沿固定线路运行的梯级（踏步），进行升降或者平行运送人、货物的机电设备，包括载人（货）电梯、自动扶梯、自动人行道等。

（5）起重机械是指用于垂直升降或者垂直升降并水平移动重物的机电设备。其范围规定为额定起重量大于或者等于0.5t的升降机；额定起重量大于或者等于1t，且提升高度大于或者等于2m的起重机和承重形式固定的电动葫芦等。

（6）客运索道是指动力驱动，利用柔性绳索牵引箱体等运载工具运送人员的机电设备，包括客运架空索道、客运缆车、客运拖牵索道等。

（7）大型游乐设施是指用于经营目的，承载乘客游乐的设施，其范围规定为设计最大运行线速度大于或者等于2m/s，或者运行高度距地面高于或者等于2m的载人大型游乐设施。

（8）场（厂）内专用机动车辆，是指除道路交通、农用车辆以外仅在工厂厂区、旅游景区、游乐场所等特定区域使用的专用机动车辆。

这些特种设备技术含量高，危险性较大，加强对他们的科学管理就显得尤为重要。国务院特种设备安全监督管理部门负责全国特种设备的安全监察工作，并制定特种设备的目录；县级以上地方人民政府负责特种设备安全监督管理的部门，对本行政区的特种设备实施安全监察，同时县级以上地方人民政府应当督促、支持特种设备安全监督管理部门依法履行安全监察职责，对特种设备安全监察中存在的问题及时予以协调、解决。特种设备安全监督管理部门应当建立特种设备安全检察举报制度，公布举报电话、信箱或电子邮件地址，受理对特种设备生产、使用和检举检测违法行为的举报并及时处理。

保证特种设备的安全不仅是国家的责任，而且也是任何单位和个人的义务。特种设备的生产和使用单位应当建立健全特种设备安全管理制度和岗位安全责任制度，并接受特种设备安全监督管理部门依法进行的特种设备安全监察和定期检查检测。任何单位和个人对违反《特种设备安全监察条例》的行为，有权向特种设备安全监察管理部门和行政监察等有关部门举报，特种设备安全监督管理部门和行政监察等有关部门应当为举报人保密，并按国家有关规定给予奖励。

二、特种设备生产监管

众所周知，特种设备是对人们的生命财产具有重大潜在威胁的产品。要减少它的威胁性，实现方便人们生产生活的效用性，仅有制度上的措施是远远不够的，最为根本的是从源头，即特种设备的生产上加以严格要求，生产出质量过硬、安全可靠的产品才是问题的关键，否则，一切安全问题都是枉谈。这就要求特种设备的生产单位，应当严格按照《特种设备安全监察条例》的要求以及国务院特种设备安全监督管理部门制定并公布的安全技术规范的要求，进行生产活动，并对其生产的特种设备的安全性负责。为此，特种设备的生产单位，对生产阶段的各个环节，都应严格把关，确保做到万无一失。

（一）特种设备设计阶段监管

1. 压力容器的设计单位应当经国务院特种设备安全监督管理部门许可，方可以从事压力容器的设计活动。设计是生产的前提，设计是产品的样本，设计的好坏直接关系着生产的成败。因此，特种设备的设计情况对其质量、安全至关重要。同时，这也对压力容器的设计单位提出了严格的要求：①有与压力容器设计相适应的设计人员、设计审核人员；②有与压力容器设计相适应的健全的管理制度和责任制度；③有与压力容器设计相适应的场所和设备。

2. 锅炉、压力容器中的气瓶、氧舱和客运索道、大型游乐设施的设计，应当经国务院特种设备安全监督管理部门核准的检验检测机构鉴定，方可进行制造。

3. 按照安全技术规范的要求，应当进行型式试验的特种设备产品、部件或者试制特种设备新产品、新部件、新材料，必须进行型式试验和能效测试。

4. 气瓶充装单位应当经省、自治区、直辖市的特种设备安全监督管理部门许可，方可从事充装活动。气瓶充装单位应当具备下列条件：①有与气瓶充装相适应的管理人员和技术人员；②有与气瓶充装相适应的充装设备、检测手段、场地厂房、器具、安全设施；③有健全的充装安全管理制度、责任制度、紧急处理措施。同时，气瓶充装单位应当对气瓶使用者安全使用气瓶进行指导、提供服务。

（二）特种设备制造阶段监管

锅炉、压力容器、电梯、起重机械、客运索道、大型游乐设施及其安全附件、安全保护装置的制造、安装、改造单位；以及压力管道用管子、管件、阀门、法兰、补偿器、安全保护装置等的制造单位和场（厂）内专用机动车辆的制造、改造单位，应当经国务院特种设备安全监督管理部门许可，方可从事相应的活动。这些设备的制造、安装、改造单位应当具备的条件为：①有与特种设备制造、安装、改造相适应的专业技术人员和技术工人；②有与特种设备制造、安装、改造相适应的生产条件和检测手段；③有健全的质量管理制度和责任制度。

（三）特种设备销售监管

特种设备出厂时需要具备的条件主要有：①特种设备出厂时，应当附有安全技术规范要求的设计文件、产品质量合格证明、安装及使用维修说明、监督检验证明等文件。②锅炉、压力容器、压力管道元件、起重机械、大型游乐设施的制造过程和锅炉、压力容器、电梯、起重机械、客运索道、大型游乐设施的安装、改造、重大维修过程，必须经国务院特种设备安全监督管理部门核准的检验检测机构按照技术规范的要求进行监督检验；未经监督检验合格的不得出厂或者交付使用。

（四）特种设备使用维修监管

锅炉、压力容器、电梯、起重机械、客运索道、大型游乐设施、场（厂）内专用机动车辆的维修单位，应当有与特种设备维修相适应的专业技术人员和技术工人以及必要的检测手段，并经省、自治区、直辖市特种设备安全监督管理部门许可，方可从事相应的维修活动。

锅炉、压力容器、起重机械、客运索道、大型游乐设施、维修以及场（厂）内专用机动车辆的安装、改造、维修必须由取得相应资格的单位进行。施工单位应当在施工前将拟进行的特种设备安装、改造、维修情况书面告知直辖市或设区的市的特种设备安全监督管理部门，然后才可以施工。

电梯可能是我们日常生活中运用最广的特种设备，随着建筑技术和科技的进步，现代城市中高楼大厦，鳞次栉比，电梯的应用一方面大大方便了人们的生活，提升了人们的生活质量。然而，另一方面，我们也经常听到不和谐的音符，因电梯酿成的事故，不时传入我们耳中。为此，我们应着重加强对电梯的各方面管理：①电梯的安装、改造、维修，必须由电梯制造单位或其通过合同委托、同意的符合条件的单位进行。电梯制造单位对电梯质量以及安全运行涉及的质量问题负责。②电梯井道的土建工程必须符合建筑工程质量要求。电梯安装施工中，电梯安装单位应当遵守施工现场的安全生产要求，落实现场安全防护措施。电梯安装施工过程中，施工现场的安全生产监督，由有关部门依照有关法律、行政法规的规定执行，并服从建筑施工总承包单位对施工现场的安全生产管理，并订立合同，明确各自的安全责任。③电梯的制造、安装、改造和维修活动，必须严格遵守安全技术规范的要求。电梯制造单位委托或同意其他单位进行电梯安装、改造、维修活动的，应当对其安装、改造、维修活动进行安全指导和监控。电梯的安装、改造、维修活动结束后，电梯制造单位应当按照安全技术规范的要求对电梯进行校验和调试，并对校验和调试的结果负责。

锅炉、压力容器、电梯、起重机械、客运索道、大型游乐设施的安装、改造、维修以及场（厂）内专用机动车辆的改造、维修竣工后，安装、改造、维修的施工单位应当在验收后30天内将有关技术资料移交使用单位，高耗能特种设备还应当按照安全技术规范的要求提交能效测试报告。使用单位应当将其存入该特种设备的安全技术档案。

三、特种设备使用安全监管

特种设备的使用单位，应当使用符合安全技术规范的特种设备。特种设备在投入使用前或使用后30日内，特种设备使用单位应当向直辖市或设区的市的特种设备安全监督管理部门登记，并将其登记标志附着于特种设备的显眼位置。在使用中，应严格遵守有关安全生产的法律法规的规定，保证特种设备的安全使用。

1. 特种设备使用单位应当建立特种设备安全技术档案。安全技术档案应当包括以下内容：①特种设备的设计文件、制造单位、产品质量合格证明等文件以及安装技术文件和资料；②特种设备的定期检验和定期自行检查记录；③特种设备的日常使用状况记录；④特种设备及其安全附件、安全保护装置、测量调控装置及其有关附属仪器仪表的日常维护保养记录；⑤特种设备运行故障和事故记录；⑥高耗能特种设备的能效测试报告、能耗状况记录以及节能改造技术资料。

2. 特种设备使用单位应当对在用特种设备进行日常维护保养，并应当至少每月进行一次自行检查，作出记录，发现异常情况的，应当及时处理。特种设备的使用单位应当按技术规范的定期检验要求，在安全检验合格有效期届满前1个月向特种设备检验检测机构提出定期检验要求，检验检测机构应该及时进行检验。未经定期检验或检验不合格的特种设备，不得继续使用。

3. 特种设备出现故障或者发生异常情况，使用单位应当对其进行全面检查，清除事故隐患后，方可继续投入使用。如果特种设备存在严重事故隐患，无改造、维修价值，或者超过安全技术规范规定使用年限，特种设备使用单位应当及时予以报废，并向原登记机关办理注销。为了事故发生后将损失降到最低点，使用单位应当制定特种设备的事故应急措施和救援预案。

电梯的维护保养。电梯的日常维护保养必须由取得许可的安装、改造、维护单位或者电梯制造单位进行，在维护保养中，严格执行国家安全技术规范的要求，保证其维护保养的电梯的安全技术性能，并负责落实现场安全防护措施，保证施工安全。而且电梯应当至少每15日进行一次清洁、润滑、调整和检查。电梯的日常维护保养单位，应当对其维护保养的电梯的安全性负责。接到故障通知后，应当立即赶赴现场，并采取必要的应急措施。电梯投入使用后，电梯制造单位应当对其制造的电梯的安全运行情况进行跟踪调查和了解，对电梯的日常维护保养单位或者电梯的使用单位在安全运行方面存在的问题，提出改进建议，并提供必要的技术帮助。发现电梯存在严重事故隐患的，应及时向特种设备安全监督管理部门报告。电梯制造单位对调查和了解的情况，应当做出记录。

电梯、客运索道、大型游乐设施等为公众提供服务的特种设备运营使用单位，应当设置特种设备安全管理机构或者配置专职的安全管理人员，对这些设备进行经常性检查，发现问题立即处理；并将这些特种设备的安全注意事项和警示标志置于易于为乘客注意的显著位置。

特种设备的从业人员和管理人员，应当按照国家有关规定经有关部门考核合格，取得国家统一格式的特种作业人员证书，方可从事相应的作业或者管理工作。并经常接受安全知识教育和培训，保证特种设备从业人员具备必要的特种设备安全作业知识，在作业中严格执行特种设备的操作规程和有关的安全规章制度，发现事故隐患或不安全因素，应当立即向现场安全管理人员和单位有关负责人报告。

四、对特种设备的安全检验检测

特种设备检验检测机构是由国务院特种设备安全监督管理部门核准，专门负责对特种设备的监督检验、定期检验、型式试验检验检测工作的机构。除此之外，特种设备使用单位设立的特种设备检验检测机构，是经国务院特种设备安全监督管理部门核准，负责本单位一定范围内的特种设备定期检验、型式试验工作。

特种设备检验检测机构的条件：①有与所从事的检验检测工作相适应的检验检测人员；②有与所从事的检验检测工作相适应的检验检测仪器和设备；③有健全的检验检测管理制度、检验检测责任制度。

特种设备检验检测机构的人员的条件：①从事监督检验、定期检验和型式试验和无损监测的特种设备检验检测人员应当经国务院特种设备安全监督管理部门组织考核合格，取得检验检测人员证书，方可从事检验检测工作；②检验检测人员从事检验检测工作，必须在特种设备检验检测机构执业，但不得同时在两个以上检验检测机构中执业。

特种设备检验检测机构和检验检测人员进行特种设备检验检测，应当遵循诚信原则和方便企业的原则，为特种设备生产、使用单位提供可靠、便捷的检验检测服务；特种设备检验检测机构和人员对涉及的被检验检测单位的商业秘密，负有保密义务；特种设备检验检测机构和检验检测人员应当客观、公正、及时地出具检验检测结果、鉴定结论，并对其真实性负责。检验检测结果、鉴定结论经检验检测人员签字后生效，由检验检测机构负责人签署。

国务院特种设备安全监督管理部门应当组织对特种设备检验检测机构的检验检测结果、鉴定结论进行监督抽查，但要防止重复抽查。监督抽查结果应当向社会公布。特种设备检验检测机构和检验检测人员利用检验检测工作故意刁难特种设备生产、使用单位，特种设备生产、使用单位有权向特种设备安全监督管理部门投诉。

特种设备检验检测机构及其人员不得从事特种设备的生产、销售，不得以其名义推荐或监制、监销特种设备。

五、特种设备监督检查

特种设备安全监督管理部门是对特种设备生产、使用单位和检验检测机构实施安全监察的主要部门。特种设备安全监督管理部门根据举报或者取得的涉嫌违法证据，对涉嫌违反有关规定的行为进行查处。

特种设备安全监督管理部门对涉嫌违反有关规定的行为进行查处时可以行使的职权：①向特种设备生产、使用单位和检验检测机构的法定代表人、主要负责人和其他有关人员调查、了解与涉嫌从事违反《特种设备安全监察条例》的生产、使用、检验检测有关的情况；②查阅、复制特种设备生产、使用单位和检验检测机构的有关合同、发票、账簿以及其他有关资料；③对有证据表明不符合安全技术规范要求的或者有其他严重事故隐患、能耗严重超标的特种设备，予以查封或者扣押。

特种设备安全监督管理部门的义务：国务院特种设备安全监督管理部门和省、自治区、直辖市特种设备安全监督管理部门应当定期向社会公布特种设备安全以及效能状况。公布特种设备安全以及效能状况，应当包括下列内容：①特种设备质量安全状况；②特种设备事故的情况、特点、原因分析、防范对策；③特种设备能效状况；④其他需要公布的情况。

特种设备安全监督管理部门在办理有关行政审批事项时，其受理、审查、许可、核准的程序必须公开，并应当自受理申请之日起30日内，作出许可、核准或者不予许可、核准的决定；不予许可、核准的，应当书面向申请人说明理由。

地方各级特种设备安全监督管理部门不得以任何形式进行地方保护和地区封锁，不得对已经依照《特种设备安全监察条例》规定在其他地方取得许可的特种设备生产单位重复进行许可，也不得要求对依照《特种设备安全监察条例》规定在其他地方检验检测合格的特种设备，重复进行检验检测。

对特种设备安全监督管理部门的安全监察人员的要求：①应当熟悉相关法

律、法规、规章和安全技术规范，具有相应的专业知识和工作经验，并经国务院特种设备安全监督管理部门考核，取得特种设备安全监察人员证书，并应当忠于职守、坚持原则、秉公执法；②特种设备安全监督管理部门对特种设备生产、使用单位和检验检测机构实施安全监察时，应当有2名以上特种设备安全监察人员参加，并出示有效的特种设备安全监察人员证件；③特种设备安全监督管理部门的工作人员对特种设备生产、使用单位和检验检测机构实施安全监察，应当对每次安全监察的内容、发现的问题及处理情况，作出记录，并由参加安全监察的特种设备安全监察人员和被检查单位的有关负责人签字后归档。被检查单位的有关负责人拒绝签字的，特种设备安全监察人员应当将情况记录在案。

特种设备安全监督管理部门发现隐患后的处理：①对特种设备生产、使用单位和检验检测机构进行安全监察时，发现有违反安全技术规范的行为或者在用的特种设备存在事故隐患、不符合能效指标的，应当以书面形式发出特种设备安全监察指令，责令有关单位及时采取措施，予以改正或者消除事故隐患。紧急情况下需要采取紧急处置措施的，应当随后补发书面通知。②特种设备安全监督管理部门对特种设备生产、使用单位和检验检测机构进行安全监察，发现重大违法行为或者严重事故隐患时，应当在采取必要措施的同时，及时向上级特种设备安全监督管理部门报告。接到报告的特种设备安全监督管理部门应当采取必要措施，及时予以处理。③对违法行为、严重事故隐患或者不符合能效指标的处理需要当地人民政府和有关部门的支持、配合时，特种设备安全监督管理部门应当报告当地人民政府，并通知其他有关部门。当地人民政府和其他有关部门应当采取必要措施，及时予以处理。④特种设备发生事故后，事故发生单位应当迅速采取有效措施，组织抢救，防止事故扩大，减少人员伤亡和财产损失，并按照国家有关规定，及时、如实地向负有安全生产监督管理职责的部门和特种设备安全监督管理部门等有关部门报告。不得隐瞒不报、谎报或者拖延不报。

第十五章 违反质检法的民事责任与适用

从我国现行立法和执法现状来看，违反质检法的责任常常落实到违法者的行政责任，由政府部门承担主要的监管职责，通过行政执法的方式对违法行为予以规制。但事实上，政府部门的人力、物力及财力是有限的，仅仅依靠行政机关的治理是远远不能充分保障消费者的人身和财产安全的，因此需要消费者通过民事救济的手段维护自己的合法权益。

■ 第一节 质检法中的民事责任及其实现

一、质检法关于民事责任的规定

质检法关于民事责任的规定主要集中在《产品质量法》、《食品安全法》和《农产品质量安全法》中，《认证认可条例》和《特种设备安全监察条例》等也有一些关于民事责任的规定。当然，既然是民事责任，其基础应主要来源于《民法通则》及相关的司法解释，《合同法》和《侵权责任法》也是其重要基础。

(一)《民法通则》的有关规定

《民法通则》首次将有关产品质量责任的问题规定在民事基本法律中。这主要体现在第122条的规定："因产品质量不合格造成他人财产、人身损害的，产品制造者、销售者应当依法承担民事责任。运输者、仓储者对此负有责任的，产品制造者、销售者有权要求赔偿损失。"该条是违反质检法的民事责任的最基本法律依据。

(二)《产品质量法》的有关规定

《产品质量法》全面系统地规定了产品质量的责任和损害赔偿责任。该法在第三章用14个法条对生产者、销售者的产品质量责任和义务作出了较为具体明确的规定；在第四章用9个条文规定了生产者、销售者违反其产品质量义务所应承担的民事责任。《产品质量法》是我国产品质量民事责任最主要的立法。

（三）《消费者权益保护法》的有关规定

《消费者权益保护法》以消费者权利为中心，同时规定了生产经营者的义务，是我国消费者保护的基本法。该法第七章第40～50条规定了经营者违反其义务所应承担的民事责任、行政责任和刑事责任，其中主要是民事责任的规定，如第40条关于产品责任的规定、第49条关于欺诈行为的惩罚性赔偿责任的规定等。

（四）《食品安全法》的有关规定

《食品安全法》以保障公众身体健康和生命安全为宗旨，在第96条规定："违反本法规定，造成人身、财产或者其他损害的，依法承担赔偿责任。生产不符合食品安全标准的食品或者销售明知是不符合食品安全标准的食品，消费者除要求赔偿损失外，还可以向生产者或者销售者要求支付价款10倍的赔偿金。"在第97条规定："违反本法规定，应当承担民事赔偿责任和缴纳罚款、罚金，其财产不足以同时支付时，先承担民事赔偿责任。"

（五）《侵权责任法》的有关规定

《侵权责任法》是明确侵权责任，预防并制裁侵权行为的基础法。《侵权责任法》以第五章专章规定了产品责任，包括第41～47条，是对《产品质量法》有关规定的系统总结和发展。根据《侵权责任法》第5条"其他法律对侵权责任另有特别规定的，依照其规定"的原则，质检法各专门法律中关于侵权责任的规定，可分别不同情况，按下述原则办理：和侵权责任法规定一致的，适用侵权责任法；和侵权责任法规定不一致的，则依照其规定适用；倘若没有规定的，应依照侵权责任法规定适用。

（六）其他立法的规定

在《农产品质量安全法》、《认证认可条例》、《特种设备安全监察条例》等法律法规中有一些有关民事责任的零星规定，主要包括向农产品产地倾倒有毒有害物质导致他人损害的民事责任、认证机构的认证失实造成损害的赔偿责任及生产销售者的连带责任、检测机构出具失实的检测报告所应承担的损害赔偿责任等。

二、违反质检法民事责任的实现途径

违反质检法产生的民事责任主要可以通过和解、调解、仲裁、诉讼的方式予以解决。

1．和解。所谓和解，是在消费者和生产者或销售者因产品质量问题发生纠纷以后，在无第三人参与的情况下，双方本着互谅互让的原则，对争议进行友好协商，寻找争议各方均能接受的解决争议的方案，达成一致意见，形成协议并自愿履行，从而解决纠纷的方式。

和解的优点在于双方的和解协议体现了双方真实的意思表示，双方一般会自觉履行，有利于纠纷的顺利解决，而且形式比较灵活，随时可依双方意志协议变更；缺陷在于由于没有第三方的参与，各方往往各执己见影响协议的达成，而且自愿协商达成的协议没有强制执行力，一方不自觉履行会再次引起纠纷。所以纠纷发生后，当事人可以选择和解的方式解决，如果和解不成，可采取其他方式解决纠纷。

2. 调解。所谓调解，是指消费者和生产者或销售者当事人双方选择第三人从中调停、斡旋，由第三人协调争议各方的意见，争议各方当事人接受第三人的调解意见，自愿达成解决纠纷的协议，从而解决纠纷的方式。在产品质量民事责任领域，调解的第三人一般是消费者协会。

调解的优点在于有第三方从中调解、劝说，可以帮助当事人分清是非、责任，比较容易促使当事人达成协议，顺利解决纠纷；调解的缺陷在于调解必须在当事人自愿的基础上进行，调解无强制性，如果当事人不愿接受调解人的意见，协议就无法达成，即使达成调解协议，与和解协议一样，协议只能靠当事人自觉履行，一旦当事人一方不自觉履行，另一方当事人也无法申请强制执行。另一种调解是由有关国家机关在行使国家权力的过程中以第三人的身份对当事人的纠纷进行调解。如质量侵权纠纷发生后，消费者可以向有关行政管理部门申诉，行政管理部门对违法行为较轻的纠纷可以先行调解。

3. 仲裁。所谓仲裁，是指纠纷当事人按照事先或事后达成的协议，自愿将有关争议提交仲裁机构，仲裁机构以第三者的身份对争议的事实和权利义务做出判断和裁决，以解决争议，维护当事人正当权益，当事人必须履行仲裁裁决的一种制度。产品质量民事责任的纠纷可以采用仲裁的方式解决。仲裁是一种灵活、便利的解决争议的方式。仲裁时间短、费用低，当事人有权选择仲裁员，有权选择仲裁程序和适用的法律，对仲裁有一定的控制权，可以保证争议及时、快速、顺利地解决。仲裁以双方当事人自愿为前提。当事人对争议的事项是否选择仲裁方式解决，在什么地点仲裁均可以自愿选择，选择的方式是当事人双方在争议发生前或在争议发生后订立协议。如果没有协议，任何一方无权申请仲裁机关仲裁，只能采用其他方式解决纠纷。仲裁由具有相应专业知识的专家担任仲裁员，有利于纠纷的公正妥善处理。

如质量侵权纠纷中可能涉及专业知识，由专家判断比由当事人自己或法官判断更为妥当，专家意见更易为当事人接受，有利于当事人自觉履行裁决。仲裁裁决为一裁终局，当事人选择了一定地点的仲裁机构来解决他们之间的纠纷，就必须服从该仲裁机构的裁决，裁决一经作出，就发生法律效力，当事人即使不服也必须履行，不能再申请仲裁或者诉讼，裁决非依法定程序不能改变或撤销，一方不履行仲裁裁决的，另一方当事人可以申请人民法院强制执行。

4. 诉讼。所谓诉讼，是指纠纷的当事人将争议提交人民法院，请求人民法院审理并作出判决，人民法院行使审判权，以解决当事人之间的争议的一种制度。产品质量民事责任纠纷一般是通过诉讼的方式解决的。提起诉讼应遵循《民事诉讼法》所规定的程序，人民法院审理案件也应按《民事诉讼法》的规定进行。

与仲裁相比较而言，诉讼的居中裁判者是享有国家审判权的人民法院，人民法院对各类纠纷享有最终的裁判权，所以当事人之间发生纠纷后，任何一方当事人均可以诉请人民法院解决纠纷，除非当事人之间已有仲裁协议。人民法院对案件进行审理后作出一审判决，允许当事人上诉。法院对案件作出的判决，有强制执行的效力，当事人必须自觉履行，否则另一方当事人可申请法院强制执行，所以说诉讼是解决纠纷最正规、最有效的方式。产品质量纠纷案件原告主张被告承担违约责任的，由被告住所地或合同履行地人民法院管辖。原告主张被告承担侵权责任的，由侵权行为地或者被告住所地人民法院管辖。因产品缺陷造成原告人身、财产损害提起的诉讼，产品制造地、销售地、侵权行为地和被告住所地人民法院均有权管辖。

■　第二节　违反质检法的违约责任

导致违约责任发生的主要原因是产品质量的不合格，此类产品一般没有造成消费者的损失（造成损失的情形则形成了违约和侵权的竞合，由消费者选择对于自己有利的诉讼途径），消费者可以依据和销售者之间的合同关系主张销售者和生产者承担违约责任。

一、违约责任的概念和特征

违约责任是指违反合同行为产生的法律后果，其具有以下特征：

1. 违约责任是以当事人建立的合同关系为基础发生的。所谓以合同关系为基础，是指以有法律效力的合同为基础。因为合同合法有效，当事人必须遵守，义务人必须履行其义务，否则即应承担违约责任。如合同尚未成立或合同因违法而无效，则可能产生缔约过失责任，不发生违约责任问题。以合同关系为前提，是违约责任与侵权责任或其他责任的重要区别。

2. 违约责任具有一定的任意性。这是由违约责任可以由当事人在法律允许的范围内约定的特性决定的。此种约定包括在法律规定的范围内的约定，如关于违约金比率可在法定幅度内约定；也包括在法律无规定的情况下完全依当事人约定的情况。合同的任意性是合同责任与侵权责任、无因管理责任和不当得利责任的另一重要区别，后几种责任完全是法定责任。

3. 违约责任是一种纯财产责任，不涉及非财产责任，这是由合同关系纯为财产关系决定的。违反合同义务的人侵犯的是对方的债权，只有通过财产责任的方式才能对权利人的债权有所补救。违约责任主要涉及的财产责任方式是：支付违约金，赔偿损失，继续履行，修理、重作、更换等。这一特点也是违约责任与侵权责任的区别之一。侵权责任则包括财产责任和非财产责任。

二、违约责任的一般构成要件

违约责任的一般要件，包括违约行为和行为人有过错两个方面。

1. 违反合同的行为。违反合同的行为，是合同当事人不履行或不完全履行合同义务的行为，又称为违约行为，包括不履行、不完全履行、迟延履行、毁约等情况。

（1）不履行行为是指合同当事人应履行合同义务而根本不履行的行为，即完全不履行合同义务的行为，分为拒绝履行和履行不能两种情况。①拒绝履行是指合同已到履行期，当事人又有履行可能而无任何正当理由拒不履行合同义务的行为。②履行不能是合同虽到履行期，但当事人已不可能履行合同的情况。造成履行不能的原因是多方面的，可分为主观不能和客观不能。其一，主观不能是指由于当事人主观上的过错致使合同不能履行；其二，客观不能是指因客观情况的变化使合同无法履行，对此，免除当事人的责任。客观不能须发生在合同履行期内，如发生在迟延履行期间，不免除当事人的责任。

（2）不完全履行行为是指合同当事人没有按照合同规定的内容正确履行或适当履行。此种行为主要表现为瑕疵给付或加害给付。①所谓瑕疵给付是指义务的履行不符合合同规定的标准，如数量不足、长度不够、质量不合格，给付时间、地点、方式不当等；②所谓加害给付是指合同履行中含有危险因素可能危及对方当事人，如给付劣质物品或使用指示不当等。对不完全履行行为，行为人应负相应责任。

（3）迟延履行是指合同义务人超过合同履行期履行义务，这是狭义的迟延履行。广义的迟延履行还应包括因债权人的原因的迟延履行和因不可归责于双方当事人的原因的迟延履行。对后两种情况，义务人不负责任。义务人只对狭义迟延履行，即因自己的过错所导致的迟延履行负责。

（4）毁约是指单方面撕毁合同的行为，对此行为人负不履行合同的责任。但毁约与不履行合同不同，前者涉及合同内容，是单方面非法取消合同，不产生合法解约的效力；后者不涉及合同内容，只是违约方不执行合同。

2．违约人一方有过错。违约人的过错包括违约人自己的过错和违约人自己一方的第三人的过错，即严格说来是指违约方的过错，不限于违约人的过错。违约人自己的过错，是违反合同义务的违约人自身主观上的原因，对此违约人应当负责任不存在疑问。违约人对自己一方的第三人的过错，基于特殊关系应首先向债权人负责，然后再向第三人追偿。

根据我国《合同法》第 107 条的规定违约责任一般实行无过错责任原则，即只要一方违约就承担违约责任；但同时《合同法》也承认过错责任原则，如《合同法》第 303 条的运输合同、第 406 条有偿的委托合同都规定了过错责任。此外，《合同法》第 374 条的有偿保管合同中规定了过错推定原则，依此原则，权利人只需证明义务人违约即可，义务人必须证明自己无过错，否则即推定义务人有过错，责令义务人承担违约责任。证明自己无过错主要是证明存在不承担责任的正当理由，如不可抗力、债权人过错及情事变更等。

三、违约责任的承担方式

违约责任的承担方式，可分为赔偿损失、支付违约金、强制履行、其他补救措施四种。

1．赔偿损失。这是指合同当事人一方因违反合同义务给另一方当事人造成经济损失而依法承担的赔偿责任。

根据《民法通则》第 112 条的规定，当事人一方违反合同的赔偿责任，应当相当于另一方因此所受到的损失。《合同法》第 113 条，当事人一方不履行合同义务或者履行合同义务不符合约定，给对方造成损失的，损失赔偿额应当相当于因违约所造成的损失，包括合同履行后可以获得的利益，但不得超过违反合同一方订立合同时预见到或者应当预见到的因违反合同可能造成的损失。依此规定，赔偿损失以实际损失为准，损失多少赔偿多少。赔偿损失需具备的条件除违约和违约人有过错之外，还必须具备实际损失的存在和违约与损失之间有因果关系这两个要件。

2．支付违约金。违约金是指合同一方当事人违反合同义务依照法律规定和合同约定向对方当事人支付一定货币的责任形式。

《合同法》第 114 条规定："当事人可以约定一方违约时应当根据违约情况向对方支付一定数额的违约金，也可以约定因违约产生的损失赔偿额的计算方法。约定的违约金低于造成的损失的，当事人可以请求人民法院或者仲裁机构予以增加；约定的违约金过分高于造成的损失的，当事人可以请求人民法院或者仲裁机构予以适当减少。"

3．继续履行。继续履行是义务人承担的履行原合同义务的责任方式。继续履行，必须符合的条件是义务人违反了合同义务；有履行的可能性；有履行的必要性。继续履行不影响其他违约责任的发生。

4. 其他补救措施。除赔偿损失、支付违约金、继续履行三种基本责任外，还有其他一些责任形式，如修理、重作、更换等。义务人应根据法律规定或合同约定及权利人的需要承担这些特殊的违约责任。

四、质检法中的违约责任

违反质检法的违约责任中的双方当事人一般是消费者和产品的销售者。消费者从销售者那里购买产品，两者之间就必然存在买卖合同关系，虽然大多数的买卖合同没有通过书面的方式来签订，但根据《合同法》第10条的规定，当事人订立合同，有书面形式、口头形式和其他形式。法律确认了现实生活中存在的大量的口头合同的效力。

如果销售者出售的产品存在安全隐患，给消费者造成人身和财产损害的，销售者存在违反合同的行为，其行为可能构成瑕疵给付或加害给付。如果销售者提供的产品数量不足、质量不合格，如产品的原料、质地、色泽、包装等存在瑕疵，就构成瑕疵给付；如果产品中含有危险因素可能危及对方当事人的人身及财产安全的，则构成加害给付。销售者的行为构成违约就应当对消费者承担违约责任，虽然质检法的相关法律法规中几乎没有违约责任的相关规定，但我们可以在《消费者权益保护法》和《产品质量法》中找到法律依据。

《消费者权益保护法》第40条规定："经营者提供商品或者服务有下列情形之一的，除本法另有规定外，应当依照《产品质量法》和其他有关法律、法规的规定，承担民事责任：①商品存在缺陷的；②不具备商品应当具备的使用性能而出售时未作说明的；③不符合在商品或者其包装上注明采用的商品标准的；④不符合商品说明、实物样品等方式表明的质量状况的；⑤生产国家明令淘汰的商品或者销售失效、变质的商品的；⑥销售的商品数量不足的；⑦服务的内容和费用违反约定的；⑧对消费者提出的修理、重作、更换、退货、补足商品数量、退还货款和服务费用或者赔偿损失的要求，故意拖延或者无理拒绝的；⑨法律、法规规定的其他损害消费者权益的情形。"第44条规定："经营者提供商品或者服务，造成消费者财产损害的，应当按照消费者的要求，以修理、重作、更换、退货、补足商品数量、退还货款和服务费用或者赔偿损失等方式承担民事责任。消费者与经营者另有约定的，按照约定履行。"

《产品质量法》第40条规定："售出的产品有下列情形之一的，销售者应当负责修理、更换、退货；给购买产品的消费者造成损失的，销售者应当赔偿损失：①不具备产品应当具备的使用性能而事先未作说明的；②不符合在产品或者其包装上注明采用的产品标准的；③不符合以产品说明、实物样品等方式表明的质量状况的。……生产者之间，销售者之间，生产者与销售者之间订立的买卖合同、承揽合同有不同约定的，合同当事人按照合同约定执行。”

■　第三节　违反质检法的侵权责任

一、侵权责任的划分

《侵权责任法》是明确侵权行为的基本法，其在第二至四章规定了责任构成、责任方式、责任不承担或减轻情形和责任主体的特殊规定；在第五至十一章规定了特殊侵权责任，其中第五章是产品责任。

产品存在安全隐患时，如食品已过保质期、汽车有制动缺陷等，尚未造成消费者的人身及财产损害之前，消费者一般只能依据和销售者的买卖合同主张对方承担违约责任；而在产品已经造成消费者人身及财产损害之后，就发生违约责任和侵权责任的竞合，这时根据《合同法》第122条的规定，允许当事人在违约责任与侵权责任之间作出选择。由于违约责任的承担要求双方当事人存在合同关系，如果产品造成了合同主体之外的第三人损害的，根据违约责任的相对性原则，消费者不能要求销售者承担违约责任。

而在侵权责任领域，鉴于产品责任的特殊性，现代民法将其归入了特殊侵权责任的范畴。产品责任的特殊侵权采用的是无过错责任原则，即受到缺陷产品侵害的消费者无需证明侵权方有过错，只需证明自己受到了缺陷产品的损害即可。同时侵权责任也不要求原告和被告之间有合同关系，只要原告证明被告是生产者或销售者，就可以要求其承担侵权责任。

二、产品缺陷的认定

《侵权责任法》第41条规定：“因产品存在缺陷造成他人损害的，生产者应当承担侵权责任。”但对于什么是产品缺陷，却没有给出界定。产品缺陷作为一个法律概念是一个舶来品。1965年美国《第二次侵权法重述》第402条A款、《统一产品责任示范法》及美国大多数法院关于产品责任的判例认为：产品缺陷是产品具有不合理的危险性，即“产品对消费者、使用者或其财产存在不合理危险性的缺陷状态”[1]。《第二次侵权法重述》的第402条A款规定：“销售有不合理危险的产品缺陷者应对最终使用或消费的人因此而遭受的人身或财产损害承担赔偿责任。”美国《统一产品责任示范法》则将缺陷的含义列为以下四种情况：①产品制造上存在不合理的不安全性；②产品设计上存在不合理的不安全性；③未给予适当警告或指示，致使产品存在不合理的不安全性；④产品不符合产品销售者的明示担保，致使产品存在不合理的不安全性。我国《产品质

---

〔1〕朱克鹏、田卫红：“论产品责任法上的产品缺陷”，载《法学评论》1994年第6期。

量法》第46条规定："本法所称缺陷，是指产品存在危及人身、他人财产安全的不合理的危险；产品有保障人体健康和人身、财产安全的国家标准、行业标准的，是指不符合该标准。"

根据缺陷的定义可知，缺陷的认定标准主要是消费者期待标准，同时我国《产品质量法》第46条还规定了认定缺陷的另一个标准，即如果产品不符合保障人体健康，人身、财产安全的国家标准、行业标准的，认定有产品缺陷。

我国《产品质量法》第46条的规定吸收了美国《第二次侵权法重述》中缺陷的主要内容，又保留了我国《民法通则》第122条"质量不合格"认定标准的部分内容，这一双重标准的规定有一定的合理性，但同时也造成了司法实践中的一定困难：①国家标准、行业标准是综合多种因素而制定的，并不以产品无危险性或具有安全性为唯一标准，因而符合法定标准的产品，并不排除其危及人身、财产安全的可能性。按照现行法律的规定无疑会令某些因使用具有不合理危险却符合法定标准的产品的受害人难以获得赔偿。②法定标准在实践中并不能对所有产品都适用。随着社会经济的不断发展和新产品的不断涌现，国家不可能在所有的新产品投入流通之前，均制定相应的标准，尤其是涉及高新技术的新产品。因此在实践中将造成对不同类型生产者的不公平对待，有些产品只要符合法定标准就行了，而有些产品则须符合一般的"不存在不合理危险"的标准，这将不利于发挥生产者开发新技术、新产品的积极性。③在建立社会主义市场经济过程中，应鼓励企业通过市场竞争提高产品质量，而且依行政手段制定的国家标准、行业标准并不是绝对正确、合理的，对产品安全性的具体评价方法和判断标准往往会随着社会经济的发展而有所变化。④对于标准制定过程的参与，生产者所处的地位常常要比消费者更为有利，因此，我们认为如果产品不符合生产标准，可以直接追究产品责任，如果产品符合标准而仍然存在不合理危险的，生产者仍应承担相应的产品责任。

三、产品缺陷的种类

一般来说，缺陷主要划分为如下几类：产品设计缺陷、产品制造缺陷、产品指示缺陷及科学上不能发现的缺陷。

1. 产品制造缺陷。产品制造缺陷是指产品在制造过程中不符合设计规范，或者未达到设计要求，不符合质量标准，致使产品存在的不安全因素。有关部门为确保消费者的人体健康，人身、财产安全，制定了一系列国家标准、行业标准，如果生产者在制造该类产品时，没有达到相应标准，那么该产品就存在缺陷。美国《统一产品责任示范法》第104条A款指出："为了确定产品制造上存在的不合理的不安全性，审理事实的法官必须认定：产品脱离制造者控制时，即在一些重要方面不符合制造者的设计说明书或性能标准，或不同于同一生产线上生产出的同种产品。”它可以是由产品的零部件导致的，像飞机高度仪导致的飞机失事案；也可以是由产品的装配过程造成的，象艾思克拉诉富来斯诺可口可乐装瓶公司案；也可以是产品的原材料有问题造成的。在我国，“产品制造上的缺陷往往多于设计上的缺陷”[1]。

制造缺陷有如下特征：①产品的必然性。在某种程度上，无论采用何种生产方法或质量控制系统，这种缺陷总是要发生的，虽然生产者可以使大部分产品符合成分或质量要求，但是大规模制造产品的生产过程绝不会万无一失。②危害性较小。制造缺陷影响的面相对较小，一般只影响到少量产品，而同一设计的大多数产品仍然是安全的。如果说设计缺陷是整体缺陷，涉及全部事项所有种类的话，那么制造缺陷就是个别缺陷，通常仅涉及某一产品或某些产品，其需要采取补救措施的范围较小，纠正此缺陷所用的时间也较短。

由于现实生活中大量存在的均是制造缺陷，而对制造缺陷的认定，可采用“消费者期望标准”，即如果产品不符合一般消费者期待的安全性并造成了消费者人身或财产损害的，生产者就应当承担产品责任。对于制造缺陷的减少和避免，我国《产品质量法》第3条要求：生产者、销售者应建立健全内部产品质量管理制度、严格实施岗位质量规范，质量责任及相应的考核办法，以及该法规定的企业质量体系认证制度，产品质量认证制度。这些规定都从客观上加强了对产品质量的监督，大大减少了制造缺陷的产生。

2. 产品设计缺陷。产品设计缺陷是指产品的设计存在着不合理的危险性，它往往是导致产品存在潜在危险的根本因素。设计缺陷一般由配方、处方的错误、原理的错误、结构设计的错误等方面因素造成。美国《统一产品责任示范法》第104条B款对设计缺陷的规定是：“为了确定产品设计上存在不合理的不安全性，审理事实的法官必须认定：产品在制造时即存在造成原告损害或类似损害的可能性，这类损害的严重性在价值上超过制造商为设计能够防止这类损害的产品所承受的负担，以及替代设计对产品实用性的相反影响。”

设计缺陷具有如下特点：①危害的严重性。设计缺陷是产品的先天不足，其影响面是广泛的，可以说影响到所有同类产品，也就是说，产品一旦存在设计上的缺陷，将影响到整个生产线，依此设计生产出的所有产品都存在缺陷，随之而来的是大范围的损害事故。②判断的困难性。设计缺陷是一个难以定义的概念，国际上对此无统一的认识和规定，而且各国在司法实践中也无系统、明确的解释，这使得设计缺陷标准难以把握，判断起来比较困难。另外，在这类诉讼中，原告方往往是大量的用户和消费者，控诉的是整类产品，这意味着

〔1〕 张新宝：《中国侵权行为法》，中国社会科学出版社1995年版，第310页。

需要证明的范围较广，花费的代价较高，可见对其判断还有一定的难度。

美国法学会《第二次侵权法重述》将缺陷解释为："如果售出商品的危险性超出普通消费者购买商品时所产生的预期，就应当被认为具有危险。"因此长期以来消费者预期标准成为美国法上通常接受的标准，而不问缺陷的种类。事实上，在产品责任范畴，对于仅供一般使用、构造相对简单的产品，适用消费者预见标准可获得较好的效果，然而当产品属高新技术时，消费者有权期望的安全就超出了一般人的技术、经验可识别的范畴，显然该标准具有局限性。同时，消费者期望标准因其本身含义的不明确和法官的主观而常常失之于主观性，可以说消费者期望标准将主观性发挥到了极致。

对于设计缺陷来说，由于产品的日益复杂性，产品消费者很难表达出其对产品设计方面应具有的安全性的期待，因此，对于设计缺陷采用消费者期待标准具有一定的不现实性，因此可通过成本效益分析运用产品物质设计的评价，以确定一种具体的安全保护或其他改进性的设计是否必要。这一点在美国法学会《第三次侵权法重述：产品责任》（1997 年）中得到了确认，其将设计缺陷界定为："产品危害的可预见危险，通过卖方合理的可替代设计方案本应得以减轻或避免，……未采用替代设计方案使产品陷于不合理安全状态；不充分指示和警告缺陷：可预见的产品伤害风险，通过卖方合理指示或警告本应得以减轻或避免，……未采用这种替代的指示或警告方案会使产品陷于不合理安全状态。依照新的定义法，在决定产品是否有设计或警告缺陷时，传统的消费者预期标准被明确放弃，只适用风险/效用标准。"[1]

"这样的标准鼓励制造商在产品的效用和可能产生的风险之间，严厉的警告和产品的可用性之间进行衡量，找到最为合理的解决方案，而不是为了避免事后承担严苛的责任而过分保守。"[2] 成本效益分析方法有利于制造商的利益，而对于消费者利益的保护是有一定不周的，因此对于设计上有缺陷的产品，各国的缺陷产品管理制度通常要求生产厂家主动实施修理、更换、补偿等措施以防止危险事故的发生，如《第三次侵权法重述：产品责任》也在《第二次侵权法重述》的基础上补充规定了卖方回收产品方面的责任，包括卖方未能遵守政府强制回收缺陷产品的要求以及卖方自行回收时采用了不恰当的方式。这其实就是本书专章重点论及的缺陷产品召回制度，该制度在一定程度上将可能发生的损害防患于未然，具有重要的实践价值。

---

〔1〕 张民宪、马栩生："荷兰产品责任制度之新发展"，载《法学评论》2005 年第 1 期。

〔2〕 张岚："产品责任法发展史上的里程碑——评美国法学会《第三次侵权法重述：产品责任》"，载《法学》2004 年第 3 期。

3. 产品警示缺陷。警示缺陷是指产品缺乏在使用上或危险防止上必要的、适当的说明或警告，致使该产品存在危及人身、他人财产安全的不合理危险。警示缺陷可以分为两类：①在产品存在危险性的情况下未作出适当的说明或警告；②产品的设计和制作无问题，但由于缺乏必要的说明警告而可能产生危险。美国《统一产品责任示范法》第104条对警示缺陷的解释是："对与产品有关的危险或产品的正确使用没有给予适当警告或指示，致使产品存在不合理的不安全性。"

警示缺陷的特征主要体现为如下两点：①产品的警示缺陷属于市场缺陷，它与产品的设计缺陷和制造缺陷均不同，不是体现在产品中的有形瑕疵，而是表现为对产品的不适当的、不充分的信息传递；②警示缺陷与生产经营者的告知义务有关，产品存在警示缺陷，必然是生产经营者违反告知义务所致。所谓告知义务是指生产经营者对其所提供的产品有关情况给以充分的、必要的、确切地说明、介绍的义务。

警示缺陷是一种绝对的、具体的缺陷，只要对该产品在使用上以及危险防止上没有给予必要的、适当的说明或警告而导致人身、财产损害的，一律视为有警示缺陷的产品，并且必须承担产品责任，对此世界各国的产品责任立法无一例外。

我国《产品质量法》27条规定：限期使用的产品，应当在显著位置清晰地标明生产日期和安全使用期或者失效日期；使用不当，容易造成产品本身损坏或者可能危及人身、财产安全的产品，应当有警示标志或者中文警示说明。第28条："易碎、易燃、易爆、有毒、腐蚀性，有放射性等危险物品……依照国家有关规定作出警示标志或者中文警示说明，表明储运注意事项。"但这只是对产品标识、包装的规定，并非对缺陷产品的专门规定，生产者即使违反这些规定仅承担行政责任，而不涉及民事责任，因此产品质量法应当进一步明确由警示缺陷造成损害所应承担的民事责任。

在我国，警示缺陷是一个受到忽视的问题，生产者往往注意产品的设计和生产而忽视对产品的危险性予以警示，因此造成的损害屡见不鲜。这一问题已引起人们的高度重视，《产品质量法》第15条对此作了规定。

从《产品责任法》的角度来看，判断生产者是否提供了合理、有效的警示，使其免于承担产品责任，应考虑下列因素：①警示的时间。生产者应当在产品投入流通时，对产品可能产生的危险及其预防方法予以警示和说明，以便于消费者在选购时参考和在使用时遵守。由于人类的认识和科技水平的不断提高，生产者应对产品投入流通后发现的危险负有警示义务。②警示内容的标准。判断警示内容是否合理，应以生产者知道的知识为标准。生产者应当及时掌握最新科技信息，以作出充分、适当的警示。根据我国现阶段的生产发展水平，在判断警示是否合理时，采用国内先进科研水平标准是适宜的。③警示的内容。生产者应当对产品可预见的使用危险和预防方法予以警示。④警示的方式。警示的方式必须是适当的，生产者应当在产品合适的位置采用醒目的字体或标志，并保证警示随产品一同到达消费者手中。我国应在产品责任立法中对承担赔偿责任的缺陷作出明确的分类，有助于司法实践中更好地认定缺陷从而确定产品责任。

4. 科学上不能发现的缺陷。科学上不能发现的缺陷也称之为发展风险。是指产品在制造或投入流通时，根据当时的科学技术水平难以发现产品具有不合理的危险性，而后又被证明产品存在着不合理的危险性。该缺陷的特点有二：①它属于相对缺陷，是以科学技术发展水平来衡量的缺陷，如果当时科技难以发现时，视为无缺陷产品；②它不属于具体的缺陷，当科学技术水平发展到足以认识这一缺陷时，该缺陷才能被判定为设计缺陷、制造缺陷或警示缺陷。

发展风险的责任认定是两难选择。一些国家认为由于这种缺陷是生产经营者在当时无法预见和克服的，因而为了保障生产的发展，鼓励生产经营者积极利用科学技术开发新产品，应将此缺陷规定为排除产品责任的事由，如荷兰。有些国家则认为，将发展缺陷作为免责条件将导致损害由消费者承担的后果，显然不利于保护消费者的利益，芬兰、卢森堡就在国内法中排除了该抗辩事由的适用。法国对此选择了折衷解决办法，即原则上制造者可以进行相应的免责举证，但对人体产品特别是血液产品以及“对进入流通后10年内出现的缺陷未采取相应的措施制止损害发生”的情况作了例外规定。西班牙选择了一个很特殊的解决方法，即发展缺陷抗辩并不能在有关食品和药品的案件中使用，而其他的产品责任案件则可适用。德国最高法院认为发展缺陷抗辩只能在设计缺陷案件中才能主张，而不能在有关制造缺陷的案子中使用。[1] 美国并未将发展缺陷作为其产品责任案件的免责事由，著名的DES安胎剂案[2]就是确认这一原则

---

〔1〕 张民宪、马栩生：“荷兰产品责任制度之新发展”，载《法学评论》2005年第1期。

〔2〕 张新宝：《中国侵权行为法》，中国社会科学出版社1998年版，第487页。DES（己烯雌酚）是由美国食品与药品管理局（FDA）于1941年批准投放市场的一种保胎药，孕妇服用这种药后可以预防习惯性流产。但后来证明该药有一种副作用，孕妇服用这种药后，如果其生育的孩子为女性，女儿极可能得一种阴道癌，发病率高达30%～90%。后来有成千上万的妇女因其母亲在妊娠期间服用DES而得了这种疾病。原告辛德尔也是此药的受害者，成年后不幸患上了癌症。于是原告和其他受害人以生产该药而市场占有率达90%以上的5家药商为共同被告，起诉请求赔偿。一审法院以原告无法提出证据证明其母亲服用哪家药厂的药物为由，驳回原告起诉。二审法院则认定5家药厂均有过失，每家药厂须为损害之发生负全部赔偿责任。被告不服，上诉至加州最高法院，并提出发展缺陷抗辩，加州最高法院驳回被告的抗辩，判决各被告依其市场占有比例分担损害赔偿责任。

的典型案例，该案还创造了经典的市场份额责任理论。我国学者认为由于这种缺陷是生产经营者在当时无法预见和克服的，因而为了保障生产的发展，鼓励生产经营者积极利用科学技术开发新产品，应将此缺陷规定为排除产品责任的事由，我国在《产品质量法》第 41 条第 2 款作出了相应的规定。

四、产品责任的构成要件

《产品质量法》第 41 条规定："因产品存在缺陷造成人身、缺陷产品以外的其他财产（以下简称他人财产）损害的，生产者应当承担赔偿责任。"《侵权责任法》第 41 条规定："因产品存在缺陷造成他人损害的，生产者应当承担侵权责任。"由此可以看出，我国产品责任法律制度中对生产者适用的是无过错责任原则，即不问行为人主观上是否有过错，只要其行为与损害后果间存在因果关系，就应承担民事责任。因此对于产品责任，在由生产者承担责任的情况下，其构成要件有三项，即产品有缺陷；人身、财产遭受损失的事实；缺陷和损失之间的因果关系。

因果关系是指缺陷与受害人的损害事实之间存在的引起与被引起的关系，即缺陷是损害的原因，损害是缺陷的后果。确认因果关系，一般应由受害人举证，一方面要证明缺陷产品被使用和消费；另一方面要证明使用和消费该缺陷产品导致了损害的发生。

英美法系国家通常采用"两分法"，即对因果关系分两步进行考察和认定：①事实上的原因，即确定行为人的行为或者依法应由其负责的事件是否在事实上属于造成损害发生的原因；②法律上的原因，即确定已构成事实上原因的行为或事件是否在法律上成为应对该损害负责的原因。在英美法中，因果关系不仅是一个法律问题，而且是一个政策问题。在产品责任诉讼中，制造商承担责任的范围通常通过适用"合理预见性"原则加以限制，这是法院用来判断被告对原告的伤害应否承担责任的法律上原因的检验标准。当原告和伤害种类是可以预见的，属被告有缺陷产品引起的风险范围之内的，该原告和伤害种类就符合这一标准，被告应对之负责。在产品责任中，因果关系更侧重于如何来减轻被害人的举证责任，学理上多适用盖然证据的方法减轻被害人的举证责任，即消费者或第三人在使用有缺陷产品的场合，和因该缺陷通常会发生的损害相同的损害发生时，在法律上即可推定该损害因该产品的缺陷而发生。依此规定，制造者必须提出反证，证明损害并非起因于该缺陷，而主要因其他原因而引起的。

我国侵权行为法上的因果关系理论，是从前苏联传入的，且源于哲学理论。"如果对历史和现状加以概括的话，则可以说经历了必然因果关系通说地位的确立及其动摇的渐进过程。"[1] 在因果关系理论上，新提出的学说种类较少，大都认为相当因果关系说具有可采性。承担民事责任和刑事责任的前提都要求违法行为和损害事实之间有因果关系，但是两种责任所要求的因果关系的性质是不同的。一般对于刑事责任要求必然因果关系，刑事案件的证据必须形成严密的因果链条，行为人才承担刑事责任，这体现了法治社会"罪刑法定"的基本要求。而民事责任则不然，应采用相当因果关系理论。当损害的发生依据客观的判断，一个行为或其他实践是造成损害结果的相当条件，则该行为或其他事件，对该损害具有相当因果关系。所谓"相当"是"最具洞察力的人"凭其全部经验知识能够预见的结果。[2]

《产品质量法》第42条规定，由于销售者的过错使产品存在缺陷，造成人身、他人财产损害的，销售者应当承担赔偿责任。销售者不能指明缺陷产品的生产者也不能指明缺陷产品的供货者的，销售者应当承担赔偿责任。《侵权责任法》第42条亦有与此相同之规定。由此可知，销售者承担产品侵权民事责任适用的是过错责任原则，即在产品侵权责任的构成要件中除了以上三个构成要件之外，还需要销售者存在主观上的过错。过错分为故意和过失。故意是指行为人预见到自己的行为可能发生某种不利后果而希望或者放任该不利后果发生的主观心理状态。过失是指行为人应当预见到自己的行为会引起某种不利后果的发生，而由于疏忽没有预见或虽已预见但轻信其能够避免的一种主观心理态度。

根据《产品质量法》第33～39条的规定，销售者应当承担以下义务：销售者应当建立并执行进货检查验收制度，验明产品合格证明和其他标识；销售者应当采取措施，保持销售产品的质量；销售者不得销售国家明令淘汰并停止销售的产品和失效、变质的产品；销售者销售的产品的标识应当符合《产品质量法》第27条的规定；销售者不得伪造产地，不得伪造或者冒用他人的厂名、厂址；销售者不得伪造或者冒用认证标志等质量标志；销售者销售产品，不得掺杂、掺假，不得以假充真、以次充好，不得以不合格产品冒充合格产品。在司法实践中对于销售者的过错认定一般是采用事实自证的方式，即只要产品造成了消费者的损害就认定销售者有过错，销售者如果要免责必须证明自己无过错，这其实是过错推定原则，将举证责任分配给了销售者，这对于保护消费者的利益是有利的。

《产品质量法》第43条规定："因产品存在缺陷造成人身、他人财产损害的，受害人可以向产品的生产者要求赔偿，也可以向产品的销售者要求赔偿。

---

[1] 韩世远："论合同责任成立上的因果关系"，载《法律科学》1998年第6期。

[2] 刘静：《产品责任论》，中国政法大学出版社2000年版，第157页。

属于产品的生产者的责任，产品的销售者赔偿的，产品的销售者有权向产品的生产者追偿。属于产品的销售者的责任，产品的生产者赔偿的，产品的生产者有权向产品的销售者追偿。”因此，在涉及产品责任的案件中，消费者既可以选择生产者索赔，也可以选择销售者索赔，消费者只需证明自己受有损害，产品存在缺陷，损害是由缺陷导致的。销售者承担责任后如果能证明自己无过错，可以向生产者追偿，但这是生产者和销售者之间的法律关系，与消费者无关。

五、产品责任的免责事由

《产品质量法》41 条第 2 款规定了生产者的三项免责事由，即“生产者能够证明有下列情形之一的，不承担赔偿责任：①未将产品投入流通的；②产品投入流通时，引起损害的缺陷尚不存在的；③将产品投入流通时的科学技术水平尚不能发现缺陷的存在的”。

1．“未将产品投入流通”，是指生产者虽然生产了某种产品，但未将其投入流通和用于销售，如食品加工车间的未成品，这时即使产品存在缺陷致人损害，生产者也不因此承担责任，原因在于《产品责任法》中的产品必须是已经进入流通领域的商品。

2．“产品投入流通时，引起损害的缺陷尚不存在的”，是指产品缺陷必须于生产者使产品流通之际即已存在，产品的流通必须是基于生产者的意思进行的，凡流通违反生产者意思的，如尚未出厂的产品被盗窃的，则不属于投入流通。同样，生产者虽将产品投入了流通，但他如能证明该产品投入流通时不存在致人损害的缺陷，缺陷是在脱离生产者控制之后的流通领域或消费领域形成的，那么该缺陷与生产者无关，生产者无需承担赔偿责任。

3．“将产品投入流通时的科学技术水平尚不能发现缺陷的存在的”，这就是通常所说的“发展风险”或者“开发风险”，具体是指依照产品投入流通时的科学技术水平来衡量，如果当时的科技水平不被认为有缺陷，且没有人能够发现产品损害的缺陷，但经过一段时间以后在发展了的科学技术水平下被认为是有缺陷的，生产者不承担责任。

六、缺陷产品的损害赔偿责任

对于缺陷产品的损害赔偿责任，《民法通则》第 119 条规定：“侵害公民身体造成伤害的，应当赔偿医疗费、因误工减少的收入、残废者生活补助费等费用；造成死亡的，并应当支付丧葬费、死者生前扶养的人必要的生活费等费用。”

《产品质量法》第 44 条规定：“因产品存在缺陷造成受害人人身伤害的，侵害人应当赔偿医疗费、治疗期间的护理费、因误工减少的收入等费用；造成残疾的，还应当支付残疾者生活自助具费、生活补助费、残疾赔偿金以及由其扶养的人所必需的生活费等费用；造成受害人死亡的，并应当支付丧葬费、死亡赔偿金以及由死者生前扶养的人所必需的生活费等费用。因产品存在缺陷造成受害人财产损失的，侵害人应当恢复原状或者折价赔偿。受害人因此遭受其他重大损失的，侵害人应当赔偿损失。”

《消费者权益保护法》第41条规定，“经营者提供商品或者服务，造成消费者或者其他受害人人身伤害的，应当支付医疗费、治疗期间的护理费、因误工减少的收入等费用，造成残疾的，还应当支付残疾者生活自助具费、生活补助费、残疾赔偿金以及由其扶养的人所必需的生活费等费用”；第42条规定，“经营者提供商品或者服务，造成消费者或者其他受害人死亡的，应当支付丧葬费、死亡赔偿金以及由死者生前扶养的人所必需的生活费等费用”。《侵权责任法》对此亦有更加具体的规定，尤其是关于精神损害赔偿。

根据以上的法律规定我们可以将人身损害分成两类。一类是致人伤害的财产赔偿，赔偿内容包括：

1. 医疗费。具体包括挂号费、治疗费、检查费、医药费、住院费等。对于这些费用一般要由原告出示医院的正式单据。原告先后到几个医院就诊的，一般以最先就诊的医院或进行主要治疗的医院所做的治疗确定医疗费，对未经治疗医院批准而擅自转院治疗的，一般不予支持，其转院后的医疗费一般不予认定。

2. 营养费。对于原告要求被告赔偿营养费的，一般应从严掌握，对伤情较重，确需大量补充营养的才可以酌情考虑给付。需给付营养费的，一般按当地居民的收入及日平均消费水平掌握。

3. 护理费。护理费是原告住院期间，根据医院的要求设置陪护人或原告虽未住院，但生活不能自理或不能完全自理而必须设专人陪护的，陪护人的误工损失或劳动报酬应由侵害人承担。一般为一人，需特殊护理的，根据医院意见确定。陪护人有固定工作的，按其应得的固定收入计算，收入不固定的，按当地临时工的工资标准计算。

4. 就医交通费。原告因就医使用交通工具的，应在保证伤情不致进一步恶化的前提下，尽量选择廉价交通工具。必要的陪护人的交通费也应赔偿。票据应与实际就医次数和路程相符。

5. 误工损失。赔偿的误工日期以医疗单位出具的诊断休息证明书为依据。工资固定的，按实际工资计算，奖金部分应予赔偿。工资不固定的，按1年或半年的平均收入来计算，或以同行业、同工种的同期平均工资计算。间接损失，如年终奖、全勤奖、晋升工资应酌情考虑。

6. 造成残疾的，还应赔偿残疾者生活补助费。对于完全丧失劳动能力者，应全额赔偿当地平均生活费；大部分或部分丧失劳动能力者，根据其所获得的经济收入情况，补足到不低于当地生活费的标准。赔偿年限可参照交通事故赔偿办法，即残疾生活补助费自定残之月起赔偿20年，但50周岁以上的，年龄每增加1年减少1年，最低不少于10年；70周岁以上的按5年计算。

7. 残疾补偿金。是产品缺陷造成的残疾者应获得的精神损害赔偿费。2001年3月8日最高人民法院公布的《关于确定民事侵权精神损害赔偿责任若干问题的解释》确认了"死亡赔偿金"与"残疾赔偿金"作为精神损害抚慰金的性质。该解释第10条规定了确定精神损害赔偿数额的具体因素，即侵权人的过错程度；侵害的手段、场合、行为方式等具体情节；侵权行为所造成的后果；侵权人的获利情况；侵权人承担责任的经济能力；受诉法院所在地平均生活水平。这些具体因素对于确定精神损害赔偿的数额具有一定的指导意义。

8. 残疾者生活自助具费。如瘫痪后购买的轮椅、失明后安装的假眼球等。

9. 依靠残疾者抚养的人的生活费。根据我国《道路交通事故处理办法》(现已失效)第37条第9项的规定，对不满16周岁的人抚养到16周岁。对无劳动能力的人抚养20年，但50周岁以上的，年龄每增加1年减少1年，最低不少于10年；70周岁以上的按5年计算。对于缺陷产品致残的，可参照计算。

另一类是致人死亡的财产赔偿，赔偿内容包括：死者治疗期间的医疗费、死者治疗期间因误工而减少的收入、丧葬费（包括火化、购置骨灰盒及安放的费用）、死亡赔偿金、由死者生前扶养的人所必需的生活费等费用。

七、我国缺陷产品惩罚性损害赔偿制度的确立

我们知道侵权行为法领域是将补偿性赔偿作为其基本的补偿原则的，不包括惩罚性损害赔偿。虽然这一原则具有充分的法律依据，但其缺陷也是明显的，即补偿性赔偿具有很强的不可操作性。

受害人对于损失的求偿存在风险，这些风险包括：①不求风险，即权利人由于忍让、恐惧，找不到违法行为人等主观或客观不能而没有行使请求权，使受害人权利得不到恢复的情形；②举证不能的风险，权利人因各种原因对自己的主张不能提供具有说服力的证据而败诉；③错判风险，因法官的义务素质或道德素质低下导致错判而使权利不能恢复；④赔偿不能风险，致害方偿付能力低、经济条件进一步恶化、其本人丧失劳动能力或死亡等原因而造成的赔偿不能风险，在人身损害赔偿中，由于人身伤害的损害大，履行赔偿期限长，这种风险尤其大。[1] 另外，高昂的律师费用也使受害者面临赢了官司输了钱的风险。

---

〔1〕陈玉萍、石春玲："民事责任原则重构——补偿性责任价值质疑"，载《安徽农业大学学报》（社会科学版）2004年第1期。

正是这些风险的存在导致大多数的受害者放弃诉讼，从而形成了履行差错。由于履行差错的存在，即使补偿性损害赔偿的数额高于生产者的预防成本，生产者仍有可能获益，从而放任损害。事实上就形成了无辜的消费者承担了不必要的损失（包括财产的、精神的损失），而生产者从中受益的情形。这是和正义理论背道而驰的。康德的正义理论认为："尊重我的邻人的义务包含在不把他人贬低为我的目的的准则里（不要求他人贬低自己以为我的目的所奴役）。"约翰·罗尔斯指出："正义的原则表明，社会基本结构中的人都有不是把彼此当做手段而是作为目的本身来看待的愿望。"〔1〕 由消费者自担责任，实际上是使消费者被生产者所"奴役"。

反对惩罚性损害赔偿理论的学者的一个重要的理论观点是：产品责任属于民事侵权责任领域，传统的民事侵权理论主张民事主体的平等性，一方受有损失时，侵权理论主张弥补其损失，使其利益恢复至受损前之状态。而惩罚性损害赔偿是支付给利益受损方的超出其损失的赔偿，其适用缺乏法律依据。惩罚性损害赔偿在美国已形成滥用之势，生产者动辄遭受巨额赔偿之判决，挫伤了生产者的积极性，阻碍了经济的发展进步。

事实上，在违法行为以及损害发生之前，法律赋予社会和各种主体的公平、正义之光，同样普照在当事人身上。但是，一方当事人的违法行为率先打破了这种平衡和宁静，使当事人之间的利益失衡，从而损害和危及了当事人的平等地位以及法律的公平、公正、正义价值。"法的利益只有当它是利益的法时才能说话。"法律"只是表明和记录经济关系的要求而已，是社会共同的，由一定物质生产方式所产生的利益和需要的表现"。〔2〕 纠正这种失衡是法律义不容辞的责任，当补偿性赔偿不能体现公平正义时，惩罚性损害赔偿就更具有了正义的价值。正如瑞士神学家埃米尔·不伦纳指出的："无论是他还是它只要给每个人以其应得的东西，那么该人或物就是正义的：一种态度、一种制度、一部法律、一种关系，只要能使每个人获得应得的东西，那么它就是正义的。"〔3〕 另外，惩罚性损害赔偿是有严格的适用条件的。依照常规，在被告的行为是蓄意的、令人难以忍受的、故意而又任性的或者是欺诈性的时候，才可以被裁定为惩罚性赔偿金，且通常情况下，由原告承担举证责任。这样大大限制了惩罚性损害赔偿的适用范围。并非如有些学者所言的生产者人人自危，甚至放弃了产品的生产。

第十五章

---

〔1〕［美］约翰·罗尔斯：《正义论》，谢延光译，上海译文出版社 1991 年版，第 196 页。

〔2〕郭明瑞等：《民事责任论》，中国社会科学出版社 1991 年版，第 148 页。

〔3〕［美］E. 博登海默：《法理学：法律哲学与法律方法》，邓正来译，中国政法大学出版社 1999 年版，第 168 页。

惩罚性赔偿的产生与发现概率联系在一起，这一制度设计的目的在于使预期责任等于社会成本。这样从单个的、具体的赔偿看，实际赔偿等于赔偿数额乘以一个法律有效实施的几率，高于实际损害，具有“惩罚性”。但是，从总的外部性来看，赔偿水平等于加害行为导致的社会成本，仍旧是以完全补充为基础的赔偿，只是将所有潜在的受害人置于原本应处的地位，并不具有惩罚性，其要旨还在于补偿损失。[1] 惩罚性赔偿是作为一种激励机制，它通过让加害人承担所有的社会成本，保持了与个人成本之间的平衡，使违法者不能因其行为得到好处，从而引导行为人不作出不利于社会总体利益的事情。[2] 对于单个的消费者而言，取得惩罚性损害赔偿似乎是得到了额外收益；而从社会利益的角度观之，在忍受和承担缺陷产品引起的经济恶果上，生产者几乎永远比消费者处于有利的地位。在市场上，要获益就必须付出代价，缺陷产品的经济责任只是与利润相联系的代价之一；给予生产者惩罚性损害赔偿，有利于在全社会范围内作出警示，促使生产者提高生产水平；有利于鼓励消费者举起法律武器，为维护自己的权利而斗争。

在我国历史上，封建社会侵权法中曾有过“倍备”的责任制度。“倍备”包括“加责”、“倍追”，都是加倍赔偿的意思。倍备、加责适用于盗赃等场合的赔偿。倍追则适用于收受伪钞。《唐律疏议》记载了该项制度的立法意图：“谓盗者贪利既重，故令倍备。”[3] 从目前立法角度看，惩罚性损害赔偿已得到我国立法的初步肯定，如《消费者权益保护法》第49条就规定了对欺诈性经营行为给予消费者损失的双倍赔偿的处罚。但仅仅如此的规定还是远远不够的，特别是加入WTO之后，越来越多的国际产品责任纠纷促使我们必须给予国民更为周到的法律保护，以避免在产品责任纠纷中，我国生产者要对国外消费者承担高额的惩罚性损害赔偿，而本国公民在同样的情形下，却只能得到少量补偿的情形发生，从而实现实质的公平。

《侵权责任法》接受并建立了惩罚性赔偿制度，其第47条规定“明知产品存在缺陷仍然生产、销售，造成他人死亡或者健康严重损害的，被侵权人有权请求相应的惩罚性赔偿”。该条款明确提出了惩罚性赔偿金的概念，对其适用条件也进行了较为科学的概括，值得肯定；但对于惩罚性赔偿金数额的规定，仅是“相应的”，既不具体，也还过于保守。《食品安全法》第96条第2款规定：“生产不符合食品安全标准的食品或者销售明知是不符合食品安全标准的食品，

---

[1] [美]迈克尔·D.贝勒斯：《法律的原则：一个规范的分析》，张文显等译，中国大百科全书出版社1996年版，第311页。

[2] 谢晓尧：“惩罚性赔偿：一个激励的观点”，载人大复印资料《民商法学》2004年第11期。

[3] 赫荣平：“论惩罚性赔偿制度在我国的建立和移植”，载《辽宁行政学院学报》2002年第6期。

消费者除要求赔偿损失外，还可以向生产者或者销售者要求支付价款10倍的赔偿金。”10倍的赔偿金规定是对我国惩罚性赔偿制度的重要突破。因此我们建议在《产品质量法》的修订中，对惩罚性损害赔偿制度予以关注，从而在缺陷产品特殊侵权领域更好地确立惩罚性损害赔偿制度，充分保护消费者的合法权益，鼓励生产者重视质量管理，提高我国产品质量的总体水平。

后　记

自从本人提出的《质量监督检验检疫法教程》获得教育部“十一五”国家级规划教材项目立项之后，质检法理论问题便一直是作为“始作俑者”必须认真思考和精心构筑的逻辑心结。随着2006年中国计量学院经济法硕士研究生的起招和质检法方向的确立，更是强化了这种逻辑力量对本人心理的约束和行为的指引。经过近一年的资料准备和到一线实践部门的调研，《质检法教程》编写会议于2007年1月1日在西子湖畔的三台山庄如期召开。参加会议的除本书作者外，还有提醒并鼓动本人申报该项目的好友——上海交通大学法学院韩长印教授，我国著名卫生法专家、上海市卫生监督所主任医师方有宗教授，著名检验检疫法专家、国家质检总局浙江出入境检验检疫局原副局长叶永茂先生，著名生命科学专家、中国计量学院生命科学院院长王兰洲教授，著名质检法专家、中国计量学院法学院邢造宇博士，中国计量学院法学院汪江连老师等诸多专家学者，共同讨论了本教材的编写大纲并提出了许多建设性的意见和评论。

2007年秋初开学，作者辞去中国计量学院法学院院长的职务后，得以有充裕的时间对质检法理论进行系统的思考和研究，确立并理顺了质检法的逻辑结构与体系。特别是2008年暑假，本人带领经济法学质检法方向和竞争法方向2006级、2007级和部分2008级研究生到沈阳市质量技术监督局和沈阳标准化研究院进行质检法专业实习，聆听中国著名标准化学学家李春田教授讲授《标准化原理、方法及运用》课程，拜访中国第一本《技术监督法学概论》的作者、中国著名科技政策专家、东北大学副校长娄成武教授，更加坚定了作者探讨质检法理论的信心和志向。

在本书即将出版之际，本人愿借此机会对著名经济法学家杨紫烜教授和肖乾刚教授共同推荐本人到中国计量学院任教任职并指出研究质检法的重要性，对决定聘请作者到校任职任教的中国计量学院原党委书记姚盛德教授及其对经济法学科建设的大力支持，一并表示特别的感谢！倘若没有和中国计量学院的这段姻缘，本人肯定没有申请质检法这本教材和研究质检法理论的冲动。更重要的是特别感谢三位先生对本人在任职期间和辞职后的指导、鼓励与帮助。

最后，需要特别说明的是，选修质检法课程的各位研究生根据本人录音整理出本书第一章初稿的特别贡献，有的同学还积极搜集提供资料，有的承担和本书其他作者的联系协调工作，有的承担各章校对后的打印工作，现对各位同学的帮助表示诚挚的谢意。

王艳林

三稿修改定稿时于下沙

2009年8月29日

图书在版编目（CIP）数据

质检法教程 / 王艳林主编. 一北京: 中国政法大学出版社，2010.5

ISBN 978-7-5620-3643-2

Ⅰ.质... Ⅱ. 王... Ⅲ. ①质量检验-法规-中国-高等学校-教材 ②检疫-法规-中国-高等学校-教材 Ⅳ. ①D922.292 ②D922.16

中国版本图书馆CIP数据核字(2010)第071642号

出版发行 中国政法大学出版社

出 版 人 李传敢

丛书编辑 张越 刘海光 彭江 汤强

经　　销 全国各地新华书店

承　　印 固安华明印刷厂

787×960mm 16开本 28印张 505千字

2010年6月第1版 2010年6月第1次印刷

ISBN 978-7-5620-3643-2/D•3603

定 价: 46.00元

社　　址 北京市海淀区西土城路25号

电　　话 (010)58908435(教材编辑部) 58908325(发行部) 58908334(邮购部)

通信地址 北京100088信箱8034分箱 邮政编码 100088

电子信箱 fada.jc@sohu.com(教材编辑部)

网　　址 http://www.cuplpress.com (网络实名: 中国政法大学出版社)